■ 基本講座 ■
民法1（総則・物権）

平井一雄・清水 元 編著

信山社
SHINZANSHA

はしがき

　民法に関する教科書は汗牛充棟といってよいほど多い．しかも民法が対象としている領域は広く，また，一つ一つの問題が精緻であり，全体を征服することは容易ではない．そのため，民法を学ぼうとする者はまず，概説書を手に取ることになると思われる．ところが，概説書の多くは簡潔であるが，総花的なものになりがちである．民法は難しいけれども学び方によっては楽しい科目になれるような本を編むことができないだろうかと，私たちはかねがね考えてきた．学生諸君が民法の基本的理解を得るとともに，さらにより高次な問題にも関心を深めてもらえることを目的として，本書は編集されたものである．

　本書の構成は次のようになっている．
　第1に，民法上の主要な制度について論点的に，第〇講という形で解説を施すことにした．ただし，論点だけを叙述するのではなく，当該制度に関しての一般的知識を得てもらうため，各講に *lecture* を設けた．
　第2に，各講で採り上げた制度に関して代表的と思われる判例を，事実関係と原審および最高裁の判決を紹介し，コメントで解説をすることにした．教科書などで平板的に叙述される論点が，現実にどのような形で裁判紛争となっているかを知って欲しいからである．とりわけ，司法試験をめざす法科大学院の学生にとって，判例を理解することは必須のことがらである．そしてまた，法曹となるための修行に要件事実の学修がある．法律要件の要件事実は民法に定められているが，そのどれを当事者のいずれが主張立証すべきか，は重要である．
　第3に，類似する制度，*lecture* で十分に採り上げることのできなかった一歩進んだ問題についても，*à plus loin* で扱った．

　本書は，民法学の現在までの到達点をふまえたものと自負しているが，あるいは十分でない点，より深く掘り下げるべき点が残っているかもしれない．読者諸賢の忌憚ない意見や批判をいただいて，より充実したものになることを願っている．
　本書が成るにあたっては，学界の一線で活躍されている先生方に論稿をお願い

した．本書の趣旨にご賛同頂き，ご多忙の中で立派な原稿をお寄せ下さった先生方には衷心から御礼を申し上げる．また，出版実務においては，信山社稲葉文子氏に多大な助言と助力をいただいた．ここに心よりの感謝を捧げたい．

 2011 年 9 月

平 井 一 雄
清 水 　 元

目　次

はしがき
凡　例

第 1 講　権利主体としての人・法人（法的人格）……………………… 3
◆一　人（自然人） …………………………………………………… 4
〈*lecture*〉　1　権 利 能 力 …………………………………………… 4
　　　　　　　2　意思能力・行為能力 ……………………………… 6
【演習判例】最判昭和 44・2・13 民集 23-2-291 ……………………… 12
　　　　　　1　コ メ ン ト ………………………………………… 12
　　　　　　2　行為能力が制限されている者についての当事者の
　　　　　　　　主張立証 ……………………………………………… 13
〈*à plus loin*〉責 任 能 力 ……………………………………………… 14
〈*en plus*〉抽象的人間像から具体的・類型的人間像へ …………… 15
◆二　法　　人 ………………………………………………………… 17
〈*lecture*〉法人とはどういうものか ……………………………… 17
【演習判例】最判昭和 39・10・15 民集 18-8-1671 …………………… 22
　　　　　　● コ メ ン ト ………………………………………… 22
〈*à plus loin*〉　1　一般社団法人及び一般財団法人に関する法律の概要 … 24
　　　　　　　　2　法人が不法行為責任を負うことがあるか,
　　　　　　　　　機関個人も責任を負うか ……………………… 28

第 2 講　権利の客体としての物 ……………………………………… 31
〈*lecture*〉　1　85 条の「物」の意味 ………………………………… 31
　　　　　　　2　不動産と動産 ……………………………………… 31
　　　　　　　3　主物と従物 ………………………………………… 33
【演習判例】最判昭和 52・3・11 民集 31-2-171 ……………………… 34
〈*à plus loin*〉従物と付合 …………………………………………… 40

目　次

第3講　意 思 表 示 ·· 42
- ⟨*lecture*⟩　1　法律効果と法律要件 ··· 42
- 　　　　　　2　法律行為と意思表示 ··· 45
- 【演習判例】大判昭和 19・6・28 民集 23-387 ···································· 47
- 　　　　● コ メ ン ト ··· 48
- ⟨*à plus loin*⟩　1　法律行為の成立要件と法律行為の効力要件 ················ 52
- 　　　　　　　2　意 思 表 示 ··· 56
- ⟨*en plus*⟩ ··· 59

第4講　虚 偽 表 示 ·· 60
- ⟨*lecture*⟩　1　虚偽表示とその効果 ··· 60
- 　　　　　　2　94 条 2 項の適用と類推適用 ··································· 64
- 　　　　　　3　通謀虚偽表示の主張立証 ······································· 66
- 【演習判例】最判平成 18・2・23 民集 60-2-546 ································· 68
- 　　　　● コ メ ン ト ··· 70
- ⟨*à plus loin*⟩　94 条 2 項類推適用のその他の局面 ·························· 74
- ⟨*en plus*⟩ ··· 75

第5講　錯　　　誤 ·· 77
- ⟨*lecture*⟩　1　錯誤とその効果 ··· 77
- 　　　　　　2　錯誤の態様 ··· 79
- 　　　　　　3　錯誤の要件 ··· 81
- 【演習判例】最判昭和 45・3・26 民集 24-3-151 ································ 82
- 　　　　　1　コ メ ン ト ··· 84
- 　　　　　2　錯誤無効主張の要件 ··· 86
- ⟨*à plus loin*⟩　1　錯誤無効の効果を取消しと同化できるか ················ 86
- 　　　　　　　2　錯誤，瑕疵担保責任，危険負担の異同 ··················· 88
- 　　　　　　　3　錯誤と事情変更の原則との異同 ···························· 88
- 　　　　　　　4　錯誤と詐欺との関係 ·· 89
- ⟨*en plus*⟩ ··· 90

第6講　詐　　　欺 ·· 91
- ⟨*lecture*⟩　1　詐欺の意義 ··· 91

vi

　　　　　　2　詐欺取消しと第三者……………………………………………93
　　【演習判例】最判昭和 49・9・26 民集 28-6-1213………………………96
　　　　　　1　コメント……………………………………………………98
　　　　　　2　詐欺における当事者の主張立証…………………………98
　　〈à plus loin〉1　詐欺と錯誤の適用関係………………………………99
　　　　　　2　取消しにおける相互の返還債務の関係………………101

第7講　代　　理………………………………………………………………103
　　〈lecture〉1　代理の意義………………………………………………103
　　　　　　2　代　理　権………………………………………………104
　　　　　　3　代　理　行　為…………………………………………108
　　　　　　4　代理権の濫用……………………………………………109
　　【演習判例】最判昭和 42・4・20 民集 21-3-697…………………………111
　　　　　　1　コメント…………………………………………………112
　　　　　　2　演習判例についての大隅健一郎裁判官の意見……………113
　　〈à plus loin〉1　代理と委任はどこが違うか……………………………114
　　　　　　2　代理権授与行為を単独行為あるいは双方行為と
　　　　　　　　みることでどこに差異があるのか……………………115
　　　　　　3　法定代理と代理権濫用…………………………………115

第8講　表　見　代　理…………………………………………………………118
　　〈lecture〉1　表見代理とは何か………………………………………118
　　　　　　2　表見代理の類型…………………………………………119
　　【演習判例】最判昭和 39・5・23 民集 18-4-621（登記抹消請求事件）……123
　　　　　●　コメント…………………………………………………124
　　【演習判例】最判昭和 51・6・25 民集 30-6-665（約束手形金等請求
　　　　　　　事件）……………………………………………………129
　　　　　●　コメント…………………………………………………131
　　【演習判例】最判昭和 45・7・28 民集 24-7-1203（所有権移転登記手続
　　　　　　　請求事件）…………………………………………………136
　　　　　●　コメント…………………………………………………138
　　〈à plus loin〉表見代理規定の法定代理への適用の有無………………138

vii

目　次

〈*en plus*〉……………………………………………………………140

第 9 講　無権代理………………………………………………142

〈*lecture*〉　1　無権代理の意義と効果……………………………142
　　　　　　2　本人と相手方との関係……………………………143
　　　　　　3　無権代理人と相手方との関係 ── 無権代理人の責任………144
　　　　　　4　単独行為の無権代理………………………………147
　　　　　　5　相続による無権代理人と本人の地位の混同……………148
【演習判例】最判平成 10・7・17 民集 52-5-1296（根抵当権設定登記
　　　抹消登記手続請求本訴，同反訴事件）…………………………150
〈*à plus loin*〉　1　無権代理人の責任（117条）における当事者の
　　　　　　　　　主張・立証責任……………………………………154
【演習判例】最判平成 5・1・21 民集 47-1-265（貸金請求事件）……155
　　　　　　●　コメント………………………………………157
〈*en plus*〉……………………………………………………………158

第 10 講　消滅時効（時効の援用）……………………………159

〈*lecture*〉　1　時効とはどのような制度か…………………………159
　　　　　　2　時効の援用…………………………………………160
【演習判例】最判平成 11・10・20 民集 53-7-1190（根抵当権抹消登記
　　　手続請求事件）………………………………………………162
　　　　　　1　コメント……………………………………………164
　　　　　　2　当事者の主張・立証………………………………166
〈*à plus loin*〉　1　援用の場所……………………………………167
　　　　　　　　2　援用の効果……………………………………167
　　　　　　　　3　援用権の放棄・喪失…………………………167
　　　　　　　　4　関連する問題…………………………………168

第 11 講　消滅時効（時効の中断）……………………………172

〈*lecture*〉　1　時効の中断とは何か………………………………172
　　　　　　2　時効の中断はなぜ生じるのか……………………172
　　　　　　3　どのような場合に時効は中断するか……………174
　　　　　　4　中断事由の拡張……………………………………177

　　　　　5　中断後の時効の進行……………………………………………181
　【演習判例】最判平成 11・4・27 民集 53-4-840（求償金請求事件）………181
　　　　　1　コメント……………………………………………………………184
　　　　　2　時効中断における当事者の主張・立証………………………186
　〈à plus loin〉1　中断の主観的範囲………………………………………188
　　　　　　　2　中断の客観的範囲（一部請求と残部の中断）……………190
　〈en plus〉民法（債権法）改正検討委員会の改正提案………………………190
　　　　　1　債権時効障害事由の概要………………………………………190
　　　　　2　債権時効障害事由の各類型……………………………………191

第12講　取得時効（時効と登記）……………………………………………194
　〈lecture〉1　所有権の取得時効の成立要件……………………………………194
　　　　　2　時効完成の効果…………………………………………………197
　【演習判例】最判平成 18・1・17 民集 60-1-27（所有権確認請求本訴，
　　　　　　所有権確認等請求反訴，土地所有権確認等請求事件）……………199
　　　　　1　コメント……………………………………………………………202
　　　　　2　取得時効に関する当事者の主張・立証………………………205
　〈à plus loin〉1　二重譲渡と取得時効……………………………………207
　　　　　　　2　不動産賃借権の取得時効………………………………………209

第13講　売買における所有権移転時期………………………………………211
　〈lecture〉1　表題の理解の前提として………………………………………211
　　　　　2　所有権移転時期に関する学説…………………………………214
　【演習判例】最判昭和 35・3・22 民集 14-4-501……………………………217
　　　　　1　コメント……………………………………………………………219
　　　　　2　所有権移転時期に関する主張立証責任……………………220
　〈à plus loin〉1　危険負担，果実収取権と所有権の移転……………………221
　　　　　　　2　意思表示のみによって生じた物権変動の価値……………222
　　　　　　　3　二重譲渡関係における所有権移転時期…………………223

第14講　不動産物権変動と対抗要件…………………………………………224
　〈lecture〉1　登記とはなにか……………………………………………………224
　　　　　2　不動産登記における公示の原則と公信の原則……………225

目　　次

　　　　　　　3　登記請求権……………………………………………………226
　　　　　　　4　登記を必要とする物権変動………………………………228
　　　　　　　5　登記なくしては対抗できない第三者の範囲……………230
　　【演習判例】最判昭和 44・1・16 民集 23-1-18…………………………232
　　　　　　　1　コメント……………………………………………………233
　　　　　　　2　対抗要件具備による所有権喪失の主張…………………233
　　〈à plus loin〉1　登記なくしては対抗できないという意味……………234
　　　　　　　　2　背信的悪意者排除論………………………………………236

第 15 講　動産物権変動と対抗要件………………………………………239
　　〈lecture〉1　物権変動における公示と公信…………………………239
　　　　　　　2　即時取得が成立する 4 つの場面………………………241
　　【演習判例】最判平成 12・6・27 民集 54-5-1737………………………243
　　　　　　　1　コメント……………………………………………………246
　　　　　　　2　即時取得の主張立証………………………………………248
　　〈à plus loin〉………………………………………………………………248

第 16 講　留置権の機能……………………………………………………251
　　〈lecture〉1　留置権における牽連性……………………………………251
　　　　　　　2　留置権と同時履行の抗弁権……………………………253
　　【演習判例】最判昭和 47・11・16 民集 26-6-6…………………………255
　　　　　　　1　コメント……………………………………………………258
　　　　　　　2　留置権が主張される場合の主張立証…………………260
　　〈à plus loin〉1　民事執行における留置権の処遇…………………261
　　　　　　　　2　民事留置権と商事留置権………………………………264

第 17 講　先取特権の現代的機能…………………………………………266
　　〈lecture〉1　先取特権の現代的機能……………………………………266
　　　　　　　2　商品流通過程における売主の代金確保手段……………266
　　【演習判例】最判平成 17・2・22 民集 59-2-314………………………268
　　　　　　　1　コメント……………………………………………………270
　　　　　　　2　動産先取特権を主張する場合の主張立証………………272
　　〈à plus loin〉先取特権の実行……………………………………………272

x

第 18 講　抵当権にもとづく物権的請求権 …………………………274
〈*lecture*〉 1　抵当権とはどのような権利か ………………………274
【演習判例】最判平成 17・3・10 民集 59-2-365…………………277
　　　　　 1　コメント ……………………………………………280
　　　　　 2　抵当権にもとづき妨害排除請求の場合の当事者
　　　　　　　の主張立証 …………………………………………281
〈*lecture*〉 2　抵当権の効力の及ぶ範囲 …………………………282
〈*à plus loin*〉抵当権の実行 …………………………………………284

第 19 講　抵当権にもとづく物上代位 ………………………………286
〈*lecture*〉 1　372 条（304 条 1 項）差押えの意味 ………………286
【演習判例】最判平成 10・1・30 民集 52-1-1 ……………………289
　　　　　 ●　コメント ……………………………………………290
【演習判例】最判平成 10・3・26 民集 52-2-483…………………291
　　　　　 1　コメント ……………………………………………293
　　　　　 2　抵当権にもとづく物上代位権を主張する場合の
　　　　　　　主張立証（行使の方法）………………………………295
〈*à plus loin*〉 1　賃料債権への物上代位 …………………………295
　　　　　　 　2　買戻代金債権への物上代位 ……………………297

第 20 講　法定地上権 …………………………………………………300
〈*lecture*〉 1　なぜ法定地上権という制度が設けられたのか ……300
　　　　　 2　一括競売制度が有する意味 ………………………301
　　　　　 3　決定地上権の成立要件 ……………………………302
【演習判例】最判平成 6・12・20 民集 48-8-1470 ………………307
　　　　　 1　コメント ……………………………………………309
　　　　　 2　法定地上権を主張する場合における当事者の
　　　　　　　主張立証 ……………………………………………313
〈*à plus loin*〉 ……………………………………………………………313

第 21 講　共同抵当・根抵当 …………………………………………318
◆ 一　共 同 抵 当 …………………………………………………………318
〈*lecture*〉 1　共同抵当とはどのような制度か ……………………318

目　次

　　　　　　　　2　共同抵当権者と利害関係人の利益調整……………………319
　　　　　　　　3　392条2項はどのような場合に適用されるのか………320
　　　【演習判例】最判平成4・11・6民集46-8-2625……………………323
　　　　　　　●　コメント……………………………………………………326
　　　〈à plus loin〉　1　判例にみる当事者の関係……………………………329
　　　　　　　　2　(2)(3)における後順位抵当権者の優先弁済の実現……332
　　◆二　根　抵　当………………………………………………………………332
　　　〈lecture〉　1　根抵当とはどのような制度か………………………332
　　　　　　　　2　根抵当権の被担保債権……………………………………334
　　　【演習判例】最判平成5・1・19民集47-1-41………………………335
　　　　　　　●　コメント……………………………………………………338
　　　〈à plus loin〉……………………………………………………………339

第22講　不動産譲渡担保………………………………………………………342
　　　〈lecture〉　1　当事者間の効力……………………………………342
　　　　　　　　2　第三者との間の効力……………………………………344
　　　【演習判例】最判昭和62・2・12民集41-1-67………………………348
　　　　　　　　1　コメント……………………………………………………350
　　　　　　　　2　不動産譲渡担保であることを主張する場合の
　　　　　　　　　　当事者の主張立証……………………………………354
　　　〈à plus loin〉　1　不動産譲渡担保が利用される理由………………355
　　　　　　　　2　抵当権規定の類推適用の可否……………………………357

第23講　集合動産・集合債権の譲渡担保……………………………………359
　　◆一　集合動産譲渡担保………………………………………………………359
　　　〈lecture〉………………………………………………………………359
　　　【演習判例】最判昭和62・11・10民集41-8-1559……………………361
　　　　　　　　1　コメント……………………………………………………364
　　　　　　　　2　動産譲渡担保であることを主張する場合の
　　　　　　　　　　当事者の主張立法……………………………………366
　　　〈à plus loin〉　1　最判平成18・7・20について………………………367
　　　　　　　　2　動産譲渡登記について……………………………………371

xii

二　集合債権譲渡担保……………………………………………………374
　　　〈*lecture*〉……………………………………………………………374
　　　【演習判例】最判平成 13・11・22 民集 56-6-1056………………378
　　　　　　1　コ メ ン ト…………………………………………381
　　　　　　2　集合債権譲渡担保であることを主張する場合の当事者
　　　　　　　の主張立法……………………………………………383
　　　〈*à plus loin*〉…………………………………………………………384
第 24 講　仮登記担保………………………………………………………387
　　〈*lecture*〉1　仮登記担保とはどのようなものか……………………387
　　　　　　2　「仮登記担保契約に関する法律」概観……………………389
　　【演習判例】最大判昭和 49・10・23 民集 28-7-1473…………………392
　　　　　　●　コ メ ン ト…………………………………………393
　　〈*à plus loin*〉仮登記担保のその後……………………………………397

主要参考文献（399）
事項索引（403）
判例索引（409）

xiii

● 凡　例 ●

1　**文献略語**は巻末「主要参考文献」参照。

2　**判例等略語**

大連判	大審院連合部判決	最判解説	最高裁判所判例解説
大判(決)	大審院判決(決定)	判時	判例時報
最大判	最高裁判所大法廷判決	判タ	判例タイムズ
最判(決)	最高裁判所判決(決定)	金法	金融法務事情
高判	高等裁判所判決	金判	金融商事判例
地判	地方裁判所判決	法協	法学協会雑誌
民録	大審院民事判決録	民商	民商法雑誌
民集	大審院・最高裁判所民事判例集	法教	法学教室
		法セミ	法学セミナー
裁判集民	最高裁判所裁判集民事	ジュリ	ジュリスト
高民	高等裁判所民事判例集	ＮＢＬ	ＮＢＬ
新聞	法律新聞	法時	法律時報
家月	家裁月報		

3　**法令略語**

会更	会社更生法	不登規	不動産登記規則
区分	建物の区分所有等に関する法律	法人	一般社団法人及び一般財団法人に関する法律
私学	私立学校法	民再	民事再生法
自治	地方自治法	民執規	民事執行規則
借地借家	借地借家法	民執	民事執行法
商	商法	民訴	民事訴訟法
農協	農業協同組合法	民保	民事保全法
破	破産法	労組	労働組合法
不登	不動産登記法		

基本講座 民法1（総則・物権）

◇　第1講　権利主体としての人・法人（法的人格）　◇

　本講のテーマは,「権利主体としての人・法人（法的人格）」であり,民法典（以下,「民法」という）の第1編第2章と第3章にかかわる．
　民法は,基本的には,(私法上の)権利の発生・変更・消滅（これを総称して,権利の変動という）の原因を定める一般法であるということができる．この権利の変動の原因を法律要件といい,そのなかで,当事者の意思に従った法律効果が認められる法律要件を法律行為という（法律行為とは,意思表示を要素とする私法上の法律要件と定義される）．法律行為には,財産法上の効果を生ずるものと家族法上の効果を生ずるものとがあるが,ここでは,財産法上の効果が生ずるものが対象である．
　法律行為が有効であるためには,その効果の発生につき相当の判断能力があること,意思が不存在ではないこと（101条1項参照．かつては意思の欠缺とよばれていた）,意思に瑕疵がないこと（120条2項参照）が要求される．法律行為が意思にしたがった効果が認められるものであるということから導かれる論理的帰結といえる．
　本講で扱う「人・法人」についてであるが,民法は,自然人という言葉は用いておらず,単に「人」としているが,第2章の「人」とは,自然人を意味することは明らかである．もっとも,たとえば,賃貸人・賃借人（607条など）という場合の「人」には,自然人と法人の両者が含まれることに注意しなければならない．
　法律行為が有効であるためには,相当の判断能力があることが求められるが,民法では,これを行為能力（第2章第2節）として規定する．事理を弁識する能力を欠く者,事理を弁識する能力が著しく不十分な者,事理を弁識する能力が不十分である者に分けて,これらを保護する制度を設けている．未成年者も,事理を弁識する能力が未発達な者とみてよいであろう．これら弁識能力の根幹をなす能力として意思能力が想定される．

◇ 第1講 権利主体としての人・法人（法的人格） ◇

一 人（自然人）

1 権利能力

　権利能力とは，法律上，権利・義務の主体となることができる資格（地位）をいう．3条1項は，「私権の享有は，出生に始まる」と規定する．とくに制限を設けていないところから，日本国籍を有する者（出生による国籍の取得については，国籍法1条参照）は，出生と同時に完全かつ平等に権利能力が認められることを意味する．

(1) 権利能力の始期

　上述のように，権利能力の始期は出生に始まるが，具体的に出生とはいつかは解釈の問題である．民法では，（死産に対する）生産であって，胎児が母体から全部露出した時と解するのが通説である．
　出生といえるためには一瞬でも生きて生まれなければならない．独立に呼吸をしていなくても，すこしでも生存の徴表を示す場合には，生きて生まれたと扱うのが妥当であろうとされている（四宮＝能見・総則）．

(2) 出生の証明

　出生の時期の証明は，戸籍簿の記載が証拠となる．戸籍法では，出生の届出が義務づけられている（戸籍49条・120条）．ただし，戸籍への記載は権利能力取得の要件ではなく，出生という事実によってその取得が定められる．

(3) 胎　　児

　出生前の胎児には，3条からすれば権利能力は認められない．しかし，たとえば相続において，胎児はすでに生まれている子より不利な扱いになる．民法は，個別の場合について胎児にも権利能力を認めることで解決をはかっている．すなわち，不法行為にもとづく損害賠償請求（721条），相続（886条），遺贈（965条）については，「胎児はすでに生まれたものとみなす」として権利能力が認められている．判例は，胎児中には権利能力は認められず，生きて生まれたときに，たとえば相続開始時に遡って権利能力があったものとみなされると解している（大判昭和7・10・6民集11-2023（阪神電鉄事件））．

◇　第1講　権利主体としての人・法人（法的人格）　◇

胎児中に権利能力があると解しても，その権利を行使するには代理人によらざるをえない．民法は，親権者を未成年の子の法定代理人としているが（824条），胎児の代理人の規定を欠く．したがって，胎児の権利行使は，結局生きて生まれた後に親権者によってなされるほかはなく，前記判例と同様な結果となる（学説には，父母を胎児の代理人として認めるものもある）．

(4)　権利能力の終期

権利能力の終期は死亡である．死亡の事実の証明は死亡届によってなされ，医師による死亡診断書または死体検案書を添付することが必要である（戸籍86条1項）．やむを得ない事由によってこれらを得ることができないときは，死亡の事実を証すべき書面（死亡目撃者の事実陳述書）を以ってこれに代えることができる（戸籍86条2項）．

事変によって死亡した者がある場合には，その取調べをした官庁又は公署がした死亡地の市町村長宛の報告によって戸籍への記載ができる（戸籍89条）．これを認定死亡という．認定死亡は生存の確証が出てくれば当然に効力を失う．

失踪宣告の効力として，死亡したものとみなすとあるが（31条），失踪者が生存すること又は失踪宣告の効力が生じた時期と異なる時に死亡したことの証明があったときは，失踪宣告は，本人又は利害関係人の請求により取り消さなければならない（32条）．

(5)　死亡後の法律関係

問題となるのは，死亡後の法律関係について①いわゆる一般的人格権が認められるか，②臓器移植をめぐる問題，特に，生前の承諾の効力である．

①は，いわゆる死後の人格権は，胎児につき制限的権利能力を認めるのと同様に肯定してよいとする．裁判例には，死者に対する名誉毀損は，直ちに一般私法上の不法行為となるものではないが，親族等が死者に対する名誉毀損行為により，直接，自ら名誉を毀損され，または死者に対する敬愛追慕の情が傷つけられ，精神的苦痛をこうむったときは，親族等に対する不法行為として一般私法上の救済の対象となるとするものがある（東京地判昭和58・5・26判時1094-78）．②は，死者が生前に自己の臓器を摘出し移植することを承諾していた場合に，遺族の意思にかかわらず，死体から臓器の摘出ができるかについて以前から問題となっていた．従来の法律には，遺族の承諾を要するとするものがあり（死体解剖保存法7条・17条・19条，角膜腎臓移植法2条，1997年の臓器移植法の施行にともない廃

5

止された），臓器移植についても同様に考えるべきとの意見が多かった．1997年6月に国会において「臓器移植に関する法律」が可決成立した．これによると，一般的に「脳死」を人の死とはしなかった．そして，本人の臓器提供の意思が書面で表示されている場合でかつ，家族がこれを拒まないときであるとする（同法6条）．

(6) 外国人の権利能力

民法は，原則として，外国人にも平等に権利能力を与えている（2条）．しかし，いくつかの権利については，わが国の国民が外国人の本国で認められている範囲において，権利を認めるとする「相互主義」をとるものも多い．外国人の権利が否定されるものとしては，日本航空機，船舶の所有権などがあり，相互主義により制限されるものとしては，土地所有権，無体財産権などがある．

2　意思能力・行為能力

権利能力を有する者はそれだけで，民法上の取引（法律行為）をなしうるわけではない．まず，行為の結果を判断し，意思決定するだけの精神能力がなくてはならない（大判明治38・5・11民録11-706）．このような精神能力を意思能力という．具体的には，法律行為の種類や，人によって差はあるが，おおよそ7〜10歳程度の者の精神能力がこれにあたると考えてよいであろう．意思能力のない者のなした行為は無効である．

さらに，単独で，有効に法律行為をなしうるためには，より高度の能力が必要とされる．この能力を行為能力という．民法上行為能力が制限されている者は，未成年者，成年被後見人，被保佐人，被補助人であり，これらの者のなした行為は，その能力に応じて取り消すことができるとされている．

(1) 制限能力者制度の必要性

私的自治の原則は，各人が，自己の自由な意思決定にもとづいて行為をなすことができるということを保障するものであるから，このことからすれば，人が法律行為をなすに際しては，合理的な判断能力（意思能力）を有していることが前提となる．なぜならば，法律行為は，人の意識作用の表現であり，判断能力のない者をして自由競争を建前とする社会に置き，これに犠牲をしいることは合理的ではないからである．したがって，意思能力を有しない者（幼児・精神障害者・泥酔者など）のなした法律行為は，法律効果を生じさせることはできない（無効）．

ところで，この意思能力があるか否かの判断は，外部からは容易に確知できないし，表意者の精神の発達程度，法律行為時における精神の状態，法律行為の種類によっても差異を生ずる．そのことは一律にこれを定めがたいともいえるが，民法は，通常，意思能力が不十分と考えられるものについて，客観的・画一的規準を定めることで，これらの者を保護しようとしている．これを（行為）制限能力者制度という．すなわち，行為制限能力者（未成年者・成年被後見人・被保佐人，他に，やや特殊なものだが，被補助人がある）のなした法律行為は，その当時，現実に意思能力があったか否かにかかわらず，これを，その法律上の取扱いとして，「取り消しうる」ものとしているのである．この取消しは，行為制限能力者の保護を目的としているものであり，誰に対しても主張（対抗）することができる．なお，この（行為）制限能力者制度は，原則として財産上の行為について認められ，身分上の行為については適用されない．

(2) **制限能力者の種類**

(a) **未 成 年 者**　満20年に達しない者を未成年者という（4条）．ただし，未成年者であっても婚姻をした者は，成年に達したものとみなされる（婚姻による成年擬制・753条，なお未成年者中に離婚してもこの擬制は取り消されないと解すべきであろう．反対説有り）．未成年者が法律行為をなす場合には，原則として，法定代理人の同意を得なければならず（5条1項本文），同意を得ずに単独でなした行為は，取り消すことができる（5条2項）．

ただし，次の行為については，未成年者は，単独でこれをなすことができる．

① 単に権利を得，義務を免れる行為（5条1項ただし書）　たとえば，負担のない贈与を受けたり，債務の免除を受けたりすることである．したがって，単独で保証人となることはできない．

② 処分を許された財産を処分すること（5条3項）　では，いったん処分を許された財産により取得した財産は，再度，法定代理人の同意がないと処分できないか．ここに言う「同意」は包括的同意といえ，特に禁止のない限り，再処分行為にも及ぶと解すべきであろう．

③ 営業を許された未成年者がその営業に関する行為をなすこと（6条1項）　未成年者には，保護者として，法定代理人が付せられる．ここでは，第1次的には親権者（818条・819条）であり，第2次的には後見人（838条）が法定代理人となる．法定代理人は，法律上当然に，未成年者の財産に関する法律行

◇　第1講　権利主体としての人・法人（法的人格）　◇

為について，代理権を有している（824条・859条）．また，法定代理人は，未成年者のなす行為につき同意権を有し（5条1項），さらに，未成年者が法定代理人の同意を得ずに単独でなした法律行為を取り消したり（120条），追認したりすることもできる（122条）．

(b) **成年被後見人**　成年被後見人とは，心神喪失の常況にある者で，請求権者の請求によって家庭裁判所によってなされた後見開始の審判を受けた者で，いまだそれを取り消されていない者をいう（7条）．

後見開始の審判の請求権者は，本人，配偶者，四親等内の親族，後見人，保佐人，検察官である（7条）．成年被後見人は，法律行為をなすことはできない．単独でなした行為だけでなく，たとえ，法定代理人の同意を得ていたとしても，これらの行為はすべて取り消しうるものと解されている．

成年被後見人の保護者として，法定代理人が付せられるが，ここでは，後見人（8条・838条）のみが法定代理人である．第1次的には配偶者が（840条），第2次的には家庭裁判所によって選任された者が（841条），後見人となる．

後見人は，成年被後見人の財産上の法律行為について代理権を有し（859条），成年被後見人のなした法律行為の取消権（120条）・追認権（122条）を有しているが，同意権はない．

(c) **被保佐人**　心神耗弱者または浪費者で，請求権者の請求により家庭裁判所によってなされた保佐開始の審判を受け，いまだ取り消されていない者を，被保佐人という（11条・7条）．保佐開始の審判の請求権者は，本人，配偶者，四親等内の親族，後見人，検察官である（11条・7条）．被保佐人は，特定の行為を除いて，単独で法律行為をなしうるが，特定の行為については，保佐人の同意を得なくてはならない．保佐人の同意を得なければならない被保佐人の行為には，法定のもの（13条1項）と裁判所の裁量により定められるもの（13条2項）とがある．法定のものは，次のようなものである．

① 元本を領収し，またはこれを利用すること（13条1項1号）
② 借財または保証をなすこと（同2号）
③ 不動産または重要な動産に関する権利の得喪を目的とする行為をなすこと（同3号）
④ 訴訟行為をなすこと（同4号）
⑤ 贈与，和解または仲裁契約をなすこと（同5号）

⑥　相続を承認し，またはこれを放棄すること（同6号）
⑦　贈与もしくは遺贈を拒絶し，または負担附の贈与もしくは遺贈を受諾すること（同7号）
⑧　新築，改築または大修繕をなすこと（同8号）
⑨　短期でない賃貸借（山林10年，土地5年，建物3年，動産6カ月をこえる賃貸借）をなすこと（同9号）

　　被保佐人には，保佐人が付せられる（12条・876条）。保佐人は，法定代理人ではないことから，代理権を有しない。保佐人は，同意権を有し（13条1項），また，取消権はないが追認権は有すると考えられている。

(d)　**被補助人**　後見開始または保佐開始の原因はないものの，判断能力が不十分なため何らかの保護を必要とする者（軽度の痴呆，知的障害，精神障害，自閉症など）について，7条や11条に準ずる一定の者の請求により補助開始の審判をするものとし（15条1項），補助制度の利用は本人が希望する場合に限られる点を明らかにするため，本人以外の者の請求により補助開始の審判をするには，本人の同意を要することを明示した（同条2項）。他方，補助開始の審判は，それ自体では何ら本人の行為能力を制限する内容を含まず，同時に15条1項の審判又は876条の9第1項の審判をすることによって初めて本人の行為能力を制限することになるから，補助開始の審判は必ずそれらの審判と同時に行う旨を規定した（15条3項）。

　　補助開始の審判は，本人，配偶者，四親等内の親族，後見人，後見監督人，保佐人，保佐監督人又は検察官の請求に因りと規定している。しかし，配偶者や四親等内の親族がいない場合や，それらの親族があっても音信不通の状況にあるなど申立ができない場合には，「本人の福祉のため」に特に必要がある場合として，市町村長が補助の申立ができる。実際には，民生委員等の情報により，市町村の福祉事務所の職員が申立事務を行うことになる。

(e)　**補助人の同意権と取消権**　補助開始の審判と同時に行うことが予定されている特定の法律行為に，補助人の同意を要する旨の審判につき規定している（17条）。ただし，補助制度は，保佐制度を利用する程に判断能力が不十分ではない者が利用することを予定した制度である点を考慮して，補助人の同意を要する行為の範囲は，13条1項に掲げた行為の一部に限定した（17条1項）。

　　また，本人以外の者の請求により補助開始の審判をするには，自己決定の尊重

◇ 第1講 権利主体としての人・法人（法的人格） ◇

から本人の同意が必要となる（同条2項）．さらに，補助人に，特定の法律行為につき同意権が附されると，本人が補助人の同意なくその特定の法律行為を行った場合（観音竹商法等，悪徳商法の被害），補助人はその法律行為を取り消せる（同条4項）．その際，本人の利益を害するおそれがないにもかかわらず，補助人が同意しない場合，13条3項と同様の場合に，家庭裁判所が補助人の同意に代わる許可を与えることを認めた（同条3項）．

では，訴訟行為は含まれるのか．旧法下においても，禁治産者の後見人は，被後見人の財産に関する法律行為（取引行為）について包括的代理権を持っていた．その点，改正法でも変わりがない．したがって，新設された補助制度でも同様であり，訴訟行為が含まれ，審判により補助人に訴訟代理権を付与できる．

なお，民法は，補助開始の審判の取消し及び17条1項の審判の取消しにつき規定している（18条）．加えて，15条3項と同様の考え方に立って，17条1項の審判及び876条の9第1項の審判のすべてを取り消す場合，すなわち被補助人の行為能力の制限を全面的に取り消す場合には，補助開始の審判自体をも取り消すべき旨を定めている．

(3) 制限能力者の相手方の保護の方法

(a) 相手方の保護の必要性　　以上，説明したように，制限能力者の行為は取り消すことができる．しかし，取り消しうべき行為もそのまま放置しておけば有効な行為であり，制限能力者側がこれを取り消してはじめて無効となるのである．だから，制限能力者が法定代理人の同意を得ないで行為をしたような場合には，その相手方にとってその行為が取り消されるのかそうでないのか非常に不安定な状態におかれる．単に相手方だけでなく，一般取引の安全が害されることにすらなりかねない．

そこで，まず，民法は，取り消しうべき行為を長い間不確定の状態にしておくのは望ましくないとし，取消権は短期で時効消滅すると規定している（126条）．しかし，この制度でも，相手方は時効期間は不安定な状態におかれることには変わりはない．

(b) 相手方への催告権の付与　　そこで，民法は，相手方に制限能力者側に対して，制限能力者がなした行為を取り消すのか，取り消さないのか，いわば最後通牒を発する権能を与え，制限能力者側がこれに対して何も返答しなくとも取消しまたは追認の効果を生ぜしめ，相手方を不安定な状態から救い，一般取引関係

10

を安定させるようにしている．相手方がこのような催告をするには，問題を取り消すことのできる行為を示して，これを取り消すかどうかの返事を求めることができる．制限能力者側が考慮するための期間は1カ月以上の猶予をおかなければならない（20条1項）．

　催告の相手方は，①制限能力者が能力者となっていればその本人である（20条1項），②制限能力者である間は，未成年者と成年被後見人の場合はその法定代理人であり（20条2項），被保佐人であればその本人である．ただし，この場合は保佐人の同意を得て追認するよう注意することが必要である（20条4項）．

　催告に対して，相手方が期間内に追認または取消しの確答を発したときは，その通りの効果が生ずる．

　後見人が制限能力者の重要な行為について追認するには，後見監督人の同意を得てしなければならない（同条3項）．確答がなかったときは，能力者となった本人および制限能力中の法定代理人に対する催告の場合は追認したものとみなされる（20条1項）．これに反し，追認のため後見監督人の同意を要する事項（特別の方式を要する場合）について，後見人に催告した場合および追認のため保佐人の同意を要する事項について被保佐人に催告した場合は，取り消したものとみなされる（同条3項・4項）．なお，未成年者と成年被後見人に対する催告は確答がなくても何らの効果も生じない．

　(c)　**取消権の否定**　制限能力者が取引行為に当り詐術を用いて相手方に自分を能力者と誤信させた場合は，かかる制限能力者は保護に値しない．むろん相手方は詐欺による取消しを主張したり（96条），不法行為による損害賠償の請求もできる（709条）が，相手方の救済としては制限能力者の取消権を否定してしまうのがより確実であるので，民法はその旨を規定した（21条）．

　能力者たることを信じさせるとは，制限能力者であるのに完全な能力者であると信じさせる場合だけでなく，法定代理人や保佐人の同意を得ていると信じさせる場合も含まれる．詐術とは，一般人として通常の知能を有する者が欺罔されてしまうような何らかの術策を用いる行為に出た場合をひろく含む．戸籍謄本を変造したり，同意書を偽造したりするような積極的詐術手段を用いた場合だけでなく，単に口頭で自分が能力者である旨を陳述する場合も詐術と解される．かつて判例は否定したが，被保佐人の取引相手方が能力に疑念をいだいて質問したのに対して，被保佐人が相手方に対し，「自分は相当の資産があるから安心して取り

◇ 第1講 権利主体としての人・法人（法的人格） ◇

引きされたい」と述べた事例（大判昭和8・1・31民集12-2（源太郎詐術事件））において，詐術の成立を認めている．また，被保佐人が，積極的術策を用いた場合に限らず，他の言動などとともに，相手方の誤信を強めさせたような場合には，詐術にあたるとするが，単に制限能力者であることを黙秘していたのみでは詐術にあたるとはいえないという（最判昭和44・2・13民集23-2-291）．

なお詐術の結果，相手方が能力者と誤信したのでなければ本条の適用はない．

【演習判例】最判昭和44・2・13民集23-2-291

事　案

原告X（原審係属中死亡し相続人が訴訟を承継している）は，準禁治産者（現被保佐人）であったが，Aの仲介により，土地に抵当権を設定してBから金を借りた．しかし利息が支払えないため，土地の一部をBの子Y_1に売却して清算することになり，Y_1と売買契約を締結し，借金の元利金を差し引いた残代金を受領し，Y_1に所有権移転登記を経由した．Xはその売買については保佐人の同意を得ていなかったのであるが，終始自己が準禁治産者であることを黙秘していた．

その後Y_1はY_2にこの土地を売り渡し，その登記を経由した．

Xは保佐人の同意がないことを理由に，XY_1間の売買を取り消し，Y_1およびY_2に対し登記の抹消を求めた．

Y_1らは，Xは詐術を用いたものであるから取り消しえないと主張したが，はたしてXに詐術があるとみるべきかどうかが問題となった．

1　コメント

大審院時代，当初は，詐術を厳格に解していた．すなわち，「能力者タルコトヲ信ゼシムル為メ積極的ニ詐欺ノ手段ヲ用フルヲ謂フ」と（大正5・12・6民録22-2358，大正6・9・26民録23-1494参照）．しかし，その後，昭和2・11・26民集6-11-622あたりから緩和されてきた（昭和8・1・31民集12-1-24参照）．

学説は，判例と同じく，詐術は詐欺よりも狭いという意味の見解（鳩山・日本民法総論105頁）を採用してきた．しかし，今日の通説は，「いやしくも普通に人を欺くに足りる方法によって相手方の誤信を誘起し，または誤信を強めた場合には，本条の要件を充たすと解すべきものと思う」（我妻・総則92頁）と解している．

なお，沈黙も場合によっては詐術になりうるとの見解もある（於保不二雄・民法総則講義65頁，宮崎孝次郎・判民昭和2-94参照）が，これらの考え方は，無能力者保護と相手方の保護，取引の安全との何れに重点を置くかによって相違するのである．

本判例は，第1審は詐術を認め，原審は詐術を否定し，最高裁は，具体的事案については，詐術を否定して原判決を是認しているが，黙秘と詐術との関係について，人を欺くに足りる方法によって相手方の誤信を誘起し，または誤信を強めた場合について，詐術にあたると判示した．

なお，平成11(1999)年の改正により，「行為無能力者」制度が「制限能力者」制度に変わった際に，被保佐人（従来の準禁治産者）から浪費者が削除されていることに注意が必要である．

2　行為能力が制限されている者についての当事者の主張立証

制限行為能力者をY，法律行為（売買を例にとる）をした相手方をXとし，Xが目的物引渡し請求または売買代金請求をした（請求原因）場合について考えてみよう．

(1) 未成年者
① Xは当該売買契約があったことを主張立証すれば足りる．
② これに対して，Yが，契約当時満20歳未満であったこと，その契約について取消しの意思表示をしたことの主張立証が抗弁となる．取消権者については，120条1項が規定する．そこでは，制限行為能力者自身も取消権者とされており，Yは意思能力がある限りその売買を取り消すことができる．
③ Yはその売買において法定代理人の同意を得ていたこと，営業許可がありその売買は営業の範囲内であること，などがXの再抗弁となる．

(2) 成年被後見人
① Xの主張立証．X・Y間に当該売買契約があったこと．
② Yの主張立証．その売買当時，家庭裁判所により後見開始の審判を受け，成年後見人に告知され，その審判が確定していること．成年被後見人であることを理由にその売買を取り消したこと（抗弁）．行為当時Yには意思能力がなく無効であることを主張立証することも妨げない．
③ X・Y間のその売買は，9条ただし書きに該当すること（再抗弁）．

(3) 被保佐人
① Xの主張立証．X・Y間に当該売買契約があったこと．
② Yの主張立証．その売買当時，家庭裁判所により保佐開始の審判を受け，保佐人に告知され，その審判が確定していること．被保佐人であることを理由にその売買を取り消したこと（抗弁）．
③ X・Y間のその売買は，9条ただし書きに規定された行為に該当すること，または保佐人の同意があったこと（再抗弁）．
　　保佐人の同意があったことの主張立証責任については，同意がなかったことを法律行為取消しの抗弁を構成する要件事実の1つであるとする見解もあるが，ここでは，上記のように解しておく（大江・要件事実民法(1)第3版80頁）．

(4) 被補助人
① Xの主張立証．X・Y間に当該売買契約があったこと．
② Yの主張立証．その売買当時，家庭裁判所により補助開始の審判を受け，補助人に告知され，その審判が確定していること．本件売買については，補助人の同意を得ることを要する旨の審判がなされたこと（抗弁）．
③ 被補助人はその売買に先立って当該契約締結に同意したこと（再抗弁）．

à plus loin

● **責任能力**

　自己の行為の責任を弁識するに足る精神能力を責任能力という（712条・713条）．民法には，この能力を一般的に定めた規定はない．しかし，民法が故意・過失を不法行為の要件とする過失責任主義をとっている以上，故意・過失があるといえるためには，理論上当然に一定の判断能力をもっていることを予定しているとみるべきであるし，民法712条が未成年者について「行為の責任を弁識するに足りる知能を備えていなかったとき」に，また，713条が「精神上の障害により自己の行為の責任を弁識する能力を欠く状態にある間」になした行為について，それぞれ不法行為責任を負わない旨を規定しているのも，同様の考えに基づいていると解されることから，判例・学説上，不法行為の成立要件の1つとして，この考え方が一般に認められている．

　この能力を欠く者の行為は不法行為とならないとされている（これを不法行為能

力ともいう）が，この能力の有無は各個人について具体的に判断され，年齢や身分で画一的に決められるものではないため，法律行為における行為能力に対応するものではなく，むしろ意思能力に対比される存在である．あるいは，意思能力を不法行為の面から考察したものだということもできよう．これには次の2つがある．

① 未成年者（4条）のうち「行為の責任を弁識する」知能を具えていない者（712条）．
② 心神喪失者．ただし，故意・過失によって一時的な心神喪失状態での行為は例外である（713条）．

en plus

● 抽象的人間像から具体的・類型的人間像へ

現行民法は，一般的，抽象的な人間を想定し，私法関係を平等な人と人との関係として規定している．この考え方は，民法を歴史的に見ると，国家が国民の私的な生活に干渉することを排除することを基本にすることから出発する．すなわち，すべての人類の形式的平等（抽象的人間像）を前提に，これらの人々の結合が合意によって実現せられると仮定された社会を対象とする．そして，この社会における生活関係上の生活意識には，一般にいう「正義の観念」があり，さらに，「衡平という観念」を前提としている．特に，後者は，たとえば，売り手と買い手のように，自己の立場と相手方の立場を交換したとしても納得せざるをえないという考え方である．

したがって，もともとの民法の基本制度は，こうした抽象的権利主体により築きあげられている社会を対象としてきた．そのことは，知的・経済的に力のある事業者とそうした力のない「消費者」との関係を，法的にも平等な関係として扱うことになる．しかしながら，実際上この両者には，力の差があり，この現実を無視した法的取扱いは，社会的な正義に反するのではないかとの疑問が生ずる．現実の裁判では，法を解釈することにより，実質的公平に従った判断を示そうとし，今日の社会常識を，時代の流れに沿うように修正してきた．

さらに，民法におけるこうした平等な関係で規律することが妥当でない場合，労働法，借地借家法，消費者契約法等の特別法を制定することによって，弱者保護をはかってきた．

◇　第1講　権利主体としての人・法人（法的人格）　◇

　ここでは，「特別法は一般法に優先する」という原則によって特別法が適用されて，当該類型における実質的公平な関係が創られるようになった．
　このように従来の抽象的人間像を前提とする民法のままでも，判例ならびに特別法により，その時々の社会の実情に応じた関係が作られてきた．ところが，抽象的な人間像は，現代の様々な状況に置かれている「生きた人間の間における関係」を規律するには適合しなくなりつつある．例をあげれば，抽象的な人間像よりも，消費者という類型の人間像を前提とする方が，消費者と供給者（事業者）との関係において，消費者の保護のあり方を具体的かつ適切に規律できるからである．今日，消費者が契約関係の中心をなしていることから，そうした具体的人間像を無視して私法規定を考えることは相当ではないと言える．そこで，民法に，消費者という具体的人間像を規定することの必要性が提言されることになる．ちなみに，ドイツ民法は，2000年改正において，消費者（ド民13条），事業者（ド民14条）との概念を組み入れた．そこでは，消費者とは，営業上の活動にも帰せられない目的のために法律行為を締結する自然人であり，その知的または経済的地位は考慮されないと規定する（ド民13条）．したがって，私的目的のためにする法律行為が問題となる．
　これに対して，事業者とは，ドイツ民法14条1項は以下のように規定する．
　その営業上または独立事業上の活動として法律行為を締結する，自然人または法人，とりわけ，法的資格を有する人的会社である，と．すなわち，市場で有償で活動している，すべての自然人または法人は，利得追求の目的を有すると否とを問わず，事業者である．なお，同条1項は権利能力を有する組合もまた事業者としている（民法(債権法)改正検討委員会編『詳解　債権法改正の基本方針　Ⅰ－序論・総則』73頁以下）．この意味するところは，消費者契約に関する規律を民法に統合しようとするものである．その結果，民法（債権法）の適用対象が，①抽象的人間 ── 人一般，②契約の性質により，消費者と事業者の契約である消費者契約，③事業者との3種になることになる（なお消費者契約の項参照）．
　こうした規定を入れるべきか否かは議論がある（ドイツでは今日もなお議論がある）．規定を置くことは，一方，消費者契約法という特別法に規定されている場合の消費者保護よりも，その範囲が拡大する可能性がある．その結果，私法的関係である契約関係において，消費者保護が向上することになろう．他方，消費者と契約関係に立つ会社（事業者）は，いままで以上に消費者保護を念頭に契約を

締結する必要がでてくることになり，会社（事業者）の契約関係ならびに契約に関する法尊重を一層はかることが必要となろう．

二　法　　人

lecture

● 法人とはどういうものか

(1) **法人とは何か**

自然人（＝個人）ではなく，法律上，人格（法的人格）が認められ，権利能力を与えられているものを「法人」と呼んでいる．その機能は，取引における法律関係の合理的処理と技術的単純化をはかること，ならびに，ある一定の組織が，社会的活動体として認められていることから，法律により，特に，自然人とは別の，独立した権利・義務の主体となることを認める必要からのものといえる．

(2) **法人制度の発達**

近代市民社会は，封建的拘束から個人を解放するとともに，国家以外に団体を作ることを原則として禁止した．万やむをえず認める場合，特別の法律を制定し特許という形で認めた．その後，資本主義経済の発達は，個人の経済活動の自由を保障することの延長として，19世紀後半には資本の集まりで成り立つ会社組織の設立の自由を承認するに至った．

さらに，20世紀に入ると，資本の市場独占化の傾向が顕著となり，それはひいては世界大戦を生む契機となった．そこで，こうした独占化を防ぐために，市場独占の禁止という法政策が多くの国々において採用されてきている．

このような歴史をたどり今日，法人の果たす役割は，ますます重要となってきている．他方，この法人格のあることの弊害（法人格の悪用）も問題となっている．

(3) **法人制度の必要性**

今日における各種の取引は，個人の能力をはるかに超えたところにある．たとえば，そこで，一定の活動目的をもった人の結合体として団体，ならびに一定の目的のための独立財産を成立させ，その存在があたかも人と同様に一個の私法上の社会的主体として活動することが必要となった．

◇　第1講　権利主体としての人・法人（法的人格）　◇

(4) 法人理論 —— 法人が権利義務の主体となるのはなぜかに関する議論

　法人はけっして自然人と全く同一であることはないのであり，自然人と同じく権利・義務の主体として扱われるとしても，全く同じに考えることはできない．問題となる点をあげてみよう．
　① ある団体に対し法的人格を与えるものとは何人か．
　② 団体が法的人格を認める基本的理由は何か．
　③ 法的人格ある団体の活動範囲はどこまでか．
　①では，それがもし国家なら国家の法人格の根拠が問題となり，国家の法人格を認めないとすると，国家の人格をいかに理解するかという問題が生ずる．
　②においては，法人格を認める基本的理由を団体自身の統一的活動の確認の意味か，反対に，法人格付与により初めて団体の統一的活動が始まるのか等が論点となろう．
　③では，法人存在の目的に限りその限度を越えた活動のすべてを法人の行為でないとみるのか，それとも，法人活動の範囲を自然人と一応同一視し，法人の目的によって制限するのがよいのかが問題となる．
　これらの問題点は，実は，別個独立の問題ではなく，しかも，その底流には法人（団体）についての理解の差異があると思われる．すなわち，団体を自然人と全く同一であるといわないまでも，少なくとも，社会心理の中でそれ自身の生命・精神を持った有機的実在体であるとするなら，団体が人格を持つことは団体自体の活動，つまり，法はこの活動の容認のために法人制度をつくったということになる．
　これに対して，団体には生命・精神もなく法が実在しないものに便宜的に実在すると擬制したものであるとすれば，団体は一種の白昼夢ともいえそうである．
　以上のことから，法人の法的人格の性質をどう理解すればよいのかが重要課題となってくる．この法人の本質を論ずる諸学説を沿革順にならべると，①法人擬制説，②法人否認説（受益者主体説，無主財産説，管理主体説），③法人実在説，ということになろう．こうした考え方を見ると，何よりも個人の自由が尊重されるべきであるとの考え方では，団体は個人の自由を拘束して社会の進歩を妨げるものとなり，権利義務の主体は，自然人たる個人に限るべきであり，自然人以外に権利義務の主体となれるものは，特に法律において自然人に擬せられるものに限るということになる（**法人擬制説**）．さらに，この考え方をさらにおし進めていく

と，法人が権利義務を取得するといっても，結局は個人に帰属するのであり，法人は何ら実体のないものではないかという考え方に到達する（**法人否認説**）．

しかしながら，私たちの社会生活においては，個人は決して孤立するものでもなく，いろいろの関係で結合し生活している．また，その結合により個人以上の能力を発揮してきたことも明らかである．このような結合が独自の社会的作用をもつ以上，それ自体一個の社会的実在であり，権利義務の主体となることができる，という考え方がでてくる（**法人実在説**）．

(5) 法人格があることの意味

法人格があることの意味について，まず，権利や財産の帰属関係をみると，それは，社団や財団に帰属し，構成員や財団の管理者には帰属しない．したがって，所有不動産は法人名義で登記できる．同様に，義務も社団や財団が負担することになり，構成員や代表者個人が負担しない．もし，法人の代表者により，その法人の目的内の行為から他人に損害を生じさせた場合，社団や財団に帰属する財産により責任を負担することになる．原則として，構成員や代表者個人の財産には及ばない．さらに，対外的行為や，訴訟関係も社団や財団名義で行うことができる．

(6) 法人の種類

(a) **社団法人と財団法人**　社団法人とは，一定の共同目的をもつ人の集まりからなる団体で，法人格を有するものをいう．社団法人には構成員としての社員は存在するが，それらの人びとは重要ではなく，団体の行動は，自律的に法人の最高意思決定機関である社員総会によってなされる．

これに対して，民法上規定されている団体に「組合契約」がある．組合においては，集団がその構成員から独立した存在ではなく，対外関係は，組合員全員が組合を代表し，対内的には，組合員相互の契約関係として成り立っている．

財団法人とは，一定の目的のために結合している財産の集合体に対し法人格が与えられたものをいい，財産の提供者とは別個独立の権利主体となる．財団法人の中心はあくまで，その「財産」であるから，社団法人のような社員はいない．財産の運用・管理という点が問題となる．その財産管理のための法技術は財団法人と信託とがある．したがって，財産がどのような目的のために提供されたかということに，その法人の目的・活動は拘束されることになる．

現行法では，社団法人は，その目的が，公益を持ったもの，営利を持ったも

◇ 第1講 権利主体としての人・法人 (法的人格) ◇

の，その中間的なものに区別され，公益社団法人は民法により，営利社団法人 (＝会社) は原則として商法により規律される．今日，この両者に中間的なものもあり，これらは特別立法により規律されている (宗教法人・学校法人)．これに対して，財団法人は，公益を目的とするものに限られる．

(b) **公益法人と営利法人**　公益法人とは，祭祀，宗教，慈善，学術，技芸等，公益に関する事柄をその目的としている法人であり，不特定多数人の利益を目的とする (33条)．公益を目的とするとは，積極的に社会全体の利益を目的とし，営利を目的とせず，たとえ収益があった場合でもこれを構成員に分配しないことをいう．民法上の法人はすべて，この公益を目的とする団体でなければ法人格は付与されない．たとえば，日本相撲協会など収益事業を行っているが，これによる収益は当該団体に帰属する．

営利法人とは，営利を目的とし，その構成員たる社員に利益の分配をはかることが，究極の目的となっているものをいう．営利法人を規律しているのは商法である．

なお，同業者間の相互扶助とか，構成員の共通の利益の増進をはかる等など，公益とともに営利をも目的としたり，いずれの目的も持たないものについて，特別法によって，法人格を付与するものがある．たとえば，消費生活共同組合・農業共同組合・労働組合などである．

両者の主たる違いは，設立につき，公益法人では，「主務官庁の許可」を要するが，営利法人では商法に則って手続がなされれば法人格を取得する．設立後の監督は，前者では主務官庁，後者は自主的管理が第一である．

(c) **公法人と私法人**　従来，公法人と私法人との区別が行われた．公法人とは，国家の統治作用の一部を分担する法人のことをいい (国・地方公共団体など)，そうでない法人を私法人と呼んでいる (会社・私立学校など)．しかし，今日，公法と私法の区別のあいまいさならびに，両者の区別の実益としての裁判管轄，国家賠償法の制定によりこの区別の実益はほとんどない．

(7) **法人の設立**

社団法人と，財団法人の権利能力取得は，きわめて法政策の問題である．特に，自然人と違いその法律関係が瞬時に決まるわけではなく，法人設立と消滅には準備のプロセスがあり，その間の法律関係が問題となるからである．

法人の設立に関しては，種々の考え方 (立法) がある．法人の設立に関しあえ

◇　第1講　権利主体としての人・法人（法的人格）　◇

てその規制の強弱により順番をつけるとすると以下のようになろう．最も規制のゆるい①自由設立主義，ついで，②準則主義，③認可主義，④許可主義，そして，最も規制の強い⑤特許主義，である．

そのほか，法律上当然な⑥当然設立主義，国家が設立義務を課す⑦強制主義がある．

①　自由設立主義　　設立について国家が全く関与しないものをいう．旧民法はこの考え方を採用していたが，今日のわが国には全くみられない．

②　準則主義　　法律の定める一定の組織を備え一定の手続により公示することによって設立を認めるものである．営利法人としての「会社」（商52条2項・57条・58条）や，労働組合（労組11条），建物区分所有者の管理組合法人（区分47条1項）がそれに当たる．

③　認可主義　　一定の組織を備え，法律の要件をみたしている場合には法人の設立を必ず主務官庁が認可しなければならないとするものである．（農協59条以下，生協（57条），健保（29条以下），医療法人（44条・45条）学校法人（私学30条・31条），宗教法人（12条～14条＝認証）など特別法上の法人についてこの主義が取られる）．

なお，認可，不認可については「許可主義」と異なり，裁判所に訴えて争うことができる．

④　許可主義　　民法において，公益法人を設立するには，主務官庁の許可を得てこれを法人とすることができると定めていた（旧34条）．すなわち，法人の設立について，主務官庁の自由裁量による許可主義の立場をとっている．かつては，団体ないし財産の結合体に国家の承認を必要としてきた．しかしながら，法人の設立につき，こうした許可主義は，団体設立の自由を奪うことになり，民法の自由主義と相反するともいえるし，一般的にみても古い考え方といえる．

⑤　特許主義　　特許主義は，個々の法人を設立するために特別の法律を制定するものであり，日本銀行その他公社・公団・公庫等がその例である．

⑥　当然設立主義　　以上のほか，法律上当然法人格が認められる特殊なものとして国（国庫），地方公共団体（自治2条1項），「地域団体」，相続人不存在の際の相続財産法人（951条）がある．

⑦　強制主義　　法人の設立を強制しあるいは組合への加入を強制するものである．弁護士会，弁理士会はそれに当たる．これは，団体結成の強制である．

わが国は，民法その他の法律によるのでなければ法人の設立が認められてはい

ない（33条＝法人法定設立主義）．

今日，一般法人法では，いわゆる，準則主義が採用された．

【演習判例】　最判昭和 39・10・15 民集 18-8-1671

(1) 事　　実

本件土地は，引揚者更生生活共同連盟杉並支部（以下，杉並支部という）を名乗るAが所有者Bから賃借し，マーケット用に3列の店舗を建設し，会員に各店舗を分与して敷地使用を認めてきた．Yらは，その中間の列に所在する店舗の分与をAから受けて店を営んできたところ，マーケットの店舗経営者の総会（杉並支部の総会）において，店舗の敷地利用を両側2列に整理し，中間列の店舗所有者はその店舗を収去して敷地を明渡すこと，これに対して両側の列の経営者が適正額の補償をすべきことが決議された．

Yらは，補償額が不満であるとして立ち退かず，他方，Aは，後継組織としてX会社を立ち上げ，Bの承諾を得てマーケット敷地賃貸借に関する一切の権利義務をX会社に譲渡した．

X会社が，Yらに対し，Yらは総会の決議に服すべき義務のある結果敷地利用捨を失ったとして，店舗の収去と敷地の明渡しを求め，Yらが，杉並支部の団体性を争い，総会決議に拘束力がないことを主張したのが本件である．

(2) 判　　旨

① 法人でない社団が成立するためには，団体としての組織をそなえ，多数決の原則が行われ，構成員の変更にもかかわらず団体が存続し，その組織において代表の方法，総会の運営，財産の管理等団体としての主要な点が確定していることを要する．

② 権利能力のない社団の資産は構成員に総有的に帰属する．そして権利能力のない社団は「権利能力のない」社団でありながら，その代表者によってその社団の名において構成員全体のための権利を取得し，義務を負担するのであるが，社団の名においておこなわれるのは，一々すべての構成員の氏名を列挙することの煩を避けるために外ならない．

● コメント

本判決は，上記のように判断して，杉並支部が権利能力のない社団であると認

定し，Yの主張を斥けた．

そもそも社団とは，社会関係において団体が一体として現れ，その構成分子である個人が全く重要性を失っているものである．団体の行動はその機関によってなされ，その法律効果は団体自身に帰属して団体員には帰属しない．団体員は，総会を通じて，多数決原理によって機関の行動を監督し団体の運営に参画しうるにすぎず，団体の資産も負債もともに団体に帰属し，団体の債務について責任を負わないものである．

本件の杉並支部は，そもそも法人成りをしていないのだから，法人格がないことは明らかだが，これをどのような人的結合体とみるべきかについて，最高裁は判旨①のような要件を示して権利能力のない社団と認定した．

実体が社団でありながら権利能力のない社団が存在するのは，いくつかの理由があるが，民法が，公益を目的とする社団については特許主義を採っていたこと（旧34条），公益も営利を目的とする社団でもないものについては，法人成りの途が開かれていなかったことなどが主な理由とされた．これらの点は，平成18年の「一般社団法人及び一般財団法人に関する法律」で緩和されたといえる（《à plus loin》をみられたい）．

判旨②は，権利能力のない社団の資産は，構成員に総有的に帰属するとしている．すなわち，その資産の利用収益権は各構成員に属するが，各構成員は持分を有さず，したがって分割請求権も有さず，その資産の管理処分は，定款の定めるところにより総会の議決によっておこなわれると解される．また，その後に続く判旨の文脈からすれば，本判決は，権利能力のない社団には，権利能力も行為能力もないと解していることが窺える（原審は，杉並支部には，権利能力及び行為能力があると判示しているようである）．

関連する判例を2つ紹介する．

①　権利能力のない社団は，その所有する（構成員に総有的に帰属する）不動産の登記をなせるか．

最判昭和47・6・2（民集25-5-956）は，社団構成員の総有に属する不動産は，構成員全員のために信託的に社団代表者個人の所有とされるものであるから，その趣旨における受託者たる地位において当該不動産につき自己の名義をもって登記することができるとする．

②　取引から生じた社団債務について構成員は責任を負うか．

◇　第1講　権利主体としての人・法人（法的人格）　◇

　最判昭和 48・10・9（民集 27-9-1129）は，権利能力なき社団の代表者が社団の名においてした取引上の債務は，その社団の構成員全員に，1個の義務として総有的に帰属するとともに，社団の総有財産だけがその責任財産となり，構成員各自は，取引の相手方に対し，直接には個人債務ないし責任を負わないと判示している．

　権利能力のない社団については，かつて学説が好んで論じたところだが，前記新法の施行によってその消長がどのような経過を辿るかは未知数である．ただ，必ずしも消滅の方向に進むとは考え難い（中舎・民法総則 452 頁は，法人制度の利用状況にもよるとされたうえではあるが，権利能力なき社団・財団の理論の必要性はしだいに限定的になるであろうとされている）．ここでは，とりあえず従来の判例を紹介するにとどめておく．

à plus loin

1　一般社団法人及び一般財団法人に関する法律の概要
(1)　公益法人制度の改革とその方針

　公益法人は，これまで民法において，その設立から消滅まで規定してきた．しかしながら，休眠法人等の諸問題が生じ，それを解決するためには何らかの施策が必要との観点に立ち，平成 16 年行革方針等にもとづき，民法上の法人は残しつつ（特例民法法人）が，公益法人制度について，以下のような方針の下，法律を定め整備することとした．

(a)　一般的な非営利法人制度の改革方針一般

　①　社団形態の法人と財団形態の法人の2種類とし，その行う事業の公益性の有無にかかわらず，準則主義（登記のみ）によって簡便に設立が可能となるようにする．なお，剰余金を社員又は設立者に分配することを目的とすることはできない．

　②　社団形態の法人に関しては，社員となろうとする者2名以上が共同して定款を作成し，社員総会及び理事は必ず置かねばならず，定款で理事会，監事又は会計監査人の設置を可能とする．

　なお，定款で，基金制度の採用が可能とする．

　③　財団形態の法人については，設立者が，定款を作成し，かつ設立時に 300 万円以上の財産を拠出すること，評議員及び評議員会制度を創設するほか，理

事，理事会及び監事は必ず置かねばならない．また，定款で会計監査人の設置が可能とする．

　④　その他，理事等の法人又は第三者に対する責任に関する規定等を整備する．貸借対照表等の公告を義務付ける．大規模な法人については，会計監査人の設置を義務付ける．社員による代表訴訟制度のほか，合併，訴訟，非訟，登記，公告及び罰則等に関する所要の規定を整備する．

　さらに，公益社団法人，公益財団法人としての認定及びこれらに対する監督等に関する法律として，下記のものを設けることとした．

(b)　**公益性を有する法人の認定等に関する制度の設置**

　①　法人の認定等について，不特定かつ多数の者の利益の増進に寄与することを目的とする事業（公益的事業という）を行う法人を，行政庁（内閣総理大臣又は都道府県知事）が認定する．

　行政庁は，認定及び認定後の法人（公益認定法人）に対する監督を，民間有識者の意見にもとづき実施する．

　②　公益認定法人の認定基準等又は遵守事項としては，下記の項目が指針となっている．

　ⅰ）公益的事業費，ⅱ）理事の資格（同一親族等が理事及び監事の一定割合以上を占めない），ⅲ）事業計画，ⅳ）社員・役員名簿等の備え付け等，ⅴ）残余財産の帰属（国または類似目的の公益認定法人等に帰属させる），ⅵ）欠格事由としては，a）以前に認定を取り消され一定期間を経過していない法人等である場合，b)役員が暴力団員である法人，c)役員に一定の処罰歴がある法人等については認定されない．

(c)　**現行公益法人等の新制度への移行（整備法）**

　①　現行公益法人は，新法施行日において，一般社団・財団法人法の施行により，民法は大幅に改正される（2007年版の六法参照）．そのため，これまでの民法法人はその根拠を失うため，一般社団・財団法人法の規定により，一般社団法人，一般財団法人として存続することとなった．すなわち，新法の規定による社団又は財団として存続させ，「社団法人・財団法人」というこれまでの名称を使用できる（整備法42条）ほか，現行の所管官庁が引き続き指導監督するなど，現行の公益法人と同様の取扱いをする．これにより存続する法人を「特例民法法人」という．

② 特例民法法人は，新法施行日から5年の間に（整備法44条～45条），現行の所管官庁を経由して，公益性を有する法人としての認定を申請又は新法の適用される通常の社団又は財団への移行の認可を申請することができる（整備法44条・47条・98条・99条・102条・103条）．そして，これらのいずれの申請も認められない場合又は申請を行わない場合には解散する．

③ 特例民法法人が通常の社団又は財団に移行する場合には，移行の際に保有していた財産の一定額について，構成員等への分配等を制限する観点から一定の規制する．

したがって，新法は，剰余金の分配を目的としない社団及び財団について，その行う事業の公益性の有無にかかわらず，準則主義（登記）により簡便に法人格を取得することができる一般社団法人及び一般財団法人に関する制度を創設し，その設立，組織，運営及び管理についての規定した．

(2) 一般社団法人及び一般財団法人制度の創設

前述したように，以上のような指針から，一般社団・財団法人制度が創設されることとなった．そこで，この制度についての概略を述べておく．

ここで，新たな法人制度における法人を，「一般社団法人」，「一般財団法人」としたのは，剰余金の分配を目的としない限り，幅広い活動を行う団体につき，公益性の有無にかかわらず，登記によって一般的に法人格を付与するものであり，公益認定をうけた「公益社団・財団」法人と区別する意味から，また，従来の民法法人も特別民法法人として，「社団・財団法人」の名称を用いることから（整備法42条）その名称にした．

(a) **一般社団・財団の法的性格**　一般社団・財団の法的性格は，法人である（法人3条）．法人は，それぞれの成立根拠法を必要とする．そこで，一般社団・財団法人法が法人成立のための根拠法であることを示している．

(b) **法人格の取得**　これまでの民法上の法人と異なり，認可主義を採用せず，準則主義により設立される．一般社団法人及び一般財団法人は，その行う事業の公益性の有無にかかわらず，準則主義（登記）により簡便に法人格を取得することになる（法人3条）．

(c) **法人の名称**　名称中に一般社団法人又は一般財団法人という文字を用いなければならない（法人5条1項）．

一般社団法人は，その名称中に，一般財団法人と誤認されるおそれのある文字

を（法人5条2項），一般財団法人は，その名称中に，一般社団法人と誤認されるおそれのある文字を使用してはならない（法人5条3項）．これは，一般社団・財団法人と誤認されるおそれのある名称等を使用させず，取引の安全，相手方の誤認を避けるためである．たとえば，株式会社がその商号で，「一般社団」という文字を使用できない（罰則がある＝法人344条3号）．

一般社団法人又は一般財団法人以外の者が，その名称又は商号中での誤認されるおそれのある文字を使用してならない（法人6条・7条）．

また，不正の目的で，他の一般社団法人又は一般財団法人と誤認されるおそれのある名称又は商号を使用してはならない（法人71条）．これに反し利益侵害が生じた場合又は生じる恐れがある場合には，その利益侵害等に対し，侵害停止又は予防を請求できる（法人7条2項）．

更に，自己の名称を使用して事業又は営業を行うことを他人に許諾した場合には，当該一般社団法人又は一般財団法人が当該事業を行うものと誤認して当該他人と取引をした者に対し，当該他人と連帯して，当該取引により生じた債務を弁済する責任を負う（法人8条）．

(3) 一般社団法人
(a) 一般社団法人の成立
① 一般社団法人の社員になろうとする者（設立時社員）が，共同して定款を作成し，その全員がこれに署名し，又は記名押印する（法人10条1項）．この定款は，これまでと異なり，電磁的記録によっても可能である（法人10条2項前段）．この電磁的記録とは，HD，MO等に記録されたものが考えられる．
② 発起人は，社員2名以上で設立でき，設立時の財産保有規制はない．
③ 一般社団法人は，その主たる事務所の所在地で設立登記をすることにより成立する（法人22条）．

この登記は，その主たる事務所の所在地において，目的，名称，主たる事務所及び従たる事務所の所在場所，存続期間又は解散の事由，代表理事の氏名及び住所，理事会設置に関する事項，監事設置の旨及び監事の氏名，会計監査人設置ならばその旨及び会計監査人の氏名又は名称等である．

この点は，民法法人より厳格かつ詳細になっている．

④ 定款の必要的記載事項　一般社団法人の定款は，目的，名称，主たる事務所の所在地，設立時社員の氏名又は名称及び住所，社員の資格の得喪に関する

◇　第1講　権利主体としての人・法人（法的人格）　◇

規定，公告方法，事業年度を記載し，又は記録しなければならない（法人11条1項）．公証人の認証を受ける必要がある．
　(b)　機　　関　　社員総会及び理事は必須常置の機関である．定款の定めによって理事会，監事又は会計監査人の設置をすることができる．
　(c)　そ の 他
　　(ア)　資金調達及び財産的基礎の維持を図るため，基金制度を採用することができる．
　　(イ)　社員による代表訴訟制度に関する規定を置かなければならない．
(4)　一般財団法人
(a)　一般社団法人の成立
①　設立者は設立時に300万円以上の財産を拠出し設立する．
②　財団の目的は，その変更に関する規定を定款に定めない限り，変更することができない．
(b)　機　　関
①　理事の業務執行を監督し，かつ，法人の重要な意思決定に関与する機関として，評議員及び評議員会制度を創設する．
②　評議員，評議員会，理事，理事会及び監事は必須常置の機関であり，定款の定めにより，会計監査人を設置することができる．

2　法人が不法行為責任を負うことがあるか，機関個人も責任を負うか
(1)　責任負担の要件

民法旧規定は，「理事その他の代理人」がその職務を行うにつき他人に与えた損害につき法人が賠償する責めを負うと規定する（旧44条，現一般社団法人法78条）．この規定は一般に，法人の不法行為責任についての規定と解されている．そこでは，法人が責任を負担する要件としては，①理事その他の代理人（代表機関の地位にある者）の加害行為であること，②その職務を行うに付き加えた他人に損害を加えたこと，③機関の行為が不法行為の成立要件を備えていること（通説・709条参照）である．なお，「その職務を行うについて」とは，民法715条の「事業の執行について」とほぼ同意義と解されている．したがって，代表機関が全く個人的になした行為は法人の責任を生じない．また，職務の意味についても，本来，職務行為には第三者への不法行為を含んでいないとの理由からこれを排斥するのではなく，広く解すべきとされている．すなわち，外形から観察し，

職務に属するとみられる行為は，代表者の意図とかかわりなく，その職務行為と適当な牽連性をもち，社会通念上法人の目的を達成するためと認められる行為を含むと解されている．その加害行為は事実行為（違法な刑事告訴），ならびに法律行為（理事が目的範囲外の行為をした，特に，市町村の首長・収入役の越権行為）の形式をとる場合もある．たとえば，村議会の議決を欠き，また，法律に違反する村長の手形振出行為は，外見上村長の職務行為に該当する（最判昭 37・9・7 民集 16-9-1881）．もっとも，地方公共団体の長のした職務権限外の行為が外形からみてその職務行為に属するものと認められる場合であっても，相手方が，その職務に属さないことを知り，または知らないことについて重過失あるときは責任を負わない（最判昭 50・7・14 民集 29-6-1022）．

(2) **責任の内容**

以上，三つの要件を備えると，法人は賠償責任を負う．それ以外の場合には，行為者自身が他人に対して賠償責任を負う．

(a) **個人の責任**　法人が不法行為責任を負う場合，その行為をした機関個人の責任はどうか．擬制説では法人の不法行為は機関の行為であるから，機関個人が責任を負うのは当然となる．実在説では，機関の行為は法人の行為であるから理論的には法人のみが責任を負うことになる．しかし，機関の行為は，他方で法人の行為という面をももっているから，機関個人の責任も生ずるという（大判昭和 7・5・27 民集 11-1069）．

(b) **法人と機関個人の責任関係**　両者の責任は，いわゆる不真性連帯債務の関係に立つ．被害者は両者に全損害の賠償を請求できる．そして，法人が賠償した場合，機関個人に対して求償権を有することはいうまでもない．なお，「目的の範囲外」の行為による場合は，法人は責任を負わないが，被害者保護のため，その事項の決議に賛成した社員，理事およびそれを履行した理事その他の代理人は連帯して責任を負う．では，直接の加害者たる機関個人の責任はどうか．判例・学説ともに肯定している．法人学説との関係法人の不法行為責任をどう理解するかについて，法人学説との関係で学説の対立がある．まず，実在説の立場により，法人は行為能力を持ち，かつその行為能力は法人の目的達成のためのすべての手段を含むことから，この手段である行為が不法ならば，その不法行為は法人の行為といわねばならず，民法旧 44 条（現　一般社団法人法 78 条）は，法人の当然持つ不法行為能力を定めたものとするものである（我妻・総則 161 頁）．これ

29

に対し，擬制説，否認説の再評価という観点より，法人の行為ならびに不法行為はありえず，民法旧44条は，理事その他代理人の加えた損害について，法人の賠償責任を認めた政策的規定である，とする見解が主張されている（川島・総則126頁以下，幾代・総則130頁，四宮・総則順以下）．この考え方は，法人の技術的性格を重視しつつ，法人とその機関たる理事とは一応別個の法人格者として取り扱おうとする点に特徴があり，旧44条を引き継いだ一般社団法人法78条に規定する法人の不法行為責任は被用者の不法行為についての使用者責任（715条）と同様の，他人の行為についての賠償責任の一類型として理解しようとするものである．

(c) **責任の法的構成**　法人の代表機関が権限を逸脱して取引した場合に，これを，①法人の不法行為として処理すべきか，②法人の表見代理責任（110条）で処理すべきかが問題となる．

判例は，村の収入役が銀行を欺いて村会の決議の限度を越えて金銭を借り入れた行為につき，表見代理の成立を否定し，村の不法行為として賠償責任を認めているが，他方，収入役が置かれているため，現金出納の権限のない村長が村名義で他人から金銭を借り入れて受領した行為については，表見代理の成立を認めている．

学説では，1)この問題を代理権がない場合の相手方保護の問題とみて，表見代理責任のみを適用するとの見解（川島・総則130頁），2)取引の安全を一層強く保護するため，まず110条の適用を考慮し，その適用が否定されたときに44条の適用を吟味すべきであるとする見解（我妻・総則165頁，星野英一・民法概論1 I頁．），3)こうした行為は不法行為と取引行為とが複合した取引的不法行為であるから，相手方において，110条と一般社団法人法78条の責任を選択できるとするもの（川井健「法人の不法行為・表見代理」遠藤浩ほか『演習民法〔総則・物権〕』（青林書院，1989年）93頁以下，森泉章・判百 I 33頁）がある．今日，2)説が有力であるが，取引的不法行為の概念の意図するところから3)説に魅力を感じる．

◇ 第2講　権利の客体としての物 ◇

lecture

1　85条の「物」の意味

　85条は,「この法律において,「物」とは, 有体物をいう.」と規定する. 有体物とは形のある物, すなわち, 空間の一部を占めて有形的存在を有するものだとされる. 他方, たとえば, 賃貸借については, 601条で,「物」を対象に, 当事者の一方がその物を使用・収益し, それについて賃料を支払う契約とされている. そうだとすると, 形のない, すなわち, 無体の財産権, たとえば知的財産権については, 賃貸借は成立しえないことになるのであろうか.
　権利の客体となるのが有体物に限るとすれば, 狭きに失するということになろう. そこで, 本条の「物」を「法律上, 排他的支配可能なもの」という意義に解し,「物」の観念を拡張すべきだとする立場がある (我妻・総則). たしかに, 権利の客体となりうるものという意味では, 有体物では狭すぎる. しかし, 本条が, 物とは有体物をいうとした趣旨は, 所有権が成立する範囲を画する意味で述べたものと解すべきであろう (川島・総則, 内田・民法Ⅰ). そのことからすれば, 本条は, 物権法の冒頭に掲げられるべきものであったということができる.

2　不動産と動産

(1)　不動産 ── 土地及びその定着物
　86条1項は,「土地及びその定着物は, 不動産とする.」と規定する. 土地の定着物とは, 土地に固定されて, 継続的にその土地に付着したままで使用されることが, その物の取引上の性質と認められるものである.
　具体的には, 建物, 樹木がその典型であり, 本条の規定の趣旨からして, 定着物であれば, その物は独立した権利の客体とはみられずに, その土地上の権利が定着物に及ぶことになる. しかし, これらについては以下のように扱われる.
　(a)　建　　物　　建物は, 土地の定着物の典型でありながら, 敷地とは別個の

◇ 第2講　権利の客体としての物　◇

不動産として，敷地である土地とは独立して権利の対象となる．その根拠は，別の不動産と見ることが民法制定前からの慣行であったこと，そのことを受けて，民法制定前から，不動産登記簿では土地登記簿と建物登記簿が別に用いられていたことが挙げられる．民法の規定の上では，370条が「抵当権は，抵当地の上に存する建物を除き」とし，土地上の抵当権の効力が地上建物にはおよばないことを定めていることから読み取れるにすぎない．

その結果は，おかしなことが生ずる．建物は，土地を離れては存在しえないにもかかわらず，別の不動産であるから，たとえば，甲地上の乙建物があり，いずれもA所有として，Aは，甲のみをBに，乙はCに，それぞれ別個に売却することが理論上は可能となる．実際にはこのような取引はないが，Aは甲または乙のみにDのために抵当権を設定することは妨げない．担保競売がなされ，Eが買受人となった場合，乙またはBの所有者として残るAとの関係を調整せざるをえず，法定地上権という制度が導入されたが，多くの問題点があることについて後述する．（第20講）

(b) 樹　　木　　地盤にしっかりと根を張った樹木が，土地の定着物であることはいうまでもない．しかし，それでは山林の売買では，地盤ごと売却しなければならなくなる．「立木ニ関スル法律」（略して，「立木法」という）は，「一筆ノ土地又ハ一筆ノ土地ノ一部分ニ生立スル樹木ノ集団ニシテ其所有者カ本法ニ依リ所有権保存ノ登記ヲ受ケタ」ものは，不動産とみなし，土地と分離して譲渡しまたは抵当権の目的とすることができるものとした．

個々の樹木については，1本の樹木でも取引価値のあるものは地盤とは別個に取引の対象となる．ただし，対抗要件としては，明認方法を施しておかなければならない（参考とすべき判例として，最判昭和35・3・1民集14-3-307がある）．

(2) 動　　産

不動産以外の「物」は，すべて動産である（86条2項）．船舶，航空機，自動車等は，法の定めるところにしたがって登録すれば，抵当権の対象となしうる点で，不動産に類似した扱いとなる．

86条の定める不動産・動産の定義は簡明である．これは，旧民法が，性質による不動産・動産，用法による不動産・動産，法律の規定による不動産・動産など複雑な定め方をしていたものを改めたことによる．

なお，本条3項では，「無記名債権は，動産とみなす．」とされているが，権利

が紙に化体している無記名債権は有価証券であるから，その法理に服させればよく，動産として物権法の法理に服させる必要はない．

3 主物と従物

(1) 従物の意味

87条1項は，「物の所有者が，その物の常用に供するため，自己の所有に属する他の物をこれに付属させたときは，その付属させた物を従物とする．」と規定する．

従物とされる要件は，①主物の常用に供されるための物であること，別のいいかたをすれば，主物の経済的効用を高めるために付属させられた物であること，②特定の主物に付属すると認められる程度の場所的関係にあること，③主物，従物ともに独立の物と認められること，である．

庭園に設置された石灯籠は，その庭園が売却された場合，特にその石灯籠を売買の対象から除くという約定がなされない限り，所有権は当然に買主に移転するが，石灯籠を土地の定着物として土地と一体と見るからであるのか，土地とは別の動産だが，石灯籠は庭園の従物であり，従物は主物の処分に従うから（本条2項）であるのか，主物に抵当権が設定された事例だが，判例（最判昭和44・3・28民集23-3-699）は，宅地に対する抵当権の効力は，特段の事情がないかぎり，抵当権設定当時右宅地の従物であった石灯籠および庭石にも及び，抵当権の設定登記による対抗力は，右従物についても生ずる，としている．

民法は，一物一権主義を採り，1個の独立した物の上ごとに1個の所有権が成立することを前提としている（明文の規定はない）．公式判例ではないが，最判平成2・4・19判時1354-80には，ガソリンスタンドの店舗用建物に対して，地下タンクや洗車機等を従物としたものがある．集合物理論を用いて解決する途もあったのではなかろうか．

(2) 主物の処分と従物

(a) 従物は，主物の処分に従う　主物について，所有権譲渡がなされれば，従物の所有権もこれに従って移転する．主物に抵当権が設定されれば，従物にも抵当権の効力が及ぶ．87条2項は，従物は主物と法律的運命を共にするという原理を述べたものである．そのためには，主物と従物の所有者が同じでなければならない．そのことは，本条1項に明らかである．

◇　第2講　権利の客体としての物　◇

　(b)　370条の「付加一体物」との関係　　抵当権の効力の及ぶ範囲の問題として，抵当権に関する〈*lecture*〉で述べられることだから簡単に述べておく．抵当権設定前から従物であった物には抵当権の効力が及ぶことは本条2項からいえることだが，抵当権設定後の従物に関しても抵当権の効力が及び，担保競売の対象になることに異論がない．この場合には，抵当権の設定という処分行為の時点では存在していない物であるから，本条2項からは説明しにくいので，抵当権実行の申立による差押えを処分とみる裁判例もあるが，学説は，370条の付加一体物とみることで抵当権設定後の従物にも抵当権の効力が及ぶことを説明するものが多い．

　(c)　従たる権利　　土地の利用権に関して，従たる権利という観念が用いられる．たとえば，借地上の建物の所有者が，その建物に抵当権を設定し，抵当権が実行された場合，買受人は建物所有権のみしか取得できないのか，抵当権設定者たる建物所有者が有していた土地賃借権も併せて取得できるのか（このような問題が生じるのも，土地と建物を別個の不動産と構成したからである）．土地の賃借権は，この場合，建物の従たる権利として抵当権の効力に服し，買受人は土地賃借権も併せて取得できるとするのが学説の多数である．判例については，この後に述べる．なお，このことを前提とし，買受人は，競売による賃借権取得であるから事前に賃貸人の承諾を得ていないので（612条参照），借地借家法20条がその点の配慮をしている．

【演習判例】　最判昭和52・3・11 民集31-2-171

(1)　前提事実

①　本件12筆合計1000余坪の土地は，隣接する380余坪の土地とともにAが所有していたが，Bに賃貸され，Bは地上に10棟の住宅，工場，倉庫などの本件建物を建築所有していた．

　これら本件建物には，Bが代表者である会社の債務を担保するために，抵当権が設定登記されていた．

②　昭和26年にAが死亡し，本件土地はAの妻Y_1らが相続した．他方，昭和35年にBは本件土地の賃借権をXに譲渡し，Y_1らは，右譲渡を承諾した（この承諾はCがY_1らを代理してなしたものであり，その代理権の有無が争われたが，肯定されてい

◇ 第 2 講　権利の客体としての物 ◇

第 1 図　　　　　　　　第 2 図

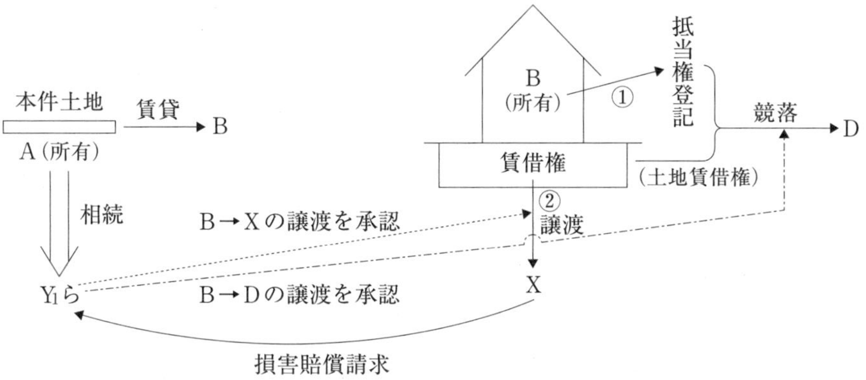

る).

　Xは，本件建物に抵当権が設定されていたことを知っていたが，Xとしては，本件建物はかなり老朽化しているので，そのまま使用する意図は全くなく，後日，右建物の抵当権者を含めた利害関係人と折衝して建物を取り壊し，または抵当権の実行がされた際にみずから競落して建物の所有権を取得した上で，これを取り壊し更地として使用するか，あるいは，建物を競落出来なかった場合には，建物競落人である第三者に本件土地の賃借権を譲渡し，これによって本件土地賃借権を取得する際に支出した投下資本の回収を考えていた.

　③　後に，抵当権が実行され，Dがこれを競落し，また引渡命令を得てその占有も取得した．直後にY₁らは，BからDへの本件土地賃借権の譲渡を承諾した．

　④　そこでXは，前記Xが本件土地賃借権を取得した趣旨からすれば，Y₁らは，本件建物が第三者に競落されても競落人に対し本件土地を賃貸したり，あるいはBからの競落人への賃借権の譲渡を承諾したりしてはならない義務を負っているにもかかわらず，これを承諾し，Y₁らのXに対する本件土地を使用収益させる債務が履行不能となったことを理由に，Y₁らに対して損害賠償を請求した．

(2)　原 審 判 決

　「建物競落人の本件土地賃借権承継取得をY₁らにおいて承諾すれば，賃貸人であるY₁らは本件土地をXと建物競落人とに二重に賃貸した法律関係を生ずることになり，後記認定のように賃借人である建物競落人が既に本件土地の占有を取

◇ 第2講　権利の客体としての物　◇

得しているのであるから，占有を取得していない賃借人であるXは占有を取得した賃借人である建物競落人に対し賃借権を対抗することができないことになり，ひいて占有を取得しなかった賃借人であるXに対する賃貸人（Y₁ら）の本件土地賃借義務は履行不能にならざるを得ない」として，Xの主張を認容した（賠償額は，本件土地賃借権の時価の4割相当額）。

(3) 判　　旨（破棄自判）

「土地の賃借人が当該土地上に所有する建物に抵当権を設定したときは，原則として，右抵当権の効力が当該土地の賃借権に及び（最判昭和40・5・4民集19-4-811），右建物について抵当権設定登記が経由されると，これによって抵当権の効力が右賃借権に及ぶことについても対抗力が生ずるものと解するのが相当であり（最判昭和44・3・28民集23-3-699参照），右抵当権設定登記後の土地賃借権の譲受人は，対抗力のある抵当権の負担のついた賃借権を取得するにすぎないのであるから，右抵当権の実行による競売の競落人に対する関係においては，競落人が競落によって建物の所有権とともに当該土地の賃借権を取得したときに，賃借権を喪失するに至るものというべきであり，さらに，競落人が右競落による賃借権の取得につき賃貸人の承諾を得たときには，右譲受人は，賃貸人との関係においてもまた賃借人としての地位を失い，賃貸借関係から離脱するに至るものと解するのが相当であって，賃貸人と譲受人及び競落人との間に二重賃貸借の関係を生ずるものではない。以後，賃貸人は譲受人に対して当該土地を使用収益させるべき義務を負わないのであるから，その履行不能を論ずる余地もないのである。」

「本来賃借権譲渡に関する賃貸人の承諾は，賃貸人との関係において有効に賃借権を譲渡することができるよう賃借権に譲渡性を付与する意思表示にすぎないのであるから（最判昭和30・5・13民集9-6-698参照），賃貸人は，譲受人に対し賃借権の譲渡を承諾したからといって，そのために競落人への賃借権の移転を承諾してはならない義務を負うことになるとは解されず，前述のように賃貸人が競落人に対して賃借権の移転を承諾したことにともない譲受人が賃借人としての地位を失う結果となっても，それはもともと譲受人の取得した賃借権に付着していた抵当権の負担が具体化したことによるものにすぎないのであって，これをもって，賃貸人の責に帰すべき事由によるものとすることはできない。」

1　コメント

370条は，抵当権は，抵当地の上に存する建物には及ばない，としたが，地上

権または土地賃借権を有する者が，当該地上に建物を所有しこれに抵当権を設定したときには，抵当権の効力はその土地の利用権にも及ぶのであろうか．本判決が引用する最判昭和40年は，この点につき以下のように説く．

「土地賃借人の所有する地上建物に設定された抵当権の実行により，競落人が該建物の所有権を取得した場合には，民法612条の適用上賃貸人たる土地所有者に対する対抗の問題はしばらくおき，従前の建物所有者との間においては，右建物が取毀しを前提とする価格で競落された等特段の事情がないかぎり，右建物の所有に必要な敷地の賃借権も競落人に移転するものと解するのが相当である．けだし，建物を所有するために必要な敷地の賃借権は，右建物所有権に付随し，これと一体となって一つの財産的価値を形成しているものであるから，建物に抵当権が設定されたときは敷地の賃借権も原則としてその効力が及ぶ目的物に包含されるものと解すべきであるからである．」

上記の結論について，学説にも異論はない．ただ，理論構成として，敷地賃借権は地上建物の従たる権利だからとする87条2項を類推する立場と，付加一体物と同様として370条を類推する立場とがある．上記昭和40年判例は，いずれかの見解をとることを明言しているものではないことに注意されたい．

本判例が引用する最判昭和44年は，土地の従物に対する土地抵当権の効力に関するものであって，すでに紹介した（石灯籠の例）．繰り返せば，「抵当権の設定登記による対抗力は，従物についても生ずる」と判示したものである．本判決は，借地上の建物に抵当権が設定された場合には，抵当権の効力は建物所有のための敷地賃借権にも及び，従物の場合と同じく（本判決も，従たる権利であるとは言っていない），抵当権登記によって対抗力を生じるとしたのである．

原審判決も，本件建物抵当権の効力は土地賃借権にも及ぶことは肯定しており，競売の結果その賃借権を取得したDと，抵当権設定登記Bから本件土地賃借権の譲渡を受けたXとの関係を二重賃貸借関係としていることから，Y₁らに履行不能による損害賠償請求を認めたのであった．

これに対し，本判決は，本件土地賃借権に対して建物抵当権設定登記時に抵当権の効力は第三者対抗力を取得するにいたり，これに遅れて賃借権の譲渡を受けたXは，当初からDに劣後する賃借権を取得したに過ぎず，したがって，D・X間には二重賃貸借関係は生じないとした．

物ないし権利相互間の主従の関係についての本判決のコメントは，これまでに

◇ 第2講　権利の客体としての物 ◇

尽きるのであるが，以下は本判例を考える上での若干の付言をしておこう．

　(1)　土地賃借権に抵当権の効力が及んでいる場合，これを担保競売で買い受けた者（買受人，競落人）が抵当権設定者の賃借権を承継取得することはいうまでもない．ところで，612条は，賃借権の適法な譲渡・転貸には賃貸人の承諾が必要であると定めている．ここで，賃貸人を甲，賃借人を乙，乙から賃借権譲渡を受けた者を丙，担保競売による賃借権取得者を丁とする．

　612条の甲の「承諾」とは，いかなる性格の行為でどのような効果を有するのか，という分析も必要だが（本判決では，承諾の性質につき，「賃貸人との関係において有効に賃借権を譲渡することができるように賃借権に譲渡性を付与する意思表示」とされている），ここでは，譲渡の場合に限って述べるが（転貸の場合には触れない），丙の乙からの賃借権の譲受けを甲に対抗できる，すなわち，甲乙間の賃貸借関係が甲丙間に移行するという結果が生ずるとしておく．

　契約である賃借権の譲渡では，甲の承諾を得られなければ，丙は無断譲渡として甲により解除権を行使されて（612条2項），目的土地を使用収益しえなくなる．この場合に，譲渡人乙には，甲の承諾を得る義務の不履行として，丙に対し損害賠償をする責任が生ずるか，という問題がある（甲が承諾をしない場合には，旧借地法9条の2を承けた借地借家法19条がある）．他方では，いかなる賃借権の譲渡にも常に甲の承諾が必須であるのか，無断譲渡でも甲が解除権を行使しえない場合があるのではないかという問題もある．

　賃借権を承継した場合に，甲の承諾が必要だということは，担保競売で取得した丁においても同様である．前記丙の場合と同じく，借地借家法20条で，甲の承諾に代わる許可の裁判という制度が置かれている（旧借地法9条の3を承けたもの）．

　(2)　本件では，原審は，丙と丁との間に賃貸借関係の二重譲渡が生じているとして，甲は丙に対して履行不能を生じさせたとして損害賠償責任を認めた．本判決では，甲が丁に対して賃借権の移転を承諾したことにともない丙が賃借人としての地位を失う結果となっても，それはもともと丙の賃借権に付着していた抵当権の負担が具体化したことによるものにすぎないから，甲には帰責がないとして原審を破棄し自判した．

　これまで述べたように，本判例は，丙・丁間には二重賃貸借関係は生じないも

のとするが，この点につき疑問がないわけではない．というのは，判旨は，丙は丁との関係においては，抵当権の実行による丁の競落によって賃借権を喪失し，さらに，丁が右賃借権の取得につき甲の承諾をえたときには，甲との関係においてもまた賃借人としての地位を失い，賃貸借関係から離脱するにいたる，と述べているのだから，甲と丙，甲と丁との関係では，甲が丁の競落による賃借権取得を承諾するまでは，丙，丁間に二重賃貸借関係がないとはいいきれないからである．もっとも，このように解しても，甲が丁に対して承諾することによって丙の賃借人たる地位を失わせたことについて，損害賠償責任が生ずるものか否かは，承諾という行為の性質をどうみるかによるであろう．

次に，対抗関係で当初から対抗できない地位にあるものは，そのような地位を譲渡した者に損害賠償責任を問うことはできないのであろうか．他人が所有権を有しかつ対抗要件を備えている物を買った者にも，561条は売主の担保責任を認めている．このこととの対比からは，甲に責任を認める余地がありそうだが（もっとも，このように構成したとしても，本件では丙（X）は悪意者であるから，561条後段により否定される），注意すべきは，本件では甲は譲渡人ではなく，丙・丁の賃借権取得に承諾を与えたという立場に過ぎないことである．そうだとすれば，責任を負うのは，自ら賃借権に効力が及ぶような抵当権設定登記をし，他方では丙に賃借権譲渡をした乙なのであろうか．

借地上の建物に抵当権が設定された場合には，抵当権の効力は敷地の借地権に及び，そのことの対抗力は抵当権登記による，という部分には疑問のない判決だが，この借地権につき抵当権登記に遅れて譲渡を受けた者がいる場合の貸地人の責任という部分については，考えさせるところのある判決である．

余計なことだが，借地上の建物の抵当権の効力は敷地上の賃借権には及ばず，買受人は建物所有権のみを取得するに過ぎないと解した場合には，買受人保護のために388条の類推適用ということは考えられないであろうか．

2　従物であることの主張立証

従物であることの要件事実は，①主物の経済的効用を高めるために附属させられた物であること（87条1項の表現によれば，「主物の常用に供される物」であること），②特定の主物に附属すると認められる程度の場所的関係にあること，③主物，従物ともに独立した物と認められること，④主物，従物ともに同一の所有者に属する物であること，である．大江忠（『要件事実民法(1)総則〈第3版〉』第一法規，2007

◇ 第2講　権利の客体としての物　◇

年）によれば,「ある物が他の独立した物の処分に従って,同様に処分された物であることを主張する者は,その物が他の独立した物と従物・主物の関係にあることを主張・立証すれば足り,その物も主物と併せて処分の対象となっていたことの主張・立証はいらない」と記述されている（同書 207 頁）．主物が処分の対象であることは,請求原因中で主張されているからである．

à plus loin

● 従物と付合

　従物と似た概念として付合がある．相違は,①従物であると認められるには,主物の経済的効用を高めるために附属させられたことであるが,付合ではそうとは限らない．②従物の「従属」の程度は付合の程度にまで至らない（従物は独立性を失っていない）．③従物は主物と同一所有者に属する関係にあるが,付合は所有者の異なる物が「その不動産に従として付合した」場合（242条）,または数個の動産が,「損傷しなければ分離することができなくなったとき」（243条）に生ずる．

　不動産の付合では,不動産の所有者がその付合した物の所有権を,動産の付合では,主たる動産の所有者がその付合した物の所有権を取得する．

　公式判例集を見る限り,動産の付合に関するものは見当たらない．以下では,不動産の付合に関する差戻判例を2件紹介する．

　(1)　**最判昭和 43・9・13 民集 22-6-1183**

　Xは,訴外Aから本件建物を買い受けたが,その建物には主屋の従としてYが接着して建てた附属建物（甲部分）があり,また,主屋に付合しているとされる乙部分もある．この附属建物甲部分が主屋に「従として付合した」もの,すなわちAに所有権があるのか,付合していないとしてYの所有であるのかが争われた．

　原審は,甲部分が主屋ならびに乙部分と構造的に接合されていないことを理由として,付合していないと判示したが,本判決は,「原判示によれば,甲部分と主屋部分とは屋根の部分において接着している部分もあるというのであるから,さらに甲部分と主屋部分および乙部分との接着の程度ならびに甲部分の構造,利用方法を考察し,甲部分が,従前の建物たる主屋部分に接して築造され,構造上

建物としての独立性を欠き，従前の建物と一体となって利用され，取引されるべき状態にあるならば，当該部分は従前の建物たる主要部分に附合したものと解すべきものである」として，破棄差戻をした．

(2) 最判昭和 57・6・17 民集 36-5-824

公有水面を埋め立てるために投入された土砂が，公有水面の地盤に付合して，国の所有となるか，が問題とされた．

原審は，「公有水面はもとよりその地盤も国の所有に属するものであるところ，埋立てのため右地盤に土砂を投入したときは，該土砂は，量の多少にかかわらず，不動産たる地盤の従としてこれに付合したものというべく，かつ，それは地盤の構成部分となって独立の権利の対象となりえない」と判示したが，本判決は，「公有水面を埋め立てるため土砂を投入した場合でも，未だ埋立場が造成されず公有水面の状態にある段階においては，右の土砂は公有水面の地盤と結合しこれと一体化したものとしてその価値の増加をもたらすものではないのが通常であり，また，埋立地が造成されてもそれが公有水面に復元されることなく土地として存続すべきことが確定されるまでは，右の土砂は公有水面埋立法 35 条 1 項に定める原状回復義務の対象となりうること等に照らすと，右の土砂は，その投入によって直ちに公有水面に地盤に附合して国の所有となることなく」として，原審に破棄差戻をした．

この判例の調査官解説では，付合の制度目的は，物と物との結合によって作出された価値を社会経済的に有用なものとし，これを保護することにあるから，物と物との結合が社会的機能からみて無意味なときは，原物の所有者の所有権をあえて否定してまで付合を認める根拠に欠けると述べられている（本件に則していえば，土砂が投入されても，まだ水面下にある状態の場合には，いまだ利用可能な土地は存在しないのだから，地盤と土砂との結合によってもなんら社会経済的機能は発揮されておらず，付合は否定されることになるわけである）．

◇ 第3講　意思表示 ◇

lecture

1　法律効果と法律要件

(1) 法律効果

　市民社会において，人は自由かつ独立した存在である．その意味においては，何者にもその行動を制約されることはないのが原則である．しかし，同時に人は，孤立しては生存し得ない．とりわけ，現代社会においては，人はさまざまな関係を他の人との間で構築することによって生存することが可能となる．すなわち，社会において人が生存するためにはさまざまな生活関係の構築が必要である．もっとも，市民社会における生活関係のすべてが法的な関係であるわけではない．むしろ，その一部が法的な関係を形成しているにすぎない．つまり，生活関係のうち，法的な効果（法律効果）を伴うものが法律関係と呼ばれている．

　では，法律関係とその他の生活関係を区別する法的な効果，すなわち法律効果とは，どのようなものであろうか．

　法律効果は，直接的であるか否かはともかくとして，権利の変動，すなわち権利の発生・変更・消滅の形で生じる．たとえば，間接的に権利の変動が生じる場合もある．法定代理人による同意は，それを欠く場合には取り消すべきことになるという点で，権利の消滅の可能性を生じるものといえるからである．

　権利の発生は，権利の絶対的発生と相対的発生とに分類できる．前者は，前主の権利にもとづかない権利の取得を意味し，たとえば，無主物の帰属（239条）や遺失物の拾得（240条），時効取得（162条）である．これに対して，後者は前主の権利にもとづく承継取得である．この承継取得は，包括承継と特定承継とに分類でき，それぞれ相続と売買による場合をあげることができる．また，観点を変えてみると，前主の権利をそのまま承継する場合と，前主の権利の一部について別個の権利として取得する場合とがあり得る．前者が，移転的取得であり，後者が設定的取得である．この設定的取得は，抵当権などの制限物権の取得の場合が該

当する．

　他方で，権利の消滅もまた，絶対的消滅と相対的消滅とに分類することができ，前者が権利の対象である物それ自体が滅失することによって生じるのに対して，後者は権利の対象である物の帰属を失うことによって生じる特定の主体における権利の消滅である．そして，権利の変更とは，その内容や性質，主体の変更などを意味する．このうち，主体の変更は，別の面から見れば，上述した権利の相対的発生であり，相対的な消滅である．また，内容の変更にはたとえば権利の対象である物の数量面での変更をあげることができる．さらに，性質の変更には，売買契約（555条）にもとづく目的物引渡請求権がその債務不履行によって損害賠償請求権に変更される場合をあげることができよう．

　そうすると，法的効果とは，権利義務の変動であり，法律関係とは，権利義務の変動を生じさせる関係である．

　以上を図示すれば，以下の通りである（我妻・総則231頁）．

権利の発生または権利の取得
　絶対的発生または取得——原始取得
　相対的発生または取得——承継取得
　　包括承継——相続による取得
　　特定承継——売買による取得
　　移転的取得——前主の権利をそのまま承継する場合
　　設定的取得——前主の権利の一部を別個の権利として承継(取得)する場合
権利の消滅
　絶対的消滅
　相対的消滅——権利の移転
権利の変更
　主体の変更
　内容の変更
　　数量の変更
　　性質の変更
　作用の変更

◇ 第3講 意思表示 ◇

(2) 法律要件

では，そのような権利義務の変動は，どのような関係を当事者が構築したときに，生じるのだろうか．当事者の意思が重要であることはいうまでもない．しかし，さらに分析するならば，どのような意思を当事者が有したときに，権利義務の変動が生じることになるのか．また，意思だけがあればよいのか．この点に関しては，意思，すなわち人の精神活動にもとづかずに，権利義務の変動が生じることがある．たとえば，ある事実の発生によって契約の効力が発生または消滅する場合である．このような一定の法律効果を生じうるような人の精神活動または事実の存在を法律要件と呼ぶ．つまり，権利義務の変動を生じさせる事実が，法律要件である．換言すれば，法律要件とは，法律効果を発生させる事実（法律事実）である．

また，さらに，このような法律要件は，人の精神活動が関与するか否か，また関与するとしてどの程度関与するのかによって，分析することができる．その分析されたものが，法律事実である．それは，従来の学説に従って示せば，以下の通りである（我妻・総則 232 頁以下）．

```
容態（人の精神活動に基づくもの）
  外部的容態（行為）――作為と不作為を含む
    適法行為
      意思表示
      法律的行為
      準法律行為
        意思の通知
        観念の通知
        感情の通知
      事実行為
    違法行為（不法行為および債務不履行）
  内部的容態（内心の意識状態）
    観念的容態―善意・悪意
    意思的容態―欲するか否か
事件（人の精神活動に基づかないもの）
```

以上の分類のように，法律要件は，人の精神活動にもとづくか否かによってまず分類され，もとづくものを容態，もとづかないものを事件と呼ぶ．後者には，時間の経過や物の滅失などが含まれる．他方，前者である容態は，その精神活動が外部に現れるのか否かによって，外部的容態と内部的容態とに分類され，前者は行為と呼ばれる．つまり，人の行為は，人の精神活動の外部への表現であるといえる．また，この行為は，積極的に行為を行うか否かによって分類され，それぞれ作為と不作為と呼ばれる．

(3) **法 律 行 為**

すでに述べたように，法律行為とは，法的効果を発生させるものであるから，結局，権利の発生・変更・消滅といった法律効果を生じさせる法律要件の総体として理解することができる．つまり，法律行為は，法律効果を発生させる行為であり，その法律行為は，いくつかの法律要件から成立しているといえる．より正確には，法律行為は，1個または複数の意思表示とその他の法律事実からなる法律要件であると定義することができる．

2　法律行為と意思表示

(1) **法 律 行 為**

すでに述べたように，社会において法的な関係を形成するためには，当事者がその関係の形成を欲しなければならない．そのような視点に立つとすれば，法律行為の中でももっとも重要な法律要件は，人の意思を外部に現す意思表示だということになる．しかし，同時に法的な関係は，通常，1人では成り立たない．すなわち，相手がいて初めて社会的に意味のある関係となるからである．そうであるとすれば，法的な関係を形成するためには，2人の人が互いに法的な関係の成立を欲し，その両者の間においてその欲するところが一致したときに，希望された関係が成立することになる．そのことを端的に表すものが「契約」である．つまり，契約においては，当事者が有する法律効果を欲する2つの意思の表示がその内容の点において合致していることになる．というのは，当事者の意思の表示がその内容の点で一致していないのであれば，お互いの欲する関係は結局異なっていることを意味するからである．

(2) **法律行為の種類**

以上の意味において，契約こそが典型的な法律行為ということができる．もち

◇ 第3講 意思表示 ◇

ろん法律行為は，契約に尽きるものではない．一般に，法律行為には契約の他に，単独行為（一方行為）と合同行為とがあるとされている．

たとえば，一方的に法律関係を形成する場合がないわけではない．具体的にいうならば，他人の権利義務を一方的に発生消滅させる場合である．もちろん，当該本人の意思によらず，一方的に本人を不利益な状況に陥れることは本来許されることではないのであるから，特別に法が許したときにのみそのような行為を行うことができる．たとえば，契約の解除や取消しなどである．

これに対して，契約とは，互いに同一の関係の成立を欲する者の間で，その関係の成立を求める意思の表示が合致した場合に，成立する．このとき，両当事者の間では，互いに「双方向的な」意思が存在しており，その意思の合致が生じている．たとえば，売買契約が締結される場合には，一方当事者がある物を売るという意思を有しており，他方当事者がその物を買うという意思を有しているときに，その売買について当事者の意思の合致が存在することになる．すなわち，両当事者の有する意思はその内容の点でまったくの同一ではなく，むしろ一方が「売却」であり他方が「購入」である点で対立的である．しかしこの場合に初めて売買を行おうという両当事者の意思が一致することになる．もちろん，互いにその意思を相手方に対して表さなければ，互いの意思の存在を互いに認識することができないのであるから，当然に，それぞれの意思が相手方に対して表示されることになる．つまり，契約においては，当事者間において互いに対する意思表示が「双方的に」存在し，それが一致しているときに成立する．

さらに，法律行為には，合同行為と呼ばれるものがある．これは，法人の設立など一定の目的に向けられた複数の者の意思表示が一致しているもののことである．合同行為と契約との相違は，意思表示が当事者間において双方的に，すなわち当該当事者間において「対向的に」存在するのかそれともいわば「同一方向に向かって」存在するのかの相違であるとされている．この点で，複数の当事者間に共通する権利義務の発生・消滅に関わるものが合同行為であって，これに対して当事者各自の権利義務の発生・消滅に関わるものが契約であるとし，合同行為における意思表示は当事者間において交換的ではなく，むしろ共同的になされていると整理される（川島・総則159頁以下，幾代・総則187頁以下など）．

3　法律行為の成立・不成立

では法律行為は，どのような場合に成立するのか．もちろん，法律行為を構成する法律要件が存在することが必要である．それを欠く場合には，法律行為は成立しない．さらに，分析するならば，法律行為の成立のためには，その構成要素である法律要件が必要であり，法律要件の存在が認められるためには，法律事実がなければならない．

では，この点を典型的な法律行為である契約について分析してみるとどうなるだろうか．ある物品をめぐって売買が行われる場面を想定すると，当該物品を売ろうとする者と買おうとする者との間で，その意思が合致するときに，売買契約が締結される．このとき，売主の意図する売買契約の内容と買主の意図する売買契約の内容が一致していることが必要である．このとき，売買契約，すなわち法律行為は有効に成立する．他方で，両者の間で意図された内容が合致しない場合には，契約それ自体が成立しない．このとき，それぞれの当事者は，自己の欲する契約内容に関する認識とそれを相手方に表示した内容との間での齟齬は生じていない．

この点で，自己の欲する契約内容に関する認識と相手方に表示された内容との間で齟齬の生じている錯誤とは異なることになる．この点を示した判決として次の事件をあげることができる．

【演習判例】大判昭和 19·6·28 民集 23-387

(1) 事 実 関 係

Xが生糸製造の権利を訴外Aに譲渡し，その代金をYが支払うことを約したところ，この契約の内容について争いが生じたものである．すなわち，代金額金1万 290 円のうち金 8290 円の支払いは約定日までにあったものの，残金 2000 円の支払いがなかったために，その支払いを求めたことに端を発した．すなわち，当時，生糸製造をめぐってはその生産規模の調整が行われており，新たに製造を始める者から廃業した者に対して全国蚕糸業組合連合会を通じて補償金が支払われており，この 2000 円がちょうど補償金相当額であったために，補償金が譲渡代金の一部であるのか否かの点で両当事者の認識が異なっており，Xは代金とは

◇ 第3講　意思表示 ◇

別であると解し，Yは代金の一部と解していた．しかし，両者の間で代金支払に関して特段の意思表示はなされていなかった．なお，Xは連合会からの補償金をすでに受領済みであった．Xの請求に対して，Yは弁済済みであると反論するだけではなく，さらに両当事者間において代金についての意思の合致を欠くから本契約は不成立であるなどとして，すでに支払った代金額の返還を反訴として請求した．

原審は，補償金に関する当事者双方の内心の意思が一致しないものの，表示行為自体においては双方の意思が一致しており，契約は成立すると判断した．

(2) 判　　旨（破棄差戻）

「本件契約ニ於テハXハ生糸製造權利ヲ譲渡シYハ其ノ代金トシテ金一萬二百九十圓ヲ支拂フヘキ旨ヲ定メタルノミニテ生糸繰絲釜ニ關スル權利竝ニ補償金ニ付何等意思表示ヲ爲ササリシコト及當時ノ事情ニ鑑ミルトキハ生糸製造權利ノ譲渡ハ當然繰絲釜ニ關スル權利ノ譲渡ヲ包含シ之ニ伴ヒ譲渡人カ全國蠶糸業組合聯合會ヨリ受クヘキ補償金ハ譲渡代金ノ一部タルヘキモノト解スヘク從テ之ニ付何等意思表示ナカリシ本件契約ニ於テモXハ生糸製造權利ト共ニ之ニ相當スル繰絲釜ニ關スル權利ヲモ譲渡シ之ニ對シYカ右聯合會ヨリ受クヘキ補償金ハ代金ノ一部タルヘク Yハ一萬二百九十圓ヨリ右補償金ヲ控除シタル殘額ヲ支拂ヘハ足ルヘキ趣旨ナリト解スルヲ相當トスルコトハ原判決ノ確定シタル所ナリ而シテ本件契約ニ當リXニ於テハ契約ノ文言ノ通リ生糸製造權利ノミヲ譲渡シ其ノ代金トシテYヨリ一萬二百九十圓全額ノ支拂ヲ受クル意思ヲ以テ右契約ヲ爲シタルニ反シYニ於テハ生糸製造權利ト共ニ繰絲釜ニ關スル權利モ共ニ譲渡セラレ之ニ對シYヨリ代金トシテ一萬二百九十圓中右補償金ヲ控除シタル殘額ノミヲ支拂フヘキ意思ヲ以テ右契約ヲ爲シタルコト亦原判決ノ確定セル所ナレハ此等原判示事實ニ依レハ本件契約ノ文言ニ付テハ當事者雙方ニ於テ互ニ解釋ヲ異ニシ雙方相異レル趣旨ヲ以テ右文言ノ意思表示ヲ爲シタルモノニシテ兩者ハ契約ノ要素タルヘキ點ニ付合致ヲ缺キ從テ契約ハ成立セサリシモノト云ハサルヘカラス」

● コメント

(1) 裁判所の判断枠組み

裁判所は，この事件において，一方で当事者間において締結された契約自体から導くことのできる合意内容を確定するとともに，他方において，契約当事者それぞれがその契約において意図していたことを，当該事件における裁判での主張

から確認している．つまり，裁判所は，いわば契約の客観的な内容と主観的な意図を確認しているといえる．その上で，この両者に齟齬があり，しかもその齟齬が契約における要素に関する齟齬であることから，結局，両当事者の意思表示に一致が見られないと判断しているわけである．

そうであるとすると，この判断枠組みに関しては，当事者間における意思の合致の問題であるとの視点の他に，客観的な合意内容との齟齬を生じた当事者についてその意思形成過程での錯誤としてとらえる視点も考えることができよう．というのは，この事案に即して考えるならば，売却代金の中に保証金相当分が含まれているか否かに関して，相手方に示された表示の客観的内容と異なった意思が形成されているといいうるからである．このような視点からすれば，本件は，意思表示の不成立が問題となるケースではなく，むしろ有効に成立した契約についての一方当事者の認識と表示との齟齬が問題となるケースといえそうである．

そしてこのような立場からは，本判決は，意思主義的な意思表示論に依拠したものであり，近年の意思表示に関する通説的な見解である表示主義的な意思表示論からは支持できるものではないと指摘されている（鹿野・判批〔百選6版〕39頁）．

(2) 意思表示の分析

では，そもそも，意思表示はどのように理解されてきたのか．意思表示がどのようになされるのかを分析すると，まず第一に表示者がその意思を持つ原因となった動機があり，この動機にもとづいて表示者の内心において意思が成立する．この内心の意思にもとづいて，それに相応する表示を行おうとする意思（表示意思）が形成され，さらにこの表示意思にもとづいて意思が表示（表示行為）される．そして，まず，契約が成立する場合とは，当事者間において交換された意思表示が合致していることを前提とする．先ほどの分析に従えば，当事者間において交換された表示行為が一致していることが必要であり，その上で，当事者のそれぞれの内心の意思が一致していなければならない．問題は，両者が一致している場合であればよいが，そうでない場合に，契約の成否はどのように解されることになるのかである．端的には，当事者の内心の意思を重視するのか，それとも外部に対してなされた表示を重視するのかが問題となる．

この点に関して，本判決の依拠する意思主義的な意思表示論の立場においては，契約当事者のそれぞれが有する内心の意思（真意）の内容を追求した上で，その内心の意思の合致がない場合には契約が成立しないと考えることになる．こ

のように解するならば，一方当事者において客観的になされた表示が意味する内容とその者の内心の意思とが食い違っており，他方当事者において客観的になされた表示に合致する内心の意思を有していた場合には，結局のところ両当事者の内心の意思は合致していないことになる．そうすると，この場合の契約は不成立になる．つまり，本件に照らすならば，Xは表示された金額とは別に保証金があると解していたのに対して，Yは表示された金額に保証金が含まれていると解していたからである．当然，両者の間で表示された金額が何を指し示すのかの解釈をめぐって争いが生じることになる．この立場に立つならば，それぞれが表示の背後においてどのような真意を有していたかを探求し，それが否かをまず問題とすることになる．このため，この立場に立つ限りは，客観的な表示が一致していることによっていったん成立したかに見えた契約であっても，当事者間においてその契約文言の解釈に争いがある場合には，契約が不成立となる可能性がある．そうであるとすると，いったん成立したはずの表示はほとんど意味を持たないことになる．

(3) 表示主義的意思表示論

そこで，表示に対する信頼をより重視すべきであるとの観点から，この意思主義的な見解を修正する立場も主張されている．すなわち，客観的な表示が一致している限りにおいて契約が成立していると考える立場である．つまり，この見解によれば，契約の成立に関して，表示行為の客観的な意味に従って判断されるべきであると解する（契約の成立における表示主義）ことになる．そして，この立場からは，表示行為によって示された客観的意味こそが契約の内容であり，この契約内容と当事者の意思との齟齬こそが錯誤であると解されることになる（我妻・総則241頁，我妻・債権各論上55頁，谷口＝五十嵐・新版注釈民法(13) 415頁［谷口知平，小野秀誠］，川島・判批［判民19年度］118頁）．本件をこの立場から分析すると，客観的な表示として契約を観察するならば，その代金額は一致しているわけであるから，本件における売買契約は成立していることになる．ただし，当事者の有している内心の意思と客観的な表示との間に齟齬がある場合には，契約が有効に成立していることを前提にしつつ，その内心の意思と表示との齟齬が錯誤に該当するのか否かが問題となる．本件においても，本判決において取られたような契約の成立自体を否定するのではなく，契約自体は成立するとしつつ，一方当事者の錯誤を問題にすべきであったと評価されている（たとえば，鹿野・判批39頁）．

しかし，本判決からさらに離れて考察するならば，客観的な表示が一致によって契約が成立するということを徹底した場合には，当事者のいずれもが客観的表示とは異なる内心の意思を有しており，その互いの内心の意思が合致している場合に，結局，全体としてみれば，当事者間で合致している内心の意思と異なる客観的な表示にもとづいた契約の成立を認めることになってしまう．このような解決は，当事者の意思とは異なった契約の成立を認めることになり，妥当ではないといえよう．さらに，同様に客観的な表示が合致しているとしても，互いにその客観的な表示とは異なる内心の意思を有しており，しかもその内心の意思も一致していない場合にも，契約の成立をそもそも認めるべきであるのかが問われよう．このように考えると，客観的な表示の一致のみによって契約の成否を決定することには慎重であるべきであろう．このような見地から，まず当事者が表示に対して付与していた内容が問題とされるべきであって，この点を確認した上で，両当事者においてこの点での一致がみられるならば，契約が成立することになると解する立場がある（賀集「契約の成否・解釈と証書の証明力」23頁，石田「法律行為の解釈方法」159頁）．そのうえで，この点における当事者の意思の一致がみられないならば，どちらの当事者による表示への意味づけが客観的にみて正当であるか検討し，正当な側の表示内容によって契約を成立させる．他方で，契約内容として組み入れられなかった当事者については，別途錯誤の問題として扱われることになる．さらに，この立場では，両当事者の表示への意味づけのいずれもが正当であると認められない場合にあっては，客観的な表示の合致による契約の成立ではなく，契約の不成立と結論づけるべきであると解している．

　このような立場は，結局のところ，意思表示それ自体が当事者の意思の伝達手段であることを重視して，その観点から，当事者の有している意思やそれを外部に表現した表示行為に対する当事者の具体的な認識ないし理解を保護しようとするものであるといえよう（鹿野・前掲判批39頁）．

　このように考えると，本件の具体的な解決は，本判決のように契約の成立を否定するのではなく，むしろ契約の成立を肯定した上で，客観的に一致している表示と当事者の内心の意思の齟齬をさらに分析することで錯誤の問題として取り扱われるのが妥当であったと評価できよう．

(4) 契約不成立をめぐる主張立証

　しかし，仮に，本判決の立場を前提とするならば，当事者間の意思の不一致に

◇ 第3講 意思表示 ◇

よって契約の不成立が認められることになる．そうであるとすれば，そのような場合に当事者はどのような主張立証を行う必要があるのか．

　そもそも売主が契約の成立を主張し，その相手方がその成立を争っているのであれば，売主が成立を基礎づける事実を主張し，立証しなければならない．これに対して，相手方は，その成立を否定する事実の主張立証責任を負う．本件の事実関係では，買主による不成立の主張がなされており，その前提として売主から不足代金の支払請求がなされた．そうすると，売主は，民法555条に従って，売買契約の締結したとの主張立証をする必要がある．すなわち買主との間で生糸製造の権利を譲渡する旨の意思表示と代金の支払いの意思表示がなされたことが主張され立証されることになる．その上で，すでに弁済をうけた額を控除した残額の請求であるとすると，買主は，合意された代金額全額の弁済の事実を抗弁として主張することになろう．そうすると，ここで売主と買主との間における代金額の合意について，その内容の点で一致があったかが問題となる．したがって，売主には単に売買契約の締結があったというだけにとどまらず，代金額の確定に関しても主張立証する必要があることになろう．

　もっとも，これに対しては，代金の支払請求をする売主の側では，買主との間で生糸製造の権利をめぐる売買契約が締結されたことを主張立証すれば足り，代金額を争う買主の側で具体的に合意された代金額が幾らであったのか，本件に照らせば，補償金を含んでいたのか否かを主張立証することが必要であるとも考えられる．本件において買主は，結局のところ，代金弁済の抗弁とともに契約不成立を主張しているのであるから，当事者間で代金の合意がなかったことを主張立証する必要があろう．そうであるとすれば，売主が契約書などによって客観的な代金額の合意を主張するのに対して，買主がその客観的な表示が当事者の内心の意思に合致しておらず，意思の合致が当事者間においてなかったと主張することになると考えられるのではないだろうか．

à plus loin

1　法律行為の成立要件と法律行為の効力要件
(1)　両者の区別

　では，その他の点を含めて，法律行為の成立のためにはどのような要件の具備が必要であろうか．ここでも，法律行為のうちの双方行為，すなわち契約を念頭

に置くことにしたい．そうすると，契約を成立させるための意思表示の合致が当然必要である．しかし，当事者間において意思が合致すれば，すべての契約が成立するのか．

　この点については，一般には，次のように解されている（我妻・総則 242 頁以下）．すなわち，法律行為の成立のためには，法律行為の当事者と目的と意思表示の存在が必要であり，それらが存在すると法律行為は成立することになる．しかし，これらの一般的な成立要件を満たしただけでは，法律行為の内容に応じた法律効果の発生には至らない．つまり，法律行為がその効力を発生するためには，成立要件の他に効力発生要件を備えなければならない．この効力発生要件についても，当事者と目的と意思表示に関して必要である．すなわち，行為能力を有する当事者であって，確定可能であり適法であって社会的に妥当な目的を有するものであって，さらに内心の意思との齟齬のない意思表示である場合に，法律行為に関する効力発生要件を満たすことになる．そして効力発生要件を満たすならば，原則として，法律行為はその成立と同時に効力を生じることになる．

　このように法律行為の効力の発生に関わって，効力発生要件と成立要件とが分離されているのは，仮に効力発生要件である法律行為の目的の確定可能性が成立要件であるとすれば，それを欠く限り，法律行為は成立しないことになる．たしかに，効力発生要件と同じく，結局は，法律行為の効果発生に関する障害であるのだから，効力の不発生という点をみれば同じである．もっとも，欠けていた要件が目的の確定可能性ではなく，当事者の内心の意思と外部に現れた表示との齟齬であったとすると，錯誤を生じた当事者がその相手方に対して表示通りの効果の発生を改めて是認する可能性を残しうる．つまり，効力発生要件を欠くのであれば，追認することによって新たな行為を行ったこととすることが可能である．これに対して，そのような齟齬を成立要件としてしまえば，いったん不成立となった以上は，もはや追認は可能ではないことになる（谷口・注釈民法⑬ 114 頁［谷口知平］，谷口=五十嵐・前掲［谷口，小野］）．この点が成立要件と効力発生要件との相違の1つである．

　さらに，契約をめぐる当事者間の紛争を念頭に置くならば，当事者がそのような主張立証が課されているかという点においても，成立要件であるか効力発生要件であるかの相違が生じ得る．すなわち，有効に成立した法律行為にもとづいて発生する法律効果の実現を主張する者は，その主張を根拠づけるために自身が依

53

◇ 第3講 意思表示 ◇

拠する法律行為の成立を主張立証する必要がある．そうすると，法律行為の成立要件についての具備を主張立証するのは，法律効果の実現を主張する側である．たとえば，パソコンを購入する目的で売買契約を締結した者がパソコンの引渡しを請求する場合には，パソコンに関する売買契約の成立要件を主張立証しなければならない．これに対して，相手方が，契約において表示されたパソコンを別のパソコンと誤解していた場合には，表示と真意との間に齟齬があり，錯誤となる．これは，上述するところの法律行為の効力発生要件であり，法律行為の成立を前提としてその効力の無効なることを当該相手方が主張することになるのであるから，意思表示が錯誤により無効であることの主張立証は，当該売買契約の相手方が行わなければならない．

　もっとも，以上のように，法律行為の成立要件と効力発生要件を区別することは一応意味があるとされているものの，同時に通常はあまり厳密に区別する実益はなく，挙証責任の所在によって区別することが一応便利であるとされている（幾代・総則195頁注(1)）．このような指摘を踏まえるならば，効力発生要件と成立要件についての区別自体よりも，具体的にどのような内容の契約であれば，有効と解されるのかを探求することがより重要であると考えられる．この点に関しては，従来から，法律行為の内容に関する一般的有効要件として議論がなされている．

(2) **法律行為の内容（目的）に関する有効要件**

　法律行為の目的については，それが確定しており，また，可能であって，適法であり，さらに社会的に妥当でなければならないとされている．

　すなわち，契約内容が不明瞭では，法律行為の当事者が何を望んでいるのかが不明であるということになるため，法律効果を生じさせることはできなくなる．そのように考えるならば，契約内容が明瞭である必要がある．また，法律行為の内容が実現可能でないならば，当事者による任意の実現がない場合に国家権力による強制的な実現もまた不可能であって，結局，無意味なものとなってしまう．したがって，契約内容についても実現可能でなければならない．その際，可能であるか不可能であるかが問題となり得る．そして，その判断基準は，社会的な通念に従うことになり，その判断は法律行為の時を基準として行われる．

　さらに，法律行為は適法に行われるものでなければならない．これは，民法91条に規定されている任意規定と異なる内容の法律行為を当事者が自由に行うことができることの反対解釈からも明らかである．つまり，強行法規に反する内

容の法律行為は，当事者が法律効果を望んでも，不適法であって無効であるということになる．ここで，強行法規とは，法令中の公の秩序に関する規定であって，法律行為との関係においてはそれがいわゆる「効力規定」である場合に，法律行為の効果発生が否定される．それに対して，いわゆる「取締規定」である場合には，私法上の効力は否定されないと解するのが一般的である．このため，ある具体的な行政法上の禁止規定が，効力規定であるのか，それとも取締規定であるのかの区別が重要である．そのため，それぞれの法規について，その立法趣旨や違反行為に対する社会的倫理的な批判の程度，当事者間の信義や公正，さらに一般取引に及ぼす影響などが考慮されるべきであると指摘されている（我妻・総則 264 頁，幾代・総則 199 頁）．

また，法律行為の内容が「公の秩序又は善良な風俗」（公序良俗）に反することは許されない（90条）．すなわち，公序良俗に反することを目的とする法律行為は，無効である．このことは，原則として自由な法律行為に関して全くの無制約であるということではなく，法の持つ根本的な理念と矛盾することなくその範囲において認められるということを意味するにすぎない．いわゆる内在的な限界である．そして，個別具体的な強行法規違反に限らず，このような一般的抽象的な制約があるのは，法があらかじめすべての行為について網羅的に規定を準備することができないことを前提として，柔軟な対応を可能にするためであると考えられる．また，ここで，公序とは，国家や社会の基本的な秩序を意味し，良俗とは，社会における一般的な道徳観念を意味するが，公序と良俗というそれぞれ別個の具体的な概念が具体的な意義と範囲を持つのではなく，むしろ法の持つ根本的な理念を表現したものにすぎないと解すべきであり，通常は，「社会的妥当性」の意味であるとされる（我妻・総則 270 頁以下，幾代・総則 206 頁）．

公序良俗違反に何が該当するのかに関しては，その時代や社会によって少しずつ変化しており，固定的なものではない．むしろ，従来から，類型的に捉えられてきている．たとえば，正義の観念に反するもの，人倫の基本的な要請に反するもの，個人の自由を極度に制限するもの，営業の自由などの経済的な自由を過度に制限するもの，暴利行為，さらに著しく射倖的なものなどである．最終的には，社会において事実上支配的な道徳観念にもとづいて，法律行為が公序良俗に反するか否かを判断することになろう．

なお，従来の類型的な把握は雑然としており，脈絡がないとの観点から，公序

◇ 第3講 意思表示 ◇

良俗違反として私人間の私的自治・契約自由に介入する根拠をどのように捉えるのかという視点に立って，公序良俗の類型を再構成しようとする見解も登場している（山本・総則 233 頁以下）．

2 意思表示
(1) 意思表示と法律行為

上述したように，意思表示は，法律行為の要素であり，意思表示の内容にしたがって，法律効果が発生することになる．そのため，法律行為によって生じうべき法律効果を確定するためには，当該法律行為において当事者がどのような法律効果を意図していたのかが確定されなければならない．これが，法律行為の解釈である．しかし，契約を例にとるとすると，契約の目的を確定させる場合，法律行為の解釈とは一体何を対象として行うことになるのか．意思表示を解釈すれば足りるのか，それとも契約それ自体，すなわち法律行為の解釈であるのか．法律行為と意思表示を特段には区別せず，契約の解釈は結局意思表示の解釈であるとの立場もあり得る．

しかし，民法典は法律行為に関する規定と意思表示に関する規定とを区別して定めており，後者の規定が意思表示の効力を否定することで，当事者間における意思表示への拘束を問題としているのに対して，前者の規定は成立した法律行為の内容を問題としてその効力を否定しようとするものである．すなわち，法律行為においては，その内容が問題となるのに対して，意思表示においては，法律行為の拘束力の根拠となるものであって，異なる側面を問題としている（四宮=能見・総則 195 頁以下）．つまり，法律行為に関しては発生すべき法律効果が問題となり，意思表示は法律行為がなぜ当事者を拘束するのかを問題としているともいうことができる．

そもそも法律行為は，上述したように，当事者の意思を根拠として当事者を拘束するものである．すなわち，当事者がその望むところを実現することが合理的であるという自由と個人の判断を重視した考え方を基盤としている．このような考え方が結局のところ私的自治の原則であり，この私的自治の実現が法律行為ないし意思表示である．つまり，法律行為によって法律効果が発生し，その結果に拘束されるのは，当事者の意思に依拠することになる．そうであるとすると，この意思を重視して意思表示を理解することが重要であろう．

仮にこのような意思を重視する立場を強調すると，意思表示を外部へと表示す

る表示行為との関係が問題となる．すなわち，表示行為があったとしても，その表示行為から逆に推測される意思が存在しない場合や，当事者の意思の形成過程に瑕疵があった場合に，その意思表示が成立しないあるいは無効となる可能性がある．このように意思を重視する立場は意思主義と呼ばれる（意思主義と表示主義に関しては，川島＝平井・新版注釈民法(3) 42 頁以下［平井宜雄］参照のこと）．

　しかし，意思主義の貫徹は，外部において認識できない当事者の内心の意思によって法律行為の成否が決定されるため，とりわけ表示行為との齟齬が問題となる場合に，表示行為を信頼した相手方に不測の損害を与える可能性がある．この点を考慮して，表示行為こそ重視されるべきであるとの主張がなされることがある．いわゆる表示主義の立場である．この表示主義の立場にあっては，表示行為に対応する内心の意思が存在しないとしても，表示行為から推測される意思が存在するものとして，表示行為にしたがった法律効果の発生を認めることになる．このように解することによって，取引の安全をはかることができる．しかし，この立場を強調することが，表示さえあれば当事者の意思は問わないということになるのであれば，当事者の意思とは無関係な法律行為の成立を認めることの妥当性が問われることになる．

　結局のところ，法律行為において，表示と意思のいずれに重点を置くのかという点に関しては，極端な意思主義の立場も極端な表示主義の立場もいずれも適切ではないことは明らかであろう．むしろ，その中間的な折衷的な立場が求められる．つまり，意思と表示の適切なバランスである．どのようなバランスがよいのかについては，個別具体的に検討されなければならない．

(2) **意思表示の構成要素**

　上述したように，意思表示の成立過程を心理的に分析すると，意思表示を行う者は，ある動機にもとづいて，その動機を実現しうるような法律効果を求める意思（効果意思）を有し，その効果意思を外部に対して表示しようとする意思（表示意思）にもとづいて，外部に対して表示すること（表示行為）によって，相手方に表示する．すなわち，動機，効果意思，表示意思，表示行為という段階を経ることになる．このうち，外部から認識可能であるのは，表示行為だけであるので，表示行為を受領した者にとっては，その受領した表示行為から推測される当事者の意思（表示上の効果意思）こそが当事者の効果意思であると解しうることになる．しかしすでに述べたように，この表示上の効果意思と，当事者が本来有して

◇　第3講　意思表示　◇

いる効果意思（内心の効果意思）とが一致しない場合があり，そのような場合に内心の意思と表示とのいずれを優先して判断するのかという問題が生じるのである．

　表示と内心の意思との関係を意思表示の効力との関係において整理すると，次のように示すことができる．すなわち，意思表示の基礎となる内心の効果意思を欠く場合と，内心の効果意思はあるのだが，それを形成する過程において問題を生じている場合とである．前者は，「意思の欠缺（意思の不存在）」と呼ばれ，具体的には，心裡留保，虚偽表示，錯誤がこれに該当する．他方後者は，「瑕疵ある意思表示」と呼ばれており，具体的には，詐欺および強迫による意思表示が該当する．その効果は，前者については無効であり，後者については取消しである．これらは，内心の効果意思が存在しないことと，形成過程に問題があるとしても形式的には存在している場合との相違によるものである．もっとも，錯誤の効力に関して，その効果である無効の主張が表意者に限定されていることから，「取消的無効」として理解する立場がある（たとえば，内田・民法Ⅰ75頁，幾代・総則276頁）．そうであるとすれば，意思の不存在と瑕疵ある意思表示との区別がどれほど貫徹されるべきであるかについてはなお検討の余地があるといえよう．

(3)　表　示　意　思

　では，表示意思は必要であろうか．たしかに心理的な分析を行うならば，表示意思の存在を認める必要があると考えられる．しかし，表示意思がなければ，意思表示を構成できないと考えるべきであろうか．

　たとえば，「表示上の錯誤」の場合とは，当該意思表示によって表示されるような内容を，表示しようとする意思（表示意思）がない場合である．この場合は，要するに，表示上の効果意思に対応する内心の効果意思を欠くことになる．このとき，表示意思が意思表示の要素として必要であるという立場に立つならば，意思表示そのものの要素を欠くことから，意思表示自体が不成立となる．しかし，このような場合に，意思表示を不成立にするのではなく，表示意思を意思表示の要素として捉えず，むしろ表示と内心の効果意思との齟齬が生じていると解して，錯誤と解すべきではないかとの立場が近年の通説であるとされている（幾代・総則237頁，我妻・総則242頁，川島＝平井・新版注釈民法(3)41頁［平井宜雄］など）．これによれば，表示上の錯誤は錯誤として扱われ，その意思表示は無効となる．もっとも，表示を誤った者に重大な過失があるときには，その無効を主張できないことになる．

◇ 第3講 意思表示 ◇

　これに対しては，さらに，表示意思を欠くのであれば，それを表示するために誤った表示手段を選択したとして非難することはできないのであるから，意思表示の成立を認めることはできないことや意思表示をしているという認識なしには何かを決定したと解することができないとの理由から，表示意思を必要と解する見解も根強く主張されている（山本・総則 113 頁以下）．また，そもそも効果意思が法律効果の内容を規定し，その法律効果を負うことの根拠が，そのような効果意思を表示しようとする表示意思にあるのではないかという視点から，表示意思の重要性を再検討すべきであるとする主張もある（前田達明「意思表示の構造」判タ425 号 5 頁）．

en plus

　現在検討されている債権法改正との関係において，法律行為および意思表示に関しては個別の項目についてはともかく，大勢においては大きな変化はないといえよう．しかし，法律行為の総則的規定に関しても，法律行為に関する定義規定の新設（基本方針【1.5.01】），消費者概念や消費者契約概念の民法典への取込み（同【1.5.07】および【1.5.08】），公序良俗概念の具体的規定化（同【1.5.02】）などいくつかの提案があり，さらに意思表示規定に関しても意思能力に関する規定の新設（【同 1.5.09】）が提案されている．もっともこれらの提案は，従来の議論において確立していたものを明文化したものとされている．たしかに，法律行為に関する定義規定の新設などはそれに該当する．同時に，意思表示に関する意思能力についての規定では，従来の理解と両論併記の形ではあるが，意思能力，改正提案の文言では「法律行為をすることの意味を弁識する能力」を欠く場合に，「取消」がその効果として提案されている（同【1.5.09】提案〈1〉）．この点は，意思欠缺であるのか否かという従来の理解を超えて，意思無能力者の保護に関わる問題であるとの立場から，行為能力の制限の場合と平仄を合わせたものとされている．また，両論併記の形で，従来通り無効と規定することも可能であるとしつつ，改正提案では，相対的な無効と理解すべきであるとしている．これは，意思能力に関する諸規定の実践的な目的を判断能力の低下の局面であるとし，複雑な行為を前提とすると，「およそ法的に意味のない行為」と「法的には意味があるが，取り消しうる行為」との区別が困難であり，無効と取消しを一元化することによってこのような区別を排除しようとするものである．

◇ 第4講 虚偽表示 ◇

lecture

1 虚偽表示とその効果

(1) 虚偽表示

　虚偽表示とは，外部に表示された当事者の意思とその表示を行った者の真の意図との間に齟齬があり，かつ，その齟齬があることについて当該表示者が了解している場合である．つまり，表示者は，みずからの真の意図と異なる意思を外部に表示しており，その事実を承知していることになる．

　当事者の真の意図と外部に表示された意思との間に齟齬があるのであるから，外部から認識される表示にはそれを裏付ける当事者の意思を欠くことになり，意思にもとづかない行為であるという点において，その意思表示は，有効なものとして，成立しないことになる．すなわち，虚偽表示は，意思表示としての有効性を欠く．その限りでは，虚偽表示は，無効である．

　問題は，意思表示が単独でなされる場合であれ，双方的になされる契約の場合であれ，有効に成立しない意思表示をあえて行う者にとっては，その行為を外形的には成立させようとしている点にある．すなわち，みずからの真の意図を隠蔽した上で，それとは矛盾する外形的な行為を成立させようとしているわけである．当事者がそのような行為の効力を後に否定する場合にあっては，そもそも当事者において行為が有効でないことを知っているのであるから，その効力を否定しても問題はない．この点は，単独の意思表示の場合だけではなく，契約の場合であっても同様である．というのは，契約相手方は，一方当事者が真意に非ざる契約を行うことを認識した上で，それに応じているからである．仮にそのような真意に非ざる契約を行うことを知らない場合であれば，契約相手方においていわゆる心裡留保であるかあるいは詐欺が成立することになろう．しかし，相手方と通じてなした虚偽表示，すなわち通謀虚偽表示は，真意でないことを知っているのであるから，その外形的な行為が無意味であることは言うまでもない．その意

味において，通謀虚偽表示は当事者間においては，常に，無効である．

仮に，当事者間においてなされた通謀虚偽表示にもとづいて不動産の所有権移転登記がなされたとするならば，その移転登記の原因である当事者間の売買契約自体が無効なのであるから，所有権移転登記は無効な原因にもとづくものであって，それを維持する意味はない．したがって，当事者間においてそのような不動産移転登記を抹消することは当然に認められることになる．

また，通謀虚偽表示に関しては，当事者にとってその真の目的に関して，さまざまな態様があり得る．すなわち，典型的なものとしては，債務者が自己の財産，多くの場合に不動産に対する差押えを回避するために，自己の不動産を一時的に相手方名義とする場合である．また，その他にも，当事者間において不動産を贈与することについての意思の一致はあるが，実際には売買契約が締結されているという場合も，通謀虚偽表示に当たる．したがって，これらの場合に当事者間においてなされた売買契約がその効力を有しないのは当然である．もっとも，後者の場合には，当事者間においては贈与という目的で真意が一致しており，通謀虚偽表示であると同時に，その背後に贈与が隠されている．このような隠された行為は隠匿行為（秘匿行為）と呼ばれる．

(2) 隠匿行為

この隠匿行為は，外形的な行為が通謀虚偽表示であることには変わらないが，その隠された部分についての効力を当事者間において認めることができないかは，それ自身において意思表示ないし法律行為としての効力を認めうる要件を備えているか否かによって判断されることになる．したがって，それ自体として意思表示として当事者間において合致しており，法律行為の有効要件を満たす場合には，当事者間においてその隠された行為としての効力を認めることができる．換言すれば，当事者が隠匿行為の有効性を主張するためには，外形である虚偽の表示行為の無効を主張することになる（四宮＝能見・総則 207 頁）．

なお，この隠匿行為には，その態様による分類が可能である．すなわち，外形的な行為が当事者の権利関係を何ら変更するものではないことについて当事者間で合意がある場合（いわゆる消極的隠匿行為を伴う虚偽表示），当事者間において行われる真正の法律行為を，それと法的性質，内容または主体などの点で一致しない外形的行為によって隠匿するもの（いわゆる積極的隠匿行為を伴う虚偽表示），または，外形的行為の解消について当事者が合意し，そのための方法についての法律

◇ 第4講 虚偽表示 ◇

行為を伴うもの（いわゆる回復的隠匿行為を伴う虚偽表示）である（これらの分類については，川島・注釈民法(3) 162 頁［稲本洋之助］を参照のこと）．

(3) 虚偽表示の効果

　通謀虚偽表示が当事者間において無効であること自体は上述の通り当然であるとしても，問題は，その無効な行為にもとづいて，第三者との間で新たな法律関係が形成されたときに，この無効を当該第三者との関係においても貫徹することが許されるのかである．本来，無効な行為にもとづいて何らかの法律関係が形成されたとしても，そのような法律関係は外見的に有効であるかのようにみえるだけで，効力を生じないはずである．しかし，それでは，当初の当事者があえて真実でない法律関係を形成したこととの比較において，当該第三者の保護に薄いといえよう．そこで，民法典は，本条2項において，通謀虚偽表示の無効を善意の第三者との関係で制限している．これは，通謀虚偽表示によって形成された虚偽の外観，すなわち表示行為の外形を信頼して法律関係に加わった第三者の保護を目的としている．他方で，当事者があえてそのような外観を作り出した以上は，そのことによって不利益をこうむったとしてもやむを得ないといえる．つまり，当事者にはそのような虚偽の表示を作出したことについての帰責性があるわけである．虚偽表示の無効が善意の第三者に対抗できないというこの効果は，この2つの根拠から導かれている．

　ここで，「対抗できない」ということの意味は，177条における「対抗できない」とは異なり，無権利の法理の例外としての意味がある．すなわち，本来であれば自身が権利者であるとして無権利者である第三者に対して自己の権利を主張できるはずである．しかし，ここでは権利者自身に帰責性があるために，善意の第三者に対して自己に権利のあることを主張できないことを意味する．この結果として，善意の第三者は，本来取得できない権利を，反射的に取得することになる．したがって，第三者との関係において虚偽表示自体が有効となるわけではない（近江・民法講義195頁）．

　また，保護されるのは「善意の第三者」である．ここで，「善意」とは利害関係を生じる際に，虚偽表示であることを知らないことであり，民法典における他の外観信頼保護法理とは異なって，「無過失」であることを要しない．判例もこの立場をとる（大判昭和12・8・10新聞4181-9）．学説は，無過失を不要とする立場と，必要とする立場とに分かれる．前者の立場によれば，権利者は，自己が外観

を作出しており，その外観通りの責任を負うにすぎないため，他の外観信頼保護法理と異なって，無過失を要しないと解している（我妻・総則292頁）。これに対して，後者では，真実の権利者の犠牲において第三者の信頼を保護する以上は，当該第三者の信頼が保護に値するものである必要があり，外観が虚偽表示でしかなかったことについて，無過失である必要があるとする（四宮＝能見・総則204頁）。

さらに，保護されるべき「第三者」の範囲については，次のように解されている．通謀虚偽表示の当事者およびその一般承継人以外で，これを信頼して，その効果について利害関係の当事者となった者である．具体的には，不動産の仮装譲受人から転買した第三者（最判昭和28・10・1民集7-10-1019）やその不動産上に抵当権の設定をうけた者（大判昭和6・10・24新聞3334-4），さらに仮装債権の譲受人（大判昭和13・12・17民集17-2651）や仮装譲受された目的物に対する仮装譲受人の差押債権者（大判明治32・10・6民録5-9-48，大判昭和12・2・9判決全集4-160）などである．これに対して，第三者に含まれない者としては，仮装譲受人の一般債権者や土地の仮装譲受人からの当該土地上にある建物賃借人などがある（後者につき最判昭和57・6・7判時1049-36）．もっとも，後者については，第三者性を肯定する見解もある（たとえば，四宮＝能見・総則204頁）．さらに，第三者からの転得者も第三者に含まれる．この場合，直接の第三者が悪意であっても，転得者が善意であれば，94条2項によって保護される（最判昭和45・7・24民集24-7-1116［この判決自体は94条2項類推適用の事案である］）。

(4) **虚偽表示の撤回**

通謀虚偽表示を行った後，当事者間において，当該虚偽表示を撤回した場合には，どのように扱われるのだろうか．通謀虚偽表示自体は，当事者間において無効であり，その撤回それ自体は，何の問題にもならない．むしろ撤回と同時に，通謀虚偽表示によって形成された虚偽の外観を取り除くことが必要だと解されている（我妻・総則294頁）．しかし，古い判例は，当事者間において当該通謀虚偽表示が撤回されれば，その外形が残存しても，その後に取引関係を生じる第三者は94条2項の保護をうけ得ないとされている（大判大正8・6・19民録25-1063，大判昭和13・3・8民集17-367）．もっとも，最高裁は，学説と同様に，虚偽表示の外形の除去を必要とし，除去がなく，外形を信頼した第三者との関係では，94条2項による保護を認めているようである（最判昭和44・5・27民集23-6-998：ただし，幾代・総則262頁注(2)はこれを傍論と評している）．

◇ 第4講　虚偽表示 ◇

2　94条2項の適用と類推適用

(1)　94条2項の適用

　94条2項の適用が問題になる局面とは，当事者間における通謀虚偽表示を前提とする法律関係に，さらに第三者が加わって，新たな法律関係が構築されている場面である．このとき，当初の契約当事者間において締結された契約は，一方当事者の真意に非ざる契約であって，本来有効に成立しないものである．それにもかかわらず，当該契約当事者間においては，当該契約を外形的には有効に成立しているとの通謀が存在している．この基礎の上に，第三者が法律関係を構築する場合には，本来有効に成立していない契約にもとづいて第三者の法律関係が構築されることから，その基礎を欠く以上は，第三者によって構築された法律関係もまた有効性を欠くことになるはずである．しかし，法は，そのような場合における第三者が基礎となった法律関係の有効性に関わって，その有効でないことを認識している場合でなければ，第三者の基礎となった法律関係に対する結果として誤った認識を保護し，基礎となった法律関係をその限りで有効として取り扱う．これが94条2項の問題である．つまり，第三者からみた場合，これは，作出された外観への信頼が保護されるということに他ならない．その意味において，第三者にとっては，外観信頼保護法理である．

　この通謀虚偽表示の規定は，法律行為全般に適用される．一般には，契約がもっとも問題となる．債権契約か物権契約かを問わないし，要物契約にも適用がある．さらに，単独行為にも適用される．たとえば，契約解除（最判昭和31・12・28民集10-12-1613）や共有持分の放棄（最判昭和42・6・22民集21-6-1479）などである．しかし，通謀虚偽表示の規定は，身分行為については適用がない．たとえば，離婚（大判大正11・2・25民集1-69）や養子縁組（大判明治44・6・6民録17-362）などは，当事者の意思が行為にとって絶対的に必要な場合であって，これに関わる虚偽表示はすべての関係において無効となる（幾代・総則263頁など）．

(2)　94条2項の類推適用

　これに対して，94条2項の類推適用は，94条2項の本来適用が持っている第三者にとっての外観信頼保護機能を通謀虚偽表示以外の場面で用いようとするものといえる．この外観信頼保護機能を有する制度として，民法典は，表見代理に関する110条や即時取得に関する192条などの規定を有している．

この外観信頼保護機能に着目して，本来適用の範囲を超えて 94 条 2 項を用いるものが 94 条 2 項の類推適用である．とりわけ，不動産売買の局面において用いられている．これは，わが国の不動産登記に公信力がなく，登記という外観を信頼して取引関係に入った第三者であっても，本来であれば，保護されない結果となるからである．そのような場面で，登記という外観を信頼した者を保護することで，取引の安全を保護しようとする点に，94 条 2 項の類推適用の重要な機能があるとされている（四宮＝能見・総則 208 頁）．

94 条 2 項の類推適用は，判例によって展開されてきたが，それらは次のように類型化される（四宮＝能見・総則 208 頁以下）．すなわち，まず，大きく意思外形対応型と意思外形非対応型に分けることができる．これは，作出された外観が真の権利者の意思に一致しているのかそれとも一致していないのかである．さらに外観が真の権利者の意思に一致している意思外形対応型は，その外観を真の権利者が作出したのか，それとも他人が作出したのかによって，外形自己作出型と外形他人作出型とに分けることができる．

意思外形対応型の典型が外形自己作出型である．たとえば，建物の所有者が他人の名義で保存登記をし，その登記名義人が第三者にこの建物を売却したという場合である（最判昭和 41・3・18 民集 20-3-451）．この場合には，真の権利者である建物所有者は，自ら虚偽の外形である他人名義の保存登記を経由しているが，その際名義人の承諾を得ることはあっても，積極的に「通謀」がなされているわけではない．この意味において，94 条 2 項の本来適用は可能ではない．しかし，第三者からすれば，この場合にあっても，真の権利者によって作出された保存登記を信頼して，その名義人の所有であると信頼したわけであるから，この第三者は 94 条 2 項の類推適用によって保護されることになる．

他方で，権利者が自ら外形を作出したのではなく，他人によって虚偽の外観が作出され，それを権利者が承認した場合などが，外形他人作出型である．この場合には，真の権利者が外観を作出したわけではないのであるから，その意味において真の権利者の帰責性はそれほど大きなものではないといえる（最判昭和 45・9・22 民集 24-10-1424 は，虚偽の外観に対する真の権利者の明示または黙示の承認によって，94 条 2 項の類推適用を肯定している）．さらに，真の権利者が虚偽の外観を単に放置していたにすぎない場合であっても，第三者は保護されることになるのか，それとも真の権利者には虚偽の外観が存在していたことについての帰責性はもは

◇ 第4講 虚偽表示 ◇

や存在しないということになるのかは，現在なお争われている（保護を肯定する下級審裁判例として，東京高判平成 2・2・13 判時 1348-78 があり，否定するものとして，名古屋高判昭和 62・10・29 判時 1268-47 がある）．

　意思外形非対応型の場合は，真の権利者の承認した外観が作出された後，その外観の名義人によって別の外観が作出され，この第2の外観を信頼した第三者が登場した場合である（たとえば，最判昭和 43・10・17 民集 22-10-2188）．したがって，この場合には，第三者の信頼した外観については真の権利者の意思に対応したものではないという特徴がある．この場合には，真の権利者の意思に対応した外観がない以上，その外観を承認していたことを帰責性の根拠とすることはそもそもできないわけであるから，別の法的枠組みが必要となる．そこで用いられているのが，94条2項と110条の「法意」を用いて第三者を保護するという方法である．すなわち，第2の外観を作出することが可能となったのは，第1の外観を作出し，名義人に一種の端緒を与えてしまったからである．この点で，110条が規定する基本代理権を超えて（無権）代理行為がなされたという権限踰越の表見代理の場合に類似しているためである．したがって，第三者の信頼した外観が真の権利者の意思に対応したものでなかったことから，信頼するについて第三者の善意だけではなく，無過失もまた必要であると解されている．

3　通謀虚偽表示の主張立証

(1)　通謀虚偽表示の主張立証責任

　通謀虚偽表示であることの主張立証に関しては，たとえば，仮装売買が行われた場合であれば，「売買が真意ではないこと」と「相手方も了承していること」とを，無効の主張をする者が負うことになる．通常は，通謀虚偽表示によって形成された虚偽の外観について，その抹消などを主張する真実の権利者によって，無効の主張がなされると思われる．

　94条2項の第三者の「善意」の主張立証責任に関して，判例は，第三者が自己の主張立証責任を負うとする（最判昭和 35・2・2 民集 14-1-36，最判昭和 41・12・22 民集 20-10-2168）．しかし，これに対しては，無効を主張をする側，すなわち真実の権利者に第三者の悪意を主張立証する責任があるとの見解がある（我妻・総則 292 頁，幾代・総則 258 頁）．94条の制度趣旨，即時取得，表見代理などの外観信頼保護制度における主張立証責任との均衡を考えるべきであるとの理由にもとづ

く（幾代・総則258頁）．さらに，虚偽の外観が登記である場合については，登記が有している権利の推定効によって，仮装売買の買主に移転した登記を信頼した第三者については，その善意無過失が推定されると解すべきであるとの主張もある（四宮＝能見・総則205頁）．

(2) **善意の第三者として保護をうけるには対抗要件を具備していなければならないか？**

では，94条2項の第三者としての保護を主張するに際して，第三者の側で，対抗要件まで必要であろうか．この問題は，誰との関係において登記が必要であるのかという観点で，2つの局面に分かれる．1つは，通謀虚偽表示における当事者と第三者との関係である．これに対して2つ目は，通謀虚偽表示における当事者，すなわち真の権利者から当該目的物を譲り受けたものと善意の第三者との関係において登記が必要であるのかという問題である．

まず，当事者と第三者との関係において，善意の第三者が保護されるためには登記が必要か．この関係においてもさらに登記を要することの意義は2つの問題に分かれている．第1は，対抗要件としての登記の要否である．すなわち，通謀虚偽表示の当事者と第三者とが177条の対抗関係に立つのかという問題である．この問題については，対抗関係ではないというのが判例・通説の立場である（四宮＝能見・総則206頁ほか，最判昭和44・5・27民集23-6-998［94条2項類推適用のケース］）．そもそも，通謀虚偽表示の場合には，真の権利者と第三者とは対抗関係に立たず，177条の適用の基礎を欠く（山本・総則140頁など）．またこの立場は，虚偽の外観を作出したという真の権利者の帰責性を考慮すれば，妥当であると解されている（幾代・総則260頁など）．

第2は，177条の対抗要件ではないが，94条2項によって真実の権利者の犠牲の下で善意の第三者が保護される以上は，取引においてなすべき事をなしていることが必要であるとして，登記を備えた善意の第三者のみが保護されるのではないかという考え方である（いわゆる権利保護要件としての登記）．この権利保護要件としての登記という考え方は，96条3項の善意の第三者について問題とされている．その問題について判例は，登記なくして保護されるとする（最判昭和49・9・26民集28-6-1213）ことからすれば，通謀虚偽表示の場合であっても同様であろう．さらにまた，そもそも真の権利者の帰責性を考慮すれば，取引上必要であるとして登記を要求することすら妥当ではないといえる（山本・総則141頁）．

◇ 第4講　虚偽表示　◇

　次に，真の権利者からの譲受人と第三者との関係において，登記は必要であろうか．この場合は，典型的な二重譲渡に該当し，対抗問題として解決されるべきであると解されている（幾代・総則 261 頁，四宮＝能見・総則 206 頁）．判例もまた，同様である（最判昭和 42・10・31 民集 21-8-2232）．もっとも，対抗要件であるとしつつ，第三者は譲受人との関係において登記を不要であるとする見解もある（高森八四郎・判批［判時 42 巻 6 号］125 頁以下）．それによれば，第三者との関係において真の権利者と名義人との間の虚偽表示は有効として扱われ，その結果，真の権利者から譲受人への譲渡と有効として扱われる虚偽表示とが対抗関係に立ち，登記を名義人が有している以上，名義人との関係において譲受人は劣後し，名義人の承継人である第三者にも劣後すると解する．

【演習判例】最判平成 18・2・23 民集 60-2-546

(1) 事　案

　平成 8 年 1 月 11 日頃，X は知人 A から紹介をうけて本件不動産を 7,300 万円で購入し，所有権移転登記を経由し，その後，本件不動産の第三者への賃貸を A に依頼し，不動産管理委託費等として 240 万円を交付し，平成 8 年 7 月以降第三者に本件不動産を賃貸した．その後平成 11 年 9 月にいたり，A から 240 万円の返還のために必要であるとして本件不動産の登記済証を預けるよう求められ，これに応じて A に預けた．また，別途 X が A に依頼していた別件土地の所有権移転登記手続および合筆登記手続に必要であるとして A から求められた印鑑登録証明書各 2 通を 2 回にわたって交付した．平成 12 年 2 月 1 日，X は A からの求めに応じて，別件土地の登記手続に必要であるとして実印を漫然と交付し，A が本件不動産の登記申請書に押印するのを傍観した．同日，A は，この登記申請書ならびに A が以前から預かっていた印鑑登録証明書および本件不動産の登記済証を利用して，本件不動産について X から A に対する平成 12 年 1 月 31 日売買を原因とする所有権移転登記（本件登記）を経由した．その後，平成 12 年 3 月 23 日に，A は Y との間で本件不動産を 3,500 万円にて売却する契約を締結し，4 月 5 日に A から Y に対する所有権移転登記を経由した．なお，Y は，本件登記などから A が本件不動産の所有者であると信じ，かつ，そう信じるについて過失がなかった．そこで，X は，Y に対して，A から Y に対して行われた本件不動産の所

◇ 第4講　虚偽表示 ◇

有権移転登記の抹消を求めて，訴えを提起した．

　第1審は，AのYに対する本件不動産の売却は，Xの代理人としての行為ではなかったが，民法110条が類推適用されるべきであるとして，Xの請求を棄却した．さらに第2審においても，XはAを全面的に信頼して本件不動産の購入管理に関する代理権を授与しており，そのように信頼されていることをAが奇貨として授与された権限を濫用して本件不動産についての虚偽の外観を，所有権移転登記の経由や登記済証の所持などによって作出し，本件不動産をYに処分した事案であって，民法110条の権限踰越型表見代理が適用される場合の事実関係と類似するとして，同条を類推適用してXの控訴を棄却した．

　これに対して，Xは，本件事案がAによって勝手に獲得された本件不動産の所有権登記を信頼した第三者の保護が問題となっているのであるから，民法94条2項の類推適用とあわせて民法110条の類推適用がなされるべき事案であって，民法110条の類推適用のみを行った原審判決には法令解釈に重大な誤りがあると主張して，上告受理を申し立てた．

　(2)　判　　旨（上告棄却）

「Xは，Aに対し，本件不動産の賃貸に係る事務及び別件土地についての所有権移転登記等の手続を任せていたのであるが，そのために必要であるとは考えられない本件不動産の登記済証を合理的な理由もないのにAに預けて数ヵ月間にわたってこれを放置し，Aから別件土地の登記手続に必要と言われて2回にわたって印鑑登録証明書4通をAに交付し，本件不動産を売却する意思がないのにAの言うままに本件売買契約書に署名押印するなど，Aによって本件不動産がほしいままに処分されかねない状況を生じさせていたにもかかわらず，これを顧みることなく，さらに，本件登記がされた平成12年2月1日には，Aの言うままに実印を渡し，AがXの面前でこれを本件不動産の登記申請書に押捺したのに，その内容を確認したり使途を問いただしたりすることもなく漫然とこれを見ていたというのである．そうすると，Aが本件不動産の登記済証，Xの印鑑登録証明書及びXを申請者とする登記申請書を用いて本件登記手続をすることができたのは，上記のようなXの余りにも不注意な行為によるものであり，Aによって虚偽の外観（不実の登記）が作出されたことについてのXの帰責性の程度は，自ら外観の作出に積極的に関与した場合やこれを知りながらあえて放置した場合と同視し得るほど重いものというべきである．そして，前記確定事実によれば，Yは，Aが

◇ 第4講 虚偽表示 ◇

所有者であるとの外観を信じ，また，そのように信ずることについて過失がなかったというのであるから，民法94条2項，110条の類推適用により，Xは，Aが本件不動産の所有権を取得していないことをYに対し主張することができないものと解するのが相当である．」

● コメント

(1) 本判決の意義

まず，本件の事案は，AがXから取得した登記済証や印鑑登録証明書，実印などを利用して経由した不実の所有権移転登記にもとづいて，AがYに本件不動産を売却したというものである．この点からすれば，本件は，いわゆる94条2項の類推適用が問題となる事案である．しかし，同時に，本件不動産の購入や管理に関して一定のAの関与があり，また，Aに一定の代理権が付与されていたとみられうる事案であった．このため，後者の要素を重視すると，民法110条の類推適用が問題となり，本件1審と2審は，そのような立場に立ったものと考えられる．それに対して，本判決は，94条2項と同時に110条をも類推適用するといういわゆる重畳的類推適用を認めている．この94条2項と110条の重畳的類推適用は，従来から最高裁判例において認められているものである．しかし，従来の判例と，本判決とは事案の形態において若干の相違があると指摘されている（渡邉拓・判批［判時1950号］186頁以下，中舎寛樹・判批［リマークス34号］9頁など）．

(2) 判例の展開

94条2項の類推適用については，次のように判例が展開してきている．すなわち，まず，判例は，昭和29年8月20日判決（民集8-8-1505）において，不動産の売買契約自体は虚偽表示ではなかったが，登記手続きにおいて真正権利者である不動産買主が他人と通謀の上，直接に同他人名義で不実の所有権移転登記を経由した場合に94条2項の類推適用を肯定した．次いで，真正権利者本人が自ら不実の登記を作出した場合，いわゆる虚偽の外観作出ケース（最判昭和45・7・24民集24-7-1116）について，さらに，他人の専断によって不実登記が作出された後に，本人がこれを知りながらその存続について承認を与えたと認められる場合，いわゆる虚偽の外観の他人作出ケース（最判昭和45・4・16民集24-4-266）についても，その適用を拡大した．そして，最判昭和45・9・22民集24-10-1424において，判例は，不実の登記の作出の後，その事実を知りながら真正権利者がその不実の登記を放置した上で，その不実の登記に依拠した抵当権設定を行って

いた場合にも,「明示または黙示の承認」があるとして94条2項の類推適用を認めている.

これらのケースでは,不実の登記という外観について,権利者みずからが作出するなり,他人が作出し,それを明示または黙示に承認するなど,権利者の意思と外観との間に対応関係がある場合ということができる(たとえば,四宮=能見208頁以下など).これに対して,そのような権利者の意思と外観である登記との間に対応関係のないものとして,権利者の承認した外観が作出された後に,名義人によって別の外観が作出され,この2番目の外観に対する第三者の信頼を保護するか否かが問題となる場合がある.これに属するものとしては,たとえば,最判昭和43・10・17民集22-10-2188がある.これは,不動産につき売買の予約がなされていないにもかかわらず,通謀した上で,その予約を仮装し,所有権移転請求権保全の仮登記手続をした場合に,外観上の仮登記権利者がそれを奇貨としてその仮登記を本登記に改めたときは,外観上の仮登記義務者は,本登記の無効を善意無過失の第三者に対抗することができないと解すべきであるとした.この場合には,仮登記の作出は,権利者によるものであるが,それに依拠して作出された本登記については,権利者の意思に対応するものではない.またこの場合には,裁判所は,民法94条2項および110条の法意から,第三者の保護要件として善意だけではなく,無過失をも要求している.

(3) 裁判所の判断枠組み

以上とは異なり,本件では,上述したように,94条2項および110条の類推適用がなされたケースであり,権利者は,第三者の信頼した外観をみずから作出したわけでも,それを「明示または黙示に承認」したわけでもない.また権利者が作出した外観に依拠して別の外観が作出され,それを第三者が信頼したというわけでもない.すなわち,本件は,従来の裁判例において問題とされてきたケースとは異なった事実関係を対象としているということができる.すなわち,本件において問題とされた権利者本人の行為は,Aの要求に安易に応じて,印鑑登録証明書や本件不動産の登記済証を交付し,さらに実印をAに手交して,書類への押印を漫然と傍観した点にある.最高裁判所は,これらの権利者の行為を「余りにも不注意な行為」として,「自ら外観の作出に積極的に関与した場合やこれを知りながらあえて放置した場合と同視し得る」と評価している.つまり,最高裁判所は,この点に権利者の帰責性を求めているのである.そして,この帰責性の

◇ 第4講 虚偽表示 ◇

故に，みずから作出したわけでもなく，それを承認したわけでもない，まったく関与のない外観を信頼した第三者は，その信頼が善意無過失であるときに保護されることになる．そうであるとすると，本判決は，従来の判例からさらに第三者保護の範囲を広げたものとして評価できることになる（中舎・判批8頁ほか）．もっとも，このような評価に対しては，本判決は，従来の94条2項と110条の重畳適用の類型をも包含したうえで，帰責性の判断基準の限界を示したものであるとの評価もある（渡邊・判批187頁）．

では，第三者はどのような場合にまで保護されるのか．すなわち，94条2項の類推適用の限界はどこにあるのかが問題となる．本件における94条2項と110条との重畳的「類推適用」が従来の重畳適用における「法意」の場合とでどのように異なるのかという点も問題となる．しかし，そもそも94条2項だけではなく，110条をも重畳的に用いるという点においては，両者は共通しており，この点で94条2項単独の類推適用の局面を超えた保護を第三者に与えているということができる．そうすると，本件において裁判所が「あまりにも不注意な行為」として評価した権利者の行為が帰責性判断の基準としてどのように位置づけられるのかが問題となろう．

この点で，ほぼ同様に関係書類の交付を行った事案でありながら，94条2項と110条の類推適用が否定された裁判例がある（最判平成15・6・13判時1831-99）．この事件では，Aとの間でX所有の不動産を売却する契約を締結したXが，Aの代表者Bからの測量・地目変更等のために必要であるとの説明を受けて，白紙委任状，登記済証，印鑑登録証明書を交付したところ，これらの書類を悪用してAが代金を支払うことなく，XからAへの所有権移転登記を経由し，さらにAはYに対して本件不動産を売却する契約を締結して，その移転登記も経由している．最高裁判所は，この事件においてXが登記済証などを交付したのは地目変更に利用するためであると信じていたことや本件での各登記が時期的に接着された時期になされていること，さらにXの経歴などを勘案した上で，Xには本件不動産について虚偽の権利の帰属を示す外観を作出する意図は全くなかったことや，その外観の存在を承知しながら放置していたものでもないことなどを重視して，虚偽の外観の作出に何ら関与しておらず，放置もしていないXは94条2項，110条の法意に照らしても，Yに所有権が移転していないことを対抗し得ない事情はないと判断した．平成18年判決との相違は，別件の土地の所有権移転に本件不動

産の登記書類等が必要であるとして交付した平成 18 年判決に対して，当該土地の地目変更に必要であった平成 15 年判決の場合には，関連書類の交付についての合理性の点で異なっている（渡邉・判批 186 頁）．このほかにも外観の作出時期について接着していた平成 15 年の場合と，かなりの期間が経過した平成 18 年の場合との相違や巧みな言い逃れによって権利者の疑念を回避した平成 15 年と権利者自身がかなり漫然としていた平成 18 年の場合など不実の外観を回避する可能性の点などを考慮すれば，単に関連書類を交付していただけではなく，帰責性に関する総合的な判断がなされているとの指摘がある（渡邉・判批 186 頁）．もっとも，これに対しては，権利者の対応の程度に差はあるものの，結局は，第三者の信頼した虚偽の外観を作出しうるだけの関連書類を交付しているのであり，平成 18 年判決と平成 15 年判決とで，結論を異にするほどの差があることについて疑念が示されている（中舎・判批 9 頁，高田敦・判批［法セミ 618 号］115 頁）．

　結局のところ，本判決に対するこの評価の差は，94 条 2 項の類推適用を 110 条の重畳適用が問題となる事案についても認めるのか，それとも本来的に 94 条 2 項単独の類推適用にとどめるべきであるのかに求められよう．後者の見解は，虚偽表示があったと同様であると評価できるだけの積極的な帰責性が権利者に認められる場合に，類推適用の限界があるとの立場に立っている．これに対して，前者の見解は，94 条 2 項類推適用論が，94 条 2 項の本来適用の場面とは異なって，結局のところ，外観信頼保護法理の現れであるとの立場に立っているものと考えられる．このことは，94 条 2 項単独における類推適用の場面であっても，他人による外観作出において権利者が放置したとされる場合に，適用があると考えるか否かにおいて現れているのではないだろうか．たしかに，下級審においては 94 条 2 項単独の類推適用の事案において，放置の場合に第三者の保護を認める裁判例が登場している（たとえば，肯定例としては，東京高判平成 2・2・13 判時 1348-78 があり，否定例としては，名古屋高判昭和 62・10・29 判時 1268-47 がある）．また，本判決自体が他人による外観作出を知りながら放置していた場合と外観作出に権利者が関与していた場合とを並列において，本件の権利者による不注意な行為を評価している点などからも，放置の場合にあっても 94 条 2 項単独の類推適用を認めるのではないかと推測されよう．

◇ 第4講　虚偽表示 ◇

à plus loin

● 94条2項類推適用のその他の局面

　94条2項は，上述したように，外観信頼保護法理の現れとして一般法理であるかのように解される傾向がある．このため，不動産物権変動における不実の登記を信頼した第三者の保護の局面以外においても，用いられている．

　たとえば，法律行為の無効や取消しが問題となる局面における94条2項の類推適用の問題である．すなわち，不動産の売買契約が錯誤や詐欺，または強迫によって無効または取り消された場合に，すでに移転していた所有権移転登記を信頼した第三者が，当該不動産を譲り受けたときに，この不動産登記によって形成されている虚偽の外観への信頼が問題となる．判例の立場は，たとえば，詐欺取消がなされた場合については，第三者の登場，すなわち第三者への当該不動産の譲渡が取消しの前後のいずれであるのかによって，異なっている．つまり，取消前に登場した第三者との関係では，取消しの遡及効と96条3項による遡及効の制限の問題として扱っている．これに対して取消後に登場した第三者との関係では，取消しによる復帰的な物権変動と第三者への不動産譲渡とをいわゆる対抗問題として取り扱い，民法177条によって問題を解決しようとしている．しかし，これに対しては，取消しの前後での取扱いが異なるのは整合的ではないとして，両者を94条2項類推適用によって解決しようとする立場が有力である（たとえば，四宮＝能見・総則213頁，幾代「法律行為の取消と登記」32頁以下など）．このような立場は，結局，不実の登記という虚偽の外観を信頼したものをいかにして保護するのかという外観信頼保護法理として94条2項の類推適用を理解しているといえる．その意味において，すでに94条2項の本来適用の場面とは，状況を異にしているといえよう．また，このような立場に立つことは，結局のところ，不動産登記に関して事実上の公信力の認められる範囲を著しく拡大することに帰着する．もっとも，これらの立場も，どの時点からあるいはどのような局面において取消に94条2項の類推適用を認めるかについては，異なっている．たとえば，当初の譲渡の取消可能時点から，取り消さずに放置することが虚偽の外観作出に準じる状態であるとして，その時点以降の善意の第三者について94条2項の類推適用による保護を認める見解（幾代・総則436頁）や取消可能時点では曖昧であって，取消前の外観放置は94条2項の類推に適さないとして取消後の第三者

について 94 条 2 項の類推適用を認める立場（四宮=能見・総則 238 頁以下）などがある．これらは，不動産物権変動における取消しと登記の問題として議論されている．

　また，このほかにも，担保物権法の領域において，いわゆる譲渡担保における第三者との外部関係に関わって，この 94 条 2 項類推適用論が主張されることがある．譲渡担保における外部関係とは，譲渡担保契約の当事者である譲渡担保権者と譲渡担保設定者のいずれかと当該譲渡担保目的物に関して取引関係に入った第三者と他方当事者との間での，当該譲渡担保目的物をめぐる法理関係に関わる問題である．譲渡担保の法律構成に関していわゆる古典的な所有権的構成，とりわけ信託的譲渡説に立つならば，譲渡担保権者は完全な所有者であり，設定者との関係において債務法上の拘束を負うだけであるから，この譲渡担保権者から目的物の譲渡うけた第三者は設定者との関係においても完全な所有権を取得することになる．しかし，いわゆる担保的構成に立つ場合には，譲渡担保権者は，完全な所有権ではなく，担保権的な権利を有するに過ぎない．このとき，第三者が譲渡担保権者との間で当該目的物の譲渡をうけた場合には，第三者は，担保権的な権利以上のものを取得できないことになる．しかし，取引の安全を重視するならば，第三者との関係において設定者は譲渡担保という方法を選択することで担保権的な権利を担保権以上の形式で譲渡担保権者に与えており，これが一種の虚偽表示類似の関係にあるとして，94 条 2 項の類推適用を認めようとするものである．この譲渡担保の場合には，とりわけ不動産譲渡担保であるときに，その対抗要件が所有権移転登記であることも相まって，いわゆる担保的構成の立場に立つ場合には，登記によって示されている外観と当事者間における担保という実質との齟齬が発生しており，このために，94 条 2 項類推適用によって第三者と設定者との間の妥当な利害調整をはかろうとしているといえる．

en plus

　現在検討されている債権法改正との関係において，虚偽表示に関する規定については，現行法の規定を維持する方向性が示されている（『債権法改正の基本方針』(2009 年) 27〜28 頁）．これは，提案理由によれば，94 条 2 項の類推適用に関する議論がすでに蓄積されており，94 条 1 項を現行法とは異なった方向で構成し直すことは，これまでの類推適用の基礎が失われることになり，その影響がきわめ

◇ 第4講 虚偽表示 ◇

て大きいためであるとされている．また，同条2項についても，現行法と同様に，第三者の善意のみを要求しており，学説において有力に主張されている無過失を求めていない．これについては，みずから虚偽表示を行った者がその虚偽表示を信頼したものに対して虚偽表示を信頼しないように注意することを求めることが問題であると指摘し，現行法と同様に，無過失を要求すべきではないとする．このため，虚偽表示に関する94条1項については，従来と同様の議論が今後も継続することになる．これに対して，改正法の94条2項において，善意のみを要求し，無過失を要求しないという態度をとった場合には，無過失をあえて求めなかった点に意義を見いだすならば，少なくとも94条2項が直接適用される場面においては，従来の学説における有力説の見解は再検討を迫られることになろう．

また，類推適用との関係においては，上述したように，不動産物権変動における外観信頼保護法理としての機能を果たしていることから，抜本的な見直しは，物権法の改正の際の検討に委ねるとされている．

◇ 第5講 錯　　誤 ◇

1　錯誤とその効果

(1)　錯誤と意思の不存在（意思の欠缺）

　民法総則編第5章第2節「意思表示」は，93条から98条の2までの条文を有する（因みに，平成16年の改正までは，本編の第1章は「人」から始まっていたが，第1条，第2条を「通則」としてこれを第1章としたので，「意思表示」は，第4章から第5章に移された）．これらの条文は，意思表示の形成過程に病理的な事情を伴った場合についての法的評価に関するものと，意思表示が1個の社会的伝達過程として完成するに当たっての問題とを扱うものとの2つのグループに分けることができる．

　この第1のグループについて，民法は，表示から推断される意思（表示上の意思──表示行為に示された意思）と内心的効果意思とが対応しない意思表示を，従来は「意思の不存在」（101条1項参照──改正前は「意思の欠缺」．具体的には，心裡留保，虚偽表示，錯誤がこれに当たる）とし，表示上の意思と対応する内心的効果意思は存在するが，内心的効果意思の形成過程に他人の不当な干渉があった結果意思表示に瑕疵があるものを「瑕疵ある意思表示」（120条2項参照．具体的には，詐欺，強迫がこれに当たる））として，前者を無効とし後者を取り消すことができるものとして，効果面でも截然と区別して体系化していたのであった．そして，概説書も，この分類に従って叙述されていたのである（たとえば，我妻・総則）．ところが，近時では，このような分類に従わず，「意思と表示の不一致」という表題のもとに，心裡留保から詐欺・強迫までが一括して叙述されるようになった（たとえば，四宮・総則）．錯誤による意思表示を，単純に「意思の不存在（意思の欠缺）」としてとらえることに対しては疑問が呈示されてきたことが，影響を及ぼしているものと思われる．

(2)　錯誤の効果

　我妻・総則に以下のような叙述がある．

◇ 第5講 錯　誤 ◇

　「意思表示の効果について意思主義をとるときは，錯誤は，表示上の効果意思に対応する内心的効果意思を欠くことになるから，これを欠かず，ただその成立に当たって他人の不当な干渉があったに過ぎない詐欺や強迫による意思表示に比較すると，意思表示としての瑕疵が大きいこととなり，これを無効とするのが当然となろう．これに反し，表示主義をとるときは，錯誤もまた，表意者を保護する制度として，詐欺・強迫と区別する理由がないだけでなく，相手方に対する関係においては，錯誤者よりも，詐欺・強迫を受けた者をかえって厚く保護すべきであろう．民法の規定は，この意味において，意思主義に傾きすぎた不当なものであると思う」（同書 302～303 頁）．そして，無効と取消しとは以下のような差があることを説かれたうえで（同書 386～387 頁），錯誤の制度趣旨が表意者保護にあるという観点から，錯誤の効果を取消しの効果に近づけて解すべきだとされているのである．これが，錯誤を単純に「意思の不存在（意思の欠缺）」ととらえることに対する疑問の第1である．

無効	取消し
(1) 効力がないものとされるために，まず特定の人の主張があることを必要としない（当然効力なし）．	まず特定の人（取消権者）の主張（取消し）があってはじめて効力がなくなる（取り消してはじめて効力なし）．
(2) すべての者は，最初から，効力がないものとして取り扱わねばならない（全然無効）．	取消のない間は，効力があるものとして取り扱わねばならない（一応有効）．
(3) 放置しておいても効果に変更がない（時の経過によって無効は補正されない）．	放置しておくと，無効とすることができなくなる（取消権の消滅）．ただし，取り消されると最初から効力がないものとなる（取消しの遡及効）．

　また，従来は，動機は意思表示の構成要素から外されるのが通常であった（動機の不顧慮）．法律効果の発生には，たとえば，買うという効果意思があるかないかが問題であって，なぜ買うのかは影響を及ぼさないと考えられたからである．この立場では，動機の錯誤は95条の錯誤には当たらないことになる．しかし，錯誤が生じるのは動機に錯誤がある場合が多いこと，動機の錯誤と内容の錯誤と

の区別は実際にはつけ難いことから，動機の錯誤にも95条を適用しようとする立場からすれば，錯誤を意思の不存在（意思の欠缺）と位置付けることは適当ではないことになる．我妻・総則も「表示から推断される意思と表意者の真に意図するところにくい違いがあれば，内心的効果意思とのくい違いないしは内心的効果意思の欠缺でなくとも，なおこれを錯誤とみる，と説くのが適当なように思われる」(296頁)とされている．これが，錯誤を単純に「意思の不存在（意思の欠缺）」とみることに対する疑問の第2である．

2　錯誤の態様

錯誤の態様は，通常次のように分類されている．
(1)　**表示行為の錯誤**（表示上の錯誤）
(a)　**表意者自身が表示を誤る場合**　　誤記（書き間違い）・誤談（言い間違い）の類．95条の適用があるが，表示全体を総合的に判断すると誤記・誤談であることは相手方にわかる場合が多いであろうから，実際には問題となることはないであろう．
(b)　**表意仲介者が表示を誤る場合**
　　①　表示機関が表示を誤る場合　　使者が口上を誤ったような場合．(a)に準じて錯誤となる．
　　②　伝達機関が表示を誤る場合　　使者が書面の届け先を誤った場合．表示の不到達（97条1項参照）となり，法律行為の不成立をもたらす．
(2)　**表示行為の意味に関する錯誤**（内容の錯誤）
よく出される例は，ドルとポンドとが同価値だと誤信して，10ドルと書くべきところを10ポンドと書いた，というのが挙げられるが，いかにも講壇事例の感を免れない．ジョルジュ・ド・ラトゥールとファンタン・ラトゥールを姓を同じくすることから同一人と誤信して，ジョルジュの絵のつもりでファンタンの絵を購入したという例をあげておく．
(3)　**動機の錯誤**
伝統的な意思表示理論では，意思表示を構成する要素は，効果意思・表示意思（近時では，表示意思を意思表示の構成要素とすることは不要だとする見解が有力である）・表示行為であって，動機は意思表示を構成しないとされている．これによれば，動機に錯誤があっても意思表示の効力に影響はないことになる．動機の錯誤は錯

◇ 第5講 錯　誤 ◇

誤にあらずとされた所以である．しかし，錯誤が問題とされる事例の多くが動機の錯誤であり，それよりも，理論としては，動機の錯誤と内容の錯誤とは区別しえても，実際にはその区別は困難である．

　受胎していない駄馬を受胎している良馬と誤信した，という事例がよくあげられるが（大判大正6・2・24民録23-284参照），我妻・総則では，「表示が受胎している良馬を買うというのであれば，意思表示の内容の錯誤となり，単にこの馬を買うというのであれば，動機の錯誤にとどまる．」（310頁）とされているけれども，受胎している良馬と誤信して買うのであるから，欺罔行為とはいえないまでも，誤信の誘発に相手方の言動がかかわっていたであろうし，約定された価額も受胎した良馬相当の値であろう．そうだとすれば，単にこの馬を買うというのであっても，その動機は黙示で表示されたものということができ，結局は内容の錯誤になるのではなかろうか．

　以上の点はともかく，最高裁で動機の錯誤とされたものには，次のような例がある．

　買い受けた家屋には居住者がいたが，買受けにあたって右居住者から同居の承諾を得ていた．ところが，売買成立後，居住者は前言を翻して同居を拒絶したので，買主は当該家屋に居住できなくなった．判例は，この事例を買主の動機に錯誤ある場合とし，「その動機が，相手方に表示されなかったときは，法律行為の要素に錯誤があったものとはいえない」と判示した（最判昭和29・11・26民集8-11-2087）．

　このように，動機の錯誤は95条の錯誤にはならないとしつつ，既述したところから明らかなように，動機の錯誤をすべて切り捨てるわけにもいかないところから，動機が表示されれば（黙示でもよい）内容の錯誤となる，とするのが従来の錯誤論であり，これに対して，動機の錯誤もそのままで95条の錯誤となるとする説が現在では有力であるといえる．

　錯誤とは，表意者が一定の認識の上に立って意思決定をしたところ，事実と認識とがくい違っている場合であるから，錯誤者を保護すべきであるとともに，当該認識は錯誤者の内心に存在するものであるに過ぎないのだから，相手方の保護についても考慮しなければならないのは当然である．動機が黙示ででも表示されれば内容の錯誤になるということは，表意者が錯誤に陥っていることを相手方が知りまたは知ることができた場合には，錯誤の成立を認めてよいということであ

ろうから，動機の錯誤も95条の錯誤となるが，相手方が，表意者が錯誤に陥って意思表示をなしたことについて善意・無過失の場合には，錯誤無効は主張しえないとする立場（すなわち，相手方が悪意・有過失の場合には動機の錯誤も95条の錯誤となるという立場）と実際には変わらないのではなかろうか．

3 錯誤の要件

(1) 法律行為の要素に錯誤があること

　無効主張者が主張すべき要件である．「法律行為の要素というのは，意思表示の内容をなし，表意者がその内容に従って法律行為上の効果を発生させようと欲した事実であって，客観的に観察し，その事実につき錯誤がなかったならば意思表示をしなかったであろうと認めることが合理的であるものを指す．」（大判5・7・5民録23-1325）とされる．一般論としてはこのように言い得ても，実際にどのような場合に「要素の錯誤」と判断されたのかについては個別に判例を見るしかないのだが，最高裁の公式判例集に登載された事例は多くない．

　① 売買の対象となった山林が正規の保安林や部落の耕作地の防風林であるため，売主は売却を拒んでいたが，陸軍の将校からの買収交渉であり，軍部において使用するなら国家のためであるのでやむをえないとして売却に応じたところ，買主は財団法人であったという事例に関し，買主に関する錯誤は要素の錯誤となるとした（最判昭和29・2・12民集8-2-465）．人の同一性に関する錯誤が常に要素の錯誤とは言い切れないが（否定した大審院の先例がある），本件では，売主が売却を決断した事情が勘案されたと思われる．

　② 仮差押の目的となったジャムが一定の品質を有することを前提として和解契約をしたところ，右ジャムが粗悪品であったときは，右和解契約は要素に錯誤あるものとして無効となる（最判昭和32・6・1民集12-9-1492）．この判例は，契約の要素に錯誤があって無効のときは，570条の瑕疵担保責任規定の適用は排除されるとした点で注意を要するとともに，和解と錯誤という問題も含まれる．

　③ XはYの兄Bに対して貸金債権を有していたところ，XはYの不動産を買い受けてその代金の一部と相殺する方法で右Bに対する債権を回収しようと考えその旨をYに申し入れ，YもBのXに対する右借受金債務を引き受けてこの債務とXの負担する代金債務の一部とを相殺して，Bの負債を整理しようと決意して，本件不動産売買契約を締結した．ところが，後になって，すでにXは右Bに

◇ 第5講 錯 誤 ◇

対する債権を他に譲渡しその旨をBに通知していたことが判明した．判示は，このような事情の下においては，Yには同契約の要素について錯誤があり無効であるという（最判昭和40・10・8民集19-7-1731）．本件は，Yが不動産の売却に応じた動機に錯誤があった事案とも考えられ，本件上告理由はその点を主張する．本判決が錯誤無効を認めたのは，XがBとの債権決済のために本件売買を申し入れたにもかかわらず，Bに対する債権を他に譲渡してみずからYの本件売買の目的を無意味なものにしたというところにあるのではないか．そうだとすれば，Yの錯誤が動機の錯誤だとしても，同じ結論が導かれたであろう（動機は表示され相手方はこれを熟知していたということになる）．

(2) **表意者に重大な過失がないこと**

表意者の職業，行為の種類・目的等に応じて普通になすべき注意を著しく欠くことである．演習判例において，絵画の買主が従前から絵画の取引を仲介していた者であることを理由に，偽作を見抜けなかったことにつき重大な過失がある旨主張されたが，裁判所はこれを認めなかった．重大な過失の存在については，錯誤無効の主張を否認する者が主張すべきものとされる（反対説があることは，後述する．）．

95条ただし書きが，「表意者は，自らその無効を主張することができない」と規定しているので，表意者以外の者は無効を主張することができるようにも読める．しかし，重大な過失のある表意者からの無効主張を防ぎ，相手方や第三者を保護するための趣旨で設けられたものと解すればよく，表意者以外の者が無効を主張しうることを規定したものではないと解される（川島・総則295頁）．

【演習判例】最判昭和45・3・26民集24-3-151

(1) 前 提 事 実

Xは，Y₁より藤島武二筆と称する油絵（風景2号）を38万円で購入し代金を支払い，古賀春江筆と称する油絵（木蓮10号）を代金17万円で購入し，内7万円を支払い，残代金はX所有の有島生馬筆油絵1点を譲渡する約定のところ，Y₁はいまだにこれを引き渡していない．Xは，前記油絵の買受けについては真贋の鑑識能力はなかったけれども，Y₁はかねてからX方に出入りする表具師で，右油絵は出所も確かで真作に間違いないというのでこれを信じて買い受けたもので

◇ 第5講 錯　誤 ◇

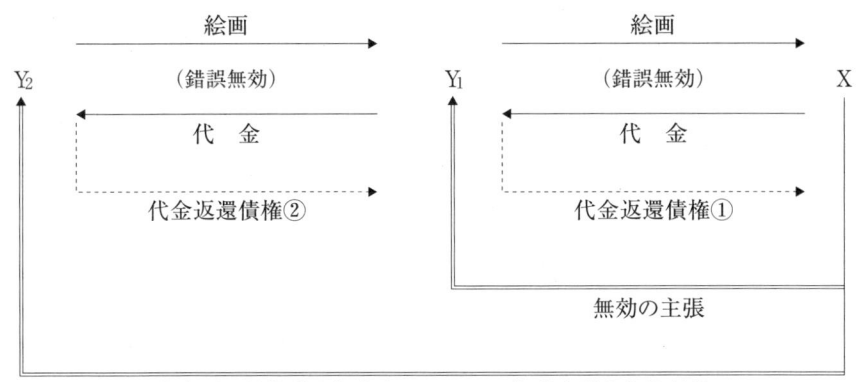

```
     絵画                          絵画
Y₂ ─────────→     Y₁ ─────────→ X
  ←─(錯誤無効)─      ←─(錯誤無効)─
     代　金                        代　金
  ┌─────────┐    ┌─────────┐
  └─代金返還債権②─┘    └─代金返還債権①─┘
                              無効の主張
```

代金返還債権①を保金するため、Y₁の無効主張を代位行使

ある．しかし，その後これらを識者に鑑定してもらったところ，いずれも贋作であることが判明した．Xの購入価格はいずれも真作の値段に相当する．

　本件油絵は，Y₁がY₂から購入したもので，Y₁もY₂から聞かされた出所等から真作と信じ（Y₂も真作と信じていた．），それぞれ28万円と10万円で買い受けたものをXに転売したのである．ところが，本件油絵が贋作であることが判明し，Xが売買の錯誤無効を主張し，Y₁に支払った代金の返還を請求したところY₁はこれを支払わず，また，Y₁は無資力であるから，Y₂との本件油絵の売買につき錯誤無効を主張し，Y₂に支払った金員の返還を求めればXから受領した代金の一部でも返還可能であるにもかかわらず，Y₁は，Y₂と間の本件油絵の売買につき錯誤無効を主張しない．

　そこで，Xが，債権者代位権にもとづき，Y₁のY₂に対する売買の錯誤無効を主張したのが本件である．

(2)　原審の判断

　第1審の判断をほぼそのまま引用している．1審では，Xが本件油絵をそれぞれ真作と信じたことは売買の動機ではあるが，右動機は売買の内容となったもので，しかもその最も重要な要素であったとして，X・Y₁間の本件売買には要素の錯誤があり無効に帰したとし，Y₁・Y₂間の売買についても，これら作家の真作であることが売買契約の内容となり，これらが贋作であったことで要素の錯誤があり無効であるとした．原審は，付け加えて，Y₂がY₁に対し，売買において真作であることを保証する言動を示したと述べている．

◇ 第5講 錯　誤 ◇

　Y₂は，Y₁が表具師のかたわら画商的業務に従事していたこと，疑義があった場合には専門家の鑑定を求めるべきであったのにこれをしなかったこと等を理由に，Y₁には重大な過失があることを主張したが，これは，1・2審及び本判決を通じて認められなかった．

(3) 判　旨

「意思表示の要素の錯誤については，表意者自身において，その意思表示に瑕疵を認めず，錯誤を理由として意思表示の無効を主張する意思がないときは，原則として，第三者が右意思表示の無効を主張することは許されないものであるが（最判昭和 40・9・10 民集 19-6-1512 参照），当該第三者において表意者にたいする債権を保全するため必要がある場合において，表意者が意思の瑕疵を認めているときは，表意者みずからは当該意思表示の無効を主張する意思がなくても，第三者たる債権者は表意者の意思表示の錯誤による無効を主張することが許されるものと解するのが相当である.」

1　コメント

　本判例は，錯誤者の債権者が債権者代位権（423条）にもとづいて錯誤無効を主張することが許されるか，というのが直接の論点であるが，その前に以下の点について述べておく．

(1) **贋作を真作と誤信して絵画を購入したことは，要素の錯誤になるか**

　売買価額が真作である場合の価格に相当することが錯誤成立の一要素であることはいうまでもない．一般的にいえば，売買においては，等価性が要素の錯誤となるかならないかの決め手とされることが多いとされる．絵画の売買においては，客観的には，贋作の価格は真作の価格とは比較にならないであろう．なお，自己の鑑識眼によって購入した絵画が贋作であったという事例に関して，錯誤無効の主張を認めなかった判例がある（最判昭和 37・9・25 判時 320-14）．

　余談だが，絵画の真贋の鑑定は非常に困難であり，鑑定者が贋作を真作と判定したり，その逆の事例もあるし，著名な画家本人が贋作を自作と認定した事例さえある．

(2) **共通の錯誤**

　95条は，規定の体裁からすれば，契約当事者の一方に錯誤がある場合を想定しているといえるから，本件のように，両当事者がともに錯誤に陥っていたという場合には，同条とは別に考察する必要があるであろうか．この場合にも，両当

事者のなした意思表示のそれぞれに錯誤があったといえるのだから，同条によって処理してもよいと思われる（四宮・総則（第1版）では，共通の錯誤の場合には，主観的行為基礎の喪失の法理で処理すべきだとされていたことがあった．その後の版でも，両当事者がともに錯誤に陥っているのであるから，相手方との関係を考慮して表意者の保護を奪うというようなことは問題になりえないから，表意者に重大な過失の存しないことを問う必要はないとされている（四宮・総則第4版181頁）．なお，同書は，現在では能見教授との共著の形となっている）．

(3) 表意者以外の第三者から錯誤無効の主張ができるか

宅地を訴外丙から代物弁済で取得した甲が，右宅地の占有者乙に対し，所有権にもとづき乙所有の地上建物の収去と土地の明渡しを求めた事案につき，乙は，甲は隣接地を本件宅地と誤信して丙との間に代物弁済予約を締結したのであるから，甲の本件宅地の取得は錯誤により無効であると主張した．演習判例が引用する最判昭和40・9・10民集19-6-1512の事案であるが，同判例は，「表意者自身において要素の錯誤による意思表示の無効を主張する意思がない場合には，原則として，第三者が右意思表示の無効を主張することは許されない」と判示した．

95条の趣旨が，錯誤に陥った表意者を保護することにあるとみれば，当該法律行為の当事者ではない第三者が，たまたま当事者の錯誤を奇貨として，錯誤者自身が無効を主張していないのに，その法律行為の無効を言い立てて自己の利益を図ることは許されないから，この判例の趣旨は正しいであろう．2点注意すべきところがある．1つは，無効と取消しの相違の箇所でも触れたが，絶対的無効はすべての者との関係で無効とされるのだから，錯誤無効が絶対的無効であるならば，誰からも無効の主張が当然に許されるはずであるにもかかわらず，昭和40年判例が，「表意者自身が無効を主張する意思がある場合」，演習判例が，「表意者が意思の瑕疵を認めている場合」に，第三者からの錯誤無効の主張も許されると限定して判示していることは，錯誤無効は，本来は錯誤者本人のみが主張しうる性質のものであることとの兼ね合いをつけたものと言い得ることであり，2つには，「原則として」とあるから，想定される例外はどのような場合かという点であるが，この判例の調査官解説は，表意者が錯誤無効を主張しないことが，第三者にとって信義則に反して不当であるという場合を考慮したのであろうとされている．

◇ 第5講 錯　誤 ◇

(4) 債権者代位権による錯誤無効の主張

債権者代位権についてここで詳述はしない．ただ，423条は，「債務者の一身に専属する権利」は債権者代位権に親しまないとしているので，錯誤無効の制度がもっぱら表意者保護のためのものであるとすれば，債権者が債務者に代わって無効を主張することは許されないのではないか，という点が問題になる．

一身専属権は，帰属上の一身専属権（非譲渡性，非相続性）と行使上の一身専属権（非債権者代位性，非法定代理性）に分けられる．同じく表意者保護を目的とする取消権は，債権者代位権の対象となることに異存がない．取消権は，当該の法律行為を遡及的に失効させそれによって逸失した財産の取戻しを目的として行使されるものであるから，単なる手段的権利に過ぎないとされている．このような観点からすれば，錯誤無効についても，代位行使可能であるという構成がなしうるであろう．ただ，無条件ではなく，繰り返しになるが，演習判例によれば，「表意者が意思の瑕疵を認めているとき」という留保が付されていることに注意しなければならない．

2　錯誤無効主張の要件

表意者の意思表示に，要素の錯誤があること．表意者に主張・立証責任がある．これに対し，表意者が錯誤に陥ったことにつき，重大な過失があることは，相手方に主張・立証責任がある．判例も，以上のことを明言する（大判大正7・10・3民録24-1852）．

もっとも，後者の点に関しては，権利発生障害事由であるから，表意者が「重大な過失がないこと」を主張・立証すべきであるとする反対説がある（並木茂・概説Ⅱ 290頁）．相手方保護のために，表意者からの錯誤無効の主張を阻止しようとする95条ただし書きの趣旨からすれば，反対説に理があるように思われる．

à plus loin

1　錯誤無効の効果を取消しと同化できるか

錯誤の無効は，取消的無効といわれる．その法律行為が全く無価値とされる絶対的無効（前掲我妻・総則から引用の，取消しとの対比における無効がこれにあたる）に対して，相対的無効とよばれ，公序良俗違反による無効が公益的無効とされるのに対して，私益的無効ともよばれる．

95条は「無効」と定めており，これを「取消し」と読み替えることは，解釈

の限界を超えているといえよう（《*en plus*》で紹介するが，改正提案では，錯誤の効果を取消しとしている）．現在の学説の概要は次のようである．

(1) 無効を主張できる者

これについては，既に述べた．

(2) 追認による遡及的有効化

他人物売買（処分権なき者の処分――学説によっては，この場合を無権代理と同じく効果不帰属とする）の追認に関しては，最判昭和37・8・10民集16-8-1700が遡及的有効となることを認めているが，この判例の射程が錯誤による無効にまで及ぶか否かは説が分かれる．肯定するときは，116条の類推適用を認めるという構成になるであろう．

(3) 主張の期間制限

取消権については126条がある．これを錯誤無効に類推適用できるか．端的にいえば，無効の時効を肯定するかどうかである．取消権は，これを行使することによって給付した価値の返還請求権を生じさせるための手段的権利に過ぎないとする見方がある．そうだとすれば，錯誤無効も，返還請求権の時効，あるいは相手方の取得時効でおのずから解決がはかられ，無効の主張独自の主張期間の制限は無用なことになる．このような見解がある一方で，126条を類推するとする見解もある．また，信義則を根拠として，権利失効の原則が唱えられており，不条理な無効主張には，この原則で対処することで足りるとする立場もある．

(4) 善意の第三者保護

錯誤無効の主張は，善意の第三者に対抗しえないか．後述のように，錯誤と詐欺はかなりな範囲で競合する．この場合，詐欺取消しを選択したときは，96条3項の適用があることはいうまでもない．錯誤により，真正権利者から無権利者への登記が作出された場合，無効主張をなし得る者が虚偽の登記を放置していたときは，94条2項の類推適用が働く場合が多いであろう．そうすると，直截に，錯誤無効において善意の第三者を保護すべしと解釈しなければならない場合はそう多くないのではなかろうか．それはとにかく，錯誤無効は，表意者保護のためのものであり，私益的無効であるという性質からは，善意（無過失）の第三者には対抗できないとする結論に馴染みやすいと思われる（改正提案では，錯誤の無効は，善意無過失の第三者には対抗できない，とされている）．

◇ 第5講 錯　誤 ◇

2　錯誤，瑕疵担保責任，危険負担の異同
(1) 錯誤と瑕疵担保責任
　売買の目的である特定物に隠れた瑕疵がある場合に，その瑕疵のために「契約をした目的を達することができないときは」(566条1項)，買主は契約を解除できる(570条)．売主の瑕疵担保責任とよばれる（ここに，特定物の売買としたが，判例には，種類物売買にも570条を適用したものがあるが（最判平成4・10・20民集46-7-1129），瑕疵担保責任の性質論についてはここでは立ち入らない）．買主とすれば，「隠れた瑕疵」であるから，瑕疵がないと信じて売買したところ瑕疵があったということができ，契約の目的を達することができない程度の瑕疵であるから，「法律行為の要素」に錯誤があったということができ，つまり，瑕疵担保責任は錯誤と競合する．このような場合には，判例（前掲最判昭和32・6・1）は，95条を適用すべきだとし，学説は，570条を適用すべきだとする．特別法は一般法に優先するという原則からも，瑕疵担保責任規定で処理すべきである．

(2) 錯誤と危険負担
　錯誤は，法律行為の要素とされる意思表示に，表示と真意の不一致があるためにその効力の発生が阻害される場合である．危険負担は，法律行為（双務契約）は有効だが，債務者の責に帰することができない事由によって(534条)，または，当事者双方の責に帰することができない事由によって(536条)，後発的にその履行が一部または全部不能となった場合のリスクの負担の問題である．

　なお，法律行為の要素である意思表示の合致によって成立する契約において，無意識的不合意（不合致）なるものが説かれることがあるが，錯誤として処理することが可能であるとされている．

3　錯誤と事情変更の原則との異同
　明文の規定はないが，信義則にもとづいて，事情変更の原則という法理が容認されている．判例には，ゴルフ場の「のり面」が崩壊したという事例に関し，事情変更の原則の適用を認めた原審を破棄し自判した最判平成9・7・1民集51-6-2452がある．この判例は，事情変更の原則の要件としては，当該事情の変更が，契約締結時に当事者とって予見できず，かつ，それが両当事者の責に帰すことができない事由によって生じたものであることが必要であることをあげ，本件では，ゴルフ場を造成したゴルフ場経営会社は，予見不可能であるとも，帰責事由がないともいい得ないとしたのである．この判例の事例からは，錯誤の問題で

はないことは明らかであるから例を変えよう.

　某月某日，国王の戴冠式が行われることになり，その行列が通る路に面した部屋を当日だけ借りる契約が結ばれた．ところが，国王の病気によって戴冠式は取り止めとなった．部屋の借主は借賃を払わなければならないであろうか．部屋を貸す債務は履行可能だが，借主からすれば借りた目的が達成できなくなったわけであり，そのことは両当事者のいずれの帰責でもなく，予見可能でもなかった．

　この事例は，錯誤を意思表示の病理的事象とみる限り，錯誤の問題ではないし，後発的不能でもないから，危険負担の問題でもない．事情変更の原則によって処理する他はないであろう．ここに挙げた事例は，Coronation Case（戴冠式事件）としてイギリスでは著名な事件である．我妻・債権各論（上巻）には以下のような記述がある．

　「事情変更の原則とは，すべての契約は，暗黙のうちに，『その契約が締結された時の事情がそのまま存続する限りにおいてのみ効力を有する』という約款（clausula rebus sic stantibus）を含んでいる．したがって，その事情が変更したときは，契約は，もはや効力をもたない，という意味である．ローマ法以来ある程度認められたものではあるが，同時に，他方では，「契約は守られなければならない」（pacta sunt servanda）という原則が認められてきた．そして，近世法は，契約自由の原則を尊重する立場から，事情変更の原則には反情を示してきた．然し，その後，契約をもって，私人間の関係を合理的に処理する —— 重要な，然しあくまでも，一つの —— 手段に過ぎないと考えるようになるにつれて，事情変更の原則の適用される範囲が広くなってきた．」と（25～26頁）．

　四宮博士が，共通の錯誤を，主観的行為基礎の喪失という法理で処理すべきだとされたことがあったことは前に述べた．ドイツでは，この戴冠式事件の例が，主観的行為基礎の喪失の例として挙げられる．わが国では，行為基礎の喪失というドイツの議論を踏まえて事情変更の原則という法理が立てられていることもあるのだが，ここでは，行為基礎論には立ち入らない．

4　錯誤と詐欺との関係

　96条の詐欺の要件は，①詐欺者に，違法な行為によって，相手方を欺罔して錯誤におとし入れようとする故意があること，②さらに，詐欺者に，この錯誤によって意思表示をさせようとする故意があること，③この錯誤と意思表示との間に因果関係があること，である．

◇ 第5講 錯　誤 ◇

　ここにおける錯誤は，詐欺者による欺罔行為によって表意者の内心的効果意思が決定されたに過ぎないとすれば，常に動機の錯誤にとどまる．しかし，動機の錯誤も 95 条の錯誤となる，あるいは，動機も黙示で表示されるときは内容の錯誤になる，と構成すれば，詐欺と錯誤とは多くの場合競合することになる．錯誤の効果は無効であり，詐欺の効果は取消し可能である．この意味で，無効な行為を取り消す余地はないとされたこともあったが，錯誤無効が絶対的無効ではないと考えられるようになったことに伴い，近時では，両者を選択的に（立証が容易な方を選んで）主張してもよいとされている．

en plus

民法（債権法）改正検討委員会の改正提案は以下のようである．
〈1〉　法律行為の当事者または内容について錯誤により真意と異なる意思表示をした場合において，その錯誤がなければ表意者がその意思表示をしなかったと考えられ，かつ，そのように考えるのが合理的であるときは，その意思表示は取り消すことができる．
〈2〉　意思表示をする際に人もしくは物の性質その他当該意思表示に係る事実を誤って認識した場合には，その認識が法律行為の内容とされたときに限り，〈1〉の錯誤による意思表示をした場合に当たるものとする．
〈3〉　〈1〉〈2〉の場合において，表意者に重大な過失があったときは，その意思表示は取り消すことができない．ただし，次のいずれかに該当するときは，この限りでない．
　㈎　相手方が表意者の錯誤を知っていたとき
　㈏　相手方が表意者の錯誤を知らなかったことにつき重大な過失があるとき
　㈐　相手方が表意者の錯誤を引き起こしたとき
　㈑　相手方も表意者と同一の錯誤をしていたとき
〈4〉　〈1〉〈2〉〈3〉による表意者の取消しは，善意無過失の第三者に対抗することができない．

◇ 第6講 詐　　欺 ◇

lecture

1　詐欺の意義

(1) 詐欺の要件と効果

　他人をだまして（錯誤に陥らせて），その錯誤によって意思表示をさせようとして，虚偽の表示をしたり事実を隠したりすることを詐欺という．詐欺による意思表示は取り消すことができる（96条1項）．

　詐欺といえるためには，他人を錯誤に陥れることが必要であるが，この場合の錯誤とは，錯誤無効の要件である要素の錯誤（95条）である必要はない．

　詐欺者には，2つの故意，すなわち，他人を錯誤に陥らせようとする故意と，その錯誤によって意思表示をさせるようとする故意が必要である．

　虚偽の表示をしたり事実を隠したりすることを欺罔行為という．欺罔行為の結果として意思表示をしたという因果関係があることが必要である．取引社会では，一定のかけひきや誇張は許されるので，欺罔行為は，社会観念上許される限度をこえることが必要である．もっとも，詐欺者が事業者で相手方が消費者であるという場合には，事業者の給付する商品やサービスについて事業者と消費者の間に知識・情報の格差が大きいことに注意する必要がある．そこで，事業者の消費者に対する詐欺については，信義則の観点から事業者の義務を厳格に解し，詐欺の成立を広く認める方向の解釈が必要である．

　第三者が詐欺を行った場合には，相手方がその事実を知ったときに限って意思表示を取り消すことができる（96条2項）．

(2) 無効と取消し

　制限行為能力者の法律行為（5条2項など）や，詐欺や強迫による意思表示（96条）は取り消すことができるが，他方，要素の錯誤に陥ってした意思表示（95条）や，公序良俗に反する事項を目的とする法律行為は無効である（90条）．無効と取消しには次のような違いがある．〈*à plus loin*〉の1で扱う問題を考える前提

◇ 第6講 詐　欺 ◇

としても，この点を確認しておくことが必要である．

(a) 無　効　　無効は，法律効果が発生しないことであり，①最初から，②当然に，③全部にわたり，④誰からも，⑤誰に対しても，⑥いつまでも，⑦確定的に，法律効果が発生しない．

すなわち，無効は，①取消しの場合と異なり，遡及的に（はじめに遡って）無効になるわけではない，②取消しの場合と異なり，一定の者の主張が必要なわけではない，③一部無効ということはない，④取消しの場合と異なり，誰からでも主張できる，⑤取消しの場合には第三者に効果を主張し得ないことがあるが（96条3項），無効の場合には誰に対しても主張しうる，⑥取消しの場合と異なり主張に期間制限がない，⑦取消しの場合と異なり，追認によって有効となることはない．無効は，伝統的にはこのようなものと考えられてきた．

しかし，判例は，錯誤無効は表意者を保護するための無効であるから，原則として表意者のみから主張できるとしており（最判昭和40・9・10民集19-6-1512など），その他の点においても無効と取消しの区別は相対的なものになってきている．

(b) 取　消　し　　取り消すことができる行為は，取消権者による取消しの意思表示があるまでは有効であり，取り消されれば遡及的に無効であったものとみなされる（121条本文）．これは，その行為が最初から無効だったとして取り扱われるということである．例えば，未成年者がその所有物を親の承諾を得ないで売った後にこの売買契約を取り消したとすると，まだ品物を引き渡していないときはこれを渡す必要がなくなり，すでに品物を引き渡した後ならば，その返還を請求できることになる．ただし，未成年者などの制限行為能力者については，すでに消費した後に返還すべきものとすると制限行為能力者を特に保護している趣旨に反するので，制限行為能力者は，現に利益を受けている限度において，つまり現存する限度で，返還すれば足りるとされている（121条ただし書）．

取消権者は，制限行為能力者またはその代理人，承継人もしくは「同意をすることができる者」，および，瑕疵ある意思表示をした者，またはその代理人もしくは承継人である（120条）．

取り消すことができる行為は，取消権者が追認をしたときは，以後，取り消すことができない（122条本文）．ただし，追認によって第三者の権利を害することはできない（122条ただし書）．

もっとも，取り消すことができる行為の相手方が権利を取得してから追認がな

されるまでの間に同一の権利を法定代理人から第三者が取得した場合には，相手方と第三者との優劣は，結局は対抗問題に関する一般原則によって決せられる．

　取り消すことができる行為の追認は取消権者が取消権を放棄して，取り消すことができる行為を確定的に有効にする意思表示である．したがって，追認は，取消しの原因となった状況が消滅した後に，すなわち，制限行為能力者は能力者となったのちに，また，瑕疵ある意思表示をした者は詐欺または強迫の状況を脱したのちに追認するのでなければ追認の効力を生じない（124条1項）．未成年者（5条参照），被保佐人（13条4項参照），被補助人（17条4項参照）は，法定代理人，保佐人，補助人の同意を得れば有効に追認することができる．

　追認をするには，その行為が取り消すことができる行為であることを知っていなければならない．民法は，成年被後見人についてのみこれを規定するが（124条2項），その他の追認権者についても同様に解されている．

　取消権の行使は，取消権者の意思に委ねられるため，相手方は不安定な立場に置かれる．そこで，法律関係の早期安定の趣旨から，取消権の期間制限が規定されている．すなわち，取消権は，追認ができるようになってから5年間行わないときは，時効によって消滅する．行為の時から20年を経過したときも同様とされる（126条）．

　この取消権の期間制限は，①単に取消権を行使すべき期間を定めたものか，それとも，②取消しの効果として生ずる不当利得返還請求権まで含めて行使すべき期間を定めたものかについては，理解に対立がある．判例は，①の立場に立っている（大判大正7・4・13民録24-669．事案は解除権に関するが，取消権・解除権とも形成権（権利者の一方的な意思表示によって法律関係を変動させることができる権利）であり，その行使の結果として不当利得返還請求権が生ずるのであるから，考え方は同じである）．これによると，取消権者は5年または20年以内に取消権を行使すればよく，それによって生ずる不当利得返還請求権が，取消権行使の時から10年の消滅時効にかかる（167条1項）ことになる．しかし，取消権の期間制限を設けた趣旨からすると，②の立場が妥当であろう．

2　詐欺取消しと第三者

(1)　善意の第三者

　詐欺による取消しの効果は，善意の第三者には対抗することができない（96条

◇第6講　詐　欺◇

3項）．善意の第三者とは，詐欺の事実を知らないで，詐欺による法律行為にもとづいて取得された権利について，新たな法律上の利害関係に入った者をいう．例えば，売主Aを欺いてAの不動産を買ったBから転得した者，抵当権の設定を受けた者などである．詐欺による意思表示の結果として反射的に利益を取得した者は含まれない．例えば，1番抵当権者であるBが詐欺によって抵当権を放棄したときの2番抵当権者Cは，第三者に当たらない（したがって，Bが詐欺を理由として抵当権の放棄を取り消した場合，取消しの効果はCに対抗でき，Bははじめから一番抵当権者だったことになる）．

　条文どおり96条3項の第三者は善意であれば足り，無過失を要しないとするのが通説であるが，最近では，無過失を要するという学説も有力である．あえて虚偽の外観を作出する虚偽表示の場合と比べて表意者の帰責性が低いので，第三者が保護されるための要件は厳格でよいことがその理由である．

(2)　**対抗要件の要否**

　96条3項の第三者として保護されるためには，登記などの対抗要件を備えていることが必要か．96条3項の第三者として保護されるということは，第三者との関係では詐欺による意思表示も有効なものとして扱うということである．そこでは，177条の対抗問題は生じないから，対抗要件の具備は不要とするのが学説の多数説である．これに対して，最近の有力説は，対抗問題が生じないことを前提としたうえで，権利保護資格要件として第三者に登記を要求する．

　判例は，詐欺にもとづきAから農地を買い受ける契約をして知事の許可（農地法5条）を条件とする請求権を取得し，仮登記を得たBが，その権利をCに譲渡し，Cが仮登記の付記登記を得た後に，Aが取り消したという場合に，Cは96条の第三者に当たるとしている（最判昭和49·9·26民集28-6-1213）．この判例の見方については学説が分かれている．対抗要件（本登記）を備えないCを保護したわけであるから，登記不要説を採ったと見るのが素直であるが，このケースではCに付記登記があるので，登記必要説からも対抗要件までは備えなくてもよいとされた事例と解する余地もある．

　しかし，①詐欺以外の取消しにおいては取消し前の第三者は保護されないのに，96条3項で詐欺の場合にだけ，詐欺の被害者の犠牲において第三者を保護しているのであるから，詐欺の場合の第三者としては自らの権利確保のためになすべきことをしておくべきである．また，②解除の場合には第三者として保護さ

れる（545条1項ただし書）ために登記が必要と解されているが，解除以上に強く表意者を保護する趣旨（詐欺の場合には意思表示の取消しが認められる）の詐欺の場合に，解除の場合より第三者の保護要件が緩和されるのはバランスを欠く．そこで，この問題については，登記必要説が妥当であろう．

(3) **第三者はいつまでに利害関係に入ることを要するか**

Aが自己所有の不動産をBに売却して登記を移転し，BはCにこの不動産を転売した．一方，AはAからBへの売却をBの詐欺を理由にして取り消した．この場合に，AとCの関係はどうなるだろうか．

判例・通説は，96条3項は取消しの遡及効（121条本文）から第三者を保護するための規定であるという理解に立っている．そこで，96条3項の第三者は，取消しの意思表示がなされる前に利害関係に入った者（取消前の第三者）であるとする．

取消しによりすでに確定的に無権利者となった者から権利を譲り受ける者（取消後の第三者）については，判例および従来の通説は，法律行為を取り消し，物権を回復したAは，その物権の復帰を登記しなければ，これをCに対抗することができないとする（大判昭和17・9・30民集21-911）．

これは，AとCの関係を対抗関係に立つと見るものである．このような理解は，①取消しによって買主Bから売主Aへの所有権が復帰的に移転し（復帰的物権変動という），その後にBからCへ変動が生じたのであるから，これは二重譲渡に類似する場面とみることができる，②取消権を行使したAは，取消後は登記を回復しようと思えばできたのに，これを怠った者であるから不利益を受けてもやむをえない，ということを論拠にしている．

しかし，このように取消前の第三者には登記不要，取消後の第三者には登記必要とする判例理論に対しては，学説からの批判が少なくない．その理由は，次の点にある．

① 取消前と取消後の説明に一貫性を欠く．判例は，取消前の第三者との関係では取消しの遡及効により処理し，取消後の第三者との関係では復帰的物権変動を理由とする対抗問題により処理するが，取消しには遡及効があると民法に規定されているのに，取消前のCに対しては遡及効を認め，取消後のCに対しては遡及効を否定するのは一貫性を欠く．

② Aは自分の権利を確保するために取消しをするのに，詐欺の場合（96条3

◇ 第6講　詐　欺 ◇

項）を除き，Aの取消しが遅いほうが，Cが取消前の第三者になってAは登記なしにCに対抗できる，という結果になり，取消しを遅らせたAが有利になってしまう．

③　取消前の第三者は，──遡及効の問題として処理されるので──詐欺の場合（96条3項）を除き，善意・無過失であっても保護されないのに対して，取消後の第三者は，──対抗関係として処理されるので──悪意であっても保護されることになり，バランスを欠く．

そこで，学説は，取消しの遡及効による無権利の法理（取り消された以上，Bは無権利であるとの考え）を貫き，取り消されたならばその取消しの前後を問わず，Bは無権利者となるのであるから，登記に公信力がない以上，Cは登記を信頼しても，権利を取得することはできない，とする基本的立場に立つものが多くなっている．

そのうえで，こう考えると，詐欺の場合のような特別な第三者保護規定がないかぎり，常にAが勝つことになって，取引の安全を害するところが大きいので，登記を信頼した第三者の保護を94条2項の類推適用によってはかる．すなわち，取消権者Aが登記することができることを知りながら，回復しなかったところに取消権者の帰責性をみてとり，通謀虚偽表示の規定が類推できるとするわけである．

ただ，どの時点から94条2項を類推適用するかについては，(a)取消権者が登記を除去することが可能となった時とする説，(b)取消しの時とする説，(c)詐欺については取消しの時，それ以外は(a)説によるとする説の対立がある．判例の難点として指摘されている上記②の点を考慮すると，(c)説が妥当であろう．

【演習判例】最判昭和 49・9・26 民集 28-6-1213

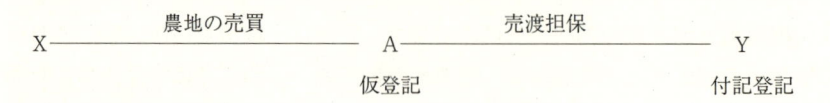

```
              農地の売買              売渡担保
  X─────────────A─────────────Y
              仮登記                 付記登記
```

(1)　前 提 事 実

A株式会社は，Xからその所有の本件土地（農地）を買い受け，農地法5条の許可を条件とする所有権移転仮登記を得た．A会社は，設立当初から経営状態が

悪く，上記売買契約の1週間後には事実上倒産し，本件土地はその数日後に債権者Yのための売渡担保に供され，仮登記移転の付記登記が経由された．これに対し，Xは，上記売買契約は代金支払の意思も能力もないAがそれらがあるかのように信じ込ませて締結した詐欺によるものであるとして，取消しの意思表示をし，Yに対して仮登記の抹消を求めた．

(2) 原審の判断

原審は，詐欺をした者から目的物を善意で転得した者がその所有権取得について対抗要件を備えているときにかぎり，この者に対して詐欺による取消しの結果を対抗しえない旨を説示したうえ，Yは本件土地の所有権を取得しているとはいいがたく，たんにその移転請求権を取得しているにすぎないし，かりにその現況のいかんにより所有権の移転が実現しているとしても，Yは所有権取得の対抗要件を備えている者ではないから，Xは詐欺による取消しの結果をYに対抗できると判示した．Yの上告に対して，最高裁は，以下のように説いて，破棄自判．

(3) 判　　旨

「民法96条第1項，3項は，詐欺による意思表示をした者に対し，その意思表示の取消権を与えることによって詐欺被害者の救済をはかるとともに，他方その取消の効果を『善意の第三者』との関係において制限することにより，当該意思表示の有効なことを信頼して新たに利害関係を有するに至った者の地位を保護しようとする趣旨の規定であるから，右の第三者の範囲は，同条のかような立法趣旨に照らして合理的に画定されるべきであって，必ずしも，所有権その他の物権の転得者で，かつ，これにつき対抗要件を備えた者に限定しなければならない理由は，見出し難い．

ところで，本件農地については，知事の許可がないかぎり所有権移転の効力を生じないが，さりとて本件売買契約はなんらの効力を有しないものではなく，特段の事情のないかぎり，売主であるXは，買主であるAのため，知事に対し所定の許可申請書手続をなすべき義務を負い，もしその許可があつたときには所有権移転登記手続をなすべき義務を負うに至るのであり，これに対応して，買主は売主に対し，かような条件付の権利を取得し，かつ，この権利を所有権移転請求権保全の仮登記によって保全できると解すべきことは，当裁判所の判例の趣旨とするところである……．そうして，本件売渡担保契約により，Yは，Aが本件農地について取得した右の権利を譲り受け，仮登記移転の附記登記を経由したという

◇ 第6講 詐　欺 ◇

のであり，これにつきXが承諾を与えた事実が確定されていない以上は，YがXに対し，直接，本件農地の買主としての権利主張をすることは許されないとしても……，本件売渡担保契約は当事者間においては有効と解しうるのであつて，これにより，Yは，もし本件売買契約について農地法5条の許可がありAが本件農地の所有権を取得した場合には，その所有権を正当に転得することのできる地位を得たものということができる．

そうすると，Yは，以上の意味において，本件売買契約から発生した法律関係について新たに利害関係を有するに至った者というべきであって，民法96条3項の第三者にあたると解するのが相当である．」

1　コメント

不動産についてAからBへの物権変動があった後，制限行為能力または詐欺・強迫を理由としてAがこの行為を取り消したが，他方ではBからの転得者Cがいるという場合に，AはCに対して取消しの効果を主張しうるか．

この問題について，大判昭和4・2・20民集8-59は，Aの取消前（取消原因は強迫）にB・C間の取引があったというケースで，Aの取消しによる物権変動の遡及的消滅（121条）は，登記（例えば，「A－Bの移転登記」の抹消登記）なくして当然に，Cに対してこれを対抗しうるとした．

ところが，これに続く大判昭和17・9・30民集21-911は，Aの取消後（取消原因は詐欺）にB・C間の取引があったというケースで，取消しの効果をBからAへの復帰的物権変動と捉え，これとBからCへの物権変動とが対抗関係に立つとして，Aは登記がなければCに対して権利の回復を対抗しえないとし，この立場は，最高裁（最判昭和32・6・7民集11-6-999）でも採用された．

こうして，取消前に登場した第三者との関係では取消しの遡及効を貫徹させ（96条3項はその例外となる），取消後に登場した第三者との関係では，これを対抗問題として取り扱う判例理論が確立した．

2　詐欺における当事者の主張立証

例えば，YがXの詐欺によって契約をし，XからYに対して契約にもとづく履行請求がなされた場合，当該契約についての詐欺取消しについての主張立証責任は，詐欺取消しを理由として当該契約の効力を否定するYに存する（大判昭和3・4・18民集7-5-283）．第三者Aの詐欺によってYがXと契約した場合には，Yは，Xが詐欺の事実を知っていたこと（悪意）も主張立証しなければならない．

第三者であることについての主張立証責任は，取消効力を争う側にある．善意の主張立証責任についても，取消効力を争う側が負うというのが通説である．

à plus loin

1 詐欺と錯誤の適用関係

AがBの詐欺によって要素の錯誤（95条）に陥り，その結果，A所有の土地をBに売却し，Bがさらに善意の第三者Cに転売した．この場合に，AとCの法律関係はどうなるか．

(1) 96条3項類推適用肯定説

詐欺は，欺罔行為によって表意者の錯誤を生じさせることであるから，そこでの錯誤が要素の錯誤に当たる場合には，詐欺の要件と錯誤の要件の双方をみたす．このような場合に，詐欺規定と錯誤規定のどちらが適用されるか．これが，二重効といわれる問題である．この場合に，判例の立場は明確ではないが，Aはどちらを選択して主張してもよいとするのが通説である．そこで，たとえば，Aが詐欺を主張すると取消しの効果を善意の第三者に主張できないが（96条3項），錯誤を主張すると第三者にも無効を主張できるという結果となる．しかし，他人にだまされて意思表示をした詐欺の場合のほうが表意者を保護すべき要請が強いはずなのに，錯誤の場合のほうが表意者保護が厚くなり，アンバランスである．そこで，錯誤の場合にも詐欺に関する民法96条3項を類推適用する学説が有力である．

(2) 96条3項類推適用否定説

ところで，上のような見方とは逆の見方もありうる．すなわち，95条は法律行為の要素に錯誤があること（要素の錯誤）を要求しているのに対して，96条では要素の錯誤は要求されない．そこで，96条3項が表意者Aを犠牲にしてまで第三者Cを保護しているのは，詐欺の場合には錯誤の場合に比べてAの意思表示の瑕疵の程度が軽微であることに対応していると見ることもできる．こう理解すると，錯誤による意思表示について96条3項を類推適用することはむしろ否定すべきことになる．

(3) 錯誤と詐欺の近接性

上記のようなケースで，Aが錯誤を主張するか詐欺を主張するかによって違いが生ずることは疑問である．そこで，上記のケースでは，錯誤の場合にも96条

◇ 第6講 詐　欺 ◇

3項を類推適用することによって，錯誤・詐欺の両規範の差異を解消することが説得力をもつ（錯誤の場合に96条3項を類推適用するという方向ではなく，逆に，詐欺の場合に96条3項の適用を否定するという方向で，両規範の適用上の差異の解消をはかることも考えられるが，取消的無効ないし相対無効という観点からは，錯誤の場合に96条3項を類推適用するのが正当である）．

ところが，錯誤の場合に96条3項の類推適用を認める学説の多くは，Bの詐欺によらないでAの錯誤が生じた場合にも96条3項の類推適用を認める．Bの詐欺によってAの錯誤が生じたケースで96条3項の類推適用を認めることの論拠は，95条を主張するか96条を主張するかで結果が異なることは妥当でないからであるが，Bの詐欺によらないでAの錯誤が生じた場合にはAは錯誤無効を主張する地位しか有しないわけであるから，この論拠は当たらない．そこで，Bの詐欺によらないでAの錯誤が生じた場合も含めて96条3項の類推適用を認めるかどうかについては，他の観点も考慮に入れる必要がある．

この点で，錯誤と詐欺の近接性という点が指摘されている．すなわち，民法は，錯誤を「意思の不存在」（以前は，意思の欠缺といわれた），詐欺による意思表示を「瑕疵ある意思表示」として区別し，前者の場合は意思表示は無効，後者の場合は取り消しうるものとしている．しかし，一方で，学説は，動機の錯誤の取り扱いをめぐって，意思の不存在と瑕疵ある意思表示の区別を相対化してきている．すなわち，動機の錯誤は意思表示を形成する過程に錯誤がある場合に過ぎないから，本来は瑕疵ある意思表示として位置づけられるものであるが，これも錯誤の問題として位置づけられている．同時に，錯誤無効は取消しに近い取消的無効ないし相対無効であるとする学説が有力になっている．錯誤と詐欺の要件・効果がこのように近接性なものと捉えられるようになってきたことが，96条3項の類推適用を認める理論的根拠となる．錯誤の場合に96条3項を類推適用することで，登記に公信力がないわが国の法制のもとでも不動産取引の安全をはかることが可能となる．

もっとも，不動産取引の安全のためには，すでに94条2項の類推適用が判例によって確立しているから，これによるべきであるとする学説も有力である．この学説は，第三者を保護するにしても，錯誤者の帰責性の有無を考慮すべきであり，そのような考量をするのに適した94条2項の類推適用によってなされるべきであるとする．錯誤の場合に96条3項の類推適用を否定する学説の多くは，

この方向からCの保護をはかっている．

2　取消しにおける相互の返還債務の関係

不当利得に関して，民法703条は，「法律上の原因」なしに「他人の財産又は労務」により「利益」を受けている者（受益者）がおり，他方，そのために「損失」をこうむっている者（損失者）がいる場合に，「利益の存する限度において」返還義務を負うと定める．

このような不当利得制度は，次のような機能，目的をもっている．すなわち，たとえば，売買契約が締結され，目的物もすでに引き渡され，代金も支払われたのちに，詐欺により取り消されたり，錯誤で無効となった場合に，売主は代金を買主に，また，買主は目的物を売主に返還する義務を負う．その根拠となるのが，不当利得である．契約は無効ないし取り消されたのであるから，売主は代金という利得を得る「法律上の原因」はない．他方，買主には，代金を支払う義務がないにもかかわらず代金を支払っているという「損失」が生じている．そこで，売主には，利益の存する限度において買主に代金を返還する義務が生ずることになる．売買の目的物についても同様のことがいえる．

ここでの不当利得は，契約が有効に成立したことを前提に，代金や目的物などの財産的利益（財貨）が移転されたが，結局，契約は有効に成立していなかったことが明らかになった場合，それらの財貨を元どおりに戻す機能を果たしている．

このような場面での不当利得制度の機能，目的からすれば，不当利得の要件，効果を考える場合にも，契約が有効な場合における法理を考慮すべきことになる．例えば，双務契約が有効であれば，代金支払と売買目的物の引渡しとは同時履行の関係に立つことから，契約が無効，取り消された場合にも，売主による代金の返還と買主による目的物の返還も同様の関係にあると解すべきである．このような不当利得は給付利得といわれている．

ところで，売買契約が有効な場合，代金支払債務と目的物の引渡債務とは密接な関係があることから，同時履行の抗弁権，危険負担などの制度が認められている．他方，売買契約が無効または取り消された場合の，不当利得にもとづく売主の代金返還債務と買主の目的物返還債務に関しては，それらに関する規定はない．しかし，双方の利益状況は基本的には同一だといえよう．そこで，不当利得にもとづく売主の代金返還債務と買主の目的物返還債務に関しても，その関連性

◇ 第6講 詐　欺 ◇

（牽連関係）を考慮に入れるべき場合がある．契約の解除の場合に，同時履行の抗弁権に関する規定が準用されている（546条）ことも，このような解決を促すものである．

(1) 同時履行の抗弁権

そこで，判例（最判昭和28・6・16民集7-6-629，最判昭和47・9・7民集26-7-1327）・学説は，双務契約の無効・取消しの場合に，両当事者に生じた不当利得返還請求権は同時履行の関係に立つことを認めている．

問題は，詐欺や強迫による取消しの場合，詐欺や強迫を行った者に同時履行の抗弁権を認めるべきかである．同時履行の抗弁権と同様の機能をもつ留置権に関して，占有が不法行為により始まった場合には留置権は成立しないと規定されている（295条2項）こととのバランスから否定する見解も有力である．

(2) 危険負担

危険負担の法理はどうか．給付された目的物が返還される前に買主の責に帰することができない事由によって滅失した場合を考えてみよう．この場合，民法703条が適用されると，善意の買主には現存利益がなく，売主は売買目的物を返してもらえないが代金は返済しなければならなくなり，双務契約の関係があったことを考慮すると妥当とはいえない．そこで，危険負担の法理を適用して，目的物の不当利得返還債務は履行不能となって消滅し，売主に帰責事由があれば買主の代金返還請求権はなくならない（536条2項参照）が，売主にも責めに帰すべき事由がないときには，買主の代金返還請求権は消滅する（536条1項参照）との見解が有力である．当事者の給付に対価的バランスが保たれている場合には，このような処理方法も妥当であろうが，契約が無効になったり，取り消しうる場合には，この対価的バランスが保たれていない場合が多い．そこで，むしろ，目的物が売主，買主双方の責に帰することができない事由によって滅失しても，買主には，その目的物の時価相当額を返還する義務が存続し，これと売主の代金返還債務とは同時履行の関係に立つとする見解が妥当であろう．

なお，目的物が買主の責めに帰すべき事由によって滅失した場合には，債務不履行が問題となり買主は時価での賠償義務を負う．

102

◇ 第7講 代　　理 ◇

lecture

1　代理の意義

(1)　代理が果たしている役割

　代理とは，代理人が本人のために意思表示をすることにより，その効果を直接本人に帰属させる制度である．代理の場合に，意思表示をするのは代理人であるが，本人自身が意思表示をしたのと同様に，代理人のした意思表示の効果が直接に本人に帰属する．たとえば，Aの代理人BがA所有の不動産をCに売却する場合には，売買契約は，Aの代理人であるBと相手方Cとの間で締結されるが，A自身が直接にCと売買契約を締結した場合と同じように，A・C間にAを売主，Cを買主とする売買契約が成立する．

　このような代理制度を利用することによって，自分の活動の領域を広げ，あるいは代理人の優れた能力を利用して法律行為をすることができる．たとえば，東京に住んでいるAが，北海道の土地を買おうとする場合に，北海道在住のBに土地を買うための代理権を与えて代理制度を利用すれば，東京にいながら北海道に所在するC所有の土地を買うことができるし，金融取引についての知識や経験がなくても，その知識や経験の豊富な人を代理人として取引をすれば，代理人の豊富な知識のおかげで不利な契約を回避することができる．

　また，制限行為能力者に代わって法定代理人が行為することによって，制限行為能力者の能力を補充することができる．

(2)　代理に類似した制度

　(a)　**使　　者**　本人が法律行為をする場合に，その手足として用いられる者を使者という．代理の場合には，代理人が法律行為をしているのに対して，使者の場合には，意思表示をしているのは本人であり，使者は本人の意思表示を伝達しているにすぎない．たとえば，A（本人）がB（相手方）宛の手紙を書いて，それをC（使者）に届けさせる場合には，Cは使者であって，代理人ではない．こ

◇ 第7講 代　理 ◇

の場合に，Bに伝えられるのは，Aの意思表示であって，Cの意思表示ではない．

　(b) **間接代理**　証券会社や商品仲買人が顧客から株式や商品の購入・販売を委託された場合には，証券会社や商品仲買人は，経済的には，他人（顧客）のために売買を行うので，代理と類似するが，第三者との関係では，証券会社や商品仲買人が契約当事者である点で代理と異なる．これを，間接代理という．代理との違いは，間接代理人が法律行為の当事者であり，法律効果も間接代理人に帰属する点にある．

(3) **任意代理と法定代理**

　本人（A）と代理人（B）の関係は，多くの場合，AがBに代理権を与えることによって成立する．このように，本人の意思にもとづいて生ずる代理を任意代理という．

　しかし，本人の意思にもとづくことなく，法律の規定によって代理が生ずることもある．例えば，未成年者や成年被後見人は，原則として，自分だけで法律行為をすることはできず，親権者または後見人がこれらの未成年者または成年被後見人に代わって意思表示をすることによって，未成年者または被後見人が権利を取得し，義務を負う．このように，法律の規定にもとづいて代理人や代理権の範囲が決められる場合を法定代理という．

(4) **能動代理と受動代理**

　代理人が本人に代わって意思表示をする代理を能動代理といい，代理人が本人に代わって意思表示を受領する代理を受動代理という．例えば，本人に代わって売買契約の申込みをするのが能動代理であり，本人に代わって売買契約の申込みを受けるのが受動代理である．受動代理の要件・効果は，能動代理の場合と同じである（99条2項）．

2　代　理　権

(1) **代理権の発生原因**

　代理人は，法律行為の結果，本人に権利を取得させ，あるいは，義務を負わせることのできる地位にある．代理人の有するこのような権限を代理権という．代理権は，次の原因によって代理人に与えられる．

　(a) **法定代理の場合**　法定代理の場合には，その根拠となる法律の規定に

よって代理権が代理人に与えられる．

　たとえば，未成年者については，原則として父母が親権者として代理権を行使する（818条・824条）．また，精神上の障害により事理を弁識する能力を欠く常況にある者について，後見開始の審判がなされるときにも，家庭裁判所の職権によって成年後見人が選任される（843条）．

　(b) **任意代理の場合**　　任意代理の場合には，本人がある者に代理権を与えることによって，代理人が選任される．ここで代理権を与える行為を代理権授与行為という（代理権授与行為については，〈*à plus loin*〉2参照）．

　なお，代理人は行為能力者である必要はない（102条）．制限行為能力者制度は，制限行為能力者を保護するための制度であるが，代理人のした行為の効果は本人に帰属し，代理人に不利益を与えないから，制限行為能力者である代理人を保護することは必要ではない．また，任意代理の場合には，本人の意思によって，判断能力の劣る制限行為能力者を代理人としたのであるから，これによる不利益が本人に及んだとしてもやむを得ないと考えられる．このような理由から，代理人は行為能力者でなくてもよいとされている．

(2) **代理権の範囲**

(a) **代理権の範囲の確定**　　代理権の範囲の問題とは，代理人のしたどういう範囲の行為によって本人に権利義務が帰属するか，という問題である．

① 　法定代理の場合　　法定代理については，多くの場合，代理権の範囲は法律の規定によって定められている（未成年者の親権者に関する824条，後見人に関する859条など）．

② 　任意代理の場合　　任意代理については，代理権の範囲は代理権授与行為によって定まる．例えば，委任契約によって代理権が与えられている場合には，代理権の範囲は委任契約によって定められる．委任契約に伴い委任状が交付されている場合には，委任状にその内容が記載される．当事者の合意の内容が不明確な場合には，代理権授与行為の解釈によって定まる．

(b) **代理権の範囲が明らかでない場合**　　代理人の権限が明らかでない場合には，代理人は次の2つの行為をする権限を有する（103条）．第1は，保存行為である（同条1号）．第2は，代理の目的である物または権利の性質を変じない範囲内においてその利用または改良を目的とする行為である（同条2号）．

　保存行為とは，財産の現状を維持する行為である．例えば，家屋を修繕するこ

◇ 第7講 代　理 ◇

とである．利用行為とは，収益をはかる行為である．例えば，家の賃貸や金銭を預貯金にすることである．改良行為とは，財産の価値を増加させる行為である．例えば，家に造作を施すことである．

(3) 自己契約・双方代理の禁止

本人に代わって代理行為をする代理人が同時に契約の相手方当事者となって契約をすること（自己契約）および1人の代理人が契約当事者双方の代理人として契約すること（双方代理）はできない（108条本文）．

代理人は，本来本人の利益のために行為をすべき立場にある．ところが，自己契約あるいは双方代理の場合には契約当事者の双方の利益を代理することになり，本人の利益が不当に害されるおそれがある．そこで，自己契約・双方代理は禁止される．

法定代理人である親権者または後見人は，その子または被後見人との間で利益が相反する行為（利益相反行為）について代理することができず，特別代理人を選任しなければならないとされているが（826条・860条），自己契約・双方代理が禁止されるのは，これと同じ趣旨によるものである．

このような自己契約・双方代理の禁止の趣旨からすると，すでに当事者間に債権債務関係が存在していて，自己契約あるいは双方代理を認めても本人の利益を害しない場合や，本人があらかじめ許諾している場合には，例外を認めてもさしつかえないことになる．そこで，民法は，債務の履行および本人があらかじめ許諾した行為については自己契約・双方代理を認めている（108条ただし書）．判例は，不動産の登記申請について，同一人が登記権利者と登記義務者の双方の代理人となる場合には，民法108条本文の法意に反しないとする（最判昭和43・3・8民集22-3-540）．これは，売買契約上の債務の履行にすぎないからであるが，本人のあらかじめの許諾があるからだと考えることもできる．

なお，債務の履行について自己契約・双方代理を認める民法の趣旨を推し進めれば，債務の履行の場合と同様に，互いの利益が相反しない場合には，自己契約・双方代理を認めてもよいことになる．たとえば，当事者間で契約条項があらかじめ取り決められている場合の公正証書の作成については，自己契約や双方代理が許される（最判昭和26・6・1民集5-7-367）．

(4) 復　代　理

代理人は，自分自身で代理行為をするのが原則であるが，場合によっては，さ

らに代理人を選任することができる．これを，復代理という．

　任意代理の場合には，代理人は，本人の許諾を得た場合またはやむを得ない事由（例えば，代理人が病気で入院する場合）がある場合に限って復代理人を選任することができる（104条）．任意代理の場合，代理人は，復代理人の選任および監督について責任を負う．ただし，本人の指名に従って，復代理人を選任したときには，その不適任または不誠実であることを知っていながら，そのことを本人に通知しなかった場合，または復代理人を解任しなかった場合にのみ責任を負う（105条）．

　法定代理の場合には，代理人は，いつでも復代理人を選任できるが，そのことによるすべての責任を負わなければならない．ただし，やむを得ない事由がある場合には，任意代理の場合と同様に，その選任および監督についてのみ責任を負う（106条）．

　このように，法定代理の場合の方が任意代理の場合よりも緩やかな要件のもとに復代理人を選任できるが，その代わりに，復代理人の選任監督について，法定代理人の方が任意代理人よりも重い責任を負っている．

　復代理人は，その権限内において本人を代理し，本人および第三者に対して代理人と同一の権利義務を有する（107条）．すなわち，復代理人は，代理人によって選任されるが，代理人の代理人ではなく，本人の代理人である．

(5) **代理権の消滅**

　代理権の消滅原因としては，法定代理と任意代理とに共通する消滅原因とそれぞれに特有の消滅原因とがある．

(a) **法定代理・任意代理に共通の消滅原因**　　民法111条1項は，代理権の消滅原因として，次の2つをあげている．

　第1に，本人が死亡した場合（同項1号），第2に，代理人の死亡または破産手続開始の決定もしくは代理人が後見開始の審判を受けた場合（同項2号）である．

(b) **法定代理に特有の消滅原因**　　法定代理については，それぞれについて，消滅原因が定められている．例えば，夫婦が協議離婚をする場合には，父母の一方を親権者として定めなければならないが（819条1項），それによって他方は親権者でなくなる．

(c) **任意代理に特有の消滅原因**　　任意代理権は，委任の終了によって消滅する（111条2項）．民法が，委任の終了を代理権の消滅原因として規定したのは，

◇ 第7講　代　理 ◇

委任契約によって代理権が与えられると理解していたためであるが，今日の通説は，委任契約以外の契約による代理権授与も認めている．そこで，委任に限らず，代理権授与行為が終了すれば，任意代理権が消滅する．

3　代理行為

(1) 顕名主義

代理人が代理行為をなす場合には，本人のためにすることを示してしなければならない（99条）．「本人のためにすることを示」すとは，自己が本人の代理人として行為をすることを示すことである．このように，民法は本人のために代理行為をする旨を示すことを要求している．これを，顕名主義という（なお，商行為の代理については，顕名主義がとられていない．商504条）．

代理人が本人のためにすることを示さないで行為をしたときには，原則として代理人自身が自己のために行為をしたものとみなされる．これは，顕名がなされなければ，表意者（代理人）自身に効果が生ずると理解されるのが通常であるから，そう信じた相手方を保護する趣旨である．そこで，相手方が，代理人が本人のためにすることを知り，または知ることができたときには，例外的に本人に代理行為の効果が帰属する（100条）．

(2) 代理行為の瑕疵

(a)　原　則　代理行為について，意思の不存在，詐欺，強迫またはある事情を知っていることもしくは知らなかったことにつき過失があったことによって影響を受けるべき場合には，その事実の有無は代理人について定められる（101条1項）．たとえば，代理人Bが錯誤に陥ったために，売買契約をした場合には，本人Aが錯誤による売買契約の無効を主張できる．現実に代理行為をするのは代理人である以上，そうした事情はまず代理人について判断すべきだからである．

101条1項は，「意思表示の効力が……詐欺……によって影響を受けるべき場合には」と規定している．そこで，代理人が詐欺を受けた場合は，代理人の意思表示が影響を受けるから，民法101条1項が適用されることで問題ないが，代理人が詐欺を行った場合は，101条1項の適用があるかどうか明確ではない．判例は，代理人による詐欺の場合にも101条1項を適用して，代理人の詐欺を本人が詐欺をしたのと同視する（大判明治39・3・31民録12-492）．

(b)　例　外　特定の法律行為をすることを委託された場合において，代理人

が本人の指図に従ってその行為をしたときは，本人は，みずから知っていた事情について代理人が知らなかったことを主張することができない．本人が過失によって知らなかった事情についても同様である（101条2項）．

たとえば，ある特定の建物を買い受けることを代理人に委託した場合に，買主がその目的建物に隠れた瑕疵のあることを知っていたときは，代理人がそのことを知らなかったとしても，瑕疵担保責任を主張することができない（570条・566条参照）．

このような場合に本人が知っている事情について代理人の不知を主張できないとされるのは，代理人の不知を利用して本人が有利な結果を得るのは公平でないからである．そこで，本人が代理人をコントロールする可能性がある場合には，101条2項所定の場合以外にも同条項を類推適用すべきである．

4 代理権の濫用

(1) 問題の所在

代理人が客観的には代理権の範囲の行為を行うけれども，本人の利益のためではなく，代理人自身あるいは第三者の利益のために行為する場合を，代理権の濫用という．この場合に，代理行為の効果が本人に帰属するかどうかが問題になる．

たとえば，A社の財務課長Bが，商品の仕入れおよび販売の代理権を持っていたので，この代理権にもとづいて，Aの代理人としてCから商品を仕入れ，これをDに転売したが，この行為は，転売利益を着服するために行なったものだった．この場合に，CはAに対して代金を請求できるか．

この場合に，代理権濫用行為により本人は不利益を被るから，本人が代理行為の効果帰属を免れることも，場合によっては認められるべきである．そこで，どのような場合に，どのような法理によって，本人がその効果帰属を免れうるかが問題になる．

(2) 93条ただし書類推説

この問題につき，判例（任意代理権の濫用について最判昭和42・4・20民集21-3-697，親権者の法定代理権の濫用について最判平成4・12・10民集46-9-2727など）・通説は，心裡留保に関する民法93条ただし書の類推適用によって処理している．この考え方によると，代理権濫用行為も原則として有効である．しかし，相手方が

◇ 第7講 代　理 ◇

代理人の背信的意図を知っていたか，あるいは過失によって知らなかったときには，代理行為の効果は本人に帰属しない．そこで，上記の例で，Cは原則としてAに対して代金請求をできるが，CがBの背信的意図を知っていたか，あるいは過失によって知らなかったときには，代金を請求できない．

(3) 他の学説

代理権濫用の場合の法的処理については，このほかに，民法110条説や信義則説がある．民法110条説は，代理権濫用行為は無権代理行為であると見る．この学説は，代理人は，代理権を与えられた趣旨に反して代理権を行使する資格を認められていないとし，原則として本人に効果が帰属しないと考える．そこで，この場合の相手方の保護は，110条の規定によることになる．この学説は，代理権限外の行為と代理権濫用は，本人との関係で許されていない行為であるという点で同じだから，同じように扱うべきだと考えている．

しかし，相手方の立場からみると，代理権限外の行為と代理権濫用には大きな違いがある．すなわち，代理権限外の行為の場合には，相手方は，代理人が当該代理事項について代理権を有すること（代理権の事項的範囲）についての信頼を保護されるのに対して，代理権濫用の場合には，代理人が不正な意図で行為してはいないこと（代理人の主観的意図）への信頼が保護される．そして，代理権の事項的範囲については，相手方は本人に直接確認することができるのに対して，代理人がどのような意図で行為したのかについては，相手方はこれを確実に知る方法がない．このように，代理権限外の行為の場合と代理権濫用の場合とでは，相手方が置かれる立場に無視できない違いがある（佐久間毅・民法総則288頁）．そこで，相手方は，代理権濫用の場合には代理権限外の行為の場合より強く保護されてよい．したがって，代理権濫用に110条を適用することには賛成できない．

信義則説は，代理権濫用行為は原則的には有効であるが，相手方が悪意または重過失があったときには，信義則（1条2項）上，代理行為の有効性を本人に主張できないという（詳細は，【演習判例】〔コメント〕の大隅健一郎裁判官の意見参照）．これによると，相手方は過失（軽過失）があっても行為の有効性を主張しうる．

しかし，93条の本来の適用の場合（本人が嘘の意思表示をしたとき）でさえ，相手方が保護されるためには無過失を要求されているのであるから（93条ただし書），代理人の代理権濫用行為があるだけで，本人には何ら背信的意図のない代理権濫用の場合に，本人を犠牲にして過失（軽過失）ある相手方を保護するのはバラン

110

スを失する，と批判されている．

このようにみてくると，判例・通説の立場が妥当である．

【演習判例】最判昭和 42・4・20 民集 21-3-697

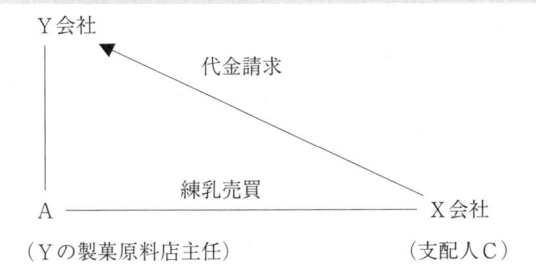

```
Y会社
 ↖
   ＼  代金請求
    ＼
     ＼
A ──────練乳売買──────→ X会社
(Yの製菓原料店主任)          (支配人C)
```

(1) 前 提 事 実

Y会社の製菓原料店主任として商品の仕入れの権限を有していたAが，Y会社の製菓原料店名義で，X会社から練乳を購入する契約を締結した．ところが，Y会社が売買代金の支払に応じないので，X会社がY会社を相手方として訴えを提起し，主位的に，上記取引による代金の支払を請求し，予備的に，Aの不法行為についてのY会社の使用者責任（715条）を根拠として同額の請求をした．

(2) 原審の判断

原審は，本件取引は，AがY会社外交員で元主任であったBに誘われ，他に転売してその利益をはかる目的で主任の権限を濫用して行ったものであり，X会社の支配人で本件取引に当たったCはその事実を知っていたと推断されるから，Y会社には代金支払義務はないとした．また，使用者責任も否定した．X会社が，これを不服として上告した．最高裁は，以下のように述べて，X会社の上告を棄却した．

(3) 判　　旨

「代理人が自己または第三者の利益をはかるため権限内の行為をしたときは，相手方が代理人の右意図を知りまたは知ることをうべかりし場合に限り，民法93条ただし書の規定を類推して，本人はその行為につき責に任じないと解するを相当とするから……，原判決が確定した前記事実関係のもとにおいては，Y会社に本件売買取引による代金支払の義務がないとした原判示は，正当として是認

111

◇ 第7講 代　理 ◇

すべきである．

　民法715条にいわゆる『事業ノ執行ニ付キ』とは，被用者の職務の執行行為そのものには属しないが，その行為の外形から観察して，あたかも被用者の職務の範囲内の行為に属するものと見られる場合をも包含するものと解すべきであることは，当裁判所の判例とするところである……．したがって，被用者がその権限を濫用して自己または他人の利益をはかったような場合においても，その被用者の行為は業務の執行につきなされたものと認められ，使用者はこれにより第三者の蒙った損害につき賠償の責を免れることをえないわけであるが，しかし，その行為の相手方たる第三者が当該行為が被用者の権限濫用に出るものであることを知っていた場合には，使用者は右の責任を負わないものと解しなければならない．けだし，いわゆる『事業ノ執行ニ付キ』という意味を上述のように解する趣旨は，取引行為に関するかぎり，行為の外形に対する第三者の信頼を保護しようとするところに存するのであって，たとえ被用者の行為が，その外形から観察して，その者の職務の範囲内に属するものと見られるからといつて，それが被用者の権限濫用行為であることを知っていた第三者に対してまでも使用者の責任を認めることは，右の趣旨を逸脱するものというほかないからである．したがつて，このような場合には，当該被用者の行為は事業の執行につきなされた行為には当たらないものと解すべきである．

　本件につき原審の確定した事実によれば，前述のように，Y会社製菓原料店主任Aは，同人らの利益をはかる目的をもつて，その主任としての権限を濫用し，Y会社製菓原料店名義を用いてX会社と取引をしたものであるが，X会社支配人Cは，Aが右のようにその職務の執行としてなすものでないことを知りながら，あえてこれに応じて本件売買契約を締結したというのである．そうすれば，Y会社が右契約によりX会社の蒙った損害につき民法715条により使用者としての責任を負わないものと解すべきことは，前段の説示に照らして明らかである．」

1　コメント
(1) 代理権濫用と使用者責任

　Aの不法行為についてのY会社の使用者責任（715条）については，相手方であるX会社支配人Cが，Aがその職務の執行としてなすものでないことを知りながら本件売買契約を締結したとして，Y会社の責任を否定したが，その後，最判昭和42・11・2民集21-9-2278は，相手方に重過失がある場合にも，使用者責任

が成立しないことを認めた．

　使用者責任が成立するためには，被用者の加害行為が事業の執行についてなされたことが必要である．この事業執行性について，判例は，被用者の行為が外形上使用者の事業執行と異なるところがなければ，私利をはかるための地位の濫用でも「事業の執行について」に該当する（大連判大正 15·10·13 民集 5–785）としてゆるやかに解しており，事業執行性を，主観的な内部関係によらず，行為の外形から客観的に判断する考え方（外形標準説）が学説でも通説になっている．

(2) 代理権濫用における当事者の主張立証

　代理権濫用の場合には，代理人は，法律行為の効果を本人に帰属させる意思で，本人に効果帰属するという内容の意思表示をしており，そこには心裡留保に相当する事態は存在しない．そのため，代理権濫用の場合に，厳密には，93条ただし書を類推する基礎があるとはいえない．それにもかかわらず，判例が93条ただし書を類推するのは，93条ただし書を用いると，代理の効果を争う本人の側に，相手方の悪意または過失の立証責任があるため，代理人がした意思表示が原則有効であり，相手方に悪意または過失がある場合に例外的に無効であるという結論を導くのに適しているからである．

2 演習判例についての大隅健一郎裁判官の意見

　「Ｙ会社の製菓原料店主任Ａは商法 43 条にいわゆる番頭，手代に当たり，同条により，右製菓原料店における原料の仕入に関して一切の裁判外の行為をなす権限を有するものと認められる．そして，ある行為がその権限の範囲内に属するかどうかは，客観的にその行為の性質によって定まるのであって，行為者Ａの内心の意図のごとき具体的事情によって左右されるものではない．このことは，商法が番頭，手代の代理権の範囲を法定するのは，これと取引する第三者が，取引に当り，一々具体的事情を探求して，その行為が相手方の代理権の範囲内に属するかどうかを調査する必要をなくする趣旨に出ていることに徴して，窺うにかたくない．そうであるとすれば，本件売買契約は，Ａが何人の利益をはかる目的をもつて締結したかを問わず，その権限内の行為であって，これによりＹが責任を負うのは当然といわなければならない．この場合に，相手方たるＸの支配人Ｃが右契約がＡの権限濫用行為であることを知っていても，それがＡの権限内の行為であることには変りはない．しかし，このような場合に，悪意の相手方がそのことを主張して契約上の権利を行使することは，法の保護の目的を逸脱した権利濫

◇ 第7講 代　理 ◇

用ないし信義則違反の行為として許されないものと解すべきである．その意味において，多数意見の結論は支持さるべきものと考える．

　多数意見は，この場合に心裡留保に関する民法 93 条ただし書の規定を類推適用しているが，いうまでもなく，心裡留保は表示上の効果意思と内心的効果意思とが一致しない場合において認められる．しかるに，代理行為が成立するために必要な代理意思としては，直接本人について行為の効果を生じさせようとする意思が存在すれば足り，本人の利益のためにする意思の存することは必要でない．したがつて，代理人が自己または第三者の利益をはかることを心裡に留保したとしても，その代理行為が心裡留保になるとすることはできない．おそらく多数意見も，代理人の権限濫用行為が心裡留保になると解するのではなくして，相手方が代理人の権限濫用の意図を『知りまたは知ることをうべかりしときは，その代理行為は無効である，』という一般理論を民法 93 条ただし書に仮託しようとするにとどまるのであろう．すでにして一般理論にその論拠を求めるのであるならば，前述のように，権利濫用の理論または信義則にこれを求めるのが適当ではないかと考える．しかも，この両者は必ずしもその結論において全く同一に帰するものでないことを注意しなければならない．すなわち，多数意見によれば，相手方が代理人の権限濫用の意図を知らなかったが，これを知ることをうべかりし場合には，本人についてその効力を生じないことは明らかであるが，私のような見解によれば，むしろこの場合にも本人についてその効力を生ずるものと解せられる．そして，代理人の権限濫用が問題となるのは，実際上多くは法人の代表者や商業使用人についてであることを考えると，後の見解の方がいっそう取引の安全に資することとなって適当ではないかと思う．」

à plus loin

1　代理と委任はどこが違うか

　一般的には，委任契約によって代理権が与えられる．すなわち，委任者（本人）が受任者（代理人）にある行為を委任することによって，代理権が与えられる．

　しかし，本人の事務を処理するために委任契約が締結される場合に，常に代理権の授与を伴うわけではない．また，これとは逆に，委任契約以外の他の契約（例えば，雇用・請負・組合契約など）によって代理権が与えられることもある．

代理権は，委任・雇用・請負・組合などの各種の事務処理契約がある場合に生ずるが，これらの事務処理契約から直接に代理権が発生するのか，それとも事務処理契約とは別個独立の代理権授与行為によって代理権が発生するのかについては争いがある．

　この点については，代理権授与行為の法的性質が関係してくる．代理権授与行為を，委任契約などとは独立した一種の無名契約であると解する説（無名契約説）は，代理権を授与する場合には，本人と代理人との間に委任契約などの事務処理に関する契約が締結されるとともに，これとは別に，代理権授与を目的とする契約が締結されると考える．しかし，この2つの契約を区別することは困難であるし，区別する実益も特に見あたらない．そこで，端的に代理権は委任などの事務処理契約から生ずると考えれば十分である（事務処理契約説）．

2　代理権授与行為を単独行為あるいは双方行為とみることでどこに差異があるのか

　これらの学説とは別に，代理権授与行為を本人の単独行為とする説（単独行為説）もある．単独行為説は，債権行為と別個に代理権授与行為を観念する点では，無名契約説と同じ立場に立っている．

　単独行為説によると，代理人は本人から代理権を一方的に授与されるだけであるから，代理人側の事情（制限行為能力や意思表示の瑕疵）は代理権授与行為に影響を与えない．そのため，代理行為における取引の安全をはかることができる．しかし，単独行為説では，何も知らないうちに代理人にされてしまう結果になるから，妥当ではない．

　事務処理契約説によると，委任などの代理権授与の基礎となった契約が，代理人側の事情（制限行為能力や意思表示の瑕疵）を理由として取り消されたり，無効となった場合に，代理行為の効力がどうなるかが問題になる．相手方を保護するために，①代理権を取得するだけでは代理人は不利益を被らないから，代理人の取消権を認める必要はないとする説や，②取消しの遡及効を制限する説もあるが，③かりに取消権の行使，およびその遡及効を認めても，表見代理に関する規定（109条ないし112条）の類推により，相手方の保護をはかることが可能である．

3　法定代理と代理権濫用

　法定代理権の濫用については，最判平成4・12・10民集46-9-2727が参考になる．

◇　第7講　代　理　◇

　事案は，以下のようなものである．未成年者Xが，父の死亡後，相続財産の遺産分割協議により本件甲土地を取得した．Xの親権者である母Aの依頼により，Xへの登記手続などは死亡した父の弟B（Xの叔父）が行い，また，BはなにかとA，Xの面倒をみていた．Bは，C会社の代表取締役であったが，C会社がD銀行から金銭の借入れをするさいに，Y信用保証協会に信用保証の申込みをしたところ，Yから不動産を担保として提供するよう求められたので，甲土地を担保として提供する旨申し入れるとともに，甲土地がXの所有であること，Xは未成年者であって，Aがその親権者である旨を伝えた．
　そこで，Yの担当職員は，Bと共にA方に赴き，BがAに対し，甲をCのYに対する債務の担保として提供してほしい旨依頼したところ，Aはこれを承諾したので，Yは，Xが所有する甲土地につき，YがC会社に対して保証委託取引にもとづき取得する債権を担保するため，Yを債権者とする根抵当権設定契約を結び，根抵当権の設定登記を行った．その後，成年となったXが，Yに対して根抵当権登記を抹消するよう求めた．
　これに対する最高裁判決の判旨は，以下のようなものである．
① 　親権者は，原則として，子の財産上の地位に変動を及ぼす一切の法律行為につき子を代理する権限を有する（824条）ところ，親権者が右権限を濫用して法律行為をした場合において，その行為の相手方が右濫用の事実を知り又は知り得べかりしときは，民法93条ただし書の規定を類推適用して，その行為の効果は子には及ばないと解するのが相当である（最判昭和42・4・20参照）．
② 　しかし，親権者が子を代理してする法律行為は，親権者と子との利益相反行為に当たらない限り，それをするか否かは子のために親権を行使する親権者が子をめぐる諸般の事情を考慮してする広範な裁量にゆだねられているものとみるべきである．そして，親権者が子を代理して子の所有する不動産を第三者の債務の担保に供する行為は，利益相反行為に当たらないものであるから，それが子の利益を無視して自己又は第三者の利益をはかることのみを目的としてされるなど，親権者に子を代理する権限を授与した法の趣旨に著しく反すると認められる特段の事情が存しない限り，親権者による代理権の濫用に当たると解することはできないものというべきである．したがって，親権者が子を代理して子の所有する不動産を第三者の債務の担保に供する行

為について，それが子自身に経済的利益をもたらすものでないことから直ちに第三者の利益のみをはかるものとして親権者による代理権の濫用に当たると解するのは相当でない．

③　そうすると，……右特段の事情の存在について検討することなく，……Ａがｘの親権者として本件各契約を締結した行為を代理権の濫用に当たるとした原審の判断には，民法 824 条の解釈適用を誤った違法があるものというべきであり，……本件を原審に差し戻すこととする．

　親権者が第三者のために子の不動産に物上保証した場合に，代理権の濫用となる「特段の事情」の主張立証責任が問題となるが，親権者が広範な裁量権を有していることから，濫用を主張する側（子側）に主張立証責任があると解するのが妥当であろう．

◇ 第8講 表見代理 ◇

◇ 第8講 表見代理 ◇

lecture

1 表見代理とは何か

(1) 表見代理の意義

　法律行為の効果はみずから意思表示をした本人に帰属するものであり，他人が勝手に本人の名を語って，または，本人の代理人と称してなした意思表示の効果は本人に帰属しないため（私的自治の原則），代理権のない者によってなされた代理行為（無権代理行為）の効果は本人に帰属しないのが原則である（113条1項）。しかし，本人と無権代理人との間に代理権が存在するかのような客観的事情（外観）があり，相手方が代理権の存在を正当に信頼して契約を結んだ場合には，相手方の信頼を保護する必要性が高い。このような場合に，本人が追認（113条）をしなくても，有権代理があったのと同様の責任を負わせ，本人に対する履行請求を可能にする制度が，表見代理である。

　表見代理は，権利がないにもかかわらず権利が存在するかのような外観を信頼して取引に入った者をその信頼において保護する点で，94条2項と同様に，権利外観法理のあらわれる一場面である。

　民法典は，代理権が存在するかのような外観の生じる原因に応じて3つの場合に表見代理の成立を認めている。①本人が，代理人として行為した者（自称代理人）に対して代理権を与えていないにもかかわらず，代理権を与えた旨を第三者に表示したところ，表示した権限内において自称代理人が代理行為を行った場合（109条．代理権授与の表示による表見代理），②本人が代理人にある行為の代理権を与えていたところ，代理人が権限外の行為について代理行為を行った場合（110条．権限外の行為の表見代理，越権代理，権限踰越の表見代理），③代理権の消滅後に，元代理人がかつて代理権を有していた範囲において代理行為を行った場合（112条．代理権消滅後の表見代理，滅権代理），である。

　代理権が存在するかのような外観を信頼した相手方に対して，本人に有権代理

118

と同様の責任を強制的に負わせるには，このような責任を負わされても仕方のない事情として，外観作出に関する本人の帰責性が要求されると考えられる．任意代理の場合には，本人が代理権の存在を推測させる外観を作出しているといえるが，代理権の発生とその範囲が法律によって定められる法定代理の場合にも表見代理の規定が適用されるかが問題となる．この点は〈*à plus loin*〉で検討する．

他方で，相手方は，無権代理行為の責任を強制的に負わされる本人の犠牲に値する者でなければならず，代理権の存在を正当に信頼していたことが要求される．

(2) 表見代理の効果

無権代理行為がなされた場合に相手方が表見代理を主張し（相手方は表見代理を主張せずに 117 条の無権代理人の責任を追及してもよい．第 9 講〈*lecture*〉3(2)参照．），その成立が認められると，本人は，無権代理人と第三者が行った行為について有効な代理権があるのと同様の特別の責任を負う．本人は，有権代理の場合と同様に代理行為から生じる義務を負い，権利を取得する．

2　表見代理の類型

(1) 代理権授与の表示による表見代理

(a) 意　義　　本人が，代理人として行為した者（自称代理人）に対して代理権を与えていないにもかかわらず，代理権を与えた旨を第三者に表示していたところ，表示した権限内において自称代理人が代理行為を行った場合には，本人は，その無権代理行為について責任を負う（109条本文）．本人は，代理権を与えたと表示することによって代理権があるかのような外観を作出した以上，みずからのした表示の責任を負うべきであるという趣旨である．

ただし，無権代理行為の相手方である第三者が代理権の不存在を知り，または過失によって知らなかった場合には，本人は責任を負わない（109条ただし書）．

例えば，AがBに代理権を与えていないのに，不動産の購入につきBを代理人とする旨をCに対して表示していたところ，CがBに代理権があるものと信じて，Aの代理人と称するBとC所有の不動産の売買契約を締結した場合である．

(b) 要　件　　109 条の表見代理の成立要件は，①代理権授与の表示があること，②表示された代理権の範囲内で代理行為を行うこと（以上 109 条本文），そして，第三者に悪意または過失があると本人は責任を免れることから（109条ただし

◇ 第8講　表見代理　◇

書），③第三者に悪意または過失がないこと（善意・無過失）である．

① 　代理権授与の表示

代理権授与の表示とは，当該無権代理行為の以前に，本人が，無権代理行為の相手方である第三者に対して，当該行為について他人に代理権を与えた旨を表示する行為である．その方法は，書面，口頭，広告などどのような手段でもよく，明示でも黙示でもなされ得る．代理権授与の表示は意思表示ではなく観念の通知であるが，法律行為の規定が準用される．

上の例では，AがCに対して，Bに不動産の購入について代理権を与えた旨を表示している．しかし，このような代理権授与の表示が実際に問題となるケースは珍しい．109条について実際に問題となるのは，名義の使用許諾と白紙委任状のケースであるが，これらは，正確には代理権授与表示があるとはいえない場合である．

　（i）名義の使用許諾　　AがBにAの名義の使用を許諾していたところ，BがAの名義を使用してCと契約を結んだ場合のように，本人が他人に自己の名義を使用して取引することを許した場合は，109条の趣旨に照らして，本人の表見代理責任が認められる．本人が代理権授与の事実を表示したわけでないが，自己の名義の使用を許諾することにより，名義許諾者自身の取引であるかのようにみえる外観を作り出しているからである．

最判昭和35・10・21民集14-12-2661は次のような事案である．すなわち，東京地方裁判所が，職員の互助団体である厚生部に対し，「東京地裁厚生部」の名称を使用してその名称で他と取引することを認め，東京地方裁判所事務局総務課厚生係の一室内で，厚生係の職員を「厚生部」の事務処理にあたらせることを認めていた．「厚生部」はXから物資購入等の取引をする際には，庁用の裁判用紙を使用した発注書，支払証明書といった官庁の取引類似の要式を用い，支払証明書には東京地裁の庁印を使用していた．「厚生部」がXから購入した繊維製品の代金を支払わないので，XがY（国）に対して売買代金の支払いを請求した．

最高裁は次のように述べる．「およそ，一般に，他人に自己の名称，商号等の使用を許し，もしくはその者が自己のために取引する権限ある旨を表示し，もってその他人のする取引が自己の取引なるかの如く見える外形を作り出した者は，この外形を信頼して取引した第三者に対し，自ら責に任ずべきであって，このことは，民法109条，商法23条〔現商法14条・会社法7条〕等の法理に照らし，これを是認することができる」．「東京地方裁判所当局が，『厚生部』の事業の継続

処理を認めた以上，これにより，東京地方裁判所は，『厚生部』のする取引が自己の取引なるかの如く見える外形を作り出したものと認めるべきであり，若し，『厚生部』の取引の相手方であるＸが善意無過失でその外形に信頼したものとすれば，同裁判所はＹに対し本件取引につき自ら責に任ずべきものと解するのが相当である」．

　(ii)　白紙委任状の濫用　　白紙委任状とは，本人から代理人に交付される委任状の代理人氏名欄と委任事項（代理権の内容）欄の全部または一部が白地のまま，委任者（本人）の署名押印のみがなされている状態を指す．たとえば，白紙委任状が本人Ａから代理人Ｂに作成・交付される場合には，代理権を行使すべき者と代理権の内容についてＡＢ間に合意が存在するのが通常であり，代理行為を行う際に，Ｂないし代理権行使を予定された者が，合意された代理事項について白地部分を補充して用いることが予定されている．だが，白地部分に本来予定されていない代理人の名前や委任事項が記入される危険は否定できない．このような場合，Ｂが代理権を逸脱して行った代理行為や，Ｂないし代理権行使を予定された以外の者が代理人として行った代理行為は，もちろん無権代理である．しかし，委任状は，本来，代理権授与の事実を表示するために交付・呈示されるものであり，相手方が虚偽の補充のなされた記載事項から代理権の存在を信じるのもやむを得ない．そこで，白紙委任状が濫用された場合に109条の表見代理が成立するかどうかが問題となる．濫用の仕方は２つに大別される．

　　ⓐ　白紙委任状の被交付者が，委任の趣旨を逸脱して白紙委任状を補充する
　　　場合（直接型）

　ＡがＢにＣ所有の不動産の購入につき代理権を与え，実印，印鑑証明書，委任事項欄が白地の白紙委任状を交付したところ，Ｂが，自分がＣから1000万円を借り入れるために，委任事項欄に「Ａを連帯保証人とする連帯保証契約を締結すること」と補充して，この委任状をＣに呈示して，Ａを代理して連帯保証契約を締結した場合である．

　この場合には109条が適用される．白紙委任状を交付したＡは，不動産の購入に限定して代理権を与える趣旨で白紙委任状をＢに交付したにすぎないが，Ｂが連帯保証契約の締結に関する代理権授与の旨を補充した委任状をＣに呈示したことは，その時点でＡがＢを使者としてＣに対して代理権授与を「表示した」と考えられるからである．他方で，ＢはＡが与えた代理権の範囲を逸脱して代理行

◇　第8講　表見代理　◇

為を行ったともいえるので，110条も適用され得る．

　　ⓑ　白紙委任状の転得者が，白紙委任状を用いて本人を代理する場合（間接型）

　AがC所有の不動産の購入の代理権を与える趣旨でBに白紙委任状を交付したところ，BがさらにB′に交付し，代理人（受任者）欄と，場合によっては委任事項欄も濫用して補充して代理行為を行う場合である．

　すなわち本人が特定の人に代理権を与える趣旨で白紙委任状を交付したにもかかわらず，予定外の転得者がこの白紙委任状を用いて無権代理行為を行う場合であり，少なくとも代理人（受任者）欄が濫用されている．この場合，転得者は，本人がみずから信頼して代理権を与えた者ではないので，直接型に比して外観作出に関する本人の関与が小さく，109条の適用は制限的に考えられる．代理人欄が濫用される場合は，さらに2つに細分される．

　1つは，代理人欄のみが濫用され，委任事項欄の濫用はない場合である（委任事項非濫用型）．すなわち，Aが，BのみにC所有の不動産の購入の代理権を与える趣旨でBに白紙委任状を交付したところ，BがさらにB′に交付し，B′がAの代理人と称して，委任の趣旨に沿ってCから不動産を購入した場合である．この場合，B′はAの代理人ではないためB′の行為は無権代理であるが，AがBに白紙委任状を交付したことは，B′が白紙の欄を補充してCに呈示したことによって，AがB′に対する代理権授与をCに表示したといえる．判例（最判昭和42・11・10民集21-9-2417）は，委任事項の濫用がない場合に109条の適用を認める．委任事項が著しく濫用されないのであれば，B′とCとの間でなされた無権代理行為はAが当初想定していた責任を生じるにとどまり，Aを著しく害することにならないからである．

　これに対して，代理人欄に加えて委任事項欄も著しく濫用され，本人が予定した権限の範囲を越えた行為がなされる場合には（委任事項濫用型），本人が想定していなかった責任を生じる．判例はこの場合に109条を適用することに慎重である．

　②　授与表示された代理権の範囲内の行為

　代理権授与表示を受けた「他人」すなわち自称代理人が，代理権授与表示のなされた範囲で，第三者（相手方）と行為していることが必要である（109条本文）．

　③　第三者が悪意または有過失でないこと

◇ 第8講 表見代理 ◇

　第三者，すなわち，代理行為の相手方が，自称代理人が代理権を有しないことを知り，または，過失によって知らなかった場合には，本人は本条の責任を免れる（109条ただし書）．したがって，代理権の不存在についての相手方の善意・無過失が，109条の表見代理の成立要件となる．109条ただし書は，平成16年の民法改正により追加された条文であるが，改正前においても，相手方の正当な信頼を保護するという表見代理制度の意義に照らして，相手方の善意・無過失が要件になると解されていた（通説・判例〔最判昭和41・4・22〕）．

　相手方が悪意または有過失であることについて本人が立証責任を負う．本人自ら代理権授与表示をした以上，相手方がその表示の範囲で代理権があると信じるのが当然だからである．

【演習判例】最判昭和 39・5・23 民集 18-4-621（登記抹消請求事件）

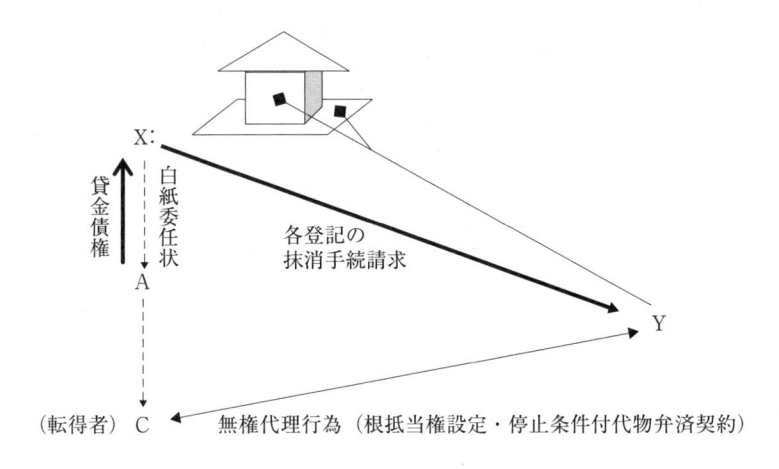

```
                    ┌─────┐
                    │ 家 │
                    └─────┘
       X: ●━━━━━━━━━━━━━━━━━━━━━━●
         ↑│        各登記の
       貸 白         抹消手続請求
       金 紙
       債 委
       権 任
         ↓│
         A
         ┊
         ┊
         ↓
    （転得者）C ←──────────────── Y
              無権代理行為（根抵当権設定・停止条件付代物弁済契約）
```

(1) 前 提 事 実

　Xは，Aから12万円を借り入れるにあたり，自己所有の土地・建物に抵当権を設定するため，その登記手続のため本件土地・建物の権利証，X名義の白紙委任状，印鑑証明書をAに交付した．ところが，Aは，これらの不動産を利用してBから金融を得ようと企てて，Xに無断でこれらの書類をCに交付した．Cは，Xの代理人と称して，Yとの間で債権極度額を100万円とする根抵当権設定契約及び停止条件付代物弁済契約を締結し，各登記がなされた．

123

◇ 第8講　表見代理 ◇

　Xが本件訴訟を提起し，根抵当権設定登記および所有権移転登記保全仮登記の抹消登記手続を請求した．

(2) 原審判決

　1審が，109条の表見代理の成立を認めてXの請求を棄却したのに対して，原審は，XがAやCが本件根抵当権設定契約や代物弁済契約を結ぶことを承諾していないという事実関係の下では，Aが本件各書類を所持していたからといって，XがAやその他の者に本件各契約締結の代理権を与えた旨を第三者に表示したとは認められないとして，109条の成立の余地がないとした．これに対して，Yが上告した．

(3) 最高裁の判断

　上告棄却．「不動産所有者がその所有不動産の所有権移転，抵当権設定等の登記手続に必要な権利証，白紙委任状，印鑑証明書を特定人に交付した場合においても，右の者が右書類を利用し，自ら不動産所有者の代理人として任意の第三者とその不動産処分に関する契約を締結したときと異り，本件の場合のように，右登記書類の交付を受けた者がさらにこれを第三者に交付し，その第三者において右登記書類を利用し，不動産所有者の代理人として他の第三者と不動産処分に関する契約を締結したときに，必ずしも民法109条の所論要件事実が具備するとはいえない．けだし，不動産登記手続に要する前記の書類は，これを交付した者よりさらに第三者に交付され，転輾流通することを常態とするものではないから，不動産所有者は，前記の書類を直接交付を受けた者において濫用した場合や，とくに前記の書類を何人において行使しても差し支えない趣旨で交付した場合は格別，右書類中の委任状の受任者名義が白地であるからといつて当然にその者よりさらに交付を受けた第三者がこれを濫用した場合にまで民法109条に該当するものとして，濫用者による契約の効果を甘受しなければならないものではないからである．」

● コメント

　本判決は，本人が代理人として予定していない白紙委任状の転得者によって，本人が予定していた事項とは大きく異なる事項について代理行為がなされた事案において，本人の代理権授与表示を否定した．その理由は，不動産登記手続のために交付された白紙委任状，権利証，印鑑証明書は，「転輾流通することを常態とするものではない」ため，一部の例外を除き，白紙委任状の被交付者からの転

得者が濫用した場合にまで109条の責任を負わなくてもよいからであるとする．学説では，代理人欄を白地とする白紙委任状は転々流通する可能性を当然に有するので，本人がこのような白紙委任状を交付した場合には，予想外の者が白紙委任状を使用したとしても，代理権授与表示を認めるべきであるとの見解が有力に主張されている．

　本判決と同様に代理人欄および委任事項欄の著しい濫用のあった事案に関する最判昭和41・4・22民集20-4-752は，代理権授与表示の存在を肯定したうえで，相手方に転得者の「代理権の有無を確かめる取引上の義務」があるとして，確認を怠った相手方の過失を認めて109条の表見代理の成立を否定した．

　また，同様の事案につき，109条と110条の重畳適用によって表見代理責任を認めた最判昭和45・7・28民集24-7-1203（後出【演習判例】．ただし，この判決は，本判決とは事案と場合を異にするという）がある．

(2) 権限外の行為の表見代理 〈lecture〉 2

(a) 意　義　　代理人が本人から与えられた代理権の範囲を越えて代理行為を行った場合には，相手方に代理人に当該代理行為について代理権があると信ずべき正当な理由があるときには，本人がその責任を負う（110条）．

　たとえば，AはBがCから100万円を借り入れるために連帯保証することを承諾し，Bを代理人として印鑑証明書，実印，委任状を交付したところ，Bが，Aを代理してCと極度額を1000万円とする連帯根保証契約を締結し，Cは，BがAの実印を用いて偽造した委任状によってBにこのことについて代理権があると信じていた場合である．

　110条の表見代理が代理権の範囲を越えてなされた無権代理行為の責任を本人に負わせる趣旨は，任意代理の場合には，本人が代理人にある行為の代理権を与えたことによって，当該行為に代理権があるかのような外観を作出していたこと（本人の帰責性）によって説明しやすい．

　他方で，このことは，110条は代理制度の信用を維持して取引の安全を保護するための制度であるとしても説明できる．110条の趣旨に関する考え方の相違が大きく表れるのは，とくに110条の法定代理への適用の可否の場面である（《à plus loin》(2)を参照．）．

(b) 要　件　　110条の責任の成立要件は，①代理人が「権限外の行為をし

◇ 第8講　表見代理　◇

た」こと，つまり，無権代理行為をした者が，当該行為以外の行為について代理権を有していたこと（基本代理権の存在），②相手方が代理権の存在を信ずべき「正当な理由」があること，である．

　①　基本代理権の存在　　110条が規定するのは，「代理人がその権限外の行為をした場合」であるから，その前提として，代理人が「権限」を有している必要がある．この「権限」がどのようなものかが問題となるが，「代理人がその権限」との文言，また，本人の静的安全を確保する観点から，代理権（基本代理権）を要求するのが伝統的な通説である．判例（最判昭和35・2・19民集14-2-250）も，本人を「代理して少なくともなんらかの法律行為をなす権限」（代理権）を要求する．

　基本代理権は，代理人によってなされた権限外の行為と同一の種類性質のものであることを必要としない（最判昭和40・11・30裁判集民81-221）．しかし，基本代理権と権限外の行為との関係が遠く，第三者が相当の注意をすれば疑念を生じるに足るときは，第三者が代理権ありと信ずべき正当の理由が否定される（大判昭和16・2・28民集20-264）．

　基本代理権といえるためには，「本人」を直接に代理する権限が与えられている必要がある．すなわち，最判昭和34・7・24民集13-8-1176は，D会社の経理担当者Bらが，取締役Aから，A名義のゴム印と「取締役」として使用するために届け出ていた印章を預かっていたところ，D社のC銀行に対する債務につき，Aに無断で「A個人」を連帯保証人とする連帯保証契約を締結した事案について，「A個人（傍点筆者）に法律行為の及ぶような行為についてこれを代理する権限は未だ曾てAから与えられたことはな」いとして，110条の適用を否定した．

　110条の成立要件である「権限」の解釈として大いに議論されているのは，財産の管理や対外的取引と緊密に関わる重要な事実行為が委託される場合にも110条の表見代理が成立するかどうかである．

　前掲最判昭和35・2・19は，一般人を勧誘して金銭の借入れをするD会社の勧誘外交員Aが，勧誘行為の一切を息子Bに当たらせていたところ，BがAを代理して，D社のCに対する借入債務につきAを連帯保証人とする契約を締結した事案において，勧誘行為は事実行為であるから110条の適用はないとした．これに対しては，例えば印鑑を預けるとか上記の勧誘業務などのような，社会的・経済的に重要な事実行為や対外的な関係を予定した事実行為を頼む場合にも110

126

条の表見代理は成立し得るとする見解（基本権限説）が有力に主張されている．
　また，表見代理は相手方の取引の安全を保護する制度であることから，基本代理権は，私法上の法律行為についての代理権と解されるが，これに対して，公法上の行為の代理権が基本代理権となり得るかも問題となる．
　印鑑証明書下付申請行為は公法上の行為であるから，これについての代理権は，110条の基本代理権となり得ない（最判昭和39・4・2民集18-4-497）．登記申請行為も公法上の行為であって，基本代理権とならないのが原則であるが，登記申請行為が私法上の契約による義務の履行のためになされるときには，特定の私法上の取引行為の一環をなしており，「その行為の私法上の作用を看過することはできないのであって，実体上登記義務を負う者がその登記申請行為を他人に委任して実印等をこれに交付したような場合に，その受任者の権限の外観に対する第三者の信頼を保護する必要があることは，委任者が一般の私法上の行為の代理権を与えた場合におけると異なるところがないものといわなければならない」として，基本代理権となり得る（最判昭和46・6・3民集25-4-455）．

　②　相手方が代理権の存在を信ずべき正当な理由　　110条の表見代理が成立するには，「第三者」が，代理権の存在を信じ，「代理人の権限があると信ずべき正当な理由」があることが要件となる．
　まず，110条の「第三者」とは，無権代理行為の直接の相手方を指す．すなわち，代理人が行った当該行為につき代理権が存在すると信じて取引に入った者である．
　転得者は「第三者」に含まれるか．たとえば，Aが自己所有の不動産への抵当権設定につきBに代理権を与え，印鑑証明書，委任状，登記識別情報を交付したところ，BがAを代理してCに本件不動産を売却し，CはDに転売した．CにはBに売買の代理権がないことを知らないことに過失があったが，Dは善意・無過失であった場合に，転得者であるDは「正当な理由」のある「第三者」といえるか．110条の「第三者」は無権代理行為の直接の相手方に限られ，転得者は含まれないとするのが通説・判例（最判昭和36・12・12民集15-11-2756）である．無権代理行為の目的物や権利を取得した転得者Dは，Bの代理権の存在を信じたのではなく，前主Cの権利を信じたにすぎないからである．このような転得者は，無権利者からの権利取得者に関する保護規定（94条2項類推適用，192条）によって保護される余地がある．

◇ 第8講　表見代理 ◇

　次に,「正当な理由」の意義が問題となる.「正当な理由」とは，行為の時に存在する諸般の事情から客観的に観察して，代理権があると信じるのがもっともであることである（通説・判例〔最判昭和 44・6・24 判時 570-48〕）. すなわち, 相手方が当該行為に関する代理権の存在を無過失で信じたことである（善意・無過失）.
　では,「正当な理由」の存否は, 具体的にどのように判断されるのであろうか. 判例の判断構造をみてみよう（最判昭和 51・6・25 民集 30-6-665【演習判例】等）.
　第1段階として, 原則として, 代理権の存在を推定させる客観的事実があると「正当な理由」が肯定される. 代理人が本人から交付された実印を使用した場合（最判昭和 35・10・18 民集 14-12-2764）, 相手方が本人の実印の押捺された書類と印鑑証明書を徴した場合（前掲最判昭和 51・6・25）等は, 特段の事情のない限り正当な事由があるとされる. わが国では実印や印鑑証明書は日常取引において行為者の意思確認手段として重要な機能を有するものであり, 代理人がこれを所持する以上, 本人から信頼を受けて代理権を与えられていると推測されるからである.
　第2段階として, 代理権の存在を推定させる客観的事実があっても, 代理権の存在に疑問を抱いてしかるべき「特段の事情」のある場合には, 例外的に, 相手方に本人の意思確認をする義務が課される. 判例上, 次のような場合がある.
　まず, 本人と無権代理人との間に親族関係がある場合である. 夫婦（最判昭和 27・1・29 民集 6-1-49, 最判昭和 28・12・28 民集 7-13-1683）, 同居する親子（最判昭和 39・12・11 民集 18-10-2160）のような関係では一方が他方の実印を持ちだすことが容易であるため, 相手方には本人に対する確認義務が課される.
　次に, 取引の経緯が不自然な場合である. 夫婦が不仲等により別居中で, 妻が夫所有の不動産を無断で売却する場合に, 取引の経緯が不自然であるときには, 本人への意思確認が要求される（最判昭和 36・1・17 民集 15-1-1）.
　さらに, 無権代理人の債務につき本人が保証する場合である. 包括根保証契約を締結する際には, 保証人から交付された実印の使用があっても, 他に代理権の存在を信頼させる事情がない場合には, 本人に照会して保証意思を確認しない限り, 直ちに正当理由は認められない（最判昭和 45・12・15 民集 24-13-2081, 最判昭和 51・6・25 等）. 主債務者である代理人は, 本人の保証引受けによって利益を受け, 本人は一方的に債務を負わされるので, 債権者に保証人の候補者, とくに責任の重い包括根保証人の候補者（なお, 平成 16 年民法改正によって極度額の定めが義務づけられたため〔465条の2〕, 現在では個人による貸金債務のための包括根保証は禁止されてい

る.）への慎重な意思確認が求められるからである.

　第3段階として，このような場合に，相手方が本人の意思確認をする義務を怠ると，過失があるとして「正当な理由」が否定される.

　相手方の意思確認義務の程度は，相手方の職業・属性，相手方と本人の地理的な距離，取引の内容によって異なる.

【演習判例】最判昭和 51・6・25 民集 30-6-665（約束手形金等請求事件）

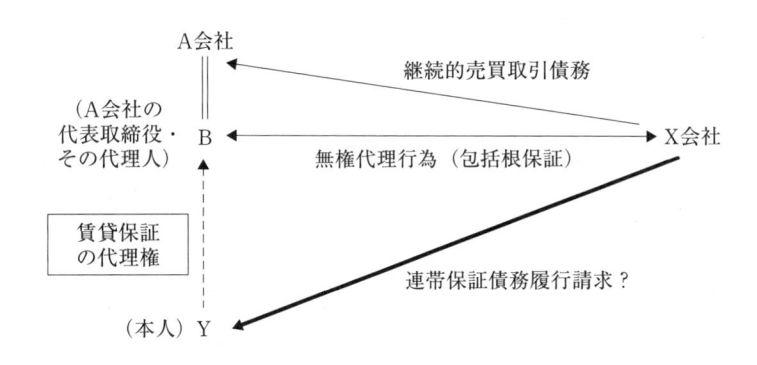

```
                    A会社
                     ‖     継続的売買取引債務
           (A会社の    ←─────────────────
           代表取締役・ B                        → X会社
           その代理人)   ←─────────────────
                         無権代理行為（包括根保証）
        ┌─────┐
        │賃貸保証 │
        │の代理権 │                  連帯保証債務履行請求？
        └─────┘
                     ↓
                  (本人) Y ←──────────────
```

(1) 前 提 事 実

　A会社の代表取締役Bは，X会社から，A会社のX会社に対する継続的売買取引上の債務について連帯保証人を立てるよう要求された．Bは，妻の伯父Yから，A会社が他から社員寮を賃借するために保証人となることの承諾を得ており，保証契約締結の権限を与えられて実印の貸与を受け，市役所からYの印鑑証明書の交付を受けていたが，その実印と印鑑証明書を利用して，Yに無断で，A会社がX会社に対して現在および将来負担する商取引上の一切の債務についてYが連帯して支払う旨の本件根保証契約書（以下「本件約定書」という）を，Yの名前で作成し，これにYの実印を押捺して印鑑証明書を添えてX会社に差し入れた．X会社では，この印鑑証明書によって本件約定書のYの名前の下の印影がYの実印であることを確認して，Yが自らの意思にもとづいて本件約定書に記名押印して本件根保証契約を締結したと信じていた．その後もX会社とA会社との取引は続いたが，約1年後にA会社が倒産した．

　Xは，A会社が取引上の債務の支払いのためにX宛に振り出された合計278

◇ 第8講　表見代理 ◇

万円余の約束手形につき，A会社に対して手形金の支払いを請求するとともに，連帯保証人であるBおよびYも共同被告として同額の支払いを請求した．A会社とBについては欠席判決によりX勝訴が確定している．

Xは，Yに対して，主位的にYがBに連帯保証契約締結の権限を与えて実印を貸与したと主張し，予備的に民法110条の類推適用による表見代理を主張した．

(2)　**原審判決**

1審はXの請求を棄却した．すなわち，本件保証契約が限度額も期限も定めなく保証人に酷な内容であるのに，A会社ないしBと特別深い利害関係のないYがこのような保証を承諾すると考えるのは不自然であること，X会社は当初Bの父親の保証を要求したのに父親に拒否されてYの保証に変更されるという異常な事態から，Bが実父にも信頼されていないことが容易に推測できた等の事情から，X会社がYの保証意思に疑いを有して当然であり，現に有していたと推認される．かつ，X会社は地理的にも時間的にもYの意思を直接確認するのは困難でなかった．このように保証意思確認義務を怠って書類を軽信したことには過失または信義則違反があり，110条の正当な理由を有しない．

これに対して，原審は，個人の印鑑証明書が日常の取引において行為者の意思確認の機能を果たしていることは，経験則上明らかであり，X会社は電気器具等の販売業者であって金融業者ではないので金融機関と同様の保証意思確認義務を負わないとして，正当な理由があると認めてXの請求を認容した．Yが上告した．

(3)　**最高裁の判断**

破棄差戻．「所論は，本件について右の正当理由の存在を肯認した原審の判断を争うので按ずるに，印鑑証明書が日常取引において実印による行為について行為者の意思確認の手段として重要な機能を果たしていることは否定することができず，X会社としては，Yの保証意思の確認のため印鑑証明書を徴したのである以上は，特段の事情のない限り，前記のように信じたことにつき正当理由があるというべきである．

しかしながら，原審は，他方において，(一) X会社がBに対して本件根保証契約の締結を要求したのは，A会社との取引開始後日が浅いうえ，A会社が代金の決済条件に違約をしたため，取引の継続に不安を感ずるに至ったからであること，X会社は，当初，Bに対し同人及び同人の実父……に連帯保証をするよう要

求したのに、Bから「父親とは喧嘩をしていて保証人になってくれないが、自分の妻の父親が保証人になる．」との申し入れがあって，これを了承した（なお，上告人はBの妻の父ではなく，妻の伯父にすぎない．）こと，Yの代理人として本件根保証契約締結の衝にあたったBは右契約によって利益をうけることとなるA会社の代表取締役であることなど，X会社にとって本件根保証契約の締結におけるBの行為等について疑問を抱いて然るべき事情を認定し，（二）また，原審認定の事実によると，本件根保証契約については，保証期間も保証限度額も定められておらず，連帯保証人の責任が比較的重いことが推認されるのであるから，Yみずからが本件約定書に記名押印をするのを現認したわけでもないX会社としては，単にBが持参したYの印鑑証明書を徴しただけでは，本件約定書がYみずからの意思に基づいて作成され，ひいて本件根保証契約の締結がYの意思に基づくものであると信ずるには足りない特段の事情があるというべきであって，さらにY本人に直接照会するなど可能な手段によってその保証意思の存否を確認すべきであったのであり，かような手段を講ずることなく，たやすく前記のように信じたとしても，いまだ正当理由があるということはできないといわざるをえない．

しかるに，原審は，X会社が金融業者ではないことの故をもって，右のような可能な調査手段を有していたかどうかにかかわらず，民法110条の類推適用による正当理由を肯認できると判断しているのであるが，右の判断は同条の解釈適用を誤り，ひいて審理不尽，理由不備の違法がある」．

● コメント

(1) 110条の「正当な理由」の存否の具体的判断

本判決は，代理人が，代理権限を越えて，みずからの債務のために保証契約（包括根保証契約）を締結した事案において，110条の「正当な理由」の存否の判断において考慮される具体的事実について述べた判例に一例を加えたものである．

本判決は，第1に，印鑑証明書が実印による行為について行為者の意思確認手段として重要な機能を果たすことに照らし，相手方が印鑑証明書を徴した以上，特段の事情ない限り，代理権があると信ずべき正当理由があることを原則としたうえで，第2に，特段の事情があるときには，本人の意思を確認すべきであり，その手段を講ぜずに信じた場合には正当理由があるとはいえないとの例外を認めた．

◇ 第8講　表見代理 ◇

　保証契約においては，保証人（本人）自身は保証引受けによって利益を受けないのに対して，主債務者たる代理人（なお，本件では主債務者は代理人（B）が代表取締役をつとめるA会社である）のみが融資を得られる点で利益を受けること，さらに包括根保証においては連帯保証人の責任が特に重いことから，特段の事情があるとして，相手方に保証意思の確認が求められている．

　なお，本判決では110条の「類推適用」が問題となっているが，代理人が署名代理によって権限外の行為をなし，相手方がその行為を本人自身の行為と信じたときは，代理人の代理権を信じたわけでないが，その信頼が取引上保護するに値する点は，代理人の代理権を信頼した場合と異ならないので，110条が類推適用される（最判昭和44・12・19民集23-12-2539）．

(2) **表見代理における当事者の主張・立証**

　表見代理の3カ条に共通する要件である相手方の善意・無過失（正当な理由）については，表見代理のタイプに応じて主張・立証責任のありかが異なっている．

　109条および112条では，表見代理の効果を争う本人が相手方の悪意・有過失について主張・立証責任を負うと考えられている．109条の表見代理では，本人みずから代理権授与表示をした以上，相手方が表示の範囲で代理権があると信じるのが当然だと考えられ，112条の表見代理では，代理権の外観が残っている以上，相手方は代理権の存在を信頼するのが当然であると考えられるからである．これらは，もともと本人が与えた外観の範囲内において無権代理行為がなされている点で共通する．

　これに対して，110条の「正当な理由」については，「正当な理由」があるという評価を根拠づける具体的事実について，表見代理の効果を主張する相手方が主張・立証責任を負うと考えられている（これに対して，表見代理の効果を争う本人の側が，正当な理由を疑わせる特別の事情を指摘して，「正当な理由」があるとの評価を争う）．110条の表見代理では，相手方が本人に責任を負わせようとする無権代理行為は，もともと本人が与えた代理権の範囲を越えているので，109条や112条の場合よりも相手方保護の必要性が相対的に低く，本人を保護する要請が相対的に高いと考えられるからである．

(3) 代理権消滅後の表見代理

(a) **意　義**　代理権消滅後の元代理人がする代理行為は無権代理行為である．しかし，代理権の消滅は，善意の第三者に対抗できない（112条本文）．その結果，代理権が今なお存続しているかのように，本人に無権代理行為の効果が帰属する．ただし，第三者に代理権の消滅を知らないことにつき過失があるときは，本人は代理権の消滅を対抗できる（112条ただし書）．

例えば，A社は従業員BにA社の製品をCに販売するための代理権を与えており，5年ほど取引が続いていたが，ある日，Bが退社し代理権は消滅した．しかし，Bはその後もA社の従業員を名乗ってCに製品を売却し続け，CはBが退社していたことを知らなかった場合である．

112条の趣旨の捉え方については考え方が分かれている．民法理論においては，112条を，代理権消滅後に本人が代理権の外観を残したままにしていること（本人の帰責性）に対する相手方の信頼を保護する表見代理と理解するのが一般的である．これに対して，代理権は，本人と代理人との内部関係に関する消滅事由（111条）によって第三者への通知等なく消滅するため，代理権の消滅は第三者には容易に分からないことから，これを知らずに元代理人と取引した相手方の不測の損害を防止する趣旨であるとの理解もある．民事裁判実務においては，112条は表見代理規定ではなく，111条の代理権の消滅事由を受けて，消滅の効果を対抗できない場合（抗弁）を規定したものであると理解されている（司法研修所『民事訴訟における要件事実』97頁以下）．以下では，一般的な民法理論の考えに従ってみていく．

(b) **要　件**

① **かつて存在した代理権が消滅していること**　代理権が1度は有効に存在していたが，問題の代理行為時には消滅していたことである．

判例は，法人または会社の理事または代表取締役の退任のように，代理権の消滅が法律上登記事項であり，登記によって代理権の消滅を第三者に対抗できる場合には，退任登記後に元理事等が代表者として第三者とした取引は，「交通・通信の途絶，登記簿の滅失など登記簿の閲覧につき客観的な障害があり，第三者が登記簿を閲覧することが不可能ないし著しく困難であるような特段の事情があった場合を除いて，民法112条の規定を適用ないし類推適用する余地はない」と解する（最判平成6・4・19民集48-3-922）．

◇ 第8講　表見代理 ◇

　なお，消滅した代理権が，包括的かどうか，継続的取引に関するものか単発の取引に関するものかは，問題とならない．
　② 元代理権の範囲内で代理行為がなされたこと　代理行為が元代理権の範囲を越えてなされる場合には，判例は110条と112条の重畳適用による表見代理の成立を認める．この点は(4)で述べる．
　③ 相手方が代理権の消滅について善意・無過失であること　「代理権の消滅」について相手方が過失なく知らなかったといえるためには，相手方が代理権の消滅前に当該代理人と代理行為をした経験があることを要するかが問題となる．最判昭和44・7・25判時574-26は，「民法112条の表見代理が成立するためには，相手方が，代理権の消滅する前に代理人と取引をしたことがあることを要するものではなく，かような事実は，同条所定の相手方の善意無過失に関する認定の一資料となるにとどまるものと解すべきである」と述べる．
　善意・無過失の対象についても問題である．すなわち，「代理権がかつて存在したことを知り」かつ「代理権が消滅したことを知らない」ことが必要か，行為時における「代理権があると信じること」だけで足りるか，が問題となる．代理権がかつて存在したが消滅したことは，代理権消滅後に代理権の存在の外観を残している本人の帰責性の要件として位置づけたうえで，後者の立場に立つ見解が多数説である．しかし，後者に立つと，相手方保護要件が109条と同じになり，本人がかつて代理権を与えたこと（112条）と，代理権を与えていないにもかかわらず代理権授与表示をしたこと（109条）との帰責性が同等であると扱われることになり妥当でないとの批判がある．
　112条の条文構造によれば，相手方の善意については代理の効果を主張する相手方が，相手方の有過失については本人が立証責任を負担することになりそうである．しかし，判例・通説は，代理権の外観が残っている以上，相手方は代理権の存在を信頼するのが当然であるとして，相手方の悪意または有過失について本人が立証責任を負うとする．

(4) **複 合 型**

　今までみてきたように，民法典は表見代理が成立する3つの場合を定めている（109条・110条・112条）．しかし，実際には，これらの規定をそれぞれ単独で適用するだけでは，代理権が存在するかのような外観を信じて取引を行った相手方を保護しきれない場合がある．とりわけ，これらの条文にまたがるような事案につ

いて，判例は，3つの条文を重畳的に適用して表見代理の成立を認め，相手方の保護をはかっている．

(a) **109条と110条の重畳適用**　AがBに代理権を与えていないにもかかわらず，ある行為について代理権を与えたことをCに対して表示した場合に（代理権授与表示），Bが代理権を授与されたと表示された範囲を越えた法律行為をし，かつ，Cが当該行為につきBにはAのための代理権が存在することを信じていた場合である．

この場合，Aによって授与表示された代理権（109条）を基本代理権（110条）として，その基本代理権を逸脱してなされた代理行為に表見代理の成立を認めるため，109条と110条が重畳適用されることが承認されている．

(b) **110条と112条の重畳適用**　AがBにある行為について代理権を与えていたが，AとBとの代理関係が終了するなどして代理権が消滅した後になって，B（元代理人）が，以前与えられていた代理権の範囲を越える行為について法律行為をし，かつ，Cは，当該行為につきBに代理権が存在することを信じていた場合である．

この場合，かつて存在した代理権（元代理権，112条）を基本代理権（110条）として，その基本代理権を逸脱してなされた代理行為に表見代理の成立を認めるため，110条と112条が重畳適用される（大連判昭和19・12・22民集23-626，最判昭和32・11・29民集11-12-1994）．

◇ 第8講　表見代理 ◇

【演習判例】最判昭和 45・7・28 民集 24-7-1203（所有権移転登記手続請求事件）

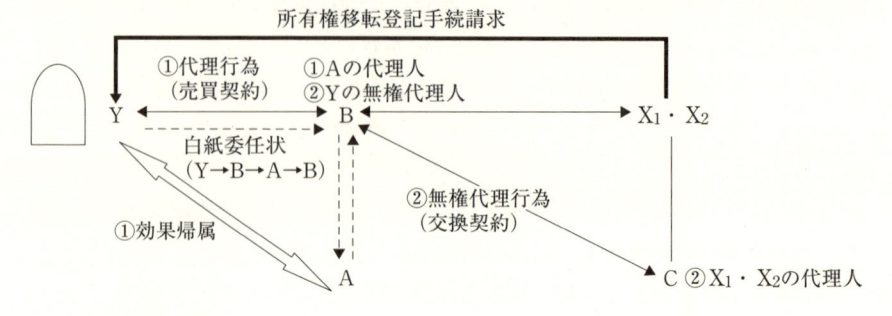

```
                所有権移転登記手続請求
        ┌─────────────────────────────────┐
        ↓    ①代理行為    ①Aの代理人      │
        │    （売買契約）  ②Yの無権代理人   │
        Y ←──────────→ B ←──────────── X₁・X₂
        │  ╲  白紙委任状   ↑ ╲
        │   ╲ (Y→B→A→B)  │  ╲②無権代理行為
        │    ╲            │   ╲（交換契約）
        ①効果帰属 ╲        │    ╲
        │         ╲      │     ╲
        │          ╲     │      ↘
                    A              C ②X₁・X₂の代理人
```

(1) 前提事実

　Yは，昭和 36 年 12 月 23 日，Aの代理人Bを介し，Aに対してY所有の本件山林等を代金 205 万円で売り渡し，同 25 日までに手付金 20 万円を受け取ったうえ，Aに対する本件山林の所有権移転登記手続に必要な書類として，①権利証，②Yの印鑑証明書，③Yの記名押印及び目的物件の記載があり，金額，名宛人，年月日の各欄を白地とした売渡証書，④Yの記名押印および目的物件の記載ならびに登記一切の権限を委任する趣旨の委任事項の記載があり，受任者，年月日の各欄を白地とした白紙委任状を，Bを介してAに交付した．

　次に，本件山林の所有権を取得したAは，Bを代理人とし，同 28 日，X₁・X₂の代理人であるCとの間で本件山林とX₁・X₂共有の山林の交換にあたらせたが，BはCに対してAの代理人であることを告げなかったばかりか，Yからなんら代理権を授与されていないにもかかわらず，Aから改めて交付されていた①～④の書類を示してYの代理人のように装ったので，Cは契約の相手方をYと誤信し，即日，Bとの間でX₁・X₂の山林 7 筆をYに譲渡するのと引き換えにYから本件山林の譲渡を受け，合わせて追銭 15 万円の交付を受ける趣旨の交換契約を締結し，成約と同時にBから追銭の一部金 10 万円，翌 29 日にその残額金 5 万円および白地部分につきなんら補充されていない①～④の各書類の交付を受けた．

　X₁・X₂はYに対して本件訴訟を提起し，本件山林の所有権移転登記手続を請求した．

(2) 原審判決

1審および原審は，前掲最判昭和39・5・23（前出【演習判例】）を引用してX₁・X₂の請求を棄却した．すなわち，BがYの代理人としてX₁・X₂との間で締結した交換契約は，無権代理行為であり，その効果は当然にYに及ぶものではない．また，X₁・X₂が主張する109条の表見代理の成否についても，本人が不動産登記手続に必要な①〜④の各書類を何人において行使しても差し支えない趣旨で交付したのではないのに，本人からこれが交付を受けた特定他人においてこれをさらに他の者に交付し，その者がこれを濫用して第三者に対して本人の代理人と称して不動産処分行為に及んだ場合にまで，本人は第三者に代理権授与の表示をしたものとして責任を負うとは解されず，本件の場合，YからみてBは特定他人であるAからの転得者の立場にあり，Yは①〜④の各書類をA以外の者によって使用されることを認容して交付したものでないので，109条の表見代理は成立しない．これに対して，X₁・X₂が上告した．

(3) 最高裁の判断

破棄差戻．「右事実によれば，Yは，本件山林の所有権移転登記手続のため右各書類をAの代理人Bに交付し，Bは，これをAに交付したが，Aは，ふたたびBを代理人とし，同人に右各書類を交付して同人をしてX₁・X₂との間に本件山林とX₁・X₂共有の山林の交換に当らせ，Bは，X₁・X₂両名の代理人Cに対し，Yから何ら代理権を授与されていないにもかかわらず，右各書類を示してYの上告人の代理人のごとく装い，契約の相手方をYと誤信したCとの間に本件交換契約を締結するに至ったというのであって，なるほど，右各書類はYからBに，BからAに，そしてさらに，AからBに順次交付されてはいるが，Bは，Yから右各書類を直接交付され，また，Aは，Bから右各書類の交付を受けることを予定されていたもので，いずれもYから信頼を受けた特定他人であって，たとい右各書類がAからさらにBに交付されても，右書類の授受は，Yにとって特定他人である同人ら間で前記のような経緯のもとになされたものにすぎないのであるから，Bにおいて，右各書類をCに示してYの代理人として本件交換契約を締結した以上，Yは，Cに対しBに本件山林売渡の代理権を与えた旨を表示したものというべきであって，Y側においてBに本件交換契約につき代理権があると信じ，かく信ずべき正当の事由があるならば，民法109条，110条によって本件交換契約につきその責に任ずべきものである．原判決引用の判例の事案は，本件事案と

◇ 第8講　表見代理 ◇

場合を異にする.」

● コメント

　本判決は，本人が，特定の人に代理権を与える趣旨で白紙委任状を交付したにもかかわらず，その転得者が本人が当初予定していた委任事項の範囲を超えて代理行為を行った場合に，109条と110条の重畳適用によって表見代理の成立を認めた初めての最高裁判決である．

　本判決は，本件白紙委任状がY→B→A→Bと順次交付された経緯について，BはYから直接交付され，AもBから交付を受けることを予定されており，いずれもYにとって「特定他人」であることを理由に，Yの代理権授与表示を認め，さらに，授与表示がなされた代理権を基礎として，委任事項の範囲からの逸脱部分について110条を適用した．

　本判決が，前掲最判昭和39・5・23の事案は本件の事案と異なるとしたのは，白紙委任状交付の経緯およびY・A・Bの関係に着目したものであると思われる．

à plus loin

● 表見代理規定の法定代理への適用の有無

(1) 法定代理への109条の適用可能性

　109条が適用されるのは任意代理に限り，その性質上，法定代理には適用されないというのが通説・判例（大判明治39・5・17民録12-758）である．代理権が法律の規定等によって発生する法定代理には，代理権の授与がないからである．

(2) 法定代理への110条の適用可能性

　法定代理権は110条の基本代理権となり得るかが問題となる．法定代理といってもいくつかの場面があり，法定代理権の発生に対する本人の関与または法定代理人に対する本人の監督の度合いが異なっている．

　1つは制限行為能力者の法定代理である．これには，法定代理権の発生に本人の関与が全くない場合と多少ある場合とがある．

　昭和22年改正前親族法の下，未成年者の親権者が親族会の同意を得ずにした契約に110条が適用されるかが問題となった大連判昭和17・5・20民集21-571および通説は，110条の趣旨が相手方の取引の安全の保護にあることを強調し，法定代理権も110条の基本代理権となるとする．これに対して，110条の基本代

理権の発生に本人の関与（帰責性）を求める見解によれば，このような法定代理権の発生には制限行為能力者である本人の関与がないため，法定代理権への110条の適用は否定される．

　本人の関与が多少ある法定代理権としては，保佐人・補助人に特定の法律行為について代理権を付与する場合がある（876条の4・876条の9）．すなわち，ある特定の行為に関する代理権を付与された保佐人・補助人が代理権の範囲を越えて無権代理行為をした場合に110条が適用されるかが問題となる．この場合，被保佐人・被補助人は少なくとも代理権の付与について同意を与えている（876条の4第2項・876条の9第2項）．取引の安全を強調する見解からは，110条の適用が肯定されよう．本人の帰責性を求める立場には，代理権の付与に少なくとも同意している点で被保佐人・被補助人には帰責性があるとして，110条が適用されるべきとする見解もある．しかし，判断能力の不十分な者の保護を目的とする制限行為能力者制度を利用する者が，この制度の利用に当たって重視される本人の自己決定の尊重の観点から，みずからが行うことに不安のある特定の法律行為につき代理権を付与するに当たって同意をすることは，任意代理における本人の帰責性と同列に扱われるべきではなく，この限りで相手方の取引の安全は制限行為能力者の保護に比して後退させられるべきであるとして，この場合への110条の適用を否定する見解が有力である．

　もう1つは，夫婦間の日常家事の連帯責任（761条）である．妻A所有の不動産を，夫BがAに無断で自分の経営する会社の債務の担保として債権者Cに譲渡した事案において，最判昭和44・12・18民集23-12-2476は，761条は夫婦が日常家事に関する代理権を相互に有することを規定していると理解したうえで，日常家事の法律行為の範囲は，「単にその法律行為をした夫婦の共同生活の内部的な事情やその行為の個別的な目的のみを重視して判断すべきではなく，さらに客観的に，その法律行為の種類，性質等をも十分に考慮して判断すべきである」とし，夫婦の一方が日常家事代理権を越えて第三者と法律行為をした場合には，日常家事代理権を基礎に広く表見代理の成立を認めることは夫婦の財産独立を損なうので相当でなく，夫婦の一方が他の一方に対し何らかの代理権を授与していない以上，「当該越権行為の相手方である第三者においてその行為が当該夫婦の日常の家事に関する法律行為の範囲内に属すると信ずるにつき正当の理由のあるときにかぎり，民法110条の趣旨を類推適用して，その第三者の保護をはかれ

◇ 第8講 表見代理 ◇

ば足りる」とした．

　学説においても，夫婦の日常家事代理権の場合には，制限行為能力者の場合とは異なり，本人に十分な行為能力もあり，本人の代理人に対する十分な監督可能性があるので，日常家事代理権に110条の適用を認めてよいという見解が多数を占める．

(3) 法定代理への112条の適用可能性

　112条が法定代理に適用されるかについては争いがある．これは112条の趣旨をどう捉えるかと結びついて問題となる．たとえば，未成年者の成年後に元親権者・後見人が代理行為をした場合について，通説・判例（大判昭和2・12・24民集6-12-754）は，112条の適用を肯定する．相手方の信頼の保護を強調する考えによっても，112条の法定代理への適用が肯定されよう．これに対して，代理権が存続するかのような外観を残したことに本人の帰責性を求める見解によると，代理権の消滅事由が法定されている法定代理の場合には本人に帰責性がなく，112条の法定代理への適用が否定されることになり，この見解も有力である．

en plus

　民法（債権法）改正検討委員会は，表見代理の包括的規定をおかず，現行民法と同様の3類型の個別規定を維持し，必要な修正を行うにとどめている．

　まず，3類型のすべてについて，表見代理が任意代理にのみ適用されるとの立場を採用した．

　代理権授与表示による表見代理については，代理権授与表示をした者が表示された代理権を与えていないことを知りながら表示した場合には真意を秘匿して表示した狭義の心裡留保に関する規定が類推されること（【1.5.35】〈ウ〉ただし書），また，代理権授与表示をした者が表示された代理権を与えていないことを知らずに表示をした場合には錯誤に関する規定が類推されること（【1.5.35】〈7〉）を明確化している．現109条の実際上の適用場面である名義の使用許諾（【1.5.35】〈3〉），白紙委任状の濫用（【1.5.35】〈4〉，転得者が委任事項を濫用した場合は【1.5.35】〈1〉〈7〉によって白紙委任状の交付者の保護を図ることが予定されている．）については，確立した判例法理を明文化した．109条と110条が重畳適用される場面も，【1.5.35】〈2〉で明文化している．

　権限外の行為の表見代理については，現110条の「権限」が代理権に限定さ

◇ 第8講　表見代理 ◇

れるかどうかにつき，条文の中で「代理人が本人から与えられた権限外の行為をした場合において」の1か所にのみ「権限」の文言を残すことによって，「権限」が代理権に限定されず，対外的に重要な事実行為も含まれることを文脈から間接的に明らかにした（【1.5.36】）．

相手方がその行為につき代理人に代理権があると信じた「正当な理由」については，相手方の善意・無過失と理解する判例・伝統的通説を前提としつつ，判例において「正当な理由」の存否の判断の際に考慮されている相手方および本人側の事情に関する判断要素を次のように明示した（【1.5.36】）．すなわち，「〈ア〉当該行為について代理権があることを推測させる徴憑の有無，〈イ〉代理人が〈ア〉の徴憑を取得した経緯と本人がそれに関与した程度，〈ウ〉代理人の行為に対する本人の言動，〈エ〉当該行為により代理人が取得する利益の程度，当該行為により本人が負うべき不利益または負担の程度その他当該行為について代理人に代理権があることを疑わせる事情の有無及びその程度，〈オ〉代理人に与えられた代理権について相手方が調査または確認するためにした行為の有無およびその程度」である．

現112条の代理権消滅後の表見代理については，表見代理に関する規定であることを明確化した（【1.5.37】）．

現行法の解釈において，相手方の善意の対象が，相手方が過去に代理権が存在していたことを知っていたことを前提に，その消滅を知らなかったことが必要か，単に行為の時点で代理権が存在しないことを知らなかったことでよいかが問題とされてきたが，代理権消滅後の表見代理は代理権が「存続」していることを前提としていたところ，その後代理権が消滅することによって相手方が思わぬ不利益をこうむるのを防ぐある制度であるとして，前者の考えを採用し，「その代理権が全部または一部消滅していたことを相手方が知らなかったときは」（【1.5.37】〈1〉）と定めた．

110条と112条の重畳適用については，【1.5.37】〈2〉において明文化した．

◇ 第9講　無権代理 ◇

lecture

1　無権代理の意義と効果

　無権代理とは，代理権のない者によってなされた代理行為である．代理人として行為した者に代理権の全くない場合のほか，代理行為が授権された範囲を越えてなされた場合などである．

　代理行為の効果が本人に帰属する要件は，「代理人がその権限内において」意思表示することであるが（99条1項），これに対して，無権代理行為は，代理権を欠くため，原則的に本人に帰属しない（113条1項．「本人に対してその効力を生じない」）．法律行為の効果はみずから意思表示をした本人に帰属するものであり，他人が勝手に本人の代理人と称して意思表示をしても，その効果は本人に帰属しないのが原則だからである（私的自治の原則）．また，無権代理行為は，本人名義でなされ，無権代理人も相手方も代理人自身に効果を帰属させる意思を有していないため，無権代理人と相手方との間でも効力を生じない．

　無権代理行為は，本人の追認または追認拒絶があるまで本人に効果が帰属するかどうかが確定しないため，その浮動状態をとらえて「不確定無効」といわれる．本人が，代理行為の効果を自己に帰属させたいと望む場合には，本人はこれを追認できる（113条）．また，本人と無権代理人との間に一定の関係があり，相手方が代理権の存在を信じていた場合には，表見代理（109条・110条・112条）が成立し得，このような場合には，本人が有権代理があったのと同様の責任を負う（表見代理については第8講ですでに述べた）．表見代理が成立しない場合（狭義の無権代理）には，相手方は無権代理人に対して責任を追及できるにすぎなくなる（117条）．

2　本人と相手方との関係

(1) 本人の追認権・追認拒絶権

　無権代理行為の効果は本人に帰属しないのが原則である．しかし，本人が代理行為の効果を自己に帰属させてもよいと考える場合には，その無権代理行為の効果を本人に帰属させる方が，本人の意思や相手方の利益にもかなう．したがって，本人は無権代理行為を追認して，代理権があったのと同様の効果を事後的に生じさせることができる（113条1項）．反対に，本人は，無権代理行為の効果を自己に帰属させることを望まないならば，追認を拒絶できる（113条2項参照）．追認拒絶によって，無権代理行為の本人への効果不帰属，つまり，無効が確定するので，以後，相手方は無権代理人に対して責任追及（117条）するしかなくなり，本人も新たに追認できなくなる（最判平成10・7・17民集52-5-1296．【演習判例】）．

　追認または追認拒絶は，本人の一方的意思表示によって効力を生じる単独行為であり，無権代理人や相手方の承諾を要しない．追認または追認拒絶の意思表示は，無権代理人と相手方のいずれに向けてしてよいが，相手方に対して追認または追認拒絶の効果を主張するためには，相手方に対して直接にその意思表示をするか，少なくとも相手方がその事実を知っている必要がある（113条2項）．したがって，追認がなされた後であっても，相手方が追認の事実を知るまでの間は，相手方の取消権（115条）は消滅しないことになる．

　本人の追認によって，無権代理行為は行為の時に遡って本人に帰属したものと扱われる（116条本文）．ただし，本人が追認の際に「別段の意思表示」をなし，相手方がこれに同意したときには，追認の効力は遡及しない（116条本文）．また，追認の遡及効によって「第三者の権利を害することはできない」（116条ただし書）．起草者は，116条ただし書の適用場面として，A所有の土地を無権代理人BがCに譲渡し，次にA自身が本件土地をDに譲渡し，その後にAがBの無権代理行為を追認する場面を考えていた．この場合に，追認の遡及効（116条本文）によってCへの譲渡が遡及的に有効となり，Dが権利を取得できないのは適当でないとして，追認の遡及効を否定して，Dに権利を取得させようとしたのである．しかし，追認により，本件土地はAからCとDへ二重譲渡されたことになり，CとDの間の優劣は，登記の先後によって決まると解されるため（177条），この事例は116条ただし書の適用場面ではない．116条ただし書は，たとえば，A所有の家

143

◇ 第9講 無権代理 ◇

屋を無権代理人BがCに売却して登記をした後にA自身が本件家屋をDに賃貸して引き渡し，その後AがBの無権代理行為を追認する場面に，適用される．

なお，無権代理行為の追認は，代理権の欠缺を追完して効力のない行為に遡及的に効力を生じさせるものであり，取り消し得る行為の追認（122条）とは異なる．後者は，一応有効な行為につき取消権を放棄するものだからである．

(2) 相手方の催告権・取消権

無権代理行為の効果は本人が追認または追認拒絶するまで確定しないため，それまでの間，相手方は不安定な地位におかれる．そこで，法律関係の不確定状態を除去する手段として，相手方に催告権（114条）と，取消権（115条）が与えられている．

相手方は，本人に対して，相当の期間を定めて追認するかどうかを確答すべき旨を促す催告をすることができる．本人が確答せずにその期間を徒過すると，追認拒絶が擬制される（114条）．

また，本人が追認するまでの間，相手方は無権代理による契約を取り消すことができる（115条本文）．取消しは無権代理行為の効果が本人に帰属しないこと，つまり無効を確定させる行為であり，一種の撤回である．取消しがなされた後本人は追認できなくなり，他方で，相手方も無権代理人に対して117条の責任を追及できなくなる．取消しは，本人と無権代理人のいずれに対してしてもよい．

ただし，相手方が契約の時点で代理権のないことを知っていたときには，取り消すことができない（115条ただし書）．代理権の不存在につき悪意であった相手方は，法律関係の不確定状態を覚悟すべきだからである．

3　無権代理人と相手方との関係 —— 無権代理人の責任

(1) 無権代理人の責任の意義と法的性質

無権代理行為につき本人が追認（113条）しない場合には，これによって，代理権の存在を信じて代理行為が有効に成立したと信じる相手方は，不測の損害をこうむることになる．そこで，このような相手方を保護するため，117条は無権代理人の責任を定めている．

無権代理人は，代理権なく代理行為をしたことについて故意または過失がある場合には，相手方に対して不法行為にもとづく損害賠償責任を負う（709条）．これに対して117条は，無権代理人の責任の内容として，相手方の選択に応じて

144

損害賠償責任のほかに履行責任まで認めている．起草者は，117条を，709条よりも責任の内容を加重している点で特別の法定責任であると考えていたが，代理権の不存在について無権代理人に少なくとも過失があること（過失責任）を前提としていた．これに対して，通説・判例（最判昭和62・7・7民集41-5-1133）は，117条を「相手方の保護と取引の安全並びに代理制度の信用保持のために，法律が特別に認めた無過失責任」と解している．通説・判例の考えによると，無権代理人の責任（117条）は，責任の内容の重さと無過失責任であることの2点において，重い法定責任である．

(2) 無権代理人の責任と表見代理との関係

本人が追認せず相手方も取消権を行使しない場合や本人が追認を拒絶した場合に，相手方が取り得る手段としては，①表見代理（109条・110条・112条）を主張して本人に責任を追及すること，②無権代理人の責任（117条）を追及すること，がある．そこで，表見代理と無権代理人の責任の優劣関係が問題となる．これについては，無権代理人の責任は表見代理が成立しない場合の補充的な責任であるとの考え方（補充的責任説，かつての通説）と，両者は互いに独立した制度であることを前提に，相手方は表見代理と無権代理人の責任を選択的に主張でき，相手方が無権代理人の責任追及を選択する場合には，無権代理人は表見代理の成立を抗弁として主張できないとの考え方（選択的責任説）とがあり，判例（最判昭和33・6・17民集12-10-1532，最判昭和62・7・7）は後者の立場に立つ．

なお，無権代理人の責任（117条）と表見代理（109条・110条・112条）の成立要件を比較すると，表見代理については，たとえば基本代理権（110条）のように，本人の帰責事由が要件とされる点で，無権代理人の責任の要件よりも厳格である．また，相手方の善意・無過失が要求される点で両者は共通するが，表見代理については，相手方の善意・無過失の主張・立証責任が相手方にある場合（110条）と本人が相手方の悪意または有過失の主張・立証責任を負う場合（109条・112条）とがあるのに対して，無権代理人の責任については，相手方の悪意または有過失が免責要件（117条2項）であるため，その主張・立証責任を無権代理人が負うことになる．このように要件および主張・立証責任に照らしてみると，無権代理人の責任の成立範囲の方が広いといえる．

(3) 無権代理人の責任の内容

相手方は，無権代理人に対して履行または損害賠償を選択して請求できる

◇ 第9講　無権代理 ◇

(117条1項)．

　相手方が履行を請求すると，無権代理人は，有権代理であれば本人が相手方に対して負担したであろう債務と同一の債務を履行する責任を負うことになる．この場合に無権代理人は，無権代理行為によって本人が相手方に対して取得したであろう権利を取得すると考えられる．なお，たとえば本人所有の特定物の引渡しのように，本人でなければ履行できない債務については，たとえ相手方が履行請求を選択したとしても履行不能となるため，結局は損害賠償請求をせざるを得なくなる．

　損害賠償責任の内容は，代理行為が履行されていれば得られたであろう利益（履行利益）の賠償であり，たとえば転売利益なども含まれると解されている．

(4)　責任追及の要件

　117条の責任の成立要件は，無権代理人が「他人の代理人として契約をした」こと，すなわち，①無権代理人との間で契約を締結し，②契約締結の際に無権代理人が顕名したこと，さらにそれに加えて，③無権代理人が「自己の代理権を証明することができず，かつ，本人の追認を得ることができなかった」ことである（117条1項）．

　117条1項の構造から，相手方は，①②を主張・立証して契約の履行または損害賠償を請求すればよく（相手方が履行請求を選択した場合における②の主張・立証責任のありかに関する民法理論と民事裁判実務との間の相違については，〈*à plus loin*〉1を参照），無権代理人が③について立証責任を負担し，それが成功すると責任を免れる．

　無権代理人は，代理権の存在または本人の追認を得たこと（③），あるいは，117条2項所定の免責事由のいずれかを主張・立証すれば，免責される．それは次のとおりである．

　(a)　無権代理人に代理権がないことについて，相手方が悪意，または，知らないことに過失があったこと（117条2項）

　代理権の不存在について悪意または過失のある相手方は，117条の責任が目的とする取引の安全の観点にもとづく保護の必要性がないからである．

　ここで，117条2項の「過失」は重過失に限られるのか単なる過失も含まれるのかが問題となる．無権代理人の責任（117条1項）を表見代理が成立しない場合の補充的責任と理解する立場からは，無権代理人の責任を追及する相手方に無過

失まで要求すると，相手方に過失があって表見代理が成立しない場合に117条の責任の成立の余地もなくなり，同条が無意味になるとして，117条2項の「過失」を重過失と解すべきと主張される．しかし，判例（最判昭和62·7·7）は，選択的責任説を前提に，117条1項が無権代理人に無過失責任という重い責任を負わせたこととの均衡から，相手方には無過失が要求されると説明する．ただし，この説明は，無権代理人が自己に代理権がないことにつき善意・無過失である場合には説得的であるが，悪意の無権代理人も相手方に過失があることを立証して免責される点では公平を欠くことが指摘されている．

なお，過失ある相手方も，故意または過失のある無権代理人に対して不法行為責任（709条）を追及することはできる．

(b) 無権代理人がその行為について制限行為能力者であったこと（117条2項）

制限行為能力者を保護する趣旨である．ただし，制限行為能力者が保護者の同意を得て代理したことを相手方が主張・立証した場合には，制限行為能力者に対して責任追及できると解するのが一般的である．

さらに，117条以外の規定に関するものであるが，(c)相手方が取り消したこと（115条）もあげておこう．

4　単独行為の無権代理

これまで述べてきたことは，113条から117条までの文言からも明らかであるように，無権代理人が「契約」を結ぶ場合に関するものである．代理は，他人（本人）の名において法律行為をする制度であるが，単独行為と合同行為が無権代理によってなされた場合はどうなるのであろうか．

単独行為には，原則的に，113条から117条までの規定が準用されない（118条）．相手方のある単独行為（たとえば，取消しや解除）については例外的に，相手方が，無権代理人が代理権なく行為することに同意し，または，代理権を争わなかった場合にのみ，113条から117条までの規定が準用され，無権代理による契約と同様に扱われる（118条前段）．したがって，無権代理による単独行為や無権代理人に対する単独行為は原則的に無効であり，本人による追認の余地がなく，無権代理人の責任も生じない．相手方のない単独行為（たとえば，所有権の放棄や遺言）については，常に無効ということになる．

合同行為の無権代理について明文はなく，基本的に契約の無権代理と同様に考

◇ 第9講　無権代理 ◇

えてよいとされている．

5　相続による無権代理人と本人の地位の混同

(1) 問題の所在

　無権代理行為があると，本人は追認ないし追認拒絶権を有し，無権代理人は117条の責任を追及され得るが，本人と無権代理人とが親族関係にある場合には，一方が他方を，または，第三者が双方を相続することがあり得る．具体的には，①本人が死亡し，無権代理人が本人を相続する場合（無権代理人相続型），②無権代理人が死亡し，本人が無権代理人を相続する場合（本人相続型），③第三者が無権代理人と本人を順次相続する場合（第三者相続型），がある．これらの場合，相続法の原則によれば，本人と無権代理人の資格が同一人に帰属することになるが，その結果として，行為時に欠けていた代理権が事後的に当然に追完され，本人の資格として有する追認拒絶権の行使が許されなくなるのかどうかが問題となる．相手方に着目してみると，相手方は，本人が追認拒絶を選択すれば，それぞれの要件を満たすことを条件に表見代理が117条の責任を追及できるにすぎなかったはずであるが，相続という偶然の事情によって，代理行為が本人に効果帰属するとして常に履行請求をできるようになるかどうか，という問題となる．

　以下では，上述の3つの場面に応じて検討してみよう．

(2) 本人が死亡し，無権代理人が本人を相続する場合（無権代理人相続型）

　Bが父Aを無権代理してA所有の土地をCに売却し，その後Aが追認も追認拒絶もしないまま死亡し，BがAを単独相続した場合に，Bは，Aから相続した本人の資格にもとづき追認を拒絶して，Cからの土地の引渡請求を拒むことができるかが問題となる．この場合の結論はCの追認拒絶を否定することで一致しているが，その理由づけは2つに大別される．

　(a)　**資格融合説**　第1は，無権代理人が本人を相続し，本人と代理人との資格が同一人に帰する場合には，「本人がみずから法律行為をしたのと同様な法律上の地位」を生じるとする考えである（大判昭和2・3・22民集6-106，最判昭和40・6・18民集19-4-986）．これは，無権代理人が本人を相続すると，本人の資格が無権代理人の資格に融合するという考えにもとづいており，資格融合説と呼ばれる．上の例では，BがAを相続したことによって，当初から代理行為が有効になされたことになるため，BはCからの土地引渡請求を拒むことができない．

しかし，この考えによると，相続の開始後に相手方が当然に取消権（115条）を失うことになり，また，代理権の不存在につき悪意の相手方も当然に保護されることになってしまう．そのため，学説には資格融合説を支持するものはほとんどなく，最近の判例も以下に述べる資格併存信義則説を前提としているように思われる．

(b) **資格併存説**　第2は，相続によって無権代理人に無権代理人の資格と本人の資格とが併存することを前提に，無権代理人は相続によって本人の資格としての追認拒絶権を取得するという考え方であり，資格併存説と呼ばれる．資格併存説は，無権代理人が本人の資格で追認拒絶をすることを無制限に許すか否かについて，さらに2つの考えに分かれている．

1つは，みずから無権代理行為をした無権代理人が本人の資格において追認を拒絶することは，信義則上許されないとする見解である（資格併存信義則説）．信義則違反の根拠は，矛盾行為の禁止に求められる．本人が無権代理人を相続した事案において，傍論としてこのように述べた判例（最判昭和37・4・20民集16-4-955）がある．上の例では，Bは追認拒絶を許されず，Cからの土地引渡請求を拒むことができない．

もう1つは，資格併存説を貫き，無権代理人は本人の資格において自由に追認拒絶をすることができるとする見解である（資格併存貫徹説）．この見解は，本人を相続した無権代理人に追認拒絶を許しても，本人の生前と比べて相手方に不利になるわけでなく，本人の死亡という偶然の事情によって相手方を有利に扱う理由はないとの考えにもとづくものである．上の例では，BはAから相続した追認拒絶権を行使できることになる．

なお，無権代理人が第三者とともに本人を共同相続した場合にも，単独相続の場合と同様に考えられるかどうかについては，⟨*à plus loin*⟩2で扱う．

以上は本人が追認も追認拒絶もせずに死亡した場合に関するものであるが，本人が追認拒絶をした後に死亡した場合について，判例は次のように判示する．

◇ 第9講　無権代理 ◇

【演習判例】最判平成 10・7・17 民集 52-5-1296（根抵当権設定登記抹消登記手続請求本訴，同反訴事件）

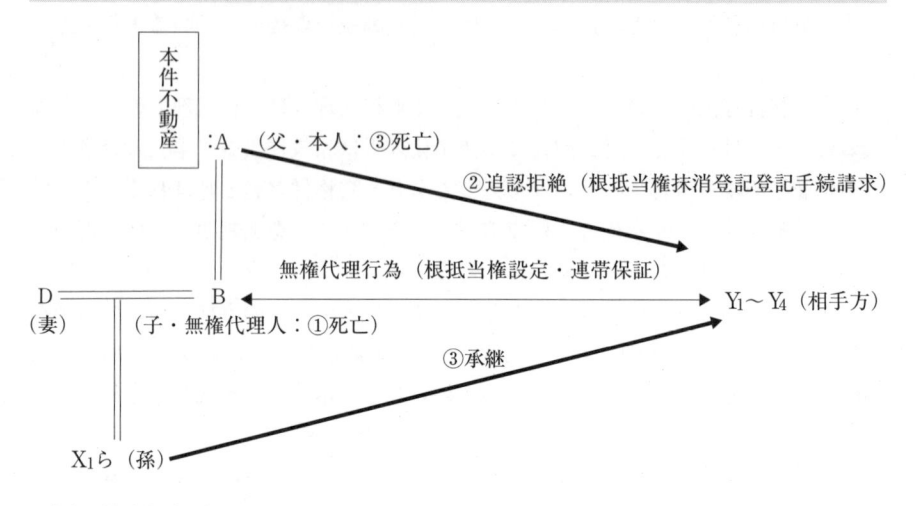

```
本件不動産─:A（父・本人：③死亡）
                    ②追認拒絶（根抵当権抹消登記登記手続請求）
                    ─────────────────────────────→
             無権代理行為（根抵当権設定・連帯保証）
D ═══════ B ←───────────────────────── Y₁～Y₄（相手方）
（妻）　 （子・無権代理人：①死亡）
                    ③承継
         │          ─────────────────→
         X₁ら（孫）
```

(1)　前提事実

Aは，本件各不動産を所有していたが，昭和 58 年 11 月には脳循環障害のために意思能力を喪失した状態に陥った．Aの長男Bは，昭和 60 年 1 月から翌 61 年 4 月に，Aの意思にもとづくことなくその代理人として，Y₁～Y₄との間でA所有の本件各不動産に根抵当権等を設定し，登記を経由した．また，BはAを無権代理して，Bが経営するC会社のY₄に対する商品売買取引等に関する債務につき連帯保証契約を締結した．Bは，昭和 61 年 9 月に死亡し，Bの妻Dと子X₁らが限定承認をした．Aは，昭和 62 年 5 月，禁治産者とする審判を受け，DがAの後見人に就任した．その後，DがAの法定代理人となり，同年 7 月，Y₁らに対する本件各不動産の根抵当権抹消登記手続訴訟を提起したが，第 1 審の審理中の昭和 63 年 10 月にAが死亡し，X₁らが代襲相続により，本件各物件を取得するとともに，訴訟を承継した．

X₁らは，本件訴訟において，Y₁らに対して本件各物件の所有権にもとづき本件各登記の抹消登記手続を求めたのに対し，Y₄は，反訴として，X₁らに対してAの相続人として本件連帯保証債務の履行を求めた．

(2) 原審判決

1審および原審は，X₁らの請求を棄却し，Y₄の反訴請求を認容した．原審は次のように述べる．すなわち，無権代理人が本人を相続し，あるいは，いったん無権代理人を相続した者が，その後本人を相続することにより，本人と代理人の資格が同一人に帰する場合には，信義則上，本人がみずから法律行為をしたのと同様な法律上の地位を生じ，もはや本人の資格において無権代理行為の追認を拒絶する余地はなく，無権代理行為は当然に有効になるから，本人が訴訟上の攻撃防御方法のなかで追認拒絶の意思を表明していると認められる場合であっても，その訴訟係属中に本人と代理人の資格が同一人に帰するに至った場合，無権代理行為は当然に有効となる．これに対して，X₁らが上告した．

(3) 最高裁の判断

破棄自判．「本人が無権代理行為の追認を拒絶した場合には，その後に無権代理人が本人を相続したとしても，無権代理行為が有効になるものではないと解するのが相当である．けだし，無権代理人がした行為は，本人がその追認をしなければ本人に対してその効力を生ぜず（113条1項），本人が追認を拒絶すれば無権代理行為の効力が本人に及ばないことが確定し，追認拒絶の後は本人であっても追認によって無権代理行為を有効とすることができず，右追認拒絶の後に無権代理人が本人を相続したとしても，右追認拒絶の効果に何ら影響を及ぼすものではないからである．このように解すると，本人が追認拒絶をした後に無権代理人が本人を相続した場合と本人が追認拒絶をする前に無権代理人が本人を相続した場合とで法律効果に相違が生ずることになるが，本人の追認拒絶の有無によって右の相違を生ずることはやむを得ないところであり，相続した無権代理人が本人の追認拒絶の効果を主張することがそれ自体信義則に反するものであるということはできない」．

● コメント

本判決は，厳密には，第三者が無権代理人と本人を順次相続した事案に関するものであるが，(4)で詳述するように，判例は，第三者が無権代理人を相続した後に本人を相続する場合を無権代理人相続型と同視するため，ここで扱う．

本判決は，本人が追認拒絶をすれば無権代理行為の効果の本人への不帰属が確定する以上，その後に本人を相続した無権代理人も，本人がした追認拒絶の効果として，履行請求を拒めるとした．

◇ 第9講 無権代理 ◇

本件では、X₁らは、一方で無権代理人Bを限定承認し（923条・925条）、他方で本人Aを単純承認して（920条）、結果的に何の負担のない不動産を取得したが、限定承認も法律の規定にもとづく制度であるので、無権代理人を限定承認したうえで本人のした追認拒絶の効果を主張することだけでは、信義則に反しないとされている。

(3) **無権代理人が死亡し，本人が無権代理人を相続する場合**（本人相続型）

Bが子Aを無権代理してA所有の土地をCに売却し、その後Bが死亡してAがBを相続した場合に、Aは、本人の資格にもとづいて追認を拒絶して、相手方Cからの土地の引渡請求を拒むことができるか。

無権代理行為をみずから行ったのではない本人は、無権代理人を相続した後も、追認拒絶をしても信義則に反しない（最判昭和37・4・20）。上の例では、Aは追認を拒絶して、Cからの土地引渡請求を拒めることになりそうである。このことは前述の資格融合説からは説明がつかない。

しかし、Aは本人の資格にもとづき追認を拒絶して履行請求を拒めたとしても、相続によってBから無権代理人としての地位を承継している。そこで、無権代理行為を追認拒絶できる地位にあるAは、Cからの無権代理人の責任（117条）も免れられるかが問題となる。

117条の責任も相続の対象である以上、無権代理人を相続した本人は、追認拒絶できる地位にあることを理由に117条の責任を免れることはできない（最判昭和48・7・3民集27-7-751）。相手方はもともと無権代理人に対して117条の責任を追及し得たのに、無権代理人の死亡・相続によってその権利が消滅するというのでは合理性を欠き、また、他の共同相続人との間でも不公平を生じるからである。

117条の責任として相手方が損害賠償を請求する場合や金銭債務の履行を請求する場合には、本人がこれに応じるべきことに問題はない。前掲最判昭和48・7・3もこのような事案である。しかし、上の例のように履行の内容が特定物の給付である場合には、相手方が履行責任を選択した場合に本人がこれに応じなければならないかについて、学説上争いがある。

学説では、この場合には、無権代理人を相続した本人は損害賠償責任は負うが履行責任は負わないとするのが多数説である。本人の資格としての追認拒絶権の行使を許す意味がなくなるからである。この点を直接に判断した判例はまだない

が，土地所有者がその土地を無断で売却した他人物売主を相続した事案において，権利者は，信義則に反する特別な事情がない限り，履行を拒むことができるとした判例（最大判昭和49・9・4民集28-6-1169）がある．

このように考えるならば，上の例において，Aは，Cが善意・無過失である場合には，117条の責任として損害賠償責任のみ負うことになる．

(4) 第三者が無権代理人と本人とを順次相続する場合（第三者相続型）

第三者が無権代理人と本人とを双方相続し，両者の資格が第三者に帰属する場合がある．これは，第1に，第三者が無権代理人を相続した後で本人を相続する場合（無権代理人相続先行型），第2に，第三者が本人を相続した後で無権代理人を相続する場合（本人相続先行型），に大別されるが，これらを同様に考えるべきか否かが問題となる．

第1の無権代理人相続先行型について，A所有の土地を妻BがAを無権代理してCに売却した後で，Bが死亡してAと子Dが共同相続し，その後Aが死亡してDが相続した事案において，判例（最判昭和63・3・1家月41-10-104）は，無権代理人を本人とともに相続した後に本人を相続した者は，本人の資格で無権代理行為を追認拒絶する余地がなく，本人みずから法律行為をしたと同様の効果を生じるとして，Dの追認拒絶を認めなかった．無権代理人を相続した者は，無権代理人の地位を包括承継するため，信義則上追認拒絶が許されない無権代理人相続型と同視されるというのである．これに対して，第2の本人相続先行型に関する判例はまだない．

無権代理人相続先行型に関する前掲最判昭和63・3・1に対しては，学説からの批判が強い．すなわち，この判決の論理によれば，本人相続先行型は本人相続型と同視され，本人の資格での追認拒絶が許されそうであるが，無権代理人と本人のどちらが先に死亡したかという偶然の事情によって双方を相続した第三者の扱いが大きく異なるのはおかしい．また，無権代理人と異なり第三者は無権代理行為をみずから行っていないので，本人の資格で追認拒絶をすることは先行行為と矛盾せず信義則に反しない，という批判である．

学説では，無権代理行為に自ら関与していない第三者が追認拒絶をすることは信義則に反しないとして，無権代理人相続先行型と本人相続先行型と同様に扱い，いずれの場面においても第三者の追認拒絶を認める見解が有力である．

153

◇ 第9講 無権代理 ◇

à plus loin

1 無権代理人の責任（117条）における当事者の主張・立証責任

　117条による無権代理人の責任追及として相手方が履行請求を選択する場合，履行請求の要件と立証責任のありかについて，民法理論と民事裁判実務の考え方には相違がある．

　例えば，Cは，Aの代理人と称するBとの間でC所有の土地をAに売却する売買契約を締結したが，後にBにこの契約に関する代理権がないことが判明し，CはBに対して，117条にもとづく履行請求として代金支払いを請求しようと考えているとしよう．

　民法理論による説明によれば，前述のように，Cは，①Bとの間で売買契約を締結し，②契約締結の際，BがAのためにすることを示したこと（顕名）を主張・立証する必要がある．無権代理人の責任のもう1つの要件である，③代理権および追認のないことについては，民法理論においても，代理権の存在または追認を得たことについて，無権代理人Bに主張・立証責任があると考えられている．

　これに対して，民事裁判実務においては，顕名をしたこと（②）に関する立証責任のありかが異なる．司法研修所『民事訴訟における要件事実第一巻』105頁以下の説明によれば，Cが履行，すなわち代金支払請求をする際には，「BC間で売買契約が成立したこと」（①）だけを，請求原因として主張・立証すれば足りる．自ら法律行為をした者に当該法律行為の効果が帰属するのが原則だから，CとしてはBがAのために当該契約をしたことまで主張・立証する必要はないとされるのである．

　「BがAのためにすることを契約締結の際に示した」こと（顕名）（②）は，請求原因に対するBの抗弁となる．Bは，顕名に加えて，「AがBに代理権を与えたこと，または，AがCに対して追認をしたこと，もしくは，AがBに追認したことをCが知ったこと」（③）も合わせて主張・立証しなければならない．

　なお，民事裁判実務においても，相手方が損害賠償責任を選択する場合には，Cが①契約の成立と②顕名の主張立証を負うと考えられており，この場合には民法理論との齟齬はない．

(5) 無権代理人が第三者とともに本人を共同相続する場合（無権代理人共同相続型）

5(2)では無権代理人が本人を単独相続する場合について検討したが，本人が死亡し，無権代理人が第三者とともに本人を共同相続した場合にも，単独相続の場合と同様に考えてよいであろうか．この場合には，無権代理人とともに本人を相続した共同相続人の利益をも考慮に入れる必要がある．

たとえば，Bが父Aを無権代理してA所有の土地をCに売却し，その後Aが死亡してBがAの妻DとともにAを共同相続した場合に，相手方CがBとDに対して土地の引渡請求をしたとしよう．もともと無権代理行為に関与せず本人Aを相続したにすぎないDは，本人の資格にもとづいて追認するも追認拒絶するも自由である．では，Dが追認拒絶して土地の引渡請求を拒む場合であっても，単独相続の事案に関する判例の考えによれば，Bはやはり追認拒絶を許されず自己の持分につき引渡しに応じなければならないのであろうか．

この点に関する判例の考え方は以下のとおりである．

【演習判例】最判平成5・1・21 民集 47-1-265（貸金請求事件）

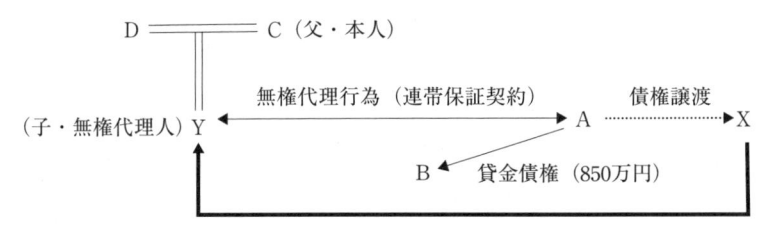

```
        D ─┬─ C（父・本人）
           │
（子・無権代理人）Y ←── 無権代理行為（連帯保証契約）── A ┄┄債権譲渡┄┄> X
                                                    │
                                           B ←── 貸金債権（850万円）
           └────────────────────────────────────────┘
```

貸金請求（主位：連帯保証債務履行請求，予備：117条の責任）

(1) 前 提 事 実

AはBから追加融資の依頼を受けた際に，BのAに対する貸金債務（850万円）についてCが連帯保証人となることを要求した．そこで，Bは，Cの息子Yに対し，借用証書に連帯保証人としてCの名で署名捺印することを依頼した．YはCの了解を得ずにBの依頼に応じ，Cの山林売買等のために預かっていたCの印鑑を用いて，A（債権者）とC（連帯保証人）との間の連帯保証契約を締結した．

Aから債権を譲り受けたXがYに対して本件訴訟を提起し，民法 117 条にも

◇ 第9講 無権代理 ◇

とづく履行の請求として，850万円および利息の支払いを求めた．1審がXの請求を棄却した後，Cが死亡し，Cの妻Dと無権代理人YがCの権利義務を各2分の1の割合で相続した．そこで，Xは控訴して主張内容を変更した．すなわち，請求額の2分の1（Y相続分）については，主位的にYの相続分の範囲で無権代理行為が当然に有効になったとして連帯保証契約の履行，予備的に117条の無権代理人の責任の履行を求め，残りの2分の1については117条の責任の履行を求める旨を主張した．

(2) **原審の判断**

原審は，「無権代理人と他の者とが共同で本人を相続した場合であっても，その無権代理人が承継すべき『被相続人』（本人）の法的地位の限度では，本人自らしたのと同様の効果が生ずべき」であり，「無権代理人たるYが相続により本人（C）の地位を承継した分について本人自ら行為したと同様の効果が生じる」として，Yが相続した2分の1について，Yの連帯保証責任を認めた．他方で，Dの相続分である2分の1については，金融業者であるAに「過失」（117条2項）があったとして，XのYに対する117条にもとづく履行請求を棄却した．これに対して，Yが上告した．

(3) **最高裁の判断**

破棄自判．「無権代理人が本人を他の相続人と共に共同相続した場合において，無権代理行為を追認する権利は，その性質上相続人全員に不可分的に帰属するところ，無権代理行為の追認は，本人に対して効力を生じていなかった法律行為を本人に対する関係において有効なものにするという効果を生じさせるものであるから，共同相続人全員が共同してこれを行使しない限り，無権代理行為が有効となるものではないと解すべきである．そうすると，他の共同相続人全員が無権代理行為の追認をしている場合に無権代理人が追認を拒絶することは信義則上許されないとしても，他の共同相続人全員の追認がない限り，無権代理行為は，無権代理人の相続分に相当する部分においても，当然に有効となるものではない．そして，以上のことは，無権代理行為が金銭債務の連帯保証契約についてされた場合においても同様である」．

◇ 第9講　無権代理 ◇

● コメント

　最高裁は，無権代理人が本人を単独相続する場合には，その理由づけの仕方は複数あるものの，相続によって代理行為が当然に有効となると解している．これに対して，共同相続の場合について，本判決は，「無権代理行為は，無権代理人の相続分に相当する部分においても，当然に有効となるものではない」とし，その理由を，追認権（113条）が共同相続人全員に「不可分的に帰属」し，全員による共同行使が必要であることに求めている．

　本判決の調査官解説は次のように説明する．追認権は法律関係の変動を意思表示によって生ぜしめる点で形成権の一種であり，追認権が共同相続されると準共有となる（264条）．そして，追認は未確定的無効を有効化するという処分的効果を生じるので，追認するには共同相続人全員の同意が必要である（251条）（井上繁規・調査官解説91頁，103頁）．

　本判決によれば，無権代理人以外の共同相続人が1人でも追認拒絶をすれば，無権代理行為の本人の共同相続人らへの効果不帰属が確定し，相手方としては無権代理人に対して117条の責任を追及するしかなくなる．

　これに対して，本判決における三好達裁判官の反対意見は，共同相続人全員が追認をしなければ無権代理行為は有効とならないが，単独相続の場合についての考え方を共同相続の場合に敷衍して，無権代理人は，相手方から履行請求された場合には，信義則上他の共同相続人全員の追認がないことを理由に無権代理行為の効果を否定できず，その履行を拒めないとする．

　なお，最高裁（最判平成5・1・21判タ815-121）は，特定不動産への譲渡担保設定契約の無権代理に関する同様の事案において，本判決と同様の判示をして無権代理人を含む共同相続人から相手方に対する登記抹消登記手続を認容した．同年月日に出された2つの判決は，無権代理行為によって生じる債務の目的が金銭（可分）であっても特定物の引渡し（不可分）であっても，最高裁の考えは同じであることを示している．

　上の例では，Dが追認を拒絶しているのでBは単独で追認できない．そのため，CはBの相続分についても無権代理行為の有効を主張できず，本件土地の引渡しを請求できない．したがって，CはBに対して117条の責任を追及するしかない．

157

◇ 第9講 無権代理 ◇

en plus

　民法（債権法）改正検討委員会は，無権代理の相手方の取消権（現115条）を「撤回権」とした（【1.5.42】）．
　また，無権代理と相続の諸類型における追認ないし追認拒絶の可否を次のように明文化した．

【1.5.40】（無権代理と相続 ── 追認・追認拒絶の可否）
〈1〉 代理権を有しない者が他人の代理人として契約をした後に，その無権代理人が本人を相続したときは，その無権代理人はその追認を拒絶することができない．
〈2〉 代理権を有しない者が他人の代理人として契約をした後に，本人がその無権代理人を相続したときは，その本人はその追認をしまたはその追認を拒絶することができる．
〈3〉 代理権を有しない者が他人の代理人として契約をした後に，その無権代理人を相続し，その後さらに本人を相続した者は，その追認をしまたはその追認を拒絶することができる．
〈4〉 代理権を有しない者が他人の代理人として契約をした後に，本人を相続し，その後さらにその無権代理人を相続した者は，その追認をしまたはその追認を拒絶することができる．

　さらに，本人が無権代理人を相続する場合や，第三者が無権代理人と本人を双方相続する場合には，その者が追認を拒絶するときは，無権代理人の責任のうち履行責任を免れる旨を明らかにした（【1.5.44】）．

◇ 第10講　消滅時効（時効の援用）◇

lecture

1　時効とはどのような制度か

(1)　時効の存在理由

　一定期間の時が経過し，その間を権利者が無為に過ごすと期間の満了によって財産権(主として債権)が消滅するというのが消滅時効制度であり，一定期間，他人の物を占有し，その間権利者が無為に過ごすと，占有者がその物の上の財産権(主として所有権)を取得するというのが取得時効である．

　上記のように，時効には，消滅時効と取得時効とがある．消滅時効については，たとえば，167条1項は，「債権は，10年間行使しないときは，消滅する．」とし，取得時効については，たとえば，162条1項は，「20年間，所有の意思をもって，平穏に，かつ，公然と他人の物を占有した者は，その所有権を取得する．」と定めている．本項は，占有者が物の所有権を取得するとしているが，原所有者（条文の表現では，「他人」）からすれば，その物の所有権を失うことになる．

　なぜ時効という制度があるのだろうか．時効制度の存在理由として通常説かれるのは，以下の3つである．①採証の困難の救済，②社会秩序維持，③権利の上に眠るものは保護されない．しかし，「いずれの説明も，時効制度全体についての一元的な説明とはなりえない．」とされている（内田・民法Ⅰ 262頁）．結局，時効制度の存在理由は，個別の時効制度ごとに（債権の長期消滅時効，債権の短期消滅時効，債権及び所有権以外の財産権の消滅時効，所有権の取得時効，所有権以外の財産権の取得時効），歴史的由来も含めてその制度趣旨を理解するほかにないのではないかと思われる（一元的・多元的説明ということならば，多元的に説明するほかはないということである）．

(2)　時効の法的構成

　むしろ，時効制度の各論的解釈に差異をもたらすのは，時効の法的構成である．通常，実体法説と訴訟法説に分けられ，実体法説は，確定効果説と不確定効

◇　第10講　消滅時効（時効の援用）　◇

果説に，不確定効果説はさらに停止条件説と解除条件説に分けられる．通説は，停止条件説といわれている．

　たとえば，援用の場所について，実体法説は，裁判外でなされた援用も裁判所を拘束するとするが，訴訟法説では，法定証拠の援用とみるから，裁判所でなされた時効援用のみが裁判所を拘束することになる．ただし，これは理論上の差であって，実体法説によっても裁判外でなされた援用を裁判所が知らなければ裁判をなしえないから，結局裁判上で改めて援用することにならざるをえず，実際の変わりはない（援用権者の範囲については後述する）．

　判例は，時効完成によって権利得喪の効果は確定的に生じ，援用は「攻撃防御の方法たる訴訟行為の一種に属する」としていたが，最判昭和61・3・17民集40-2-420が，「時効による債権消滅の効果は，時効期間の経過とともに確定的に生ずるものではなく，時効が援用されたときにはじめて確定的に生ずるものと解するのが相当」と述べているところから，停止条件説に変わったものと見られている．

2　時効の援用

(1)　援用の意味

　145条は，「時効は，当事者が援用しなければ，裁判所がこれによって裁判することができない．」と規定する．わが民法のように，時効を実体法上の権利得喪の原因とすると，消滅時効は権利者の権利を消滅させ，取得時効は無権利者に権利を付与する作用を営む．債務を負った者は，弁済すべきであるのにこれを免れるということや，所有権者がみずからの意思によらずに所有権を失うということは，道義的な面からみるとおかしなことである．すなわち，時効制度は，道義に反する側面を有することは否定できない．

　明治民法の起草者の1人である梅は，その著書において，一例として，時効を主張せず，良心にしたがって債権者の求めに応じて弁済をしようとしている債務者に，裁判所が時効による債権の消滅を強要することは許されるべきでなないとの趣旨を述べている．このような考え方から，145条が規定されたのである（法的処理と道義感との調和をはかったものともいいうる）．

　援用がなければ，裁判所は時効による権利得喪の判断ができないということは，実体法上は，時効が完成したのみでは当該の権利が完全に消滅または発生

◇　第10講　消滅時効（時効の援用）　◇

（取得時効によって無権利者は当該の権利を原始取得すると一応みられるが，原権利者からの承継取得であるとの説もある）したことにはならないことを意味する．不確定効果説は，このような考え方のもとに，時効完成によって権利得喪の効果は不確定的に生じ，援用を条件として効果が確定するとする．援用を停止条件とみるか解除条件とみるかで説が分かれる．

　弁済があれば債権は消滅する．しかし，債権者の支払い請求訴訟においては，債権者がいまだ弁済がないこと，あるいは債務者がすでに弁済をしたこと，を主張立証しなければ（この点につき，いずれが主張立証の責任を負うかは，主張立証責任の分配の問題である），弁論主義のもとでは，裁判所は，債権の消滅あるいは不消滅の判断がなせない．時効完成によって権利得喪が確定的に生じたとしても，完成の事実は当事者が主張立証しなければならないことは，この弁済（によって債権が確定的に消滅した）の事例と同じである．判例が，時効を訴訟行為の一種たる攻撃防御の方法とするのはこの意味なのだが，見方によっては，従来の確定効果説に立つといわれた判例の態度は，訴訟法説に立つと見られなくもない（民法の規定は，訴訟上の援用の論理的前提となっているものを，実体法上の権利変動として論理構成したものにほかならない，とする見解もある（川島・総則））．

(2)　援用権者の範囲

　ここで採り上げるのは，消滅時効に関する援用権者の範囲である．

　個別の消滅時効期間については，民法に多くの規定があるが（168条以下），一般の債権の消滅時効については，10年（167条1項．――商事債権については原則5年（商522条）．なお，174条の2がある）の長期時効と，169条以下の短期時効とがある．

　長期時効の存在理由は，明治民法制定当時，仏・独では原則30年であったものをわが国では10年に縮めたのでやや言い難いが，時の経過によって，権利関係も明確ではなくなっている場合の権利行使に限界を画したものといってよいであろう．短期時効については，対象となる債権の性質に応じて，取引安定の見地から政策的に定められたと見るほかはないであろう．

　誰が時効を援用できるのであろうか．145条は「当事者」と定める．判例は，この言葉を，「時効の援用によって直接の利益を受ける者，すなわち取得時効により権利を取得し消滅時効により義務を免れる者」（大判明治43・1・25民録16-22）とする．「直接の利益を受ける者」という表現からすれば，かなり厳格にならざ

161

◇ 第10講 消滅時効（時効の援用） ◇

るをえないと思われる．事実，判例は，時効にかかった債権の債務者・連帯債務者・保証人はこれに該当するが，物上保証人・抵当不動産の第三取得者・配当異議を主張する差押債権者・詐害行為の受益者などはこれに該当しないとしていた．

しかし，その後に，物上保証人，抵当不動産の第三取得者も援用権者として肯定し，近時の判例では，詐害行為の受益者が取消債権者の消滅時効を援用できる（最判平成10・6・22民集52-4-1195），売買予約にもとづく仮登記のなされた不動産の第三取得者は予約完結権の消滅時効を援用できる（最判平成4・3・19民集46-3-222）とする．これを，判例の援用権者拡張傾向と呼ぶことができる．

それでは，援用権者の範囲はどこまで拡張されるのであろうか．ここに，「消滅時効の援用権者が次々に拡張されてきた流れの中で，これにも一定の歯止めがあることを示したものとして，重要な意義を有する」（以下に紹介する判例についての調査官解説）とされる判例がある．

【演習判例】最判平成11・10・20民集53-7-1190（根抵当権抹消登記手続請求事件）

(1) 前提事実

YはAとの間で，かねてから信用組合取引を行ってきたが，YはAに対し，昭和52年3月31日，弁済期を同年4月30日と定め，手形貸付の方法で2億4300万円を貸し付け，後に，右弁済期を昭和53年12月31日まで猶予した．

Yは，本件Aに対する右債権を担保するため，複数の不動産に根抵当権の設定登記を受けた．

Aは，昭和52年9月から同53年1月までに，本件貸付金の一部について内入弁済をしたのみで，その後なんらの支払いをしなかったので，Yは，本件根抵当権の実行として，本件貸付金（元本残金1億2843万円余）を被担保債権として本件各不動産の競売の申立てをし，平成6年6月23日，競売開始決定がなされ，本件各不動産に差押登記が経由された．

その間に，本件各不動産については，X_1が後順位根抵当権者として，またその一部の不動産については，X_2が抵当不動産の第三取得者として存在するにいたった．

162

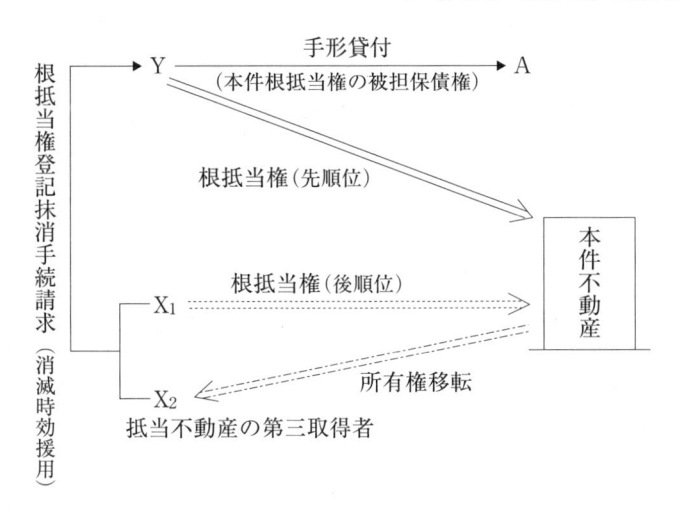

```
              手形貸付
      Y ─────────────────→ A
   ／  (本件根抵当権の被担保債権)
根  ／
抵 ／    根抵当権(先順位)
当Y ─────────────────────→ ┌──────┐
権                          │本件  │
登                          │不    │
記         根抵当権(後順位)  │動    │
抹  X₁ ─ ─ ─ ─ ─ ─ ─ ─ ─ →  │産    │
消                          │      │
手                          │      │
続  X₂ ←─ ─ ─ ─ ─ ─ ─ ─ ─  └──────┘
請       所有権移転
求  抵当不動産の第三取得者
```

(原告の請求)

　本件貸付金は，その弁済期限である昭和 53 年 12 月 31 日から 5 年を経過した昭和 58 年 12 月 31 日をもって時効消滅しているから，後順位抵当権者 X_1 および第三取得者 X_2 は，右消滅時効を援用し，本件被担保債権の消滅による本件根抵当権登記の抹消手続きを請求する．

(2)　原審の判断

　「Y による本件根抵当権の実行申立てにより，本件根抵当権について，本件貸付金が被担保債権として確定したことになる (398 条ノ 20 1 項 2 号)．したがって，本件貸付金の消滅時効が完成し，右消滅時効が援用されると，本件貸付金を被担保債権とする本件根抵当権は，被担保債権の消滅によりその効力を失うことになる」とした上，その前に，X らが時効を援用することができるかどうかについて検討をする．

　後順位抵当権者である X_1 が，先順位抵当権者の被担保債権の消滅時効を援用することができるかについては，①民法 145 条の「当事者」とは，「時効によって直接に権利を取得し，または義務を免れる者に限られるところ，X_1 は，Y のために設定された本件根抵当権に後れる抵当権 (又は根抵当権) 者にすぎないから，仮に右抵当権 (又は根抵当権) が有効であるとしても，右『当事者』に該当せず，時効の援用をすることはできない」．②「後順位担保権者にまで時効の援用

◇ 第10講 消滅時効（時効の援用） ◇

を認めることは，後順位担保権者にその把握した以上の担保価値を与えることになって不合理である」．

抵当不動産の第三者取得者であるX₂については，時効援用権者にあたるとされてきたところだが（最判昭和48・12・14民集27-11-1586），「本件においては，X₂は自己名義の所得権移転登記を経由している者であるが，本件において，右各登記名義に，所有権に所有権移転の実体が伴っていることを認めるに足る証拠がない」．そうすると，X₂は，右不動産についての第三取得者ということはできないので，本件貸付金にかかる消滅時効を援用することはできない．

(3) **最高裁の判断**

「民法145条所定の当事者として消滅時効を援用し得る者は，権利の消滅により直接利益を受ける者に限定されると解される解すべきである（前掲，最判昭和48・12・14を引用）．後順位抵当権者は，目的不動産の価格から先順位抵当権者によって担保される債権額を控除した価額についてのみ優先して弁済を受ける地位を有するものである．もっとも，先順位抵当権者の被担保債権が消滅すると，後順位抵当権者の順位が上昇し，これによって被担保債権に対する配当額が増加することがあり得るが，この配当額の増加に対する期待は，抵当権の順位の上昇によってもたらされる反射的な利益にすぎないというべきである．そうすると，後順位抵当権者は，先順位抵当権者の被担保債権の消滅により直接利益を受ける者に該当するものでなく，先順位抵当権者の被担保債権の消滅時効を援用することができないものと解するのが相当である」．

1 **コメント**

本判決で問題となっているのは，後順位抵当権者は先順位抵当権者の被担保債権の時効消滅を援用できるかであり，原判決も，本判決も，いずれも後順位抵当権者の時効援用の利益は直接のものとはいえず，後順位抵当権者は145条にいう「当事者」にはあたらないという判断を示している．

同条は「当事者」とのみ規定するのであるから，具体的にはどのような者がこれにあたるかは解釈によることになるが，判例は，「時効により直接の利益を受ける者に限る」との抽象的基準を立てていることはすでに紹介した通りであるし，時代とともにこれを拡大してきたことも既述した．

学説は，本判決が扱った問題に関しては，肯定・否定相半ばするといってよいであろう．訴訟法説に立つ者は，訴訟上の請求について時効の主張をなす法律上

の利益がある者を145条の当事者と解するから（川島・総則），後順位抵当権者も含まれるであろう．実体法説に立つ者では，論者の時効観の相違によって結論が分かれる．たとえば，我妻は肯定するが，時効は反道義的色彩を帯びるから広く認めるべきではないとする遠藤（浩）は否定する．近時は，どちらかといえば否定説が強いようである．

さらに，本件上告理由で，抵当不動産の第三取得者との比較において，後順位抵当権者が先順位抵当権者の被担保責権の時効消滅を援用できないのはおかしいと主張していることに対して，本判決が答えているので，以下に引用してみよう．

「第三取得者は，右被担保債権が消滅すれば抵当権が消滅し，これにより所有権を全うすることができる関係にあり，右消滅時効を援用することができないとすると，抵当権の実行により不動産の所有権を失うという不利益を受けることがあり得るのに対して，後順位抵当権者が先順位抵当権者の被担保債権……の消滅時効を援用することができないとしても，目的不動産の価格から抵当権の従前の順位に応じて弁済を受けるという後順位抵当権者の地位が害されることはない」，と．

これまで時効援用権者とされてきた者と比較して，後順位抵当権者は，援用権を否定されても元来有していた利益がとくに害されるものではなく，援用により自己の利益が増進するような者にまで援用権を認める必要はない，という考え方が，本判決を導いたものといえよう．

ところで，援用権を否定された後順位抵当権者であるX_1も，債務者Aに対する債権者であり，債務者が先順位抵当権者Yに対し，その被担保債権の時効消滅を援用しない場合には，債権者代位権（423条）によって，Aに代わってAの時効援用権を代位行使するという構成が考えられる．もし，これが肯定されるとしたら，自己の権利として主張するときは許されないが，他人の権利を代位行使するときは許されて目的を達することができるという結果となる．このことを考慮してか，本判例の調査官解説では，「後順位抵当権者は債権者代位権の行使として先順位抵当権者の被担保債権について消滅時効を援用することができることによれば，本判決が影響を及ぼす範囲は実際にはさほど大きいものではないと思われる」と述べられている．

時効援用権が債権者代位権の客体たりうることを肯定した判例としては，最判

◇　第10講　消滅時効（時効の援用）　◇

昭和 43・9・26 民集 22-9-2002 がある．判旨は，「金銭債権の債権者は，その債務者が，他の債権者に対して負担する債務，または前記のように他人の債務のために物上保証人となっている場合にその被担保債権について，その消滅時効を援用し得る地位にあるのにこれを援用しないときは，債務者の資力が自己の債権の弁済を受けるについて十分でない事情にある限り，その債権を保全するに必要な限度で，民法 423 条 1 項本文の規定により，債権者に代位して他の債権者に対する債務の消滅時効を援用することが許される」と説いているので，仮に，本判例と平仄を合わせるとすれば，後順位抵当権者には，判旨のいう「債権保全の必要」性がないとみることもできなくはないであろう．なお，この昭和 43 年判決には，時効の援用は当事者の意思にかからせており，権利を行使するか否かが専ら当事者に意思に委ねられている権利については，債権者による代位行使は認められないとの反対意見が付されている．

2　当事者の主張・立証

本件は，XらがYの根抵当権登記抹消手続き請求の根拠として，被担保債権の時効消滅を主張した事例だが，消滅時効は，通常は，債権者からの請求に対して，抗弁として主張される（当該債権の消滅原因となるから）．

仮に，X・Y間に売買契約があり，売主XがYに対して代金債権を請求した場合に，Yが消滅時効の抗弁を主張する場合を想定する．消滅時効の要件事実は，

① 　権利を行使しうる状態になったこと（166条）
② 　①の時から 10 年が経過したこと（167条 1 項）
③ 　相手方に対して時効援用権を行使したこと（145条）

とされる．

Xの請求に対し，Yが抗弁として消滅時効を主張する場合には，

① 　期限は契約の付款であり，請求原因とはならないとすれば，履行期限はYが抗弁として主張し，それから 10 年を経過していることを主張することになろう（司法研修所の要件事実論では，付款の主張・立証責任については抗弁説が採られている．その理由は，期限は，法律行為の効果の発生障害事由または消滅事由であるから，その主張・立証責任は，これによって利益を受ける当事者に帰属するというにある）．しかし，135 条 1 項の「始期」とは，債務の履行の始期であり，法律行為の効果の発生，すなわち債権の発生の始期ではない．法律行為の効果の発生に関する始期は，同条には規定はなく，停止期限と呼ばれるものである．債務の履行に期限が付され

166

ている場合には，期限の到来によって債権者は権利行使可能となるのだから，履行期限の到来は，債権者Xが主張立証すべきであると思われる．
　②　時効期間の経過は，Yが主張することになる．
　③　裁判外での援用権行使を認めるから，そのことをYが主張立証することになるが，訴訟上でYが援用をすればすむことである．

à plus loin

1　援用の場所
　裁判外での援用の効力を認めても，訴訟となった場合には，結局，訴訟上で援用しなければならないことは既に述べた．時期は，事実審の口頭弁論終結時までになせばよいとされている．したがって，第1審で援用せずに，第2審ではじめて援用をすることは妨げない．

2　援用の効果
　援用の効果は相対的である．完成した同一の時効につき数人の援用権者がある場合に，その1人の援用は他の援用権者に影響を及ぼさない．145条の趣旨からして導かれる．もっとも，法規上または理論上，1人の援用が自動的に他の者に影響を及ぼす場合がある（たとえば，439条）．

3　援用権の放棄・喪失
(1)　援用権の放棄
　146条は，「時効の利益は，あらかじめ放棄することができない．」と規定する．消滅時効については，時効完成前の放棄は，債務者の窮状に乗じて債権者の圧力によって事前の放棄がなされることを防ぐ趣旨と見ることができる．同様の見地から，時効期間の延長，中断の排斥など，時効の完成を困難にする特約も無効である．本条の反対解釈から，時効完成後の時効利益，すなわち援用権の放棄は自由になしうる．
　放棄とは，自己に一定の法的利益が存在することを認識した上でこれを行使しないとの効果意思にもとづく意思表示である（実際には，援用権を行使しなければよいのであって，わざわざ放棄の意思表示をするということはあまりないであろう）．

(2)　援用権の喪失
　時効完成後に一定の事由が生じた場合に，債務者の意思にかかわりなくその後の時効援用を否定することを援用権の喪失という．主として，債務者が，時効完

◇ 第10講 消滅時効（時効の援用） ◇

成後にその事実を知らないままに債務を承認する場面で問題となる．

　判例は，この場合にも援用権の放棄として債務者の時効の援用を認めなかった．しかし，放棄は，時効完成の事実を知ってなすことを要するにもかかわらず，この場合は，債務者は時効完成の事実を知らずに債務承認をしたのであるから，法的構成としては妥当ではない．そこで，判例は，放棄そのものがなされたとする態度をあらためて，債務者は時効完成の事実を知ってなしたものと推定するとしたが，債務者の権利喪失意思を根拠とすることに変わりはない．そこで，昭和41年の大法廷判決は，「債務者が，時効完成後に債務の承認をした場合には，時効完成の事実を知らなかったときでも，信義則に照らし，その後その債務についてその時効の援用をすることは許され」ない，と判示するにいたった（最判昭和41・4・20民集20-4-702）．債務者の意思に依存することなく，援用を否定した点で，放棄と異なる援用権喪失という法的構成を認めるべきだとする学説と同一の結論に立ったものと評価することができる．

4 関連する問題

(1) 時効の起算点

　時効は，期間満了によって権利得喪の効果が生ずるのだから，ある時点から起算して当該の期間が経過したことを必要とする．消滅時効の起算点につき166条1項は，「権利を行使することができる時」とする．ただし民法は，権利行使期間の制限の起算点についてあちこちで別の規定をおいている．たとえば，取消権については126条が，「追認をすることができる時から」（他方で，行為の時からと二重期間規定になっている）としており，売主の瑕疵担保責任では，570条が準用する566条3項では，「買主が事実を知った時から」だし，不法行為にもとづく損害賠償請求権については，724条が，「被害者又はその法定代理人が損害及び加害者を知った時から」（本条も二重期間規定である）と定めており，それぞれに議論があるところである．したがって，ここでは，債権の消滅時効につき一般的に説かれているところのみを述べる．

　確定期限のある債権については，原則として期限到来の時．債務者が遅滞に陥る時期と一致する（412条1項）．

　不確定期限のある債権については，債務者がその期限が到来したことを知らなくても期限到来の時．債務者が遅滞に陥るのはその期限の到来したことを知った時から（412条2項）であるから，一致しない．

期限の定めのない債権については，債権成立の時．債務者が遅滞に陥るのは履行の請求を受けた時から（412条3項）であるから，一致しない．

なお，期限利益喪失約款付債権については，最判昭和42・6・23民集21-6-1492を，安全配慮義務違反による損害賠償請求権については，最判平成6・2・22民集48-2-441を見られたい．

(2) 期　　限

135条は，法律行為に始期と終期を付した場合の効果について定めている．期限とは，法律行為の効力の発生や消滅，または債務の履行を，将来発生することの確実な事実にかからせる（この点で，将来発生することの不確実な事実にかからせる条件と異なる）法律行為の付款，またはそのような事実そのものをいう（期限の到来というような場合）．

① 始期付きの効果を定めている135条1項は，「法律行為の履行」というが，正確にいえば債務の履行についての期限（履行期限）である．A・B間の物の売買において，買主Bの代金支払い債務につき，9月1日に支払う，というような約定がなされた場合である．債務の履行に始期が付されているのであるから，9月1日が到来するまでは，Aは債権者であるが履行の請求はなせない．Aが代金支払い請求をなす場合には，期限が到来していることの主張立証の責任はAにある．

② 135条に規定はないが，法律行為の効力の発生がかけられる始期も一般に承認されている．これを停止期限という．Bが所有家屋をAに貸すにあたって，来年の9月1日から賃貸するという約定がなされたとしよう．これは，賃貸借の予約とも，既に賃貸借は成立しかつ効力を生じているがそこで生じた当事者の債務の履行についての始期（履行期限）を付したものとも見られるが，賃貸借契約の効力の発生（601条が定める両当事者の債務の発生）について始期を付したものである場合もある．このようなものが停止期限であって，Aの履行の請求においては，9月1日の到来はAが主張・立証すべきだと解されている．

③ 終期とは，法律行為の効力の消滅がかかる期限である．9月末日まで賃貸するという約定においては，BのAに対する目的家屋を使用・収益させる債務は9月末日の到来をもって消滅する．終期の到来は，その法律行為の効力の存続を否定するBが主張立証すべき事由とされている．

169

◇　第10講　消滅時効（時効の援用）　◇

(3) 出訴期間，除斥期間

消滅時効と異なる権利行使の期間制限として，出訴期間，除斥期間がある．

(a) **出訴期間**　当該の期間内に訴え提起をなさなければ，権利行使が許されないとされる期間．わが民法は訴権構成を採っていないから，出訴期間を解釈上導入する必要はないと思われる．ただし，請求権の除斥期間は出訴期間と解すべきだとする説がある．たとえば，570条が準用する566条3項の1年の期間を，問題を速やかに解決しようとする立法の趣旨から，除斥期間だがその実は出訴期間とするのである（我妻・債権各論中巻一）．しかし，判例はこれを除斥期間と明言しながら，570条の買主の損害賠償請求権の権利保存期間（「右請求権の除斥期間内に，売主の担保責任を問う意思を裁判外で明確に告げることをもって足り，裁判上の権利行使をするまでの必要はない」）としている（最判平成4・10・20民集46-7-1129）．

(b) **除斥期間**　これも民法の条文上では出てこない概念である．しかし，起草者は，固定期間・予定期間という言葉でこれを認容し，条文で時効という用語が用いられていない場合には，それは除斥期間を意味するとしていたのである．

除斥期間と消滅時効の差異は，除斥期間は法の定めた権利の存続期間であるから，中断によって延長されることもなく，当事者の援用がなくても裁判所はこれを基礎として裁判をしなければならないところにある，と説かれる．

しかし，除斥期間内に訴えを提起すれば，訴訟継続中に除斥期間が満了しても権利が消滅するわけではなく，除斥期間内の訴えの提起によって除斥期間は中断し，当該訴訟の継続中は中断の効力は持続するのであるから，その意味では消滅時効と等しい．また，いかなる権利行使の期間制限が消滅時効であり除斥期間であるのかについても，後述するように見解が一致しているわけではないので，当事者は念のために，訴訟においてすでに除斥期間が経過していることを抗弁として主張するであろう．そうだとすれば，この点でも，時効と除斥期間との区別は曖昧たらざるを得ないのではあるまいか．

ある権利行使の期間を制限する規定が，消滅時効であるのか除斥期間であるのかについての起草者の見解は先に述べたが，現在は必ずしもそれに従って解されておらず，権利の性質と規定の実質によって判別すべきものとされている．その結果は，民法の具体的場合の解釈について見解は一致していない（一例であるが，570条の1年の期間について，我妻説と判例とが「除斥期間」という言葉の意味に関して異

なっていることはすでに触れた).

en plus

　民法(債権法)改正検討委員会の示すところによれば,「取得時効および消滅時効については,現行法の維持を基本としつつ,現行法のもとで解釈として一般的に認められている若干の準則の条文化,債権時効に関する提案との用語の統一,時効障害に関する債権時効との当面の整合性を提案するにとどめる.これは,取得時効または消滅時効の対象となる権利のほとんどが今回の改正提案作業の対象外であるためであり,実質に立ち入った詳細な検討を将来に委ねる趣旨である.」とされている.

　形成権については,これを「一方的意思表示によって他人との間に権利または義務の発生,変更または消滅を生じさせる権利」とし,形成権の存在は法律関係の不安定をもたらすことを考慮して,5年から3年の短期の期間制限に服するとする提案がしめされている.ここに,形成権とされるものは,取消権,解除権,売買予約完結権,無権代理の本人の追認権などである.

◇ 第11講 消滅時効（時効の中断） ◇

◇ 第 11 講　消滅時効（時効の中断） ◇

lecture

1　時効の中断とは何か

　時効が完成するためには，占有（準占有）（取得時効の場合）または権利の不行使（消滅時効の場合）という状態が時効期間中継続することを要する．しかし，時効の進行中にその進行を無意味にするような事実が発生すれば，それまで進行した時効はご破算となる．これを時効の中断という．時効の中断があれば，単に時効の進行がストップするのではなく，中断事由終了後，またゼロから時効の期間が計算し直される．そこで，たとえば，Aから200万円借金をしていたBが返済期日後も弁済しないでいたが，返済期から9年半経過後，借金の返済を促す督促状が届いたので，とりあえず借金の一部の50万円を弁済したという例を考えると，この場合，Bの一部弁済が時効の中断と認められ（147条3号），時効は，この時点を起算点として改めて進行を開始する．そうすると，一部弁済から1年後にAから残額の返済を求める訴えが提起された場合，元の弁済期からは10年半が経過しているが，再度進行を開始した時効は完成していないため，Bは，時効を援用してAの請求を拒絶することはできない．

　なお，時効の中断には，取得時効について認められる自然中断（164条・165条）もあるが，本講で問題とするのは，取得時効・消滅時効に共通の法定中断であり，ここでは，特に消滅時効の法定中断について説明する．

2　時効の中断はなぜ生じるのか

　時効中断（法定中断）事由としては，①請求，②差押え・仮差押え・仮処分，③承認の三つがあげられる（147条）．では，これらの事由によって，なぜ時効は中断するのであろうか．この点は時効の存在理由の理解の仕方と大いに関係があり，権利行使説（権利主張説）と権利確定説の対立がある．

(1) **権利行使説**（権利主張説）

権利行使説（権利主張説）によれば，次の2点が時効中断の根拠としてあげられる．

① 権利者により権利が主張されるか，あるいは，義務者により権利が承認されて権利者がそれを信頼した場合，権利者はもはや権利の上に眠れる者ではない（大連判昭和14・3・22民集18-238）．

② 権利者によって真実の権利が主張され，または，義務者によって真実の権利が承認されれば，真実の権利関係と異なる事実状態，すなわち，時効の基礎である事実状態の継続が破れる（我妻・総則）．

もっとも，権利行使説も，あらゆる権利主張に時効中断の効力を付与するわけではない．この説によれば，時効は永続した事実状態を尊重する制度であるから，これを破る権利の主張も断固たるものでなければならず，また，明瞭確実であることを要するため一定の形式が必要となる，とされる．

(2) **権利確定説**

権利確定説によれば，時効中断事由は，それによって権利の存在（消滅時効の場合．取得時効の場合は，権利の不存在）が確認されるところに意義がある，とされる．すなわち，長期間継続した事実状態は真実の権利関係と一致している蓋然性が高いからこそ時効が認められるのであって，強い証拠力をもつ事実によって権利の存在（取得時効の場合は，不存在）が確認されるならば，進行してきた時効はその時点で存立基盤を失うとし，ここに中断の根拠が求められる（川島・総則）．

貸金債権の消滅時効を例にとると，弁済期経過後，借主による金銭の支払いや債務の承認もなく，他方で，貸主からの請求もないまま長期間が経過した場合は，むしろその借金は弁済期までに弁済されている蓋然性のほうが強いと考えられる．ところが，長期間の経過によって借主が領収書を失ってしまった場合，借主は二重払いの危険を負うことになる．そこで，このような場合，借主は消滅時効を援用すれば，二重払いの危険を免れることができる．しかし，これはあくまでも債権消滅の蓋然性にすぎないのであるから，たとえばこの間に借主が弁済の猶予を求めたような場合は，債務者自身の債務の承認という強い証拠力のある事実によって貸金債権の存在が確認されたことになり，時効は中断するのである．

◇ 第11講 消滅時効（時効の中断） ◇

3 どのような場合に時効は中断するか

(1) 請　　求

　民法は，中断事由の第1として，権利者の請求をあげる（147条1号）．とはいっても，あらゆる請求が中断事由となるのではなく，中断事由になりうる請求は，原則として，裁判所が一定の形で関与するものに限られる（149条〜153条）．その理由について，権利行使説は，①権利者が権利の上に眠れる者でないことを示すためには強力な権利主張を行う必要がある，あるいは，②時効は永続した事実状態を尊重する制度であるから，これを破る権利の主張も明瞭確実な形態をとることを要する，と説く．しかし，①強力な権利主張，ないしは，②明瞭確実な形態の権利主張がなぜ裁判所の関わるものに限定されるのかについては，十分な説明はなされていない．これに対して，権利確定説では，裁判所という公的機関の確認に結びつけられる請求のみが中断事由に該当することになるため，中断事由としての請求がその趣旨に即したものに限定されるのはいうまでもないこととなろう．

　中断事由としての請求には，裁判上の請求（149条），支払督促の申立て（150条），和解及び調停の申立て（151条），破産手続参加等（152条），催告（153条）がある．

　(a) **裁判上の請求**（149条）　　一般に，「裁判上の請求」とは，権利者が原告となって訴えを提起することを意味する．その中心は，債権者が債務者に履行請求するといった，給付の訴えである．しかし，確認の訴え（大判昭和5・6・27民集9-619）や反訴でもかまわない．

　裁判上の請求による時効の中断は，訴えが却下されたり取り下げられた場合には，その効力を生じない（149条）．したがって，訴えの却下・取下げの場合は，訴えの提起によっていったん生じた中断の効力が遡及的に失効することになる．なお，民法149条でいう「却下」には，請求が棄却された場合も含まれるものとされる（大判明治42・4・30民録15-439）．

　(b) **支払督促の申立て**（150条）　　金銭その他の代替物または有価証券の一定の数量の給付を目的とする債権については，債権者が簡易裁判所の裁判所書記官に対して支払督促（民訴382条以下）の申立てをすれば，時効が中断される．ただし，債権者が民事訴訟法392条に規定する期間内に仮執行宣言の申立てをしな

いため支払督促の効力が失われるときは，中断の効力は生じない．

　権利行使説によれば，支払督促の申立ては，強力かつ明瞭確実な権利主張と見られるため，時効中断事由とされるのは当然のこととなる．これに対して，権利確定説によれば，債務者が支払督促の送達を受けた日から2週間以内に督促異議の申立てをしないときは，債権者の申立てにより仮執行の宣言がなされる（民訴391条1項本文）が，仮執行の宣言を付した支払督促に対し督促異議の申立てがないとき，あるいは，督促異議の申立てを却下する決定が確定したときは，支払督促は確定判決と同一の効力を有する（民訴396条）という点に，時効中断の根拠が求められることになる（川島・総則参照）．

　(c) **和解及び調停の申立て**（151条）　民事上の争いについては，当事者は，訴えを提起する前に，簡易裁判所に和解の申立てをすることができる（民訴275条1項）．和解の申立てがなされると簡易裁判所に当事者が呼び出されるが，和解が成立すれば，和解の申立ての時に時効は中断する．ただし，呼び出しても相手方が出頭しなかったり，出頭しても和解が調わなかった場合は，1カ月以内に訴えを提起しなければ中断の効力は生じない．また，紛争の当事者が民事調停（民調1条以下）や家事調停（家審17条以下）を申し立てたときも同様であり，調停の相手方が出頭しなかったり，調停が調わなかった場合は，同様に，1カ月以内に訴えを提起しなければ中断の効力は生じない．

　(d) **破産手続参加等**（152条）　破産手続参加とは，債務者の破産手続において債権者が配当を受けるために債権の届出をすること（破111条）をいい，破産債権の届出によって時効が中断する．権利確定説によれば，これに時効中断効が認められるのは，届出があった破産債権の調査の結果，破産債権者表の記載に確定判決と同一の効力が与えられる（破124条3項）からである（川島・総則参照）．債権者が届出を取り下げたり，届出が却下されれば，中断の効力は生じない．

　また，民事再生手続への参加（民再94条）や会社更生手続への参加（会更138条）も同様であり，再生債権または更生債権の届出により時効が中断するが，届出の取下げや却下がなされた場合は中断の効力は生じない．

　(e) **催告**（153条）　たとえば貸金債権の債権者から債務者への貸金返還請求のように，義務者に義務の履行を請求することを催告という．わが国の民法は，裁判外で行われる催告も時効中断事由と認める．このため，内容証明郵便等で弁済の請求をするだけでも，時効は中断する．ただし，催告は暫定的な中断事由で

◇ 第11講 消滅時効（時効の中断） ◇

あるにすぎず，6カ月以内に裁判上の請求や差押えなどの完全な中断手続をとらなければ，中断の効力は生じない．そこで，1であげた例を少し変更して，Bの一部弁済（後述のように，承認にあたる）がなかったとした場合，Aの訴えの提起は催告の1年後であるため中断の効力は生じず，それ以前に時効が完成することになる．要するに，催告は，時効完成まぎわになって，権利者に訴えの提起などの確定的中断手続をとるだけの時間的余裕がない場合に，とりあえず催告をさせて時効の完成を防ぐという点にこそ，その意義が認められる．したがって，単に催告をくり返しただけでは，中断は認められない（大判大正8・6・30民録25-1200）．

催告は，後に本格的な中断手続をとるための予備的手段であるため，催告自体については，これを広く認めてもかまわないとされる．そこで，債権の一部の催告や一部の相殺も，債権全体に対する催告として認められる．また，同時履行の抗弁権を有する債務者に，債権者が反対給付を提供せずに履行請求した場合，債務者を履行遅滞に陥らせることはできないものの，時効の中断は認められる．

(2) 差押え・仮差押え・仮処分

差押えは，金銭債権の実現を図るために債務名義（民執22条）に基づいて行われる強制執行（同43条以下），および，抵当権など担保権の実行としての競売（同181条以下）の第一段階の手続である．仮差押えや仮処分は，まだ権利者が債務名義を獲得していない段階で，将来の強制執行を保全するために行われる手続である．そして，以上の差押え・仮差押え・仮処分も時効中断事由とされる（147条2号）．しかし，権利者の請求により，または法律の規定に従わなかったことによりこれらが取り消された場合は，中断の効力は生じない（154条）．

権利行使説によれば，これらの手続は，強力かつ明瞭確実な権利の主張であるため中断が認められるということになろう．これに対して，権利確定説によれば，まず仮差押え・仮処分については，債務者による保全異議の申立て（民保26条）が認められなければ，暫定的に権利が確認されたものと考えられ，最終的には，本案訴訟により権利の存否が確定される（民保37条1項参照）という点が中断の根拠となろう．また，差押えについては，債務者に異議がある場合は，請求異議の訴えの提起（民執35条），あるいは，執行異議の申立てないしは執行抗告（民執182条）に基づいて権利の存否が確認される，という点が理由としてあげられよう．

(3) 承　　認（147条3号）

　承認は，たとえば借金の借主が貸主に対して借金の存在を認めるように，時効によって利益を受ける者が時効により権利を失う者に対して権利の存在を認める観念の通知である．承認が時効中断事由となりうる根拠について，権利行使説は，義務者により承認がなされると権利者はそれを信頼して請求を控えるため，あえて権利行使を行わなくても権利行使を怠ったことにはならない，という点をあげる．これに対して，権利確定説は，承認は義務者本人による相手方の権利の確認であり，このような行為は相手方の権利の存在を証明する有力な証拠である，という点に中断の根拠を求める．

　承認を行うには，なんら特別な方式を必要としない．承認は，明示のみならず黙示でもよいとされ，①支払延期の懇請や②手形の書替えの承諾，③担保の提供などは，債務の承認と認められる．また，④債務の一部弁済は債務全体についての承認にあたる（最判昭和36・8・31民集15-7-2027）．したがって，たとえばAから200万円借金したBが債務の一部として50万円弁済した行為は，200万円の債務全体の承認となり，Aの貸金債権の時効を中断する．このほか，⑤利息の支払いは元本債務の承認と認められる．これに対して，銀行が銀行内の帳簿に利息を元本に組み入れた旨記入する行為については，債権者たる預金者に表示されたわけではないから，承認があったと認めることはできないとされる（大判大正5・10・13民録22-1886）．しかし，銀行内の記帳がすべて電磁化され，預金者はATMで電磁化された内容を自動的に通帳に記帳できる今日，このような判例が通用しうるかは検討する余地があろう．

　なお，中断事由としての承認は，代理人でも行うことができる．しかし，物上保証人が被担保債権を承認しても，その承認は被担保債権の時効を中断する承認にはあたらず，したがって，当該物上保証人との関係でも中断の効力は生じない，とされる（最判昭和62・9・3判時1316-91）．

4　中断事由の拡張

(1) 裁判上の請求に準ずるもの

　債権不存在確認訴訟で被告が債権の存在を主張して応訴し，被告勝訴の判決が確定した場合，前掲大連判昭和14・3・22は，権利行使説の立場から，応訴は権利者が権利の上に眠れる者でないことを表明するものなので，裁判上の請求に準

◇ 第11講 消滅時効（時効の中断）◇

ずるものとして時効の中断が認められるとする．これに対し，権利確定説においては，債権不存在確認訴訟でも訴訟物となっているのは当該債権であるから，その存在が判決で確認された場合に時効が中断するのは当然である，とされる．

では，たとえば，Aから1000万円借り，その担保として自己の所有する土地に抵当権を設定したXが，Aの死後，Aの相続人Yに対して，生前Aから借金を免除されたと主張して抵当権設定登記の抹消登記手続を求める訴訟を提起したところ，これに対し，Yが貸金債権の存在を主張し，その主張が認められたという例を考えてみよう．そうすると，この場合，Yは貸金の弁済を求めて訴えを提起したわけではなく，また，貸金債権が訴訟物となっていないので，上記訴訟におけるYの貸金債権の主張がはたして民法149条の「裁判上の請求」にあたり，貸金債権の時効が中断するといえるか問題となる．

この点について，従来の学説は，裁判上の請求により中断が認められるためには訴訟物たる権利が既判力によって確定される必要がある，という厳格な態度を示していた（兼子一『新修民事訴訟法体系増訂版』(酒井書店，1965年)）．そこで，この説によれば，上例の場合，貸金債権の時効中断は認められないことになる．

これに対し，権利行使説は，必ずしも既判力によって権利の存在が確定される必要はなく，一定の形式をもった裁判上の主張ならば「裁判上の請求」と認められる，と解する（我妻・総則）．他方，近時の権利確定説の中には，①判決による権利の確定の度合いは既判力という極度に強い確定である必要はなく，強い確定力を生じさせるものであればよいとする説や，②争点効に基づいて権利が確定する場合にも中断の効力が生ずるとする説（石田・総則）も出現している．

以上に関し，判例の動向を述べると，まず，①最大判昭和43・11・13民集22-12-2510は，取得時効の中断についてであるが，所有権にもとづく登記手続請求の訴訟で，被告が自己に所有権があることを主張して請求棄却の判決を求め，その主張が原審で認められた事案において，原判決は原告に所有権移転登記請求権がないことを確定しているにとどまらず，被告に所有権があることを肯定するものであるということを理由に，被告の所有権の主張は裁判上の請求に準ずるものとして，原告のための取得時効を中断する，と判示した．また，②最判昭和44・11・27民集23-11-2251は，債務者兼抵当権設定者が債務の不存在を理由として提起した抵当権設定登記抹消請求の訴訟で，債権者兼抵当権者が被担保債権の存在を主張した場合について，その主張は裁判上の請求に準ずることを理由

178

に，被担保債権の時効の中断を認める．しかし，③最判昭和 37・10・12 民集 16-10-2130 によれば，債権者が受益者に対して詐害行為取消の訴えを提起した場合は，債権者は詐害行為取消しの先決問題たる関係において被保全債権を主張したにとどまり，直接，債務者に裁判上の請求をするものではないから，被保全債権の時効は中断しないとされる．

なお，最判昭和 35・12・27 民集 14-14-3253 によれば，債権者のする破産宣告の申立ても，裁判上の請求として，債権の消滅時効を中断するものとされる．この場合，権利行使説によれば，破産の申立てには，裁判所に対する自己の債権の支払いを求める行為が含まれているから，一種の裁判上の請求と見ることができる，ということになろう（山本・総則）．しかし，学説には，破産宣告の申立ては，破産手続参加による時効中断（152 条）に準じて中断効が認められる，とする説も多い．

(2) 裁判上の催告

訴えが形式的理由で却下されたような場合，「裁判上の請求」による時効の中断は認められないが（149 条），その場合でも，権利者は，訴えの提起にともなって催告も行っていると解することができる．しかし，催告は暫定的な中断事由であり，6 カ月以内に他の強力な中断手続をとることが必要とされる（153 条）．そうすると，訴えが却下（または取下げ）される前に 6 カ月が経過してしまえば，訴え提起によって権利を主張した者の権利は保護されないことになってしまう．そこで，今日では，裁判上催告がなされた場合は，訴訟係属中催告が継続しているとして，これを「裁判上の催告」と名づけ，他の中断手続は訴訟終結後 6 カ月以内にとればよいとする理論が承認されている．

有力説は，この理論を一部請求訴訟や基本的法律関係確認の訴えなどに及ぼし，訴訟終結時から 6 カ月以内に訴えを提起すれば，残部の請求権や基本的法律関係から発生する請求権について中断が生ずる，とする（我妻・総則）．判例は，①株券の返還請求に対して，訴訟中，その株券に関して生じた被担保債権の存在を主張して留置権の抗弁を提出した場合を「裁判上の催告」と認める（最大判昭和 38・10・30 民集 17-9-1252．ただし，本判決は，前掲最判昭和 44・11・27 によって変更されたと見ることもできる）．また，②破産の申立てをした債権者が破産手続において行った権利行使の意思表示も「裁判上の催告」と同様に考えられ，破産の申立てが取り下げられた場合も，取下げ後 6 カ月以内に他の強力な中断事由に訴えれば

◇　第 11 講　消滅時効（時効の中断）　◇

よい，とされる（最判昭和 45・9・10 民集 24-10-1389）．さらに，③相続財産を不当に着服した相続人の一人に対して，着服金員相当額について不法行為に基づく損害賠償請求の訴えを提起した他の相続人が，同着服金についての不当利得返還請求を不当利得返還請求権の時効期間経過後に追加し，損害賠償請求を取り下げた事案に関し，最判平成 10・12・17 判時 1664-59 は，両請求が基本的な請求原因事実を同じくする請求であり，経済的に同一の給付を目的とする関係にあることを理由に，損害賠償請求の訴え提起時から不当利得返還請求の追加時まで，不当利得返還請求権につき裁判上の催告が継続していたものと解せられることを認めた．

(3)　**裁判外紛争解決手続の利用の促進に関する法律 25 条**

　債務者が任意に債務の履行に応じない場合，債権者は裁判などを通じ，債務者に対し，強制的に債務の履行を求めることが必要となるが，現行の裁判制度には，紛争解決に至るまでの時間や費用，手続などの面で様々な問題点があるとされ，なかなか利用されないという現状がある．また，社会・経済状況の変化により，第三者である専門家の知見に基づいた紛争解決の必要性も増大してきている．そこで，2004（平成 16）年，裁判外でも実効的な紛争解決がなされることを目的として，「裁判外紛争解決手続の利用の促進に関する法律」（いわゆる ADR 法）が制定され，2007（平成 19）年 4 月から施行された．

　しかし，認証紛争解決手続（法務大臣の認証を受けた者が業務として行う民間紛争解決手続）により紛争当事者間の和解を試みても，和解が成立する見込みがないことを理由に当該紛争解決手続が終わってしまった場合，もしその手続中に時効期間が経過すれば，その手続で紛争が解決されることを目指していた債権者の期待は裏切られることになる．そこで，同法 25 条は，当該認証紛争解決手続の実施の依頼をした当事者が，手続終了の通知を受けた日から 1 カ月以内に，当該認証紛争解決手続の目的となった請求について訴えを提起したときは，時効の中断に関しては，当該認証紛争解決手続における請求の時に訴えの提起があったものとみなす，と規定した．要するに，この規定が設けられたことによって，裁判外紛争解決手続実行中の時効完成が阻止されるわけであり，この点で，「裁判上の催告」と同様な効果がもたらされることになる．

(4)　**差押えに準ずるもの**

　後掲最判平成 11・4・27 によれば，不動産競売手続において執行力のある債務

名義の正本を有する債権者が行う配当要求（民執51条・188条）は，差押えに準ずるものとして，配当要求に係る債権について消滅時効を中断するものとされる．

5　中断後の時効の進行

たとえば，代金支払請求の訴えで勝訴した売主がその後長年月，強制執行を申し立てなかった場合，当該代金は判決後買主から売主に支払われ，代金債権は消滅した蓋然性が高いとも考えられよう．そこで，確定判決などにより時効が中断した後でも，権利不行使の状態が長期間存在すれば，債務者（であった者）を保護する必要が生ずる場合も起こりうる．このため，いったん中断した時効も，その中断事由の終了した時から，新たな進行を始めるものとされる（157条1項）．

中断後新たに進行する時効の起算点を主な中断事由について説明すると，①裁判上の請求については判決確定時（157条2項），②破産手続参加等，および差押え・仮差押え・仮処分については，それらの手続の終了時である．③催告が他の中断事由によって補強された場合は，その中断事由の終了時が新たな起算点となる．④承認はその通知が相手方に到達した時から，新たな時効の進行が開始する．

中断後の時効期間は原則として中断前の時効期間と同じ長さであるが，権利が判決などで確定した場合は，その権利について10年より短い時効期間の定めがある場合でも，時効期間は10年となる（174条の2第1項）．

【演習判例】　最判平成11・4・27民集53-4-840（求償金請求事件）

(1)　前 提 事 実

Y'は，昭和51年7月，営業資金としてA銀行から金員を借り入れたところ，Y'からの保証委託を受けたX信用保証協会は，同月，Aに対し，上記借入債務を保証した．昭和53年4月，Xは，Aに対する期限の利益を失ったY'に代位して，Y'の借入債務を弁済した．一方，Y'が所有していた本件不動産については，Bに対する債権を担保するためCの根抵当権が付けられていたところ，Cの競売申立てに基づき，昭和56年6月，不動産競売開始決定がなされた．

Xは，昭和57年7月，Y'を債務者とする本件求償債権の支払命令（旧民訴430条．現行民事訴訟法では，382条の支払督促がこれに代わる）を申立て，同年9月，仮執行宣言が付された支払命令が確定．平成3年8月，Xは，上記競売手続につい

◇ 第11講　消滅時効（時効の中断）　◇

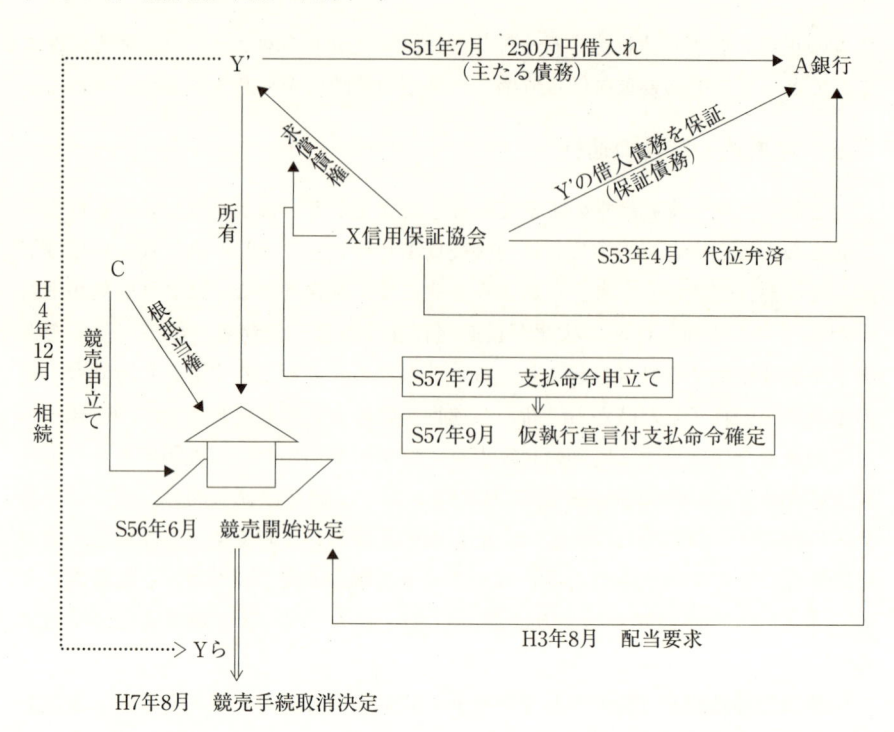

[図：
Y' ── S51年7月 250万円借入れ（主たる債務） → A銀行
X信用保証協会 ── Y'の借入債務を保証（保証債務） → A銀行
X信用保証協会 ── S53年4月 代位弁済 → A銀行
X信用保証協会 → Y'（求償債権）
Y'（所有）→ 家屋
C → 根抵当権 → 家屋
C 競売申立て、S56年6月 競売開始決定
H4年12月 相続 → Yら
X信用保証協会 S57年7月 支払命令申立て
S57年9月 仮執行宣言付支払命令確定
H3年8月 配当要求
H7年8月 競売手続取消決定
]

て配当要求を申立てたところ，同申立ては受理された．なお，Y'は，平成4年12月に死亡し，Yらがこれを相続した．

　ところが，平成7年，上記競売手続は，執行裁判所による執行費用の追加予納命令（民執14条参照）にCが応じなかったため取り消され，同年8月，取消決定が確定．そこで，Xは，Yらに対し，本件求償金請求の訴えを提起した．

　以上の事案について，第1審は，以下のように判示した．すなわち，①本件求償債権は，商人であるY'が営業のために借り入れた債務を保証委託したことに基づくものであるから，本来，Xが代位弁済をした昭和53年4月から5年を経過することにより時効消滅すべきものである（商522条）が，XのY'に対する前記仮執行宣言付支払命令の確定により，昭和57年9月から10年を経過することにより時効で消滅するものとなった（174条の2）．そして，②平成3年8月，Xが行った上記競売事件の配当要求は，民法147条2号の「差押え」に準ずるものとして，本件求償債権につき時効中断の効力を生ずるものと解される．しか

182

し，③民法154条によると，いったんなされた差押えも，その後，法律の規定に従わない等の理由で取り消されたときは，時効中断の効力を生じないことになるところ上記競売手続は，Cが追加予納命令に応じなかったため取り消されたものであるから，本件求償債権の消滅時効の中断効は，最初から効力が生じなかったことになる．よって，④本件求償債権は，昭和57年9月から10年を経過したことにより，時効で消滅した，と．そこで，Xが控訴．

(2) **原審の判断**

「民事執行法51条は，一般債権者が配当要求をするには，執行力のある債務名義の正本または仮差押えを必要としているのであるから，同法の下においては，配当要求は，……時効中断効の関係では差押えに準じると解するのを相当とする．従って，民法154条にいう差押えの取消しとは，配当要求についてみれば，配当要求が取り下げられたり，却下されたり，または配当異議の訴え等が提起されるなどして，配当要求に係る債権が配当から排除されることをいうと解するべきである．もとより配当要求の基本となる競売手続が取り消されるときは，配当要求はその効力を失うことになるが，競売手続の取消は，配当要求をした権利者の意思にもよらず，また配当要求が不適法であったことにもよらないのであるから，配当要求の時効中断の効力を失わせると解するのは相当ではない．

したがって，本件求償債権の消滅時効は，本件配当要求により一旦中断し，その後本件競売手続取消の時点から再度進行したものである．」

以上の理由により，原判決は，第1審判決を取消して時効の完成を否定し，Xの請求を認容した．

(3) **最高裁の判断**

「執行力のある債務名義の正本を有する債権者は，これに基づいて強制執行の実施を求めることができるのであって，他の債権者の申立てにより実施されている競売の手続を利用して配当要求をする行為も，債務名義に基づいて能動的にその権利を実現しようとする点では，強制競売の申立てと異ならないということができる．したがって，不動産競売手続において執行力のある債務名義の正本を有する債権者がする配当要求は，差押え（民法147条2号）に準ずるものとして，配当要求に係る債権につき消滅時効を中断する効力を生ずると解すべきである．

そして，右の配当要求がされた後に競売手続の申立債権者が追加の手続費用を納付しなかったことを理由に競売手続が取り消された場合において，右の取消決

◇ 第11講 消滅時効（時効の中断） ◇

定がされるまで適法な配当要求が維持されていたときは，右の配当要求による時効中断の効力は，取消決定が確定する時まで継続すると解するのが相当である．なるほど，民法154条は差押え等が取り消された場合に差押え等による時効中断の効力を生じない旨を定めており，また，競売手続が取り消されればこれに伴って配当要求の効力も失われる．しかしながら，執行力のある債務名義の正本を有する債権者による配当要求に消滅時効を中断する効力が認められるのは，右債権者が不動産競売手続において配当要求債権者としてその権利を行使したことによるものであるところ，配当要求の後に申立債権者の追加手続費用の不納付を理由に競売手続が取り消された場合には，配当要求自体が不適法とされたわけでもなければ，配当要求債権者が権利行使の意思を放棄したわけでもないから，いったん生じた時効中断の効力が民法154条の準用により初めから生じなかったものになると解するのは相当ではなく，配当要求により生じた時効中断効は右の取消決定が効力を生ずる時まで継続するものといわなければならない．」

1 コメント

(1) 不動産競売手続における配当要求と時効の中断

本判決には2つの論点があり，その第1は，不動産競売手続において執行力ある債務名義の正本を有する債権者がする配当要求は，配当要求に係る債権につき時効中断の効力を生ずるか，という点である．そして，この点に関する先例としては，大判大正8・12・2民録25-2224があり，同判決によれば，配当要求は民法152条の破産手続参加に準ずるものとして時効を中断するとされていた．旧民事訴訟法では，債務名義を有しない債権者も配当要求できるものとされ，債務者がその債権を認諾しない場合，配当要求債権者は債権確定の訴えを提起すべきものとされていたが，このようなプロセスが破産手続参加の場合と類似していたことがその理由と考えられる．ところが，民事執行法の下では，配当要求可能な債権者は債務名義を有する者に限定され（民執188条・51条1項），その結果，執行手続で債権を確定することは行われないことになった．そこで，近時は，確定された債権の権利行使という性格を有することから，配当要求は，むしろ民法154条の差押えに準ずるものとして時効中断の効力が認められるという学説が有力になってきたが，本判決は，これに従い，最高裁として初めて，不動産競売手続において債務名義を有する債権者が行った配当要求に，差押えに準ずる時効中断効を認めたものである．

184

ところで，本判決に先行する最高裁判例として，最判平成元・10・13民集43-9-985は，不動産強制競売手続において催告を受けた抵当権者がする債権の届出（民執49条2項2号・50条）は当該債権の時効を中断しないものとし，また，最判平成8・3・28民集50-4-1171は，第三者が申し立てた担保権の実行としての不動産競売手続において，抵当権者が債権の届出をし，その届出に係る債権の一部に対する配当を受けた場合も，当該債権の残部について時効中断の効力が生ずることはない，としている．そうすると，これら一連の判例により，最高裁は，一般債権者による配当要求については時効中断の効力を肯定しながら，一般債権者よりも優先するはずの抵当権者が行った債権の届出についてはこれを否定しているため，果たしてこの区別に合理性があるのか問題となる可能性がある．
　この点，前掲最判平成元・10・13によれば，①債権の届出は債権の存否等の資料を提供するものに過ぎず，また，②登記を経た抵当権者は債権の届出をしなくても競売手続で配当を受けることができ（民執87条1項4号・188条），さらに，③債権の届出は債務者に通知されないということなどに照らせば，債権の届出をもって，競売手続において権利を主張してその確定を求め，または債務の履行を求める請求であるとは解しがたく，時効中断効は認められないものとされる．そして，前掲最判平成8・3・28も，この理論を前提として中断効を否定している．
　これに対し，民事執行法の下での配当要求は，①その手続内で権利の確定がなされないとはいえ，すでに権利の存在が確定された債権の行使であること，②登記を経た抵当権者等と異なり，一般債権者が配当を受けるためには，配当要求という形での権利主張が必要不可欠であること，また，③配当要求があった場合は，債務者への通知が裁判所を介して行われる（民執規27条）ことなどを考慮すれば，抵当権者による債権の届出に時効中断効を認めない一方で，債務名義を有する債務者の配当要求に時効中断効を肯定する判例には，一応の整合性があるといえよう（以上について，最判解説民事篇平成11年度（上）17事件参照）．

(2) 競売申立債権者の費用不納付による手続取消と配当要求による時効中断効の帰趨

　本判決の論点の第2は，執行力ある債務名義の正本を有する債権者が配当要求をした後に，不動産競売の申立債権者が追加の手続費用を納付しなかったことを理由に競売手続が取り消された場合，配当要求による時効中断の効力も遡及的に失効するかどうか，という点である．そして，これについては，民法154条が，

◇ 第11講　消滅時効（時効の中断）　◇

差押え等が権利者の請求によってまたは法律の規定に従わないことによって取り消されたときは，時効中断の効力は生じないと規定しているため，上記理由により競売手続が取り消された場合も時効中断効が生じないのではないかということが問題となる．

　しかし，この点について，本判決は，前述のように，この場合は，「配当要求自体が不適法とされたわけでもなければ，配当要求債権者が権利行使の意思を放棄したわけでもないから」，いったん生じた時効中断の効力は遡及的に無効とはならず，取消決定が効力を生ずる時まで継続する，と判示した．債権者が配当要求を通じて明確かつ断固たる権利主張を行ったという事実は，不動産競売の申立債権者側の事情による競売手続取消によって覆されるわけではないから，権利行使説（権利主張説）の立場からいえば，本判示は当然のこととなろう．

　これに対して，権利確定説の立場からいえば，本判示には若干の疑問がないわけではない．確かに，民事執行法の下では，配当要求は債権の存在の公権的確定を前提とする（民執51条1項・188条）．しかし，たとえば，債権の存在が確定された判決後，強制執行に至る前に債務者が任意に弁済することは十分ありうる．そうすると，確定判決後，債権者の権利行使が長期間なされないということは債権消滅の蓋然性が強いということであり，権利確定後の消滅時効の進行を認める民法174条の2は，判決等の確定後弁済した債務者を保護するための規定ということができよう．ところが，競売手続が取り消された場合にも配当要求による時効中断を認めるということは，債権が依然存在していることが認定されないまま債務者のこの利益を奪うことになる．そうすると，本件のように，不動産競売の申立債権者側の事情により競売手続が取り消されたような場合は，民法153条を類推し，取消がなされるまで暫定的中断効が生ずると解するのが妥当といえるのではなかろうか．

2　時効中断における当事者の主張・立証
(1) 支払督促による時効の中断

　本件は，Y'の債務を代位弁済したXが，Y'の相続人Yらに求償金の請求をしたのに対し，Yらが求償金債権が消滅時効にかかったことを抗弁として主張した事案である．これに対し，Xは，再抗弁として，第1に，代位弁済後5年以内に申し立てた支払命令の確定による時効中断（旧150条）を主張した．以下，現行の支払督促による時効中断（147条1号，150条）に即して述べていくと（旧150条

の支払命令の場合も同様），その要件事実としては，まず，①支払督促の申立て（民訴 383 条）をしたことがあげられる．しかし，この支払督促は，債務者に送達されなければならず，その送達時に支払督促の効力が生ずるものとされる（民訴 388 条）．そこで，②支払督促が債務者に到達したことも要件事実に含められる（大判明治 40・4・11 民録 13・423 参照）．したがって，本件に関しては，これら①②について，再抗弁をする原告（X）が主張・立証する必要がある．ただし，中断の効力は申立時に遡って発生する（大判大正 2・3・20 民録 19-137）．

なお，民事訴訟法 392 条によれば，債権者が仮執行の宣言（民訴 391 条）の申立てをすることができる時から 30 日以内にその申立てをしないときは，支払督促はその効力を失うとされ，民法 150 条では，支払督促は，債権者が同期間内に仮執行の宣言の申立てをしないことによりその効力を失うときは時効中断の効力を生じない，とされる．そこで，仮執行の宣言の申立てをすることができる時から 30 日以内にその申立てをしたことも，支払督促による時効中断の要件事実に含まれるか問題となるが，これを肯定する説がある一方，同期間内に仮執行宣言の申立てがなされなかったという反対事実を，被告が再々抗弁として主張すべきとする否定説も存在する．

(2) **配当要求による時効の中断**

次に，支払督促の申立てによる時効中断が認められれば，新たに仮執行宣言付支払督促確定時を起算点とする期間 10 年の時効が進行することになる（174 条の 2，民訴 396 条，支払命令でも同様）．よって，本件の X は，第 2 に，その確定日から 10 年以内に配当要求を申し立てたことによる時効中断を再抗弁として主張したが，前述のように，最高裁は，配当要求は時効中断事由としての差押え（147 条 2 号）に準ずるものとして時効中断の効力を生ずる，という解釈を示した．

そこで，前掲最判平成 11・4・27 によれば，配当要求による時効中断の要件事実としては，まず，①執行力のある債務名義の正本を有する債権者が配当要求をしたことがあげられる．また，民法 155 条を準用すると，配当要求が時効の利益を受ける債務者に対してなされない場合は，その者に配当要求の通知をした後でなければ時効中断の効力は生じないことになる．したがって，②配当要求が時効の利益を受ける債務者（本件では，Y）に対して通知されたことも，配当要求による時効中断の要件事実になる．以上のところから，原告 X は，これら①②の事実を主張・立証しなければならない．

◇ 第11講　消滅時効（時効の中断）　◇

　ところで，民法 154 条によれば，差押え等が権利者の請求によりまたは法律の規定に従わないことにより取り消されたときは，時効中断の効力は生じないものとされる．そこで，本件では，被告 Y らにより，前記競売事件は追加予納命令に債権者 C が応じないことを理由に取り消されたので時効中断の効力は生じないという再々抗弁がなされている．しかし，前述のように，前掲最判平成 11・4・27 は，競売手続が上記のような理由で取り消された場合，配当要求自体が不適法なわけでもなく，配当要求債権者が権利行使の意思を放棄したわけでもないから，時効中断の効力が遡及的に失効することはないと断じた．したがって，本件では，Y らの再々抗弁は，時効中断の阻害事由にはなりえないことになる．

à plus loin

1　中断の主観的範囲

　民法 148 条によれば，147 条の規定する法定中断は，その中断の事由が生じた当事者およびその承継人の間においてのみその効力を有する，とされる．ここでいう「当事者」とは，時効中断のための行為をした者とその相手方（たとえば債権者と債務者）を指す．また，承継人には，①相続人などの包括承継人，および，②抵当権設定者から抵当不動産を買い受けた第三者のような特定承継人の両者を含む．したがって，連帯債務者の 1 人に対する差押えや，連帯債務者の 1 人が行った承認は，他の連帯債務者との関係では時効中断の効力は生じない（440 条）．また，大判昭和 7・6・21 民集 11-1186 によれば，連帯保証人の保証債務の承認によっては，債権者の主たる債務者に対する債権について時効中断の効力は生じないため，保証債務の付従性によって，主たる債務の時効消滅とともに保証債務も消滅した場合は，保証債務を承認した連帯保証人も，主たる債務の時効を援用できるものとされる．

　このような中断の相対効の根拠について，民法起草者は，法定中断はすべて特定人間の行為であり，特定人間の行為は他人を害することも利することも認められないからである，ということを理由としてあげる（梅・民法要義巻之一）．これに対して，権利確定説によれば，判決による時効中断の効力はその既判力の人的範囲（民訴 115 条）に限られるからである，とされる（川島・総則）．もっとも，このような説明では，承認による中断の相対効等は十分説明しえないものと思われる．

◇　第11講　消滅時効（時効の中断）　◇

　以上の民法148条が定める中断の相対効に対しては，155条・292条・434条・457条1項・458条にその例外が定められている．たとえば，連帯債務者の1人に対して行った請求は，他の連帯債務者に対する時効も中断し（434条），主たる債務者に対する時効の中断は，保証人に対してもその効力を生ずる（457条）．また，連帯保証人に対して行った請求は，主たる債務者に対しても時効中断の効力を生ずる（458条・434条）．

　さらに，判例によれば，①物上保証人は債務者の承認により生じた被担保債権の時効中断の効力を否定することはできないとされ（最判平成7・3・10判時1525-59），また，②譲渡担保権設定者の譲渡担保権者に対する清算金支払請求権の消滅時効の中断は，譲渡担保権者から被担保債権の弁済期後に譲渡担保目的物を譲り受けた第三者に対してもその効力が及ぶ，とされる（最判平成11・2・26判時1671-67）．今日，判例は，時効の援用権者を「時効により直接に利益を受ける者」と定義しつつ，具体的には，かなり広い範囲の者に時効援用権を認めるようになってきているが，①の物上保証人による被担保債権の消滅時効の援用や，②の譲渡担保目的物の譲受人による清算金支払請求権の時効援用を認めた場合，時効中断の相対効を原則通り維持すれば，債権者(①)や譲渡担保権設定者(②)に不当に不利益を及ぼすことになる．そこで，これらの場合について，判例は，公平の見地から，中断の相対効について例外を認めたものと思われる（佐久間・民法総則参照）．

　次に，民法155条によれば，差押え・仮差押え・仮処分は，それが債務者などの時効の利益を受ける者に対して行われなかった場合でも，その通知が債務者等になされればこれらの者に対して時効中断の効力が生ずる．そこで，物上保証人に対する抵当権の実行により抵当不動産が競売に付された場合は，これが債務者に通知されることによって，被担保債権の時効が中断する（最判昭和50・11・21民集29-10-1537）．なお，債権者Aが，主債務者Bの連帯保証人Cの連帯保証債務を担保するため抵当権を設定した物上保証人Dに対して競売を申し立て，執行裁判所からCへ競売開始決定正本が送達された場合，Cの連帯保証債務については，差押えを理由とした時効の中断がなされることになる（155条・147条2号）．しかし，Aが競売を申し立てたこと，あるいは競売開始決定正本がCに送達されたことは，民法147条1号の請求（「裁判上の請求」〔149条〕ないしは催告〔153条〕）としてCの連帯保証債務の時効を中断する事由に該当するものとはいえないた

◇ 第11講　消滅時効（時効の中断）　◇

め，この事例に民法458条・434条を適用し，Aの競売申立てに始まる一連の手続によってBの主債務の時効が中断したとすることはできない（最判平成8・9・27民集50-8-2395）．

2　中断の客観的範囲（一部請求と残部の中断）

たとえば，債権額100万円の債権について，その1割の10万円を請求する場合のように，1個の債権の一部についてのみ請求する訴えが提起された場合，この請求によって債権全体の時効が中断するであろうか．判例は，この点について，①債権の一部についてのみ判決を求める旨明示して訴えが起こされた場合は，債権の一部のみが訴訟物となるのであるから，時効中断の効力はその一部の範囲においてのみ生ずる，とする（最判昭和34・2・20民集13-2-209）．これに対して，②債権の一部についてのみ判決を求める趣旨が明示されていないときは，債権の全部について中断の効力が生ずる，とされる（最判昭和45・7・24民集24-7-1177）．しかし，学説上は，異論が多い．

すなわち，前述のように，かつての有力説は，債権の一部を請求する訴えが提起された場合に「裁判上の催告」の理論を推及し，当該一部の請求について訴訟の終結した時から6カ月以内に訴えを提起すれば，残部の請求権についても中断が生ずるとしていた（我妻・総則）．また，今日，債権の一部請求の訴えであっても，①権利行使説（権利主張説）の立場からは，債権者による債権の行使であることに違いはないこと，また，②権利確定説の立場からは，その債権全体の存在が裁判所により判断されていることを理由に，債権全体について時効の中断を認めるべきことが主張されている（内田・民法Ⅰ）．だが，訴えの相手方が債権の存在を認めていなくても，請求額が少額ならばあえて争うまでもないと考える場合もありえ，このような点をも考慮すれば，常に一部請求訴訟によって残額部分についても中断を認めるという説には，疑問がないわけではない．

en plus ── 民法（債権法）改正検討委員会の改正提案 ──

1　債権時効障害事由の概要

民法（債権法）改正検討委員会の改正提案では，債権の消滅時効は「債権時効」という名称で，他の財産権の消滅時効と別個に位置づけられ，債権時効の原則期間が現行法の10年よりかなり短縮されるなど大幅な改正案が提案されている．現行民法の時効障害事由としては，時効の中断（147条～157条）と時効の停止

◇ 第11講　消滅時効（時効の中断）　◇

（158条〜161条）の2つがあげられるが，改正提案によれば，債権時効に係る時効障害は，①「時効期間の更新」，②「時効期間の進行の停止」，③「時効期間の満了の延期」の三種類とされる．

　このうち，①「時効期間の更新」とは，従来の時効中断にほぼ相当するものであり，「一定の事由の発生によりそれまでの時効期間が進行を終了し，新たな時効期間の進行が開始することをいう」．従来の「中断」という用語が必ずしも適切でないと思われるため，「時効期間の更新」という語が用いられることになった．次に，②「時効期間の進行の停止」は新設の制度であり，「一定の事由の発生により時効期間の進行が一時的に停止し，当該事由の終了後に時効期間の進行が再開し，残存期間の経過により時効期間が満了することをいう」．また，③「時効期間の満了の延期」とは，従来の「時効の停止」にほぼ相当するものであり，「一定の事由がある場合に，時効期間の満了がその事由の終了または消滅の時から一定の期間が経過するまで延期されることをいう」．

2　債権時効障害事由の各類型
(1)　時効期間の更新

　債権時効期間の更新事由としては，1）民事執行と2）債務者による債権の承認があげられている．

(2)　時効期間の進行の停止

　債権時効期間は，①訴えの提起その他の裁判上の請求，支払督促の申立て，和解の申立て，民事調停法もしくは家事審判法による調停の申立て，破産手続参加，再生手続参加，更生手続参加等，現行民法147条1号にいう「請求」に該当する場合（ただし催告を除く），またはその「請求」に準ずるとされる場合，②民事執行の申立て，③民事保全の申立て，④債権者と債務者の間における債権に関する協議をする旨の合意，⑤裁判外紛争処理手続の利用により進行を停止する，とされる．このうち，④は，現行法では，何らの時効障害事由にも含まれていない．しかし，改正提案では，債権に関して債権者と債務者の間で協議がされている間は債権者による強硬措置の発動を抑え，当事者間の自発的解決を促進させることが望ましいという見地から，時効障害事由とされた．また，協議が停止事由とされたことについては，時効期間の短期化が大いに関係していると思われる．

　上の①に該当する請求または申立て等がされたときは，その時に債権時効期間

191

◇ 第11講 消滅時効（時効の中断） ◇

の進行が停止し，債権の存在が確定されないまま手続が終了した場合は，その時点から残存期間の進行が再開する．この場合，手続終了の時から一定期間（6カ月または1年）が経過するまで，債権時効期間は満了しないものとされる．これは，債権の存否が確定されないまま手続が終了した場合，手続継続中の時間の経過によって債権者が不利に扱われないようにするという考慮に基づくものであり，現行法下における「裁判上の催告」の解釈を取り入れたものである．これに対し，その手続で債権の存在しないことが確定した場合は時効を問題とする必要がなくなるという理由から，何らの規定も予定されていない．一方，債権の存在が確定したときは時効期間が更新され，再び時効の進行が開始することになる．そして，この場合は，上記(1)にあげた更新事由よりも強い効力を付与することが適当であるとされ，上記事由による更新後の時効期間が3年（または4年，5年）とされるのに対し，「確定判決によって確定された債権の債権時効期間は，その確定の時から10年の経過により満了する．確定した家事審判によって確定された債権，家事審判法による調停または裁判上の和解，民事調停法による調停，支払督促，破産債権表または再生債権表等への記載，仲裁判断その他確定判決と同一の効力を有するものによって確定された債権についても，同様とする」という規定が用意されている．

(3) 時効期間の満了の延期

債権時効期間の満了の延期事由としては，1)催告と2)現行民法の時効停止事由（158条〜161条）があげられている．

このうち，1)の催告は，現行法では時効中断事由とされている（153条）．しかし，「債務者が任意に履行しなければ債権の実現につながらず，また，債権の存否および内容の確定に資するものでない」ため，これは更新事由にはなりえないとされる．また，催告は，「手軽に繰り返すことができるため，これによる時効期間の進行の停止を認めると，債権者が債権時効期間の満了を事実上完全に阻止できることになりかねない」ということ，さらに，現行法においても，その現実的な機能は時効の完成を最長6カ月間阻止するものであることから，満了延期事由とすることが適当であるとされる．そして，債権者が債務者に債務を履行すべき旨を催告したときは，その催告に係る債権の時効期間は，本来の時効期間が満了したときであっても，その催告の時から6カ月（または1年）が経過するまでは満了しないものとされる．なお，満了延長の期間として現行法と同様，6カ

月が提案されているほか，1年の可能性も認められているが，これは時効期間が現行の10年から短期化されたため，債権者の保護を重く見るという点を考慮したものとされる．

◇ 第12講　取得時効（時効と登記）◇

lecture

1　所有権の取得時効の成立要件

　民法はその162条で所有権の取得時効を規定し，163条で所有権以外の財産権の取得時効を規定する．このうち，所有権の取得時効を定める162条は，その1項で，20年間，所有の意思をもって平穏にかつ公然と他人の物を占有した者は所有権を時効取得すると規定し，その2項で，10年間，所有の意思をもって平穏にかつ公然と他人の物を占有した者は，その占有の開始の時に善意でありかつ過失がなかったときはその所有権を時効取得する，と定めている．そこで，以下では，所有権の取得時効（162条）の成立要件について詳述することにしたい．

(1) 占　有

　取得時効が成立するためには，一定の要件を備えた占有が必要である．占有とは「自己のためにする意思をもって物を所持する」ことをいう（180条）が，このような単なる占有では，所有権の取得時効の成立は認められない．

　(a)　**自主占有**（「所有の意思」をもってする占有）　　所有権の取得時効が成立するためには，「所有の意思」をもってする占有，すなわち，所有者としての占有が必要である．この占有は自主占有と呼ばれ，それ以外の占有は他主占有と呼ばれる．

　自主占有と他主占有の区別は，占有者の内心の意思によって決まるのではなく，その占有を取得する原因となった権原の性質，または，占有継続中の諸般の事情によって外形的・客観的に定められるべきものとされる（最判昭和58・3・24民集37-2-131）．したがって，占有者の内心の意思がどうであろうと，売買や贈与など所有権の移転を目的とする行為によって占有を取得すれば自主占有であり，賃貸借や寄託など所有権の取得を目的としない権原（他主占有権原）によって占有を取得した場合は他主占有となる．また，占有者が真の所有者であれば通常は取らない態度を示したり，所有者であれば当然取るべき行動に出なかったような場合は，「所有の意思」が否定されることになる．なお，自主占有であるため

には，その占有者が実際に所有者である必要はない．占有取得の原因となった行為が，売買や贈与のように，外形上占有者に所有権を取得させる行為であるならば，前主が無権利者でも，その行為が無効でも自主占有と認められる．

ところで，自主占有か否かは，10年あるいは20年以上も前の権原の性質，あるいは長期間継続した外形的・客観的な占有事情によって判定されるのであるが，このような古い事実を証明することは大変困難なことである．そこで，民法は，占有者は「所有の意思」をもって占有するものと推定した（186条1項）．したがって，時効取得を主張する者は，自己の占有が自主占有であることを証明する必要はなく，これを争う側で，その占有が他主占有（たとえば借主としての占有）であることを証明しなければならない．

このように，賃借人などの他主占有者は，いくら長く占有しても所有権を時効取得することはできない．もっとも，他主占有者が，①「自己に占有をさせた者に対して所有の意思があることを表示」するか，②「新たな権原によりさらに所有の意思をもって占有を始め」れば，それまでの他主占有は自主占有に転換する（185条）．たとえば，賃借人が賃貸人から賃借物を買い取れば，そのときから自主占有が開始することになる（最判昭和52・3・3民集31-2-157）．

(b) **平穏・公然の占有**　第2に，取得時効が成立するための占有は，「平穏に」，かつ，「公然と」行われなければならない．したがって，暴行や脅迫によって取得したり保持したりする占有や隠れて行う占有は，取得時効の基礎としての占有にはなりえない．しかし，占有者が不動産の所有者等から異議を受けたり，不動産の返還請求や登記の抹消請求を受けても，そのことだけでは平穏性を失うことにはならない（最判昭和41・4・15民集20-4-676）．なお，平穏・公然の占有も推定される（186条1項）．

(2) **10年または20年占有が継続すること**（時効期間）

(a) **長期取得時効と短期取得時効**　取得時効が成立するためには，以上の要件を備えた占有が10年または20年継続することを要する．20年の取得時効は長期取得時効，10年の取得時効は短期取得時効と呼ばれる．

(b) **短期取得時効における特別の要件**（占有の始めにおける善意・無過失）　占有者がその占有の開始の時に善意であり，かつ過失がなかったときは，時効期間が短縮され，10年間の占有で時効取得が認められる（162条2項）．ここでいう「善意」とは，他の場合と異なり，自己に所有権があると信じることをいうとさ

◇　第12講　取得時効（時効と登記）　◇

れる．この善意も推定される（186条1項）．
　一方，「無過失」とは，自己に所有権があると信じたことについて過失がないことをいう．一般に，登記簿上の所有名義人を真正の権利者と信じて不動産を譲り受けたときは無過失とされる（大判大正2・6・16民録19-637，大判大正15・12・25民集5-897）が，①登記簿等の公簿を調査しない場合（最判昭和43・3・1民集22-3-491），②土地の払下げを受けるにあたって，当該土地の境界を隣接地所有者への問い合わせや公図等で確認する等の調査をしないまま，隣地の一部が当該土地に含まれると信じた場合（最判昭和50・4・22民集29-4-433），③幼児の法定代理人として取引する者の代理権の瑕疵を調査しなかった場合（大判大正2・7・2民録19-598），④農地の譲渡を受けた者が知事の許可がないにもかかわらず，当該農地の所有権を取得したと信じた場合（最判昭和59・5・25民集38-7-764）などは，過失があるとされる．
　なお，無過失は推定されないため（186条1項参照），取得時効を主張する側で立証する必要があるとするのが，通説・判例（大判大正8・10・13民録25-1863，最判昭和46・11・11判時654-52）である．

　(c)　**占有の継続**　占有は，10年または20年継続しなければならない．
　①　自　然　中　断　占有者が任意にその占有を中止し，または，他人によって占有を奪われたときは，時効は中断し，再び占有が開始すれば，その時から改めて時効期間の計算が始まる（164条）．これを自然中断という．ただし，占有者が占有を奪われても，占有回収の訴え（200条）を提起して勝訴すれば，占有はその間も継続していたものとみなされる（203条ただし書）．
　②　占有継続の推定　上述のように，取得時効が成立するためには，10年あるいは20年の時効期間中占有が継続することを要するが，これを完全に証明することは困難であるため，期間の最初と最後に占有した証拠があれば，その間占有は継続した者と推定される（186条2項）．したがって，占有の継続を否定する者は，みずからそのことを証明しなければならない．
　③　占有の承継　他人から占有を承継した者は，その選択に従い，自己の占有のみを主張することもできるし，自己の占有に前の占有者の占有を併せて主張することもできる（187条1項）．前の占有者の占有を併せて主張する場合には，その瑕疵（悪意・有過失・強暴・隠秘など）もまた承継する（同条2項）．なお，ここでいう「前の占有者」とは，直前の占有者のみならず，現占有に先立つすべての

196

占有者をいう（大判大正 6・11・8 民録 23-1772）。したがって、A→B→C→Dと占有の承継があった場合、Dは、自己の占有のみを主張しようと、A、B、Cいずれからの占有を主張しようと自由である。

　では、民法 187 条の承継には、売買・贈与のような特定承継のみならず、相続のような包括承継も含まれるか。この点について、大審院は、包括承継人は前主の地位をそのまま承継するに過ぎないとして、否定した（大判大正 4・6・23 民録 21-1005）。ところが、最高裁は、判例を変更し、187 条 1 項は相続のような包括承継にも適用されるとし（最判昭和 37・5・18 民集 16-5-1073）、通説もこれに賛成する。したがって、悪意または有過失の占有者Aの相続人Bが善意・無過失で占有を承継した場合、Bは自己の善意・無過失で始まる占有のみを基礎として、短期取得時効の成立を主張できることになる。

　(d)　**時効期間の起算点**　　所有権の取得時効は、自主占有が始まった時からその進行を開始する。判例（最判昭和 35・7・27 民集 14-10-1871）によれば、占有者は、占有継続中の任意の時点を起算点として選択することはできず、必ず時効の基礎たる事実（占有）の開始した時を起算点とする必要がある。

　しかし、古くから土地を占有しているような場合、占有開始時期が明らかでないことは、大いにありうることである。そこで、有力説（逆算説）は、現在から遡って時効期間を計算すべきことを主張する（川島・総則）。確かに、長期占有者の所有権の証明困難を救済するという点に取得時効の存在理由を求めるならば、時効期間の逆算も許されてしかるべきであろう。ただし、短期取得時効では、占有の開始時における善意・無過失が要求されている（162 条 2 項）ため、占有開始時を確定しなければならず、現在から逆算して期間を計算することは困難である。また、短期取得時効の存在理由を立証困難の救済ではなく、占有取得者の取引安全の保護と解するならば、逆算説は、短期取得時効については妥当しえない理論といえよう。

2　時効完成の効果

(1)　所有権の取得と時効の援用

　1 であげた要件が充足されれば、取得時効は完成し、占有者は占有物の所有権を取得する（162 条）。もっとも、占有者が時効の利益を得るためには、時効の援用がなされなければならない（145 条）。この点、通説（停止条件説）は、取得時効

◇ 第12講 取得時効（時効と登記） ◇

の完成によって所有権取得の効果は停止条件的に発生し，援用があって初めて所有権取得の効果が生じるとする（我妻・総則）が，近時は，時効の援用を，時効の完成と同一レベルの，時効の効果発生のための一要件と解する説も有力である（要件説）．

なお，判例（大判大正 7・3・2 民録 24-423，最判昭和 50・9・25 民集 29-8-1320）・通説によれば，時効取得は，承継取得ではなく，原始取得であるとされる．ただし，時効取得の登記は，所有権移転登記の方法によるというのが判例である（大判大正 14・7・8 民集 4-412，大判昭和 2・10・10 民集 6-558）．

(2) 遡 及 効

時効の効力は，その起算日に遡る（144条）．したがって，取得時効によって所有権が取得されるのは，時効期間の満了時ではなく，その開始時ということになる．この遡及効が認められる結果，①時効期間中生じた果実は時効取得者に帰属し，②時効取得された物を時効期間中侵害した者は，時効取得者に対して不法行為責任（709条）を負うことになる．さらに，③抵当権や賃借権の設定などのように，時効取得者が時効完成前に行った処分は有効となる．

(3) 時効取得の対抗

わが民法は，不動産の取得時効についても，ドイツ民法（900条）の登記簿取得時効（Tabularersitzung）のように，登記を成立要件とはしておらず，一定の占有の継続のみで所有権の取得を認めている（162条）．ところが，一方で，民法 177 条は，不動産の物権変動に関して登記を対抗要件と定め，文理上，物権変動の原因は特に限定していないため，不動産の時効取得もその登記がなければ第三者に対抗できないのではないか，という疑問が生ずる．

しかし，一般に，時効取得者は，自己を真実の所有者と信じて不動産を占有してきた者であり，そのような者に時効取得の登記を求めることは酷である，とも考えられる．このように，占有という事実状態のみを基礎とする取得時効と，登記による物権変動の公示の要請とを如何に調和するかは大きな問題であるが，判例は，時効取得も 177 条の物権変動に含まれ，時効による不動産所有権の取得は登記がなければ第三者に対抗できない，とする（前掲大判大正 7・3・2，最判昭和 33・8・28 民集 12-12-1936 等）．

◇ 第12講 取得時効（時効と登記）◇

【演習判例】 最判平成 18・1・17 民集 60-1-27（所有権確認請求本訴，所有権確認等請求反訴，土地所有権確認等請求事件）

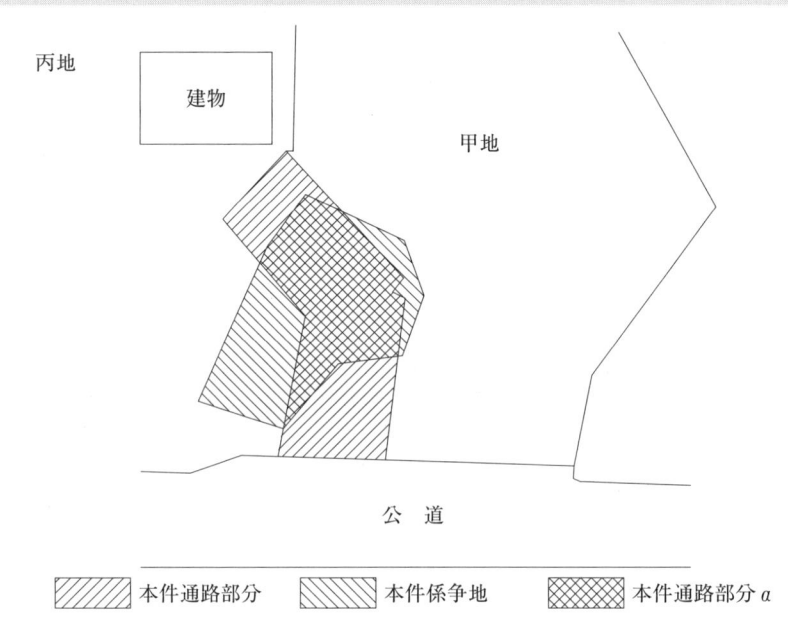

［図：丙地・建物・甲地・公道の位置関係。本件通路部分，本件係争地，本件通路部分 a の凡例］

(1) 前提事実

本判決の事案は，簡略化すると以下のようである．

Ｘらは，鮮魚店を開業する目的で，平成 7 年 10 月 26 日，Ａ社から甲番地の土地（以下，甲地と略称）を購入し，所有権移転登記も了したところ，開業資金の融資を受ける予定のＢ銀行から，甲地の公道に面する間口が狭いとの指摘を受けたため，間口を広げる目的で，平成 8 年 2 月 6 日，Ｃから乙$_1$番地の土地（地目ため池，地積 52 ㎡．以下，乙$_1$地と略称）を代金 80 万円で購入し，また，同年 4 月 18 日，Ｄから乙$_2$番地の土地を購入して，いずれもその所有権移転登記を了した．

Ｅは，昭和 48 年 2 月，丙番地の土地（以下，丙地と略称）と地上建物（以下，「従前建物」とする）をＦから購入したが，公道からそれら土地建物への進入路の幅は約 2 メートルしかなかった．そこで，Ｅは，同進入路を拡幅するため，Ｇから丁番地の土地（以下，丁地と略称）を譲り受け，同年 3 月 28 日，所有権移転登記を経由し，その頃から，丙地と従前建物のための専用進入路として，本件係争

199

◇ 第12講　取得時効（時効と登記）　◇

地と広範囲で重なる部分（以下，「本件通路部分」とする）を丁地にあたると信じて，占有使用するようになった．Hら10名は，昭和61年4月28日，Eから丙・丁両地及び従前建物を購入し，その約3カ月後，本件通路部分をコンクリート舗装した．Y社は，平成3年7月3日，Hら10名から丙・丁両地及び従前建物の現物出資を受け，本件通路部分を引き続き従前建物及びその後丙地上に建築された建物のための専用進入路として使用し，現在に至っている．

　Xらは，本件係争地はXらが購入した乙₁地にあたると主張し，Y社に対して，Xらが本件係争地につき所有権を有することの確認を求めるとともに，本件係争地内のコンクリート舗装の撤去を請求．これに対し，Y社は，①本件係争地のうちの本件通路部分は丙地の一部および丁地にあたると主張し，②仮に①が認められないとしても，Y社は，E及びHの占有を併せて，昭和48年3月から20年間，所有の意思をもって（または通行権を有するものとして）本件通路部分を占有したことにより所有権（または通行地役権）を時効取得したと抗弁．また，Y社は，反訴請求として，上記①②を理由に，本件通路部分について，主位的に所有権，予備的に通行地役権を有することの確認を求めた．以上のY社の主張に対し，Xらは，Y社の側の登記の欠缺を主張．これに対し，Y社は，Xらは背信的悪意者にあたると主張した．

(2) 原審の判断

　原審（高松高判平成16·10·28民集60-1-47）は，一方で，乙₁地の地目がため池であり，公図上，乙₁地を取り囲む土地にかつて地目がため池であった土地のないことから，かつてため池であった土地が乙₁地と判断されるとするとともに，他方で，かつて存在したため池の縁は，石積みになっていたところ，昭和36年の第2室戸台風によってため池は瀬戸内海から打ち上げられた石で埋まってしまったが，本件係争地の北東縁付近の地中に，敷設された石の列が残存していること，また，空中写真によって認められる第2室戸台風前のため池の形状などから，本件係争地がかつてのため池の範囲と判断されるとし，以上を理由に，本件係争地はXらが買い受けた乙₁地にあたると認定した．次いで，取得時効の点については，一方で，Y社は昭和48年3月から20年が経過した平成5年3月に，本件通路部分のうち，Y社所有の丙・丁両地の一部を除く部分（以下，本件通路部分aとする）を時効取得したものというべきであり，他方で，XらはY社の取得時効完成後の譲受人に該当することになるが，Xらは，(a)乙₁地購入の時点で，

本件通路部分はY社が丙地への進入路として利用しており，これを利用できなければ進入路を確保することが著しく困難であることを知っていたことが認められ，また，(b)調査をすればY社が時効取得していることを容易に知り得たはずであるから，XらはY社の時効取得について登記の欠缺を主張する正当な利益を有しないとして，Y社の時効取得の対抗を認めた。

(3) 最高裁の判断

「(1) 時効により不動産の所有権を取得した者は，時効完成前に当該不動産を譲り受けて所有権移転登記を了した者に対しては，時効取得した所有権を対抗することができるが，時効完成後に当該不動産を譲り受けて所有権移転登記を了した者に対しては，特段の事情のない限り，これを対抗することができない」ところ，「Xらは，Y社による取得時効の完成した後に」本件通路部分 a を「買い受けて所有権移転登記を了したというのであるから，Y社は，特段の事情のない限り，時効取得した所有権をXらに対抗することができない。」

「(2) 民法177条にいう第三者については，一般的にはその善意・悪意を問わないものであるが，実体上物権変動があった事実を知る者において，同物権変動についての登記の欠缺を主張することが信義に反するものと認められる事情がある場合には，登記の欠缺を主張するについて正当な利益を有しないものであって，このような背信的悪意者は，民法177条にいう第三者に当たらないものと解すべきである。」

「そして，甲が時効取得した不動産について，その取得時効完成後に乙が当該不動産の譲渡を受けて所有権移転登記を了した場合において，乙が，当該不動産の譲渡を受けた時点において，甲が多年にわたり当該不動産を占有している事実を認識しており，甲の登記の欠缺を主張することが信義に反するものと認められる事情が存在するときは，乙は背信的悪意者に当たるというべきである。取得時効の成否については，その要件の充足の有無が容易に認識・判断することができないものであることにかんがみると，乙において，甲が取得時効の成立要件を充足していることをすべて具体的に認識していなくても，背信的悪意者と認められる場合があるというべきであるが，その場合であっても，少なくとも，乙が甲による多年にわたる占有継続の事実を認識している必要があると解すべきであるからである。」

◇　第12講　取得時効（時効と登記）　◇

1　コメント
(1)　「時効と登記」に関する判例の原則
　「時効と登記」に関する判例の原則としては，通常，以下の5個の原則があげられる．
　①　時効完成当時の所有者は，時効取得によって所有権を喪失する「当事者」であり，不動産の時効取得者は，この者に対して登記なくして所有権の取得を対抗できる（前掲大判大正7・3・2）．
　②　原所有者Aの不動産を一方でBが時効取得し，他方でCがAから譲り受けた場合，Cの譲受けがBの取得時効完成前ならば，①と同様，CはBの時効取得により所有権を喪失する「当事者」であり，Cに対してBは登記がなくても対抗できる（最判昭和41・11・22民集20-9-1901等）．Cの譲受けが時効完成前ならば，Cの登記がBの時効完成後であっても同様である（最判昭和42・7・21民集21-6-1653等）．
　③　②の事例で，Cの譲受けがBの取得時効完成後ならば，AからB，AからCへの二重譲渡があった場合と同様に考えられ，CはBにとって「第三者」となるから，Bは登記がなければ時効取得をCに対抗できない（大連判大正14・7・8民集4-412，前掲最判昭和33・8・28等）．
　④　③の場合，取得時効を主張する者（B）は，必ず時効の基礎たる占有の開始した時点を起算点としなければならず，任意に起算点を選択し，時効の完成時点をCがAから譲り受けた時以後にもっていくことはできない（前掲最判昭和35・7・27等）．もし起算点の繰下げが認められるならば，Cの譲受けがBの取得時効完成前になり，Bは登記がなくても時効取得をCに対抗できることになるが，判例は，Bのこのような主張を否定するのである．
　⑤　Bの時効完成後にCがAから譲り受けて，Bの時効取得が対抗不能となっても（③の場合），Cの登記後さらに10年または20年占有を継続すれば，BはCに対して，時効取得を登記なしで対抗できるようになる（最判昭和36・7・20民集15-7-1903）．
　以上が「時効と登記」に関する判例の原則であるが，本判例は，これらのうち，③の原則に該当する事案といえる．

(2)　背信的悪意者排除論の適用
　ところで，一般に，民法177条の「第三者」，すなわち，登記がなければ不動

産の物権変動を対抗できない「第三者」には，善意者のみならず悪意者も含まれると解されるが，信義則（1条2項）に反するほどの悪意を有する者は「背信的悪意者」と呼ばれ，177条の「第三者」からは排除されるというのが判例である．この背信的悪意者排除論は昭和40年代の判例（最判昭和43・8・2民集22-8-1571, 最判昭和43・11・15民集22-12-2671, 最判昭和44・1・16民集23-1-18, 最判昭和44・4・25民集23-4-904等）によって確立されたものであるが，その後の裁判においても確固たる判例理論として踏襲され，今日に至っている．

しかし，この背信的悪意者排除論が展開された判例の多くは，未登記の物権変動のうち，二重譲渡のような，法律行為にもとづく物権変動の対抗に関するものであり，少なくとも最高裁判例に限っていえば，法律行為以外の原因にもとづく物権変動の対抗について，背信的悪意者排除論を適用したものは，従来見出すことができなかった．時効取得は法律行為以外の原因にもとづく物権変動の代表例であるが，この時効取得の対抗問題についても，これまで，背信的悪意者排除論を適用した下級審裁判例はある程度あったものの，最高裁判決としてそのようなものは存在しない状況であった．ところが，最高裁は，平成18年に至り，本判例で，時効取得の対抗問題についても背信的悪意者排除論を導入し，取得時効完成後に原所有者から不動産を譲り受けた者が背信的悪意者に該当する場合，時効取得者は，時効取得が未登記であってもその者に対抗できるということを初めて認めたのである．

(3) **原審と最高裁の相違**

(a) **原　審**　　前掲【演習判例】の(2)で述べたように，本判例の原審は，(ア)時効取得の第三者（Xら）は，原所有者から土地の所有権を取得した時点で，当該土地を時効取得者（Y社）が自己所有地への進入路として利用していて，他に進入路を確保できないことを知っており，(イ)調査さえすれば時効取得を容易に知り得たということを理由に，Xらは時効取得に登記がないことを主張する正当な利益を有する者にあたらないとして，時効取得の対抗を認めた．そして，これは，未登記通行地役権の承役地が譲渡された場合において，譲渡の時に，承役地が要役地の所有者によって継続的に通路として使用されていることがその位置，形状，構造等の物理的状況から客観的に明らかであり，かつ，譲受人がそのことを認識していたかまたは認識することが可能であったときは，当該譲受人は，通行地役権が設定されていることを知らなかったとしても，地役権設定登記の欠缺を

◇　第12講　取得時効（時効と登記）　◇

主張するについて正当な利益を有する第三者にあたらない，とした最判平成 10・2・13 民集 52-1-65 と同趣旨の判決と考えられる．

　というのは，平成 10 年最判によれば，上記の状況の場合，承役地の譲受人が地役権者の登記の欠缺を主張することは信義に反すると認められ，当該譲受人は，たとえ背信的悪意者に該当しなくても，登記の欠缺を主張する正当な利益を有しないものとされるが，本原審も，X らの背信的悪意は認定しないまま，Y 社の時効取得を容易に知り得たということを理由に，X らは Y 社の登記の欠缺を主張する正当な利益を有しない者であると認めている．そして，これは，信義に反することを明言してはいないものの，平成 10 年最判と同様に，背信的悪意者の枠外にも，信義則の観点から，不動産取得者の登記の欠缺を主張することが許されず，177 条の「第三者」から除外される者が存在するということを肯定した判決である，と判断されるからである．

　このように，原審は，X らが 177 条の「第三者」に該当しないことの根拠として，背信的悪意者排除論を用いなかったのであるが，その理由としては，次のことが考えられる．すなわち，時効取得については，10 年または 20 年の自主占有の継続が要件とされるが，第三者がこの要件の充足を認識することはかなり困難であり，そうだとすれば，第三者の悪意を認定できない場合が多いと判断されるからである．

　(b)　**最 高 裁**　これに対し，最高裁は，【演習判例】の(3)に記したように，時効取得については，要件の充足の有無が容易に認識され得ないということを理由に，第三者は，その要件の充足をすべて具体的に認識していなくても，背信的悪意者と認められる場合があるとし，第三者がその不動産譲受けの時点において，時効取得者が多年にわたり不動産を占有している事実を認識していれば，当該第三者は背信的悪意者にあたるものとした．

　そうすると，平成 10 年最判と本判例とをあわせて考えた場合，不動産物権変動の第三者が物権取得者の不動産の利用について善意・有過失の場合も，当該第三者は物権取得者の登記の欠缺を主張する正当な利益を有しないとする平成 10 年最判の射程は，その物権変動が通行地役権設定の場合に限定されることになり，それ以外の物権変動に関しては，第三者が背信的悪意を有して初めて民法 177 条の「第三者」から排除されるというのが現在の判例と理解されよう．そして，本判例は，時効取得のように，第三者による物権変動の要件の完全な認識に

困難を来す場合に，一定の限度で要件認識の緩和を認めたものと評価されよう．

2 取得時効に関する当事者の主張・立証

　本件は，これを簡略化すれば，Xらが，係争地は自己所有地であると主張し，そこを占有するY社に，係争地の所有権確認請求と係争地内のコンクリート舗装の撤去請求をしたのに対し，Y社が，162条1項の定める長期取得時効による本件通路部分の所有権の取得を抗弁として主張した事案である（Y社の反訴請求は省略）．同項が規定する長期取得時効の法律要件は，①所有の意思をもって，②平穏，かつ，③公然に，④他人の物を，⑤20年間占有することである．しかし，Y社は，これらの事実すべてを主張・立証する必要はない．これは，186条による推定規定が存在することなどによる．

　すなわち，まず，同条1項によれば，「占有者は，所有の意思をもって，善意で，平穏に，かつ，公然と占有をするものと推定する」とされる．したがって，Y社は①，②，③の事実を積極的に主張・立証しなくてもよく，Xらが，①，②，③の事実の不存在を理由に，Y社の取得時効の抗弁を否認しようとする場合は，再抗弁において，Y社側に（ア）所有の意思がなかったこと，（イ）占有が強暴であったこと，（ウ）占有が隠秘であったことのいずれかを主張・立証しなければならない．

　次に，⑤の事実については，一定の立証の緩和が認められる．すなわち，186条2項によれば，「前後の両時点において占有をした証拠があるときは，占有は，その間継続したものと推定する」とされる．したがって，Y社は，20年間本件係争地を継続して占有していたことを主張・立証しなくても（実際，そのような立証はほとんど不可能に近い），昭和48年3月の占有開始時点と，それから20年以上経過した時点の2つの時点における占有の事実を主張・立証すれば，その間占有が継続したことが推定されることになる．そこで，XらがY社の占有継続の事実を争う場合は，再抗弁において，上記2時点の間で，Y社，あるいは，E（Yの前々主），Hら（Yの前主）のいずれかが占有していない時期があることを主張・立証する必要がある．

　また，④については，後掲の最判昭和42・7・21民集21-6-1643，および，最判昭和44・12・18民集23-12-2467により，162条所定の占有者には，「権利なくして占有をした者のほか，所有権に基づいて占有をした者をも包含する」というのが判例とされているため，自己の物についても時効取得が認められる．し

◇ 第12講 取得時効（時効と登記） ◇

がって，取得時効を主張する者は，④の事実は主張・立証しなくてもよいことになる．

　なお，前述のように，占有者が取得時効の利益を得るためには，時効の援用がなされなければならない（145条）．そして，通説（停止条件説）によれば，時効完成によって停止条件的に発生した時効の効果は，援用（裁判外でもよい）によって確定的に生ずるものとされる．したがって，この通説に従うと，民法162条の規定にもかかわらず，時効の援用も，時効取得の効果を確定的に発生させるための実体法上の要件となる．そして，時効の援用は，「時効によって不利益を受ける者に対する実体法上の意思表示」と解されている（司法研修所編『改訂紛争類型別の要件事実　民事訴訟における攻撃防御の構造』（法曹会，2006））．そこで，Y社が裁判外において時効の援用をした場合，Y社はその援用を主張・立証すべきことになるが，訴訟で時効を援用することも当然認められるため，Y社は裁判で時効を援用すれば，裁判外の援用の立証は必要ないことになる．

　ちなみに，本件では，Xらによって，XらはY社の時効完成後の平成8年に乙₁地を購入した時効完成後の第三者であるから，Y社は時効取得の登記をしない限りXらに対抗できない（177条）との主張がなされているが，これは，Y社の時効取得の抗弁に対する再抗弁にあたり，Xらは，Y社が未登記であることを主張・立証しなければならない．また，Xらの同再抗弁に対し，Y社は，Xらは背信的悪意者にあたるため，Xらには，Y社の時効取得の未登記を主張する正当な利益が存しないと主張しているが，これはXらの再抗弁に対する再々抗弁にあたり，Y社はXらが背信的悪意者であることを主張・立証しなければならないことになる．ただし，前述のように，本判決は，時効取得における第三者については，その者が時効取得の要件が充足されていることをすべて具体的に認識していなくても，時効取得者が多年にわたり時効取得の対象物を占有している事実を認識しさえすれば，背信的悪意者と認められる，と判示した．したがって，本判決によれば，Y社は，Y社側の本件通路部分に対する多年にわたる占有をXらが認識していたことを主張・立証すれば，その再々抗弁が認められることになる．

◇ 第12講 取得時効（時効と登記） ◇

à plus loin

1 二重譲渡と取得時効

　A所有の不動産がB・C双方に二重譲渡された場合，AからBへの譲渡がAからCへの譲渡より先になされ，すでにBがその不動産の引渡しを受けていても，A・B間の所有権移転登記が未了ならば，177条により，BはCに対して，その不動産の取得を対抗できない．ところが，未登記の第1譲受人Bが，当該不動産の引渡しを受けてから10年または20年占有を継続したことを理由に，原所有者Aからの占有取得時を起算点とし，第2譲受人Cの譲受け後の時点を時効完成時とする取得時効（162条）を主張した場合，Bの時効取得はCに対抗できるか．この場合，Bの主張どおり取得時効の成立が認められるならば，前述した「時効と登記」に関する判例の原則の②に従い，CはBの時効取得により所有権を喪失する「当事者」となり，Bは時効取得をその登記がなくてもCに対抗できることになる．

　しかし，これに対しては，民法162条が取得時効の目的物を「他人の物」と規定している点との関連で，次のような疑問が提起されうる．すなわち，そもそもBは原所有者Aから不動産を譲り受けて占有を始めた者であって，Bの占有開始時からCの登記時までは，Bは自己の物を占有していたことになる．そうすると，この場合は，「他人の物」の占有という要件が充たされていないため，取得時効の成立は認められないのではないか，というのがその疑問である．そして，この問題については，以下の2つの最高裁判例があげられる．

(1) 最判昭和42・7・21民集21-6-1643

　本判決の事案は，Bが，原所有者Aから家屋の贈与を受けたが，未だその登記を経由していなかったところ，Aが当該家屋に抵当権を設定し，競売によってCが競落したという場合に，BがCに対して，Aからの受贈時を起算点とする取得時効の主張をしたというものである．この事案に関して，原審（広島高松江支判昭和40・8・27民集21-6-1649）は，所有権について取得時効が成立するためには，占有の目的物が他人の物であることを要するところ，Bは自己の物の占有者であるから，取得時効の成立する余地はないと判示した．

　これに対して，本判決は，取得時効は永続する事実状態を権利関係に高める制度であるということを理由に，所有権にもとづいて不動産を永く占有する者で

207

◇　第12講　取得時効（時効と登記）　◇

あっても，所有権取得の立証が困難であったり，または，所有権の取得を第三者に対抗することができない等の場合において，取得時効による権利取得を主張できると解することが時効制度本来の趣旨に合致するとし，自己の物についても取得時効が成立することを認めた．

(2)　**最判昭和 46・11・5 民集 25-8-1087**

本判決は，原所有者Aから土地を買い受けて引渡しを受けた未登記第1譲受人Bが，Aの相続人から同土地を買い受けた第2譲受人Cの転々得者D（登記済み）に対し，上記引渡時を起算点とする時効取得を主張したという事案に関するものである．この事案について，原審（大阪高判昭和 42・1・26 民集 25-8-1113）は，二重売買における第1買主は第2買主が登記を経由した時から実質的に所有権を喪失するのであるから，第1買主も第2買主も登記を経由しない間は，不動産を占有する第1買主は自己の物を占有するものであって，取得時効の問題を生ずる余地がなく，第1買主の取得時効の起算点は，第2買主が登記をした時と解されると判示した．

これに対して，本判決は，まず，①二重譲渡における登記による対抗の効果として，(i)不動産の売買がなされた場合，その所有権は当事者間においては直ちに買主に移転するが，登記未了の間は，第三者に対する関係では，売主は所有権を失わず，買主も所有権を取得しないのであって，(ii)当該不動産が売主から第2買主に二重に売却され，第2買主が登記を得たときは，その所有権は売主から第2買主に直接移転し，第1買主は当初から全く所有権を取得しなかったことになると論じ，したがって，②第1買主が不動産の占有取得時から 162 条所定の期間その占有を継続したときは，当該不動産を時効取得しうるものと判示した．

以上，どちらの原審も，二重譲渡における未登記第1譲受人は自己の物の占有者であるから，他人の物の占有を要件とする取得時効の成立は認められないとしたのに対し，両最高裁判決はいずれも，未登記第1譲受人の占有取得時を起算点とする取得時効の適用を認めた．ただし，その論理は大きく異なる．すなわち，(1)の昭和 42 年最高裁判決は，取得時効の趣旨を理由に自己の物の時効取得を認めたのに対し，(2)の昭和 46 年最高裁判決によれば，二重譲渡における未登記第1譲受人は，既登記の第2譲受人との関係では当初から他人の物の占有者にあたるとされ，もっぱらこの対抗の論理により，原所有者からの占有取得時を起算点とする時効取得の援用が認められた，という点が注目される．

2 不動産賃借権の取得時効

163条は所有権以外の財産権の時効取得を規定するが、それら財産権の中で最も重要な権利は賃借権である。

賃借権の時効取得については、不動産を目的物としてのみ認められるとする学説（川島・総則）も存在するが、ほとんどの学説は、動産・不動産を問わず時効取得を認める。しかし、判例において実際に問題となったのは、不動産とりわけ土地の賃借権の時効取得である。したがって、ここでは、土地の賃借権の時効取得を中心に解説したい。

土地賃借権の時効取得の要件については、今日まで多くの判例が存在するが、そのリーディング・ケースとなるのは、最判昭和43・10・8民集22-10-2145である。すなわち、同判決は、①土地の継続的な用益という外形的事実が存在し、かつ、②それが賃借の意思にもとづくことが客観的に表現されているとき、土地賃借権の時効取得が認められるとするが、以後の判決は、この判示に従い、時効取得の成否を判断してきた（最判昭和44・7・8民集23-8-1374〔転借権の時効取得について〕、最判昭和45・12・15民集24-13-2051、最判昭和52・9・29判時866-127、最判昭和52・10・24金判536-28、最判昭和53・12・14民集32-9-1658、最判昭和62・6・5判時1260-7、最判昭和62・10・8民集41-7-1445、最判平成16・7・13判時1871-76 等）。そして、時効期間は、上の2つの要件がそろった時点で善意・無過失であれば10年、悪意または有過失であれば20年であるとされる。

ところで、上の2つの要件のうち、特に問題となるのは②の「賃借意思の客観的表現」であるが、この要件が認定されるためには、一般に、賃貸借契約（または転貸借契約）にもとづいて賃料の支払いを継続することが必要とされる。そこで、以下では、場合を分け、この要件の成否について説明する。

(1) 賃借した土地が賃貸人の物でない場合

賃借した土地が賃貸人の物でなかった例としては、かつて賃貸人の土地であった賃借地が換地処分により他人の物となっていた場合（札幌地判昭和49・4・12判時782-86）、賃貸人を地主と信じて賃料を支払い、土地を用益していた場合（名古屋地判昭和55・7・22判時1000-112）、賃借地が賃貸人の土地ではなく隣接地に含まれていた場合（東京地判昭和57・8・31判時1069-105）、他人の土地の所有者と称する者から賃借していた場合（前掲最判昭和62・6・5）などがあげられる。この場合、事実状態の継続を保護する時効制度の趣旨から、賃料は真の所有者に支払われる必

要はなく，所有者と称する賃貸人に継続的に支払うか供託されていれば，「賃借意思の客観的表現」があったとされる（前掲札幌地判昭和 49・4・12）．

(2) **賃貸借契約が無権代理の場合**

これについては，賃貸借契約が無権代理人との間で結ばれ，賃料が無権代理人に継続的に支払われていれば，「賃借意思の客観的表現」があるとされる（前掲最判昭和 52・9・29）．

(3) **賃借に必要な法定の許可がない場合**

農地法所定の許可を受けずに農地を賃借した場合（前掲最判平成 16・7・13）などがこれにあたるが，この場合，土地の所有者との間で契約が結ばれ，所有者自身に賃料が支払われている点で有効な契約と外形的差異がないので，賃借権の取得時効を認めることができる．

(4) **無断転貸の場合**

賃貸人の承諾なしに賃借人が転貸を行い，転借人が 10 年ないし 20 年占有を継続した場合，「賃借意思（転借意思）の客観的表現」は，転借人から転貸人を通じ，賃貸人に地代を継続的に支払うことによって実現される（大阪地判昭和 45・10・30 判時 621-64）．そして，無断転貸の場合は，賃貸人に時効中断の機会を与える必要上，転貸意思は賃貸人（地主）に対する関係でも客観的に表現されなければならず，したがって，賃貸人においても，転貸借のなされたことが通常の配慮と調査によって了知可能でなければならない（東京高判昭和 46・4・27 高民 24-2-129，東京地判昭和 57・2・3 判タ 474-165，大阪高判昭和 58・1・26 判時 1076-68）．

(5) **賃借権の無断譲渡の場合**

この場合においても，賃料の出捐が「賃借意思の客観的表現」の重要な要素となる．しかし，賃借権の譲渡が承諾されない場合であるから，賃借権の無断譲受人は，賃料の供託を継続して行う必要がある．この点に関し，前掲最判昭和 53・12・14 は，賃借権の無断譲受人が地主の明渡請求後初めて賃料の供託を始めたという事案について，賃借意思に基づく土地の使用継続があったとはいえない，と判示した．

(6) **一時使用のための賃貸借の場合**

名古屋地判昭和 53・6・29 判時 926-85 によれば，一時使用のための賃借の意思は，賃借権の時効取得の要件として必要な賃借の意思にあたらない，とされる．

◇　第 13 講　売買における所有権移転時期　◇

◇　第 13 講　売買における所有権移転時期　◇

lecture

1　表題の理解の前提として

(1) 176 条の沿革

　本講のテーマは，176 条に係わる．同条は次の通りである．
　「物権の設定及び移転は，当事者の意思表示のみによって，その効力を生ずる」．
　176 条が，ドイツ民法ではなく，フランス民法の系譜に連なることは，同条を解説するすべての書物において指摘されているといっても過言ではない．そこで，フランス民法で所有権の移転に関する条文がどのようであるかを見ておこう．
　「財産の所有権は，相続によって，生存者間のまたは遺言による贈与によって，及び債務の効果によって取得され，移転される」（フ民711条）．
　「売買は，物がいまだ引き渡されておらず代金がいまだ支払われていない場合であっても，物及び代金について合意するときから当事者間において完全であり，買主は売主に対する関係で当然に所有権を取得する」（フ民1583条）．
　売買は合意のみで成立すること，それによって買主は売主から売買目的物の所有権を取得することが明らかにされている．
　また，「物を引渡す債務は，契約当事者の合意のみによって完全となる．この債務は，引渡しがなんら行われなかった場合でも，物を引き渡すべきであったときから直ちに債権者を所有者とし，その物を債権者の危険におく」（フ民1138条）という規定もあり，これは，危険負担に関して所有者主義を述べるものだが，その前提として引渡しがなくとも債権者が所有者であることを説いている．
　このように，所有権の移転につき，物の引渡しを要せず合意のみで効力が生じるとする立場を意思主義という．ドイツ民法は，動産では引渡し，不動産では登記がなされなければ所有権は移転しないとされ，これを形式主義という．

211

◇ 第13講　売買における所有権移転時期　◇

　民法の一部及び財産法の全体について，改正あるいは現代語化があるが，現行民法は明治31(1898)年に施行されたもの（これを明治民法という）が基本的には維持されている．176条も内容に全く変わりはない．

　ところで，明治民法の前に，帝国議会を通過し，公布されたが，法典論争の結果施行延期となった民法があり，これを旧民法という．以下に，現行176条に該当する規定を紹介しよう．なぜなら，明治民法の起草段階では，旧民法を既成法典と呼んで，各条ごとにその趣旨を採用したか改めたか（その際には，当時の各国の民法が参照されている）という起草委員の説明を基にして議論がなされているから，旧民法の規定を知ることも無駄ではないからである．

　明治民法176条に相当する旧民法の規定は，「特定物ヲ授与スル合意ハ引渡ヲ要セスシテ直チニ其所有権ヲ移転ス」（財産編331条）である．

　合意の成立と同時に所有権が移転することが述べられている．本条が特定物に限定していることは当然であろう．物権変動が生じるためには，物権変動を生じさせようという意思と，目的物が現存・特定する独立の物であることを要するからである（ここで，物権変動という用語を用いたが，これは，物権の設定・移転・消滅の総称として用いられる．以下，この語を用いることもある）．

　上述の旧民法の規定を踏まえて，明治民法の起草過程において法典調査会に起草委員案として提出されたものは，次のようである．

　「物権ハ別段ノ定アル場合ヲ除ク外当事者ノ意思ノミニ因リテ之ヲ設定又ハ移転スルコトヲ得」．

　穂積委員は，「固ヨリ本条ノ採リマシタ主義ハ既成法典ノ採テ居リマスル所ノ主義ト其根本ヲ異ニシテ居リマセヌ」と述べている．この規定が更に整理されて明治民法の176条になるのだが，穂積委員の説明の中で，物権の移転には引渡しがなければならないという立場をとると，その目的物を持っていなければその権利を処分することができなくなり不都合であるとの記述があるが，これは，意思主義を採用したことの理由としては薄弱ではないかと思われる．肝要なのは，同条に言う「別段の定め」には，法律で定めた場合の他に合意で（特約で）別に移転時期を定める場合を含む，とされていることであって，この部分は明治民法176条では省かれているが，別に特約あるいは法律で移転時期を定めうるのは当然のこととして整理されたのではなかろうか．

212

(2) 物権行為と債権行為

　物権の変動を目的とする意思表示を物権行為ないし物権的意思表示，債権の発生を目的とする意思表示を債権行為ないし債権的意思表示と区別することができる．たとえば，ＡＢ間でＡ所有の特定物甲の売買がなされたとしよう．売買契約の成立によって，Ａは甲の所有権をＢに移転する債務を負うのが債権行為であって，甲の所有権がＢに移転するには，それとは別に甲の所有権を移転させる意思表示（物権行為）がなければならないというように，観念的に別個の行為の存在を要するとみるのである．

　これは，ドイツ法の立場であって，同法では，物権行為は，不動産については登記，動産については引渡しを伴う要式行為でなければならない（177条・178条により，わが民法の登記，引渡しは，それぞれ不動産物権・動産物権の対抗要件にすぎない）．

　フランス民法ではこの両者を区別しない．物権変動を目的とする意思表示は，債権の発生を目的とする意思表示と形式を異にしない結果，当事者が１個の意思表示（たとえば，売買契約）によって債権の発生と物権変動の両方の効果を企図するときは，当然に両効果が生ずる．

　我が民法も，物権行為と債権行為とを明確に区別した体裁にはなっていない．旧民法では，「合意トハ物権ト人権（債権）トヲ問ハス或ル権利ヲ創設シ若クハ移転シ又ハ之ヲ変更シ若クハ消滅セシムルヲ目的トスル二人又ハ数人ノ意思ノ合致ヲ謂フ．合意カ人権ノ創設ヲ主タル目的トスルトキハ之ヲ契約ト名ツク」（財産編296条）としていた．明治民法ではこのような定義的規定は省かれたが，起草者の意図としては，１個の意思の合致（合意）によって，物権的効力（物権変動）と債権的効力（債権の発生）とが当然に生ずるという旧民法と同じ立場を採ることに全く抵抗がなかったといってよい．旧民法財産編の右規定では，合意が債権の創設を主たる目的とするときを契約というとしているが，物権変動をのみを目的とする契約（たとえば，抵当権設定契約や地上権設定契約）についても物権契約と称することがある．これに関連して誤解のないように述べておくが，売買や贈与のように，当事者が債権の発生だけではなく物権変動の効果をも企図している法律行為において，あえて物権行為と債権行為とを区別して観念することが必要か否かを問題としているのであって，上に例としてあげた抵当権設定契約や地上権設定契約のように，物権の設定だけを目的とする物権行為の存在を否定しているわけではない．

◇ 第13講 売買における所有権移転時期 ◇

(3) 物権行為の独自性と無因性

物権の変動を生じさせる意思表示は，債権の発生を目的とする意思表示とは常に別個になされなければならないとすることを物権行為の独自性という．また，債権行為があることが物権変動を生ずる原因であって，なされた物権行為は，原因である債権行為の効力の影響を受けないとみることを，物権行為の無因性という．たとえば，売買や贈与という物権変動の原因である債権行為が無効であっても，債権行為とは独自になされた物権行為（目的物の所有権の移転）の効力は影響を受けないとするのである．無因というと原因がないととられそうだが，原因行為から抽象化されているという意味である．物権行為の無因性を承認すれば，既履行の売買で，売買契約が錯誤により無効または詐欺取消しもしくは解除によって遡及的に失効しても，所有権は買主にとどまっており，売主は不当利得にもとづいて所有権の返還を請求することになる．無因性は手形行為において顕著であり，そこでは，無因性を基盤として取引の安全がはかられている．

ドイツ民法は物権行為の独自性と無因性を肯定し，フランス民法は物権行為の独自性と無因性とを肯定しない（むしろ，物権行為と債権行為とを分けて観念することをしない）．

わが民法の解釈としても，物権行為の独自性と無因性を否定するのが通説・判例である．『我妻・物権』では，わが民法のように，物権行為に形式を必要とせず，したがってその存否を外部から認識し得ない法制の下においては，物権行為の独自性を認めても，格別実益はないとされ（同旨・末川），物権行為の独自性を認めない立場では，その無因性を問題にする余地はないと説かれている．

2 所有権移転時期に関する学説

所有権の移転時期について特約があれば（あるいは，慣習があれば），それに従う．高額な物の売買，とくに不動産売買では特約がなされるのが普通である．ここで論ずるのは，このような特約がない場合の176条の解釈である．また，現実売買では，契約成立と同時に物が引き渡され同時に代金の決済もなされるから，所有権の移転時期を問題とする実益はない．売買契約が成立し両当事者がそれぞれ履行を完了するまでに時間的間隔がある信用売買が前提となる．また，前述のように，物権が成立するためには物が特定し現存していることが必要だから，特定物売買が対象である（種類物売買においては，目的物が特定するまでは，将来

において種類物の所有権を移転するという意思はあるが，当事者間には債権関係が存在するだけである）．

以下，売買当事者間における所有権移転時期について，学説の大綱を述べることとする．

なお，諸説の出典は，巻末の参考文献一覧を見ていただきたい．判例については，後の「演習判例」において述べる．

(1) **売買のプロセスのある1時点で移転するとする説**

(a) **売買契約の成立と同時に移転するとする説**（契約時移転説）　民法が採る意思主義の立場から当然に導かれる帰結であるとする．その理由は，我妻説を紹介しながらすでに述べたが，要は，物権変動を生ずる意思表示は売買契約の中に含まれており，とくに債権行為と区別する必要はないという点にある．近時では，フランス法主義の理論体系が相応の合理的裏付けを持つことを承認するとともに，同法継受の歴史的過程，民法起草者の意思等を尊重しつつ，これを解釈論に反映させるとの視点から，契約と同時に移転するとする見解を採る滝沢説がある．

(b) **引渡し，登記，代金支払いがなされた時点で移転するとする説**　この説は3つに分かれる．

① **物権行為の独自性を肯定する説**　わが民法でも，物権行為の独自性を認め，引渡しまたは登記がなされたときに物権行為があったものとして，その時に所有権が移転すると解する．末川説を代表とする．ドイツ法と同様な理解だが，ただし，末川説では，引渡し，登記の他に代金支払時においても物権行為があったとされるけれども，この点については，代金支払時に所有権が移転すると見うるのは，物権行為がなされたからと見るべきではなく，売買の有償性の故であるとの批判がある．

② **物権行為の独自性を否定しつつ外部的徴表行為があったときに移転するとする説**　物権行為の独自性を否定しながらも，肯定説と同様な結果を導く立場である．ここに外部的徴表行為とは，引渡し，登記，代金支払いを指し，これら行為のいずれかがあった時点で所有権は移転すると解する．

このことにつき舟橋説は次のようにいう．「目的物の引渡しは，物の事実的支配を移す行為であるから，観念的支配たる所有権をも同時に移すものとして意識されるのが通常であり，不動産登記は民法上単なる対抗要件にすぎないはとい

215

◇ 第13講 売買における所有権移転時期 ◇

え,公の帳簿への登録であるから,一般には,かような登録があるまでは所有権の移転も完成しないものと意識されており,また,代金の支払いは,所有権の移転と対価の関係に立ち,したがって,法律上も,同時履行の関係として引換えになさるべき性質のものであって,この支払いの時に,原則として,所有権が移るものと観念されるのが当然だからである」.そして,176条の解釈としては,これらの外部的徴表行為があったときに物権行為がなされたとみるのではなく,物権的意思表示は当初の契約に含まれ,外部的徴表行為は,売買契約のごとき当初の契約の効力を完成するために,契約の履行に必要な事実行為としてなされ,契約の効力の完成によって所有権が移転すると説明される.

③　信用授与説　売買において,代金は所有権移転の対価である.また,観念的には両債務は引換え履行の関係にあるのだから,代金支払い時に所有権が移転するとみることは自然である.代金支払い前に引渡しまたは登記がなされた時にも所有権は移転する.この場合には,売主は買主の代金支払い能力について信用を授与したものと説明できる.売買の有償性に重きをおいて,代金支払いの視点から所有権の移転時期を説明しようとする見解である.

(2)　**売買のプロセスのある1時点での所有権移転を否定する説──所有権段階的移転説**（なし崩し的移転説）

売買契約が締結される前には所有権は売主に属し,双方の履行がすべて終れば,所有権が買主にあることには異論がない.これまでの説は,この売買のプロセスのある1時点で所有権が移転するとするものだが,はたしてそのように解すべき実益はあるのか,という問題設定から出発し,①売買契約当事者相互の関係,②買主と売主の債権者との関係,③売主と買主の債権者との関係,④売主または買主と,これらの者と目的物につき有効な取引関係に立つことのない第三者との関係の4つの場面において,所有権が売主,買主のいずれにあるかが,法律関係の解決を導くにおいて決定的ではないことを論証され,売買のプロセスでの所有権移転時期を確定する必要のないことを説く鈴木説がある（本講では,その細部までを紹介する余裕がない.巻末所掲の鈴木論文を読まれたい.なお,内田説も基本的にはこの立場に賛成される）.

(3)　**ひとつの考え方**

各説にはそれぞれ難点があると思われる.さまざまな学説があるということが,決定的な説得力を有する見解がないことを示しているといえよう.176条の

沿革や起草者の見解からすれば，契約時移転説を採る流れになる．ただ，この説には，たとえば不動産の売買において，契約が成立しただけで引渡しも登記移転も代金の支払いもないのに，目的不動産の所有権は買主に移転しているとするのは納得が行かない（常識に合わない）という批判がある．

　第1に，当事者は約定によって移転時期を自由に定めることができる．極言すれば，常識に合わないならば常識に沿った特約がなせるのである．事実，不動産の売買では，売買契約書で代金完済と所有権移転登記に必要な書類を渡した時に所有権が買主に移転すると約定されるのが一般的である．また，代金支払いも売買のプロセスの中で数回に分けて行われるのが通常である．仮に，所有権移転時期の約定がなく，代金が分割して支払われるという約定があった場合に，代金支払い時に所有権が移転するとすることを肯定する立場では，この場合にはどう説明するのであろうか．

　第2に，学説として段階的移転説を支持するかどうかは別にして，そこで指摘されたように売買プロセス中の1時期に移転すると解することの実益はあまりない（実益と理論とは別であるという批判はあろう．また所有権なるものを法概念としてどのように観念すべきかという問題も残る）．

　第3に，法解釈の論理過程が常識に適合する必要はない．解釈された結果である結論が非常識なものであってはならないというだけである．

　私としては，契約時移転説を支持してとくに差し支えはないと考えている．後述のように判例も一貫してこの立場である．

【演習判例】最判昭和 35・3・22 民集 14-4-501

(1)　前提事実
① 　Xは昭和 26 年 3 月 10 日，倉庫業者であるYにハンカチーフ 2000 ダース（以下，本件商品という）を寄託した．
② 　Xは同年 3 月 17 日頃，訴外A会社に本件商品を代金 72 万円で売り渡したが，右売買には同月の 19 日午後 4 時限り代金を支払うべく，もし支払わないときは売買契約は失効する旨の約定が付されていた．
③ 　同 19 日に至り，XはY宛の荷渡先をZとした荷渡依頼書をAに交付し，Aは直ちにかねて本件商品と同種同量の物の売渡契約をしてあったZにこれ

◇ 第13講 売買における所有権移転時期 ◇

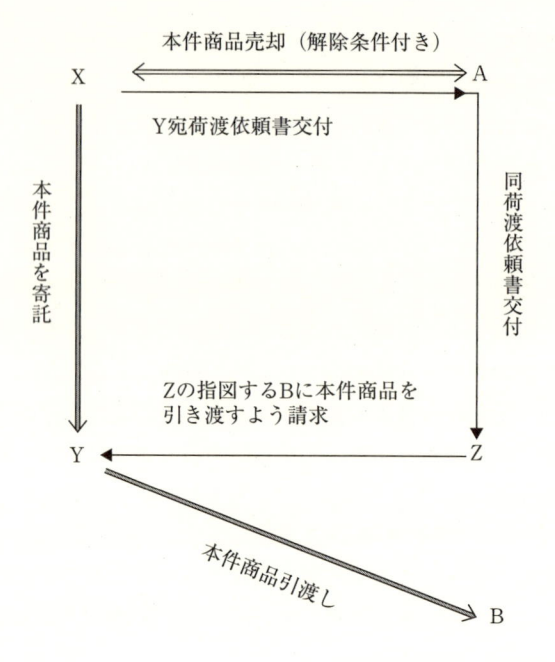

```
            本件商品売却（解除条件付き）
    X ←――――――――――――――――→ A
    │        Y宛荷渡依頼書交付        │
  本 │                              同
  件 │                              荷
  商 │                              渡
  品 │                              依
  を │                              頼
  寄 │                              書
  託 │                              交
    │    Zの指図するBに本件商品を    付
    │    引き渡すよう請求            │
    ↓                              ↓
    Y ←――――――――――――――― Z
      ＼
        ＼  本件商品引渡し
          ＼
            ＼―――→ B
```

を交付した．

④　Aは同日午後4時になってもXに対し本件商品代金の支払いをしなかったので，Xは直ちにYに対して電話で前記荷渡依頼書による依頼を取り消す旨通知し，念のため同日付書面で重ねて右依頼を取消す旨と改めて荷渡依頼をするまで本件商品を引き続き保管されたい旨を申入れたところYはこれを承知した．

⑤　他方，Zは前記のように19日に本件荷渡依頼書の交付を受け，これをY会社の社員に本件商品の引渡しを受ける趣旨で交付したが，Xから前記取消しがあったとしてYは引渡しに応じなかった．しかし，Zから懇請をうけXと後日紛争が生じても自分が責任を持つとまでいわれたので，結局Yは同月22日頃Zの指図する訴外Bに本件商品を引き渡してしまった．

　XがYに対し，その責に帰すべき受寄物保管義務の履行不能により本件商品の所有権を失い，時価相当額の損害を被ったとして72万円の賠償を求めたのが本件である．

(2) 判　　旨
① 荷渡依頼書が荷渡先の第三者に交付された後であっても，寄託者は受託者に対する通知でこれを撤回できるか．肯定．
② 倉庫に寄託中のハンカチーフの売買契約において，代金を3日後の午後4時限り支払うべく，右支払いのないときは契約は失効する旨の解除条件が付されているときは，特段の事情のない限り，右ハンカチーフの所有権は契約により当然買主に移転するものではないと解するのが相当である．

1　コメント
(1) 判旨①について
荷渡依頼書とは，寄託者が受託者である倉庫業者宛に荷渡先を指定して受寄物の引渡しを依頼する証書である．本件では，Y宛に荷渡先をZとする荷渡依頼書がXからAに交付されている．Zの地位については，「本件荷渡依頼書の呈示によりZが本件物件を受領し得るのは，受寄者Yがこれにより免責されるからであって，ZがYに対し右物権の引渡請求権を取得するからではない」と判示している．このことから本件商品の所有権はAを経由してZには移転していないという判旨(2)の趣旨も読み取れそうである．

(2) 判旨②について
(a) **所有権移転時期に関する判例の態度**　売買における所有権移転時期については，判例は，契約時移転説に立っていると解されている．以下に最高裁判例を紹介するが，従来の大審院判例の態度をそのまま承けたものである．
① 特定物の売買につき，「売主の所有に属する特定物を目的とする売買においては，特にその所有権の移転が将来なさるべき約旨に出たものでないかぎり，買主に対し直ちに所有権移転の効力を生ずるものと解するを相当とする．」（最判昭和33・6・20民集12-10-1585）．
② 不特定物の売買につき，「不特定物の売買においては，原則として目的物が特定した時（401条2項参照）に所有権は当然に買主に移転するものと解すべきである」（最判昭和35・6・24民集14-8-1528）．
③ 他人物売買につき，特段の事情のない限り，売主が他人たる所有者から所有権を取得した時に，買主に所有権は移転する（最判昭和40・11・19民集19-8-2003）．

(b) **所有権移転時期についての本判例の判断**　本判決の判旨②の部分は，上

◇　第13講　売買における所有権移転時期　◇

告理由が，判旨①に関してXは荷渡依頼書を撤回することができず，そうだとすれば，本件商品の所有権はXからAに移転しているのだから，Zへの所有権の移転を認めなかった原審を不当と主張することに応えて，所有権はAに移転しないことを述べたものである．

　本判決は，XA間の3月19日午後4時限り代金を支払うべく，もし支払わないときは売買は失効するという約旨を解除条件付売買とした．解除条件付売買では，売買の効力は生じており条件の成就によって遡及的に失効するのだから，契約時移転説によれば，所有権は一旦はXからAに移転し，解除条件の成就によって所有権は復帰するはずなのに，本判決では，代金の支払期日が比較的短い日時に定められ，かつ，代金不払いをもって解除条件としている場合には，本件商品の所有権は，XからAに当然に移転するものではないとしているのである．この点から，本判例は契約時移転説を離れ，外部的徴表行為説に実質的には一歩近づいたものと評価する向きもある．

　しかし，本件XA間の売買は，Aの代金支払いまで本件商品の所有権をXに留保する趣旨で失権条項が付されたものとみるべきではなかろうか．すなわち，所有権移転時期について別段の意思表示がなされた場合に当たり，本判例をもってこれまでの契約時移転説の系列から離れたものと解するべきではないと思う．

　また，本判決は，Xの請求を認容した原審を支持して上告を棄却しており，Yの受寄物返還債務不履行による損害賠償請求が認められたわけであるから，Xに本件商品の所有権があることをとくに判示する必要はなかったのではないかと思われる（もっとも，先述のように上告理由に応えたものである．また，事実は，本件商品はZの指図する訴外Bによって直ちに海外に船積みされたようである）．

2　所有権移転時期に関する主張立証責任

(1)　特定物の所有権移転は，特定物の所有者との間で所有権移転を目的とする契約（売買，贈与など）を締結した事実を主張立証する必要があり，かつ，これで足りるとされる（大江忠『要件事実民法(2)物権』(第3版)）．仮に物権行為の独自性を肯定する立場では，これに加えて当該特定物の所有権を移転する合意が存在したことの主張立証が必要となろう．

(2)　履行不能による損害賠償請求に関する主張立証責任

　演習判例は損害賠償請求事件であるから，簡単に触れておく．履行不能による損害賠償請求権の発生についての要件事実は次の通りである．

◇ 第13講 売買における所有権移転時期 ◇

① 基本債権が成立したこと（本件では，寄託契約上の債権が成立したこと）．権利根拠事由として主張立証責任は損害賠償請求をする債権者にある．
② 履行が後発的に不能となったこと．主張立証責任は同じく損害賠償を請求する債権者にある．
③ 履行不能が違法であること．権利発生障害事由であるから，賠償責任を争う債務者が違法性のないことを主張立証しなければならない．
④ 履行不能について債務者に帰責事由があること．同じく賠償責任を争う債務者側が帰責のないことを主張立証しなければならない．
⑤ 債権者に損害が発生したこと，履行不能と損害との間に因果関係があること，損害額．いずれも権利根拠事由として債権者に主張立証責任がある．

à plus loin

1 危険負担，果実収取権と所有権の移転

売買における所有権移転時期について，引渡し，登記，代金支払いのいずれかの時点で所有権が移転し，それを前提として危険負担における534条，果実収取権の575条についても，引渡し，登記，代金支払いのいずれかがあったときに，買主（債権者）者が危険を負担しあるいは果実収取権を取得すると解する説もある．この立場では買主に所有権が移転したこと，すなわち，所有権移転時期が意味をもつことになろう．

しかし，534条は債権者主義を採用しているのであって所有者主義を採用しているわけではない．『梅・要義』でも，債権者主義を採用した理由の1つとして，利益あるところに損失も帰す（梅では「利の帰する所害も亦帰す」となっている）というローマ法の格言が引かれているが，梅による利とは，契約時から履行期までの目的物の価額の増加を指しているのであって，所有権が債権者に帰していることを意味しているのではない．

所有権移転時期については特約で定めうるが，534条の危険負担についても危険の移転時期を特約で定めることができる．そして，相互に別の時期を約定することも妨げない．そもそも，176条と534条の解釈とを連動させる必然性はない．特定物売買における債権者主義に問題があれば，それはそれで合理的解釈を試みればよいのである．たとえば，所有権留保売買では，売主に所有権が留保されているが危険は買主が負担する．これは，所有権留保売買では，買主は目的物

の引渡しを受けて使用収益をしているのであるから，利益の帰する買主が危険を負担する（目的物が滅失した場合の残債務の負担を免れない）と考えられる．

2 意思表示のみによって生じた物権変動の価値

意思表示のみによって生じた不動産の物権変動は，登記なくしては第三者に対抗できない（177条）．売買当事者間での所有権の移転は，所有権は意思表示のみで移転するのだから，すでに主張立証責任の箇所で述べたように，買主が所有権者であることは，所有権の移転の意思を含む売買契約が成立したことを買主が主張立証すれば足りる．また，売主は第三者ではないから，買主が売主に所有権を主張するのに登記具備を要しないことも自明である．

対抗要件を備えていない物権変動の価値は，『我妻・新訂物権法』によれば，①当事者間においては，目的物から生じる果実の帰属を定める標準となる．②特定物の売買の場合には買主が危険を負担するので，目的物の侵害者に対して，所有権の移転につき対抗要件を備えなくても，買主が損害賠償を請求することができると解される．③登記のない抵当権による競売も可能である（民執181条1項参照）．④第三者に対する関係においても，その第三者が不法行為者，不法侵害者など対抗要件を必要としない者である場合には，意思表示のみによって得た対抗要件を備えない物権を根拠に，その損害賠償ないし侵害の排除を求めることができる，と述べられている（同書67～68頁）．

①この叙述からすれば，果実を生ずる元物の所有権の帰属が果実の帰属を定める標準となるように読めなくもない．以下の点に注意を要する．

天然果実の帰属については，89条1項が，その元物から分離する時に，これを収取する権利を有する者に帰属するとしている．この場合の，収取する権利を有する者とは，たとえば，善意占有者がそうであって（189条1項），所有者とは限らない．

他方，575条は，引渡しをもって区別している．『我妻・講義中(一)』では，同条の立法趣旨を，「売買の目的たる権利は，原則として売買契約によって移転する我が民法の下においては，目的物の引渡し前に権利は買主に移転する．従って，その時から引渡しまでは，売主は買主の所有物を占有することになり，果実の返還，管理費用の償還請求など複雑な権利関係を生ずる．然しこの果実（利用を含む）を収受する利益と管理費用の差は，大体において，代金の利息に均しい．そこで，目的物の引渡しと代金の利息の支払いとを関連させ，売主は，目的物を

引渡すまでは，果実を収受し，管理費用を負担するとともに，買主は代金の利息を払う必要はない，として，公平をはかるとともに，問題の簡潔な解決を図ろうとした」と述べている（同書268～269頁．我妻説もこの立場と解される）．

この立法趣旨からすれば，契約時移転説が前提となっており，果実を収取すべき時の元物の所有権の所在が問題とされるわけではないことになる．

②についても，特定物の売買により買主に所有権が移転し，危険負担において買主は，第三者による所有権侵害を理由に，登記なくして損害賠償請求ができると説くように読める．物権侵害のみならず債権侵害（ここでは，特定物債権か代金債権である）もまた不法行為を構成するという説に従う限り，所有権がいずれにあるかを問わず，目的物を滅失させた第三者は，売主買主双方に対する不法行為を構成するという所有権段階的移転説からの指摘を掲げておく．

③④についてはその通りである．

3　二重譲渡関係における所有権移転時期

物権変動を主張する正当な利益のある者相互間，換言すれば，対抗関係にある者相互間，なかんづく二重売買における当事者双方に関する所有権移転時期，平たく言えば，Aが自己が所有する不動産をBに売却しさらに同一物をCにも売却した場合に所有権を取得するのはBかCかという問題は，いずれか先に登記を具備した者が完全な所有権者と認められる（177条）という答えが出ているだけに，実益のない議論といえるが，不動産の所有権は登記なき限り移転しないし，かつ，登記は第三者対抗要件でもあるという見解を採らない限り，また，実益のない議論はする必要がないという立場を採らない限り，意思表示のみで移転するとする論者にとっては理論的な難問である．対抗問題に絡むから，次講で説明があるであろう．ただ，所有権移転時期について，契約時移転説を採ったから，結論のみを述べると，我妻説は契約時移転説に立ちつつ不完全物権変動説だが，私見（平井）は関係的移転説（相対的移転説）である．

また，二重譲渡においては，BCいずれが所有権者であるかという問題の他に，BCいずれも未登記の間に，Bがその責に帰すべき事由によって目的物を滅失毀損した場合に，BはCに損害賠償をすべきか，第三者Dが目的物を滅失毀損した場合にDが賠償すべきなのはBかCかという問題もある．講壇事例だが，やはり難問であろう．

◇ 第14講　不動産物権変動と対抗要件 ◇

◇ 第14講　不動産物権変動と対抗要件 ◇

lecture

1　登記とはなにか

(1)　物権は物を直接に支配する権利であり，その効力は絶対的・排他的であるから，権利者がだれか，また，権利の変動の有無を外形的・客観的に認識できる制度（公示制度）が必要である．不動産については登記がこのような要請を果たしている．

登記とは，国が作成・管理する公の帳簿に一定の事実を記載するものであり，2つの部分からなる．第1が表題部であり，不動産に関する物理的・事実的状況を公示するものである．土地登記簿については，所在地，地番，地目，地積等が，建物登記については，所在地，家屋番号，建物の種類・構造・床面積等が記載されている．このような記載を表示の登記という（昭和35年の不動産登記法の改正前は台帳制度として記載されていたが，現在の登記制度に一元化された）．

これに対して，権利部は不動産についての権利関係を記載するものであり，権利の登記と呼ばれる．不動産登記法は物権を中心として登記されるべき権利を定めている（3条）．

権利部は甲区および乙区に分かれる（不登規4項）．甲区には所有権に関する事項が，乙区には所有権以外の権利（地上権の設定，抵当権の設定・抹消等）が記載される．

(2)　登記は物権変動に対抗力を与える本登記または終局登記と予備登記がある．前者は，所有権の移転や抵当権設定など新たに一定の事実を記入する記入登記，根抵当権の極度額を変更するなど登記の記載を変更する変更登記，被担保債権の弁済等によって抵当権登記を抹消するなどの抹消登記，誤ってなされた登記を回復する回復登記がある．

予備登記には仮登記がある（平成17年の不動産登記法改正前は予告登記制度があったが廃止された）．仮登記には一号仮登記（または物権仮登記）と二号仮登記（請求権

仮登記）がある．前者は物権変動がすでに生じているが，登記の申請に必要な手続上の条件が具備しない場合になされるものであり，後者は物権変動に関する請求権（＝債権）を保全する場合になされる．実際上は一号仮登記の例は少ないといわれている．

(3) 登記は当事者の申請によってなされ，申請がなされないかぎり登記簿上に記載されない（ただし表示の登記は登記官の職権によってなされる）．不動産の売買契約において売主から買主への所有権移転登記手続をするためには，契約当事者双方が共同で申請しなければならず（不登60条），所有権を取得した買主が単独で申請することはできない．これを共同申請主義という．売買契約が取り消された場合の所有権移転登記の抹消手続についても同様である．

平成17年の不動産登記法改正前は，登記手続の申請は，当事者双方が登記所に出頭して登記原因証書（売渡証書等）と登記済証（権利書）等を提出して申請することとされており，権利書を紛失して提出できないときは申請書の副本を提出すればよいことになっていた．これに対して，新法では出頭主義をあらためて，書面申請およびオンライン申請のみによることになった．書面申請では申請情報（不登18条）を記載した書面または磁気ディスクを提出するが，オンライン申請では登記所のコンピュータと申請人のコンピュータを接続して行われる．この場合には，登記原因証書に代わって新たに登記原因証明情報を提供しなければならない（不登61条）．そして，登記済証に代えて登記識別情報（不登22条）を提供しなければならない．これは登記名義人自身が登記を申請していることを確認するためのパスワードであり，具体的にはアルファベットと数字を組み合わせた12桁の記号からなる．これによって本人確認がなされ，旧法下での保証書による代用の制度は廃止された．あわせて，登記義務者が登記識別情報を提供できない場合に，登記官からその旨の申出をすべきことを通知する事前通知制度（不登23条1項）および本人確認情報提供制度（同条4項）が新設された．

2　不動産登記における公示の原則と公信の原則

登記が現在の権利関係を記載するものであることはいうまでもない．たとえば，AがBに土地を売却すれば，売買を登記原因としてAからBへと所有権移転登記がなされる．そこで，CがBから土地を買い受ける際に登記簿を閲覧すれば，現在の所有者がBであることが認識できる．他方で登記は権利変動のプロセ

◇ 第14講 不動産物権変動と対抗要件 ◇

スをも公示する（権利の「履歴書」）．すなわち，Ｃは登記簿の閲覧により，現在の所有者がＢであることのみならず，売買によってＢがＡから所有権を取得したことも認識できる．

　そこには２つの異なる登記に対する信頼が存在していることになる．

　まず，Ｃが登記の閲覧により現在の所有者がＢであることを認識することから，それが最新の権利状態であること，言い換えれば，Ｂから後は権利は移転していないという信頼をするであろう．ところが，現実にはＢは第三者のＤにすでに不動産を（二重に）売却しているかもしれない．しかし登記簿上はＢからＤへの所有権移転登記がなされていない以上，ＣはＢからＤへの所有権の移転を否定することができる．民法 177 条が「登記をしなければ，第三者に対抗することができない」と規定しているのはこの意味である．このように，Ｂはまだだれにも権利を移転ないし設定していないであろう，との信頼（消極的信頼）を保護するものが公示の原則である．

　これに対して，Ｃは登記簿上Ｂが所有者とされていることから，Ｂが真正の権利者である，すなわち，Ｂは適法有効な取引によってＡから所有権を取得したという信頼をするであろう．しかし実際には，ＡＢ間の売買契約が無効であったり，無権利者であるＢが書類等を偽造して，あたかもＡから買い受けたような虚偽の外観を作り出したのかもしれない．このような場合にも，真実の所有者Ａの利益（静的安全）を犠牲にして取引安全を優先してＣの権利取得を保護するものが公信の原則である．こうした制度を採用している立法例もある（ドイツ法）が，わが国では認められていない．これを「登記に公信力がない」という．

3　登記請求権

(1)　1 で述べたように，わが国の登記制度は共同申請主義を採っているが，それは登記官は売買契約の有無や有効性を審査して判断することができず，したがって，形式的に書類等が整っていれば，無効な売買契約であっても登記申請は受理される（形式的審査権）ことになる．所有権を取得した買主の単独申請を認めると，不実登記の出現を防ぐためには登記官に実質権限，すなわち，適法有効な売買契約が締結されたこと，買主が正当に目的物の所有権を取得したことを審査する権限が与えられなければならない（実質的審査権）．ドイツ法はそのようなシステムを採っている．これに対して，わが国の登記官は法律家ではなく，そうし

226

た審査をする能力も権限も欠いている．そのため，真実の権利関係とは異なる不実登記の出現を防ぐために共同申請が必要となるのである（もっとも，当事者双方が示し合わせて虚偽の外観を作出すること〈虚偽表示〉は阻止できないが）．

共同申請の原則から買主の売主に対する登記手続に協力を求める権利が生じる．これが登記請求権である．上記のような売買契約においては，買主は登記権利者，売主は登記義務者となる．

(2) 問題となるのは，上記の例でAからCに直接登記をすることがある（これを中間省略登記という）．そこで第1に，このような登記がなされた場合の登記の効力が問題になる（「事後評価」の問題）．かつて，判例は物権変動の過程と異なる登記となることを理由に無効としていた．2でも述べたように，登記に公信力が認められていないため，真実の物権変動と異なる登記の記載を許すと取引の安全を害する怖れが大きい．しかし，逆に中間省略登記を無効とするとC以降に権利を取得した者の登記はすべて覆ることになり，かえって混乱を生じかねない．そこで，判例は態度をあらためて，①中間者Bの同意があれば有効とし，②BがCよりすでに代金の支払いを受けている等，同意を拒絶する正当な利益がないときは，同意がなくても有効と判示するに至っている（最判昭和 35・4・21 民集 14-8-946）．これに対して，学説の多数は判例と同様に条件付有効論を採るが，全面的有効論も有力に唱えられている．すなわち，①中間者Bはみずから登記を具備した後にCに売却すればよく，それによって代金債権の支払を確保できること，②BはAに対する所有権移転請求権仮登記を備えた上でCに売却し，代金支払と仮登記の抹消および本登記手続とを同時履行の関係に立たせることによっても，代金債権を確保できること，③Bが代金を受領しないままCに売却した場合でも，C以降の転得者に対しても，同意がないことを理由に登記の効力を否定することは妥当でないこと，を理由とする．

第2に，中間省略登記請求権の可否が問題となる（「事前評価」の問題）．判例は，①ABC三者の合意があれば，また，②原売主Aおよび中間者Bの同意があれば請求できるものと解している（最判昭和 40・9・21 民集 19-6-1560）．AおよびBの同意が必要であるのは，代金債権確保のためである．

(3) 登記請求権の法的性質をどう捉えるべきかについては一元論と多元論の争いがある．売買契約によって，買主は売主に対して財産権移転請求権を取得する（555条）から，所有権移転登記請求権は債権的請求権であると考えられ，他方で，

◇　第14講　不動産物権変動と対抗要件　◇

買主は意思表示によって所有権を取得する（176条）から，登記請求権は物権的請求権と見ることもできる．しかし，ＡＢ間の売買契約が無効であったり，取り消されたりした場合には，Ｂは所有権を取得しておらず，Ａの登記請求権は物権的請求権であるということになる．そこで，一元論は登記請求権は物権的請求権として統一的に理解しようとする．しかし，Ａ→Ｂ→Ｃと不動産が転々移転していく場合において，Ｃに所有権が移転するとＢはもはやＡに対する登記請求をしえないとの結果は妥当ではないし，そもそも物権変動のプロセスを反映すべき登記請求権を否定すべきではない．また，判例はＡＢ間の売買契約がなされたにもかかわらず，Ｂが登記手続をしない場合に，Ａに登記引取請求権を認めている（最判昭和36・11・24民集15-10-2573）が，これを物権的請求権では説明できない．そこで，登記請求権は多元的に捉えるべきだとする見解（多元論）が主張されることになる．

4　登記を必要とする物権変動

　民法177条の適用に当たっては，2つの点から問題となる．第1は，同条によって登記を必要とする物権変動とは何かという問題であり，第2に，同条にいう「第三者」とはどのような者を指すか問題となる．後者は次の5で論じることにして，ここでは，第1の問題を考えよう．
　民法176条は「意思表示による物権の移転および設定」を規定し，177条は，「不動産に関する物権の得喪および変更」を規定しているから，登記を必要とする物権変動は意思表示によらないものを含んでいると考えられる．しかし，その範囲に関しては争いがある．
　(1)　売買や贈与などによる物権の移転，地上権や抵当権の設定が登記を必要とする物権変動であることに異論はない．判例は特定遺贈も対抗問題とする（最判昭和39・3・6民集18-3-437）．
　(2)　法律行為の取消しが対抗問題となるかは議論がある．ＡＢ間での売買契約が取り消された場合において，Ｂより権利を取得した第三者Ｃに対して登記なくしてこれを主張できるか．判例は，第三者が取消前に出現するか，取消後に出現するかで区別する．取消前の第三者すなわち，Ａ→Ｂ→Ｃと権利変動の後にＡがＡＢ間の売買契約を取り消したときは，遡及効の原則を貫き，Ａは登記なくして取消しを主張できる（大判昭和4・2・20民集8-59）．ただし，民法94条2項や96

条3項のような第三者保護規定がある場合が例外である．これに対して，取消後の第三者すなわち，A→Bと権利変動の後Aが取り消したが，その後にB→Cと権利が移転した場合には，BからAへの権利復帰と，BからCへの権利移転の対抗問題と捉えて登記が必要とする（最判昭和32・6・7民集11-6-999）．これに対して，学説は区々に分かれており，いずれも対抗問題とする立場，遡及効を貫徹して民法94条2項の類推適用をすべきだ，とする立場がある．

(3) 契約解除の場合の第三者との関係について，判例・学説は解除前の第三者と解除後の第三者に分けて考える．すなわち，解除前の第三者については，545条1項ただし書によって解除の遡及効（直接効果説）が制限されて，第三者が保護される．これに対して，解除後の第三者については対抗問題になるとする（大判昭和14・7・7民集18-748）．合意解除についても同様である（最判昭和33・6・14民集12-9-1449）．

(4) 時効取得による物権の取得を第三者に対抗するためには登記が必要か．たとえば，A所有の土地をBが占有していたところ，AがCに売却した場合，Bは登記なくして時効取得を取得しうるか．判例はここでも，第三者の出現時期で区別する．Bの時効完成前にCがAから譲渡を受けて登記をした場合には，Bは登記なくして時効完成をCに主張できる（最判昭和41・11・22民集20-9-1901）．これに対して，Bが時効完成した後にCが譲渡を受けて登記を経れば，BはCに対して所有権取得を対抗できない（最判昭和33・8・28民集12-12-1936）．ただし，時効の起算点を現在時点から逆算すると，すべて時効完成前の第三者となる．たとえば，1995年からAの土地をBが善意で占有していたところ，2007年にAがCに譲渡してCが登記を備えたとしよう．判例によれば，BはCに対して時効取得を主張しえない．ところが，2007年から逆算して，1997年から起算すれば，Cは時効完成前の第三者になる．そこで，判例は逆算は許されず，つねに時効の基礎となった占有の開始時点から起算すべきだという（最判昭和35・7・27民集14-10-1871）．

(5) 共同相続がなされた場合に，遺産分割がなされるまでは相続人全員の共有になる（898条）．この場合，共同相続人の持分権は登記なくして第三者に対抗することができるか．たとえば，Aの子BとCがAの不動産を相続したが，Bが遺産分割協議書を偽造する等して自己の単独名義に登記をしたうえ，これを第三者Dに売却して登記を経由した場合，Cは持分をもってDに対抗することができる

か．判例はBはみずからの相続分を超えた部分については無権利者であるから，DはBの有していた相続分しか取得できないという（最判昭和38・2・22民集17-1235）．

共同相続人の1人が相続放棄した場合は対抗問題となるか．上の例で，Cが相続放棄をしたが，Bが単独所有の登記をする前にCの債権者であるDがCに代位してBCの共同相続登記をしたうえ，その持分を差し押さえた場合，判例は相続放棄は遡及効があり（939条），したがって，Bは登記なくしてDに対抗できるという（最判昭和42・1・20民集21-1-16）．

遺産分割についても，遡及効が認められている（909条）から同様に考えるべきか問題となる．しかし，判例は遺産分割後の第三者に対しては対抗問題とする（最判昭和46・1・26民集25-1-90）．

特定の相続人に対して特定の不動産を「相続させる」趣旨の遺言について，177条の対抗問題となるか．判例は登記なくして対抗できると判示した（最判平成14・6・10判時1791-59）．

5 登記なくしては対抗できない第三者の範囲

民法177条の「第三者」は法律行為の当事者以外のすべての者を指すのであろうか．かつての判例はそう解していた（無制限説）が，その後大審院連合部判決によって制限説に転じた（大判明治41・12・15民録14-1276）．これによれば，第三者とは，物権変動の当事者およびその包括承継人以外の者で，物権変動について登記の欠缺を主張する正当の利益を有するものをいう．

(1) 他人の不動産を不法に占拠している者や，不動産を故意または過失によって滅失損傷させた不法行為者は第三者には当たらない．たとえば，AB間で売買契約がなされたがBが未登記の場合でも，Bは不法占拠者Cに対して妨害排除を請求することができ，また，不法行為者Dに対して損害賠償を請求することができる．いずれの場合でも，かかる請求をしうる者は所有者であるが，CやDはBに登記がないことを理由として所有権がないことを主張しえない．たしかに，所有権がまだBに移転していなければAが損害賠償請求権を有することになり，Dは二重払いの危険を負うことになるが，それは不法行為者に当然課せられるリスクというべきである．そして，誤払いに対しては債権の準占有者への弁済（478条）によってのみ保護されることになる．

(2) 一般債権者は第三者には当たらない．これに対して，差押債権者や配当加入した債権者，破産債権者ないし破産管財人について，判例通説は第三者にあたると解している．

これに対して，差押債権者は第三者に当たらないという反対説も存在する．とりわけ相続に関連して問題となることがある．たとえば，AがBに対して不動産を売却したが登記をしないまま死亡して子のA'が相続した場合に，A'の債権者C_1が不動産を差し押さえたとき，Bは登記なくしてC_1に対抗することができないであろうか．一般的にいえば，C_1はA'の固有財産からの回収を期待すべきであって，相続財産からの回収は偶然的な事情にもとづくものであって，本来期待すべきものとはいえない（「棚からぼた餅」）とするならば，第三者には当たらないという見方も成り立つ．しかし，C_1が差押えて競売の結果としてDが買受人として登場すれば，Dは177条の第三者である．

これに対して，相続債権者（Aの債権者）C_2とBとの関係の関係においては対抗関係に立たせるべきであろう．確かに，C_1，C_2いずれも，不動産についての物的利益を有しているわけではなく，他債権者がいれば平等配当になる（ドイツ法が差押債権者に法定質権を与えているのと異なる）．しかし，少なくともC_1については，物的利益に準じた利益を有する者として177条の保護に値するのではなかろうか．

(3) 賃借権は債権であるが，登記がなされれば対抗力を備える（605条，借地借家10条・31条）から177条の第三者である．これに対して，賃料支払いにおける賃貸人は第三者に当たるか問題となる．判例は，賃貸人は登記を備えない限り，賃借人に対して賃料支払いを請求しえないとする（最判昭和49・3・19民集28-2-325）．学説の多数はこれに反対し，民法177条の第三者とは，その不動産に関して相矛盾する物的利益を有する者相互の関係にある者を指すとする．ここでは，賃借人が新旧いずれの賃貸人に支払うべきかを知ることが重要であり，そうだとすると，登記だけが債権者を確知する手段ではない．旧賃貸人から賃借人に対する通知または賃借人の承諾（467条1項）によっても，こうした目的を達することができる，という．

◇ 第14講　不動産物権変動と対抗要件　◇

【演習判例】最判昭和 44・1・16 民集 23-1-18

(1) 前提事実

　A₁会社は昭和 29 年 2 月 B 会社の C₁組合に対する債権の担保のため，その所有する本件不動産について債権元本極度額 800 万円の根抵当権を設定したが，その後，昭和 34 年 4 月本件不動産は C₁の代表者 X に売り渡されて同年 6 月所有権移転登記がなされた．その後昭和 36 年 5 月 B は根抵当権を債権とともに Y に譲渡して根抵当権移転付記登記を経て，競売申立てがなされ，ところが，これより先の昭和 35 年 12 月に A₁会社の代表取締役 A₂と C₁の代表理事 C₂は 2000 万円余の債務につき B と示談交渉をした結果，B は C₁の一部弁済（50 万円）を受けて A₂および A₂と C₂対して根抵当権を解除して，根抵当権設定登記抹消登記申請書類も C₂に交付していた．X から根抵当権登記抹消登記手続及び根抵当権不存在確認を求める訴えを提起した．

(2) 判　旨

「原判決は，仮りに根抵当権が有効に放棄されたとしても，その消滅についての登記がされない間に Y が根抵当権をその被担保債権とともに譲り受けたものであるから，X は右根抵当権の消滅を第三者たる Y に対抗することができないものと判断している．しかし，実体上物権変動があつた事実を知りながら当該不動産について利害関係を持つに至つた者において，右物権変動についての登記の欠缺を主張することが信義に反するものと認められる事情がある場合には，かかる背信的悪意者は登記の欠缺を主張するについて正当な利益を有しないものであつて，民法 177 条にいう『第三者』にあたらないものと解すべきところ，原審の認定したところによれば，Y は，本件根抵当権の被担保債権の債務者の代表者であり，訴外 A₁とともに訴外 B 会社と交渉して根抵当権放棄の意思表示を事実上受けたものであるというのであるから，もし X の前示主張のとおり，訴外 A₁が X を代理していたものであつて，X に対して有効に放棄がされたものと認められるに至つた場合には，Y は根抵当権が右放棄により消滅した事実を知りながらこれを譲り受けたものと推測されるのであり，そして，Y に右のような悪意が認められたならば，譲受けの動機，経緯等において特段の事情がないかぎり，右認定のような立場にある X が登記のないことを理由に根抵当権の消滅を否定し，譲受けにかかる根抵当権の存在を主張することは信義に反するところというべきであ

232

つて，Yは，根抵当権の消滅についての登記の欠缺を主張する正当の利益を有せず，前記『第三者』にあたらないものと解するのが相当である．」

1　コメント

　権利の放棄は物権を消滅させることを目的とする単独行為であるが，所有権や占有権の放棄とは異なって，抵当権の放棄は相手方のある単独行為である．そこで，ここでの相手方が誰か問題となる．本事案では，抵当権者は設定者および債務者に対して根抵当権の放棄の意思表示をしているが，現所有者であるXに対して行っていない．通説は，放棄の相手方は放棄によって直接に利益を受ける者と解しているが，本件のように，抵当権設定者がすでに目的不動産を譲渡している場合には，直接利益を受ける第三者でないことは明らかである．放棄は現所有者であるXに対してなされるべきであった．設定者が現所有者を代理して放棄の意思表示を受領している場合は別であるが，現所有者が放棄の事実を知っている場合でもよいかは1つの問題であろう．

　ところで，放棄の意思表示が有効になされたとした場合に，XとYは対抗関係に立つことになる．すなわち，抵当権放棄も登記なくして第三者に対抗することはできないのであり，したがって，Bの抵当権設定登記抹消登記とYへの根抵当権移転（付記）登記との先後によって両者の優劣が決せられることになる．Yが背信的悪意者とされる場合（→ ⟨*à plus loin*⟩ 2）にかぎって，その対抗力が否定されることになる．Yが抵当権放棄の事実を知っていたというだけでは背信性は認められないであろう．しかし，本事案では，Yは抵当権放棄の交渉に事実上関与しており，代理人や立会人に準じるべき立場にある．また，Yが根抵当権の被担保債権の債務者の代表者であること，すなわち，取引以前にすでに存在している人的関係も背信性認定の基準となりうるものと考えられよう．

2　対抗要件具備による所有権喪失の主張

　二重譲渡の場合を例に考える．AがXとYに土地を二重に売却した場合について，XY間で所有権の帰属が争われるとしよう．

　XはYに対して土地所有権にもとづく返還請求権の行使として，土地明渡しを請求する場合に，①Aがもと土地を所有していたこと，②XはAから代金×××円で売買契約を締結したこと，③Yが本件土地を占有していること，を主張・立証しなければならない．

　これに対して，Yは本件土地をAから代金×××円で売買契約を締結したこと，

◇ 第14講　不動産物権変動と対抗要件　◇

②Ｘが対抗要件を具備していないこと，を主張・立証しなければならない．

そして，これに対して，Ｘは再抗弁として，Ｙが背信的悪意者であることを主張・立証することになる．

à plus loin

1　登記なくしては対抗できないという意味

　物権の設定・移転は当事者の意思表示のみによって生じるが，民法は不動産については登記がなければ第三者に対抗しえないと規定する（177条）．したがって，登記は所有権が移転した後にそれを第三者に対しても主張することができるための要件（対抗要件）である．たとえば，ＡがＢとの売買契約によって所有権を移転したにもかかわらず，登記を済ませないままこれをＣに二重に売却し，Ｃが先に所有権移転登記を経てしまうと，もはやＢはその所有権取得をＣに対して主張することができず，Ｃが確定的に所有権を取得することになる．

　しかし，Ｂに所有権が移転しているにもかかわらず，なぜ無権利者となったＡがＣに有効に所有権を移転することができるのであろうか．この点に関しては古くから多くの見解が主張されている．

　代表的なものとして，不完全物権移転説がある．現在の判例・多数説であるといわれている．これは，Ａは登記名義を移転しないかぎり，完全には物権をＢには移転しておらず，残存する部分が処分権原の基礎となると考えるものである．しかし，これは176条の原則に矛盾するばかりではなく，残存する処分権原を超えてＣに完全な所有権を移転することはできないはずである．これに対する反対説として次のような見解が唱えられている．

　相対的無効説は，ＡＢ間の売買契約は登記がないかぎり相対的には有効であるが，Ｃに対しては無効であるという．法規否認説は，法律上ＡＢ間の売買契約はＣに対しては当然否定されるとし，否認権説は，第三者ＣはＡＢ間の売買契約の効力を否認する権利を有すると捉える．さらに，法定証拠説は，登記をもって物権変動の証拠と捉える．

　このように二重譲渡の理論的説明に関しては百家争鳴というべき状況にあったが，いずれの立場に立ったとしても，ＢがＣに対して所有権取得を主張しえないという結論には違いがなく，実益のない議論といってもよいものであった．ところが，昭和45年ごろから公信力説が唱えられるようになり，新しい理論状況が

◇　第14講　不動産物権変動と対抗要件　◇

生まれてきた．これによれば，AがBに所有権を完全に移転したことによって無権利者になることを積極的に肯定したうえで，Cが善意かつ無過失でAから買い受けて登記を備えれば，登記の公信力によって所有権を「即時取得」する，と理解する．

公信力説は，Cが登記を備えていたとしてもBに所有権取得を主張しえない場合を提示する点で従来の理論とは異質なものであり，しかも，この学説の登場が，2で示すように，従来の不動産の二重譲渡における善意悪意不問説から背信的悪意者排除論が判例上確立していく時期に当たっており，そうした社会状況に適合的なものであった．

しかし，この学説には問題がなくはない．第1に，登記に公信力がないことは異論がないところであり，たとえば，A所有の不動産を無権利・無権限のBがCに売却して登記を備えた場合に，いかにCが善意無過失であろうと，Cが所有権を取得しえないことに異論の余地はない．公信力説は不動産取引における公示の原則を説明する理論にすぎず，公信の原則との違いが混同されているように考えられる．第2に，善意無過失は抽象的一般的に論じられるべきものではなく，現実の不動産取引において行われている現地検分慣行に即して捉えられるべきものである．たとえば，AB間で売買契約がなされたが，代金授受こそあれ，引渡しも登記もなされない状況で，これを知ったCがAから二重にこれを買い受けたような場合にまでBを保護する必要はないのではなかろうか．AからBへの所有権移転はAB間の「意思表示」によるが，この意思表示自体が明確なものではなく，そもそも所有権の移転についてのCの悪意は観念しにくいのではないだろうか．通常，Cの悪意とは「AB間の売買契約の存在を知っている」ことを指すものと考えられる．しかし，AB間の売買契約によってつねにBが所有権を取得したわけではない．Bは所有権移転請求権（＝債権）しか有していないのかもしれない．その場合に，Cの悪意を理由にその所有権取得を否定するならば，「債権が物権に勝つ」という逆説が生じることになりかねないのである．第3に，この学説によれば，Cは登記具備に加えて善意かつ無過失でなければ所有権取得をBに対抗することができない結果になるが，登記手続を怠ったBの事情は顧慮に値いしないのであろうか．結局，公信力説は第1買主優先の原則に等しいものになる．

そこで，筆者は法定証拠説が無難ではないかと考えている．これに対しては，

235

◇ 第14講　不動産物権変動と対抗要件　◇

登記は対抗要件にすぎないからこれを備えたとしても所有権がまだ移転していない場合もありえ，法定証拠説は破綻するとの批判が考えられる．しかし，177条は「物権の得喪及び変更は，……登記をしなければ」と規定しており，登記は所有権移転が前提になっている．言い換えれば，移転登記はされているが所有権が移転していないということは，当事者の意思であったとしても背理なのである．さもなければ，移転登記は不実登記ということになろう．

2　背信的悪意者排除論

(1)　民法177条は第三者の善意悪意を要求しておらず，通説は悪意者は許容される趣旨であると解している．その理由として，第1に競争原理があげられる．すなわち，177条の第三者は相互に取引社会における競争者であり，相互に抜きつ抜かれつの関係にある．そこで，すでに買得した者の存在を知りながらあえてより有利な条件で同じ物を取得しようとすることは，自由競争原則からは認められるべきであるといわれる．

第2に，登記の有無で画一的に優劣が決まるならば，無用な紛争を未然に防止することができる．もしも登記のみでは足らず，善意さらには無過失も必要であるとなれば，それらの有無をめぐっての紛争の発生は避けられない．

第3に，「物権は債権に優先する」という原則からすると，善意悪意を不問にせざるをえない．というのは次のような意味においてである．

すなわち，物権の変動は当事者の意思表示のみで決まるから，第三者がそれを認識することは容易ではない（ドイツ法が形式主義の下，登記がないかぎり所有権が移転しないとして，物権変動を可視的にしていることと対照的である）．不動産の二重売買において第三者の善意悪意とは，第1売買がなされたことを知っているか否か，引渡しを受けているか否か，登記を済ませたか否かにかかっており，所有権の移転それ自体を知ることはまれであろう．しかも，悪意といっても，口約束を知っているという段階から，内金の支払のあったこと，あるいは，引渡しを受けている，さらに地上に建物を建築，居住を開始している，登記を経ていることを知っている等，さまざまな段階が存在するのである．それゆえ観念的に所有権移転について悪意を観念できる場合は少ない．しかし，悪意者を排除してしまうと，所有権を取得していない（まだ所有権移転請求権を有しているにとどまる）段階でも保護されることになってしまい，債権が物権に打ち勝ってしまうというパラドックスが生じるのである．

(2) ただし，善意悪意不問説については，実定法上例外があることに注意しなければならない．それは不動産登記法5条で，①第三者が詐欺または強迫によって，所有権移転登記手続を妨げた場合，および，②他人のために登記手続を申請する義務がある者は第三者にはあたらない．こうした場合は自由競争原理の枠外と考えられる．そして，こうした逸脱行為は不動産登記法の規定に限定されるものではなく，広く物権取得を主張することが信義に反する場合には，177条の保護を受けられないとする一連の判例を産み出してきた．

このような理論は昭和40年代から出現し，多くの判例が集積されているが，次のようなものがある．

① ＡがＢとＣに二重に売却した後，さらにＣからふたたび所有権を譲り受けて登記を備えた場合（最判昭和 42・10・31 民集 21-8-2213）．

② ＢがＡから不動産を買い受けて占有していることを知っていながら，登記がなされていないのに乗じて，Ｂに高値で売りつけて利益を得る目的で，ＣがＡから買い受けて登記をした場合（最判昭和 43・8・2 民集 22-8-1571）．

③ ＡＢ間の境界紛争において和解がなされた場合の立会人（最判昭和 43・11・25 民集 22-12-2671）．

④ ＡがＢに売却したところ，Ｂにかねてより恨みを抱くＣが復讐の意図で，Ａを説得して二重に買い受けて登記をした場合（最判昭和 36・4・27 民集 15-4-901）．

⑤ ＡがＢおよびＣに二重に売却したが，ＡＢ間が夫婦や親子関係であったり，法人とその代表者であったような場合．

(3) ところが近時，背信的悪意者に関する裁判例で重要な変化が生じてきた．第1は地役権に関する最判平成 10・2・13 民集 52-1-65 である．これは，宅地造成に伴って黙示の通行地役権の設定をしたが未登記のまま，承役地の所有権が移転した場合の事例であり，最高裁は，「承役地が要役地の所有者によって継続的に通路として利用されていることがその位置，形状，構造等の物理的状況から客観的に明らかであり，かつ，譲受人がそのことを認識していたか又は認識することが可能であったときは，譲受人は，通行地役権が設定されていることを知らなかったとしても，特段の事情がない限り，地役権設定登記の欠缺を主張するについて正当な利益を有する第三者に当たらない」と判示したのである．この事案では，地役権の存在ではなく，通路の存在についての認識の可能性が問題とされ

◇ 第14講　不動産物権変動と対抗要件 ◇

ている．しかし，悪意とは権利（地役権）の存在について問題としうるものである．そうであるならば，通路の存在を知っているにすぎないことは民法 177 条の意味での「悪意の第三者」ということはできず，それゆえ第三者は地役権の存在を否定することができるはずである．しかし，現地検分による不動産取引の常態化は，ここにもおよんでおり，形式的な善意悪意ではなく，あくまでも現実の支配にそくした善意悪意を基準とする方向に舵を切ったものと考えられる．

　第2が最判平成 18・1・17 民集 60-1-27 である．この事案では，時効取得完成後に，土地を買い受けて登記をした第三者と時効取得者と間で争われた．前述のように，時効取得後は登記なくして所有者を第三者に対抗することができないとするのが判例である．ところが，ここでは，裁判所は，時効取得者Bが「多年にわたり当該不動産を占有している事実を［買主Cは］認識しており，登記の欠缺を主張することが信義に反するものと認められる事情が存在するときは，［Cは］背信的悪意者に当たる．」という．ここでは，所有権の取得についての悪意を問題とするものではなく，所有権取得の可能性の認識可能性にすぎない．言い換えれば，不動産の買主Cは時効取得＝Bの所有権取得を知って買い受けたのではなく，時効取得の可能性＝Bが所有権を取得したであろうとの認識が可能であった，ことを捉えて背信的悪意と認定しているのである．その意味では従来の背信的悪意者像を大きく変更するものといわなければならないであろう．そして，事情によっては，悪意がなくとも 177 条の第三者に当たらないとする可能性も生じてくるように思われる（たとえば，ＡＢ間での土地の売買契約がによりBに引渡しがなされて，土地上に建物が建築されて居住を開始していたが，未登記のままCがBより二重に買い受けて登記を備えた場合）．その意味で，背信的悪意者論から悪意者排除論に変わっていくことも十分に考えられる（清水・プログレッシブ民法［物権法］75 頁はその1つの試みである）．

◇ 第15講　動産物権変動と対抗要件 ◇

lecture

1　物権変動における公示と公信

　(1)　物権の譲渡が当事者の意思表示のみで効力を生じる（176条）ことは，動産の場合でも異ならない．不動産の場合と異なり，民法は物権の譲渡に限っているから，仮差押債権者は178条の第三者には当たらない（最判昭和33・3・14民集12-3-570）．受寄者も第三者には当たらないとするのが判例である（最判昭和29・8・31民集8-8-1567）．

　動産物権の譲渡の対抗要件は引渡しであり（178条），引渡しなくして第三者に譲渡を対抗することはできない．たとえば，Aが商品をBおよびCに二重に売却した場合に，BまたはCが確定的に所有権を取得するためには，引渡しを受けなければならない．通説はこの引渡しを現実の引渡しに限定せず，観念的な引渡しによっても対抗要件が具備されるものと解している．すなわち，①Aから動産を賃借して占有利用しているBが，この動産を買い取った場合には，Bはいったん，目的物をAに返却した上で，あらためて，現実の引渡しを受ける（182条1項）のでなければ対抗要件を取得できないわけではない．AB間の意思表示，すなわち，Bが占有の意思を表示し，Aがこれを承諾することによって，対抗要件を備えることになる（簡易の引渡し，182条2項）．②BがAから動産を買ったが，現実の引渡しを受けていなくても，Aが以後この物をBのために占有する（＝預かる）意思を表示したときは，引渡しをしたことになる（占有改定，183条）．③AがD倉庫に寄託している動産をBに売却した場合，DからA，AからBと現実の引渡しがなされなくても，AがDに対して以後Bにために占有することを命じ，Bがこれを承諾したときは，Bは占有を取得する（指図による占有移転，184条）．

　(2)　したがって，引渡しによる「対抗」場面は次のような結果になる．

　①　Aの所有する動産が賃借人Bの占有下にある状況において，AがこれをCに二重に売却すれば，Bは177条の第三者に当たるので，Cは所有権の取得を

◇ 第15講　動産物権変動と対抗要件 ◇

Bに対抗することができない（大判大正4・2・2民録21-61，大判大正4・4・27民録21-590）．学説はこれに反対し，物権は債権に優先し，動産賃借権は物権化されていないから，現実の占有があってもBはCに対抗できない，と説く．

②　賃借人Bが所有権を取得し，簡易の引渡しにより対抗要件を備えれば，Aから二重に動産を譲り受けたCに対抗することができる．この場合には，目的物の占有がAではなくBにあることから，現実の占有においてBの所有権が公示されていることになる．

③　これに対して，Dに預けてある動産を，AがBとCに二重に譲渡したときのBC間の優劣関係は明かではないが，おそらく，AのDへの指図およびBまたはCの承諾の先後で決せられることになるものと思われる（債権譲渡に関する民法467条2項が類推適用されるべきであろうか）．ここでは，引渡しの動産譲渡の公示としての機能は失われているといってよい．ただ，通常，現実に占有をしているDへ，BまたはCから問い合わせがなされるであろうから，取引安全への脅威は少ないであろう．

④　ところが，占有改定の場合は問題である．AがCに二重に売却して，Cに現実の引渡しをしても，Bはすでに占有改定によって対抗要件を具備しているから，Cに所有権取得を対抗することができることになる．しかしそれでは，現実の占有を信頼したCの取引安全は害される．そこで，通説は即時取得によって，第三者を保護しようとする．すなわち，AはBの所有物を現実に占有していることから，Aに目的物所有権ないし処分権原の外観があり，それを信じて（善意無過失で）取引をした者Cの所有権取得を認めるのである（192条）．

(3)　そもそも，不動産登記と異なって，動産について占有に公信力が認められているのはなぜであろうか．

たとえば，Aの所有する不動産を，無権利者のBが書類等を偽造して自己の所有者名義での登記手続をし，事情を知らない第三者Cに売却した場合を考えてみよう．この場合に，CはBが真実の所有者であることを善意無過失で信じたとしても保護されず，Aからの請求に屈しなければならない（不動産登記は公信力がないから，公示上の記載と真実の権利関係が齟齬する場合には後者が優先する）．しかし，公信事故はめったにあるものではなく，登記簿上の記載が現実の権利関係を反映しているのが通常である．また，CはBとの取引に際して，登記簿上Aの所有者名義を確認するだけではなく，登記簿上の記載から前主，前々主の存在（権利変動

のプロセス）を知ることができ，それを手がかりに問い合わせ等を行うことによって，未然に損害の発生を防止する機会がある．

これに対して，動産の引渡しはその場に居合わせた者しか知り得ないから，引渡しの結果としての現実の占有によって，権利の存在に関する公示がなされていることになる．しかし，占有は権利変動のプロセスを示すことはできない．Aの動産を占有する無権利者Bが事情を知らないCに売却するような場合，CがBの前主を知ることは困難であり，Bの言を信じるしかないのである．また，登記と異なって，現実の占有が引渡しの結果ではないことも少なくない．権利者以外の者が現実に占有している可能性（賃借，保管，拾得，盗人）は格段に高い．そこで，真実の所有者からの無制限の返還請求を認めると，現実の占有者と取引をした者は不測の損害をこうむり，取引の安全を害するおそれが大きい．そのため，動産取引において公信の原則を認めることがきわめて重要であることになる．

2 即時取得が成立する4つの場面

(1) 二重譲渡

1で述べたように，AがBに商品（動産）を売却して占有改定の方法で引渡しをした後に，CがAから二重にこれを買い受けて先に引渡しを受けた場合である【図1】．この場合に，Bが占有改定によって所有権取得を確定的に取得するが，無権利者となった売主Aから善意無過失で引渡しを受けたCが即時取得によって所有権を取得する．この場合に，Cが現実の占有を取得することを要するか，占有改定でも足りるかについては争いがある．実質的にみると，BとCとは，商品（動産）をめぐる取引上の競争者であり，現実の引渡しによってのみ所有権を確定的に取得すると考えるのが妥当であろう（フランス民法および旧民法はそうした立場であった）．

(2) 無権利者からの譲受

1とは異なり，当初より所有権を有していなかった無権原占有者が事情を知らない第三者に売却した場合である【図2】．たとえば，Aより動産を賃借しているBが無断で事情を知らないCに売却した場合に，Cが所有権を即時取得する．この場合も，1と同様に，Cは占有改定で足りるか否か問題となりうる．しかしここでは，AはBを信頼して占有を委ねたと考えられ，善意無過失で取引をしたCの保護との利益考量からして，Cは占有改定で足りると解すべきであろう．B

◇ 第15講　動産物権変動と対抗要件 ◇

との取引時において善意無過失であれば足り，その後現実の占有取得時に悪意となっていてもよい．

(3) **盗品・遺失品の場合**

　動産が盗まれ，あるいは遺失したところ，流通過程において事情を知らない者がこれを拾得した場合がある．たとえば，Aが動産をBに盗まれ，あるいは遺失したところ，その物を事情を知らないNが取得した場合がある【図3】．ここでは，Aはその意思に反して占有を喪失しており，歴史的には無制限の所有物返還請求権が認められてきたが，民法はこの場合にも即時取得を認めている．ただし，①Aは2年間に限り回復請求をすることができ（193条），かつ，②譲受人が目的物を「競売若しくは公の市場において」，「その物と同種の物を販売する商人から」買い受けた場合には，支払った代価を弁償しなければならない（194条）．なお，この場合にはNは現実の引渡しを受けていることを要すると解すべきであろう．

(4) **担保権が設定されている場合**

　工場抵当法は，Aが抵当権を有しているB所有の工場に備え付けられた機械器具が取り外されて，第三者Cに売却されて搬出したような場合においても，抵当権の効力がおよぶと規定する（同法5条）が，第三者の即時取得の可能性を認めている（同条2項）【図4】．しかしBは機械器具の無権利者（無権限者）ではなく，抵当権の負担のついた従物所有者であり，本来の即時取得の基礎が欠けている．従物が転々流通過程におかれても，無権限の占有者からの取得の生じる余地はない．そこで，ここでの即時取得は，目的物について抵当権の効力がおよぶことを知らず，かつ，それが善意無過失である場合には，抵当権の効力から脱した所有権を取得しうることを意味するものと考えなければならない．

　このような場面は工場抵当権に限られない．すなわち，抵当山林から伐採され搬出した材木は抵当権の効力から脱するが，樹木を買い受けた第三者自身がこれを伐採して搬出し，あるいは，伐採を知って買い受けて搬出したような第三者を保護すべきではない（抵当権にもとづく物権的請求権を行使して，山林内に戻すことを請求することができると解すべきである．最判昭和57・3・12民集36-3-349参照）．抵当権設定者が伐採・搬出したうえ転売等流通に置いた場合，あるいは第三者が樹木を買い受けて伐採・搬出したが，これをさらに転売等流通に置いた場合（転得者が現れた場合）に，即時取得，すなわち，抵当権の負担のない所有権を取得することがあると解すべきである．

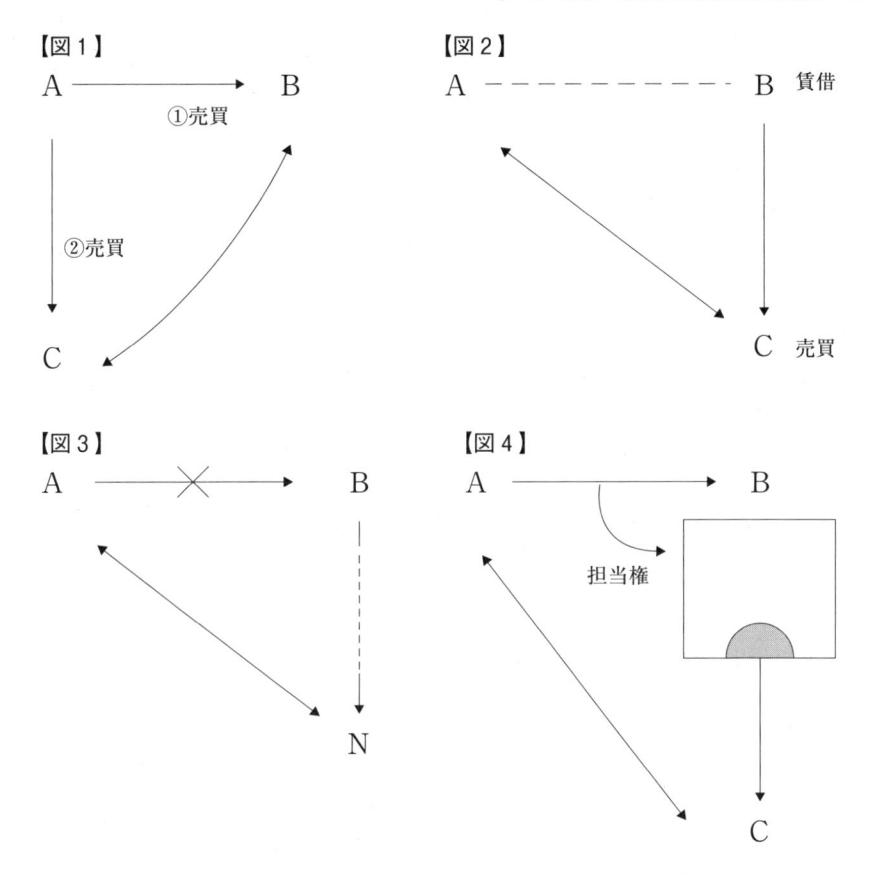

◇ 第15講　動産物権変動と対抗要件 ◇

【図1】
A →①売買→ B
A ↓②売買 C
C ← B（曲線）

【図2】
A ------ B　賃借
A ← C
B → C　売買

【図3】
A —×→ B
B ⇣ N
A ← N

【図4】
A → B
B →担当権→ □（C）
A ← C

【演習判例】最判平成 12・6・27 民集 54-5-1737

(1) 前提事実

(a) Xは土木機械（以下「本件バックホー」という）を所有していたが，平成6年10月末ころ，Aほか1名にこれを盗取された．

(b) Yは，平成6年11月7日，無店舗で中古土木機械の販売業等を営むBから，本件バックホーを300万円で購入し，その代金を支払って引渡しを受けた．右購入の際，Yは，Bが本件バックホーの処分権限があると信じ，かつ，そのように信ずるにつき過失がなかった．

(c) 平成8年8月8日，Xは，Yに対して本件訴訟を提起し，所有権にもとづ

243

◇ 第15講　動産物権変動と対抗要件 ◇

き本件バックホーの引渡しを求めるとともに，本件バックホーの使用利益相当額として訴状送達の日の翌日である同月21日から右引渡済みまで1カ月45万円の割合による金員の支払いを求めた．

　Yは，右金員の支払義務を争うとともに，民法194条にもとづき，Xが300万円の代価の弁償をしない限り本件バックホーは引き渡さないと主張した．

　(d)　第1審判決は，Yに対して，(一) Xから300万円の支払いを受けるのと引換えに本件バックホーをXに引き渡すよう命じるとともに，(二) Yには本件訴え提起の時から物の使用によって得た利益を不当利得としてXに返還する義務があるとして，平成8年8月21日から右引渡済みまで1カ月30万円の割合による金員の支払いを命じた．

　(e)　Yが控訴をし，Xが附帯控訴をしたが，第1審判決によって本件バックホーの引渡済みまで1カ月30万円の割合による金員の支払いを命じられたYは，その負担の増大を避けるため，本件が原審に係属中である平成9年9月2日に，代価の支払いを受けないまま本件バックホーをXに引き渡し，Xはこれを受領した．Xは引渡請求に係る訴えを取り下げた上，後記2記載のとおり請求額を変更し，他方，Yは反訴を提起した．

　本件は，以上の経緯から提起された本訴と反訴であり，(一) XがYに対して，不当利得返還請求権にもとづく本件バックホーの使用利益の返還請求又は不法行為による損害賠償請求権にもとづく賃料相当損害金の請求として，訴状送達の日の翌日である平成8年8月21日から前記1(5)の引渡しの日である平成9年9月2日まで1カ月40万円の割合により計算した額である497万950円の支払いを求める本訴請求事件と，(二) YがXに対して，民法194条にもとづく代価弁償として300万円の支払いと，右引渡しの日の翌日である平成9年9月3日から支払済みまで民法所定の年5分の割合による遅延損害金等の支払いを求める反訴請求事件からなる．

(2)　原審判決

「1　Bは民法194条にいう『其物ト同種ノ物ヲ販売スル商人』に当たり，Yは民法192条所定の要件を備えているから，Yは，Xの本件バックホーの引渡請求に対して，民法194条に基づき代価の弁償がない限りこれを引き渡さない旨の主張をすることができる．

　2　占有者が民法194条に基づく主張をすることができる場合でも，代価が

244

弁償されると物を返還しなければならないのであるから，本権者から提起された返還請求訴訟において本権者に返還請求権があると判断されたときは，占有者は，民法189条2項により本権の訴え提起の時から悪意の占有者とみなされ，民法190条1項に基づき果実を返還しなければならない．したがって，Xは本件バックホーの引渡請求に係る訴えを取り下げてはいるが，Yが本件バックホーをなお占有していれば，Xの右請求が認容される場合に当たるから，Yは，本件訴え提起の時から引渡しの日まで本件バックホーの果実である使用利益の返還義務を負う．

3　Yは，民法194条に基づき，Xに対して代価の弁償を請求することができると解すべきであり，右債務は反訴状送達の日の翌日から遅滞に陥る．」

(3)　**判　旨**（一部破棄自判，一部上告棄却）

「1　盗品又は遺失物（以下「盗品等」という．）の被害者又は遺失主（以下「被害者等」という．）が盗品等の占有者に対してその物の回復を求めたのに対し，占有者が民法194条に基づき支払った代価の弁償があるまで盗品等の引渡しを拒むことができる場合には，占有者は，右弁償の提供があるまで盗品等の使用収益を行う権限を有すると解するのが相当である．けだし，民法194条は，盗品等を競売若しくは公の市場において又はその物と同種の物を販売する商人から買い受けた占有者が同法192条所定の要件を備えるときは，被害者等は占有者が支払った代価を弁償しなければその物を回復することができないとすることによって，占有者と被害者等との保護の均衡を図った規定であるところ，被害者等の回復請求に対し占有者が民法194条に基づき盗品等の引渡しを拒む場合には，被害者等は，代価を弁償して盗品等を回復するか，盗品等の回復をあきらめるかを選択することができるのに対し，占有者は，被害者等が盗品等の回復をあきらめた場合には盗品等の所有者として占有取得後の使用利益を享受し得ると解されるのに，被害者等が代価の弁償を選択した場合には代価弁償以前の使用利益を喪失するというのでは，占有者の地位が不安定になること甚だしく，両者の保護の均衡を図った同条の趣旨に反する結果となるからである．また，弁償される代価には利息は含まれないと解されるところ，それとの均衡上占有者の使用収益を認めることが両者の公平に適うというべきである．

これを本件について見ると，Yは，民法194条に基づき代価の弁償があるまで本件バックホーを占有することができ，これを使用収益する権限を有していた

◇ 第15講　動産物権変動と対抗要件　◇

ものと解される．したがって，不当利得返還請求権又は不法行為による損害賠償請求権に基づくＸの本訴請求には理由がない．これと異なり，Ｙに右権限がないことを前提として，民法189条2項等を適用し，使用利益の返還義務を認めた原審の判断には，法令の解釈適用を誤った違法があり，右違法は原判決の結論に影響を及ぼすことが明らかである．この点をいう論旨は理由がある．

　2　本件において，ＹがＸに対して本件バックホーを返還した経緯は，前記一のとおりであり，Ｙは，本件バックホーの引渡しを求めるＸの本訴請求に対して，代価の弁償がなければこれを引き渡さないとして争い，第一審判決がＹの右主張を容れて代価の支払と引換えに本件バックホーの引渡しを命じたものの，右判決が認めた使用利益の返還債務の負担の増大を避けるため，原審係属中に代価の弁償を受けることなく本件バックホーをＸに返還し，反訴を提起したというのである．右の一連の経緯からすると，Ｘは，本件バックホーの回復をあきらめるか，代価の弁償をしてこれを回復するかを選択し得る状況下において，後者を選択し，本件バックホーの引渡しを受けたものと解すべきである．このような事情にかんがみると，Ｙは，本件バックホーの返還後においても，なお民法194条に基づきＸに対して代価の弁償を請求することができるものと解するのが相当である．大審院昭和4年（オ）第634号同年12月11日判決・民集8巻923頁は，右と抵触する限度で変更すべきものである．

　そして，代価弁償債務は期限の定めのない債務であるから，民法412条3項によりＸはＹから履行の請求を受けた時から遅滞の責を負うべきであり，本件バックホーの引渡しに至る前記の経緯からすると，右引渡しの時に，代価の弁償を求めるとのＹの意思がＸに対して示され，履行の請求がされたものと解するのが相当である．したがって，Ｘは代価弁償債務につき本件バックホーの引渡しを受けた時から遅滞の責を負い，引渡しの日の翌日である平成9年9月3日から遅延損害金を支払うべきものである．それゆえ，代価弁償債務及び右同日からの遅延損害金の支払を求めるＹの反訴請求は理由がある．」

　1　コメント

　(1)　動産盗失・遺失の被害者が民法193条にもとづいて回復請求をする場合の目的物の所有権の帰属をめぐっては，原所有者帰属説と占有者帰属説に分かれている．前者は立法者の見解であるといわれている（梅・民法要義巻之二 51頁）が，これによれば，回復請求権の法付性質は物権的返還請求権であり，占有者は

無権限占有者となるが，善意である場合（過失があってもよい）は果実取得権がある（189条1項）ので，目的物の返還義務は生じない．ただし，占有者が敗訴したときは起訴の時から悪意占有者とみなされる（同条2項）ので，起訴以降に生じた果実について返還義務が生じ，また，消費し，過失によって損傷し，または収取を怠った果実の代価も返還しなければならないことになる（190条1項）．使用利益は厳密には果実ではないが，学説は果実と同様の扱いをする．

　これに対して，占有者帰属説では，果実取得権および使用収益権は所有権にもとづくものであるから，返還義務が否定されるのは当然である．ただし，原所有者の回復請求訴訟が勝訴した後は，悪意占有者として果実返還義務を生じさせることはいうまでもない．

　ところが，本判決では，いずれの立場にも与するものか明らかにしていない．すなわち，占有者は代価弁償請求権を有しており，代価の弁償またはその提供があるまでは使用利益の返還義務はない，とした．しかし，これとは逆に，使用利益の返還を認めた場合は，弁償義務に利息を付したところで，両者の間の価額的バランスを欠いているため，弁償請求権そのものが有名無実化することになる（原所有者帰属説に立てばこうした帰結は避けられない）．もっとも，この点に関しては，民法575条の趣旨を類推して，目的物の返還と代価弁償とが同時履行の関係に立つので，遅延損害金と使用利益相当分の不当利得の相殺が擬制される（いずれの請求も否定される），と解することも可能であろう．

　(2)　弁償請求権の法的性質についても問題がある．法文は「代価を弁償しなければ，回復することができない」と規定しているので，請求権ではなく抗弁権にすぎないとの解釈も可能である．これに従えば，本判決のように占有者が任意に目的物を返還してしまった場合には，抗弁権を放棄したものとしてもはや代価弁償を求めることはできないことになる．かつての判例（大判昭和4・12・11民集8-923）はこの立場を採っていた．しかし，学説の多数は反対であり，本判決は判例を変更して，請求権であることを認めた．

　ただし，請求権といっても，判例も指摘するように，原所有者は目的物の回復請求をするか，これを断念するかを選択することができる．したがって，占有者が当然に原所有者に対して代価弁償請求権を行使できるわけではないことは注意すべきである（それゆえ，また，占有者に対する債権者がこれを差押え，あるいは代位行使することはできないと考えられる）．

247

◇ 第15講　動産物権変動と対抗要件 ◇

2　即時取得の主張立証

即時取得が成立する要件は，①平穏，②公然，③善意，無過失，④取引行為の存在，⑤占有取得である．

Aより動産を賃借しているBが無断で事情を知らないCに売却した(2)のケースで，Aが返還を請求した場合にそくして考えれば次のようになる．

Aの請求は所有権にもとづく返還請求権の行使となるから，Aは，自己が所有権を有していたこと，およびCが当該動産を占有していることを，主張立証しなければならない．これに対して，Cは目的物についてBとの売買契約を締結したこと，それにもとづいて目的物の引渡しを受けたこと，を主張立証することになる．

この場合，①および②については民法186条により，③の善意についても同条により，無過失については188条により推定される．したがって，即時取得を否定する側（回復請求権者）の主張・立証事項になり，AはCの悪意，強暴，隠秘を主張立証（反証）しなければならない．これに対して，186条は文言上は「過失」を含めていないので，過失は推定されないとの見解もあるが，判例は，「民法192条により動産の上に行使する権利を取得したことを主張する占有者は，同条にいう「過失ナキ」ことを立証する責任を負わない」とする（最判昭和41・6・9民集20-5-1011）．したがって，Cすなわち，即時取得を主張する者が積極的に主張・立証しなければならない．

à plus loin

1　〈*lecture*〉でも示したように，通説は二重譲渡においても即時取得の可能性を認める．しかし，不動産における二重譲渡においては厳格に公示と公信が峻別されているにもかかわらず，動産については両者の関係は不透明であるといわざるをえない．むしろ，即時取得に関わらせることなく，民法178条の世界で完結させることはできないかは，検討されてよい問題である．

実質的に考えても，動産の二重譲渡は競争者間の優劣関係であり，所有者の静的安全と取引安全とが衝突する場面ではない．そうだとするならば，背信的悪意者のみを排除すればよく，善意無過失を要求することが妥当であるかも疑問の余地があることになる．そもそも，引渡しの観念化に関する法文が178条の後に置かれず，占有権の箇所で規定されていることからして，対抗要件としての引渡

しの観念化が論理必然的であったか疑わしい．フランス民法は動産売買における引渡しを「現実の引渡し」に限っており，また，これを継受した旧民法もまた，即時取得とは別個の考慮を与えていた（田島順『民法一九二条の研究』（立命館出版部，1933 年））．そこで，二重譲渡に関しては，あくまで現実の引渡しを対抗要件とみて，ＢＣいずれが先に引渡しを受けたかで優劣を決し，善意悪意を問わない（Ｂが意思表示によって所有権を取得したことを知りながら，これを買い受けて先に引渡しを受けたＣは確定的に所有権を取得する），との解釈がありうる（清水元「民法 178 条の意味―動産取引における公示と公信の交錯」ロー・ジャーナル 6 巻 2 号）．

これに対しては，「引渡しの観念化」を対抗要件として承認するが，対抗要件が公示のための制度であることを重視して，一定の外観を要求する見方もありうる．すなわち，占有改定はそれ自体は対抗要件とはならないが，「別置き」，「包装」，「売約済み」札の添付，ネームプレートの貼付等，一定の外観を備えた場合にかぎり，民法 178 条の「引渡し」に準じた取扱いをするものである．この解釈は占有移転を伴わない動産譲渡担保については妥当しよう．

2　原所有者が盗品・遺失品の回復請求をする場合に，占有者は代価弁償請求権を有するが，占有者はこの権利のため特殊の留置権を有する．留置権が成立するためには，物との牽連性（295 条 2 項）が必要であるが（→第 16 講），ここでの留置権は独立した位置が与えられている．したがって，同条の反対解釈として即時取得が成立しない場合には，原所有者は占有者に対して無条件の返還請求権を有しており，また，占有者は目的物の取得に要した代価の返還のために目的物を留置することはできない，と解される．占有者は原所有者からの追奪請求に対して，売主に対して担保責任として，契約を解除して代金返還を求め，あるいは損害賠償請求権を行使することができるが，そのための同時履行の抗弁権をもって原所有者の請求に対抗することはできない，というべきである．原所有者の請求権（物権的返還請求権）の行使は，民法 196 条に規定する費用償還請求権を例外として，無条件に貫徹し，契約の相手方に対する抗弁権をもって追奪請求に対抗することができない，との価値判断が折り込まれているというべきである（同様のことは，無効・取消しの場面において第三者保護制度（94 条 2 項，96 条 3 項）が働かないときの，この第三者の抗弁権についても妥当する）．

他方で，占有者が担保責任を追求して契約を解除した場合に，原状回復義務が生じる結果として，民法 546 条により，代金返還債務と目的物返還義務が同時

履行の関係に立つ．ところが，目的物が追奪請求の結果として原所有者に引渡されてしまえば売主への返還は不能となる．この場合に売主は返還がなされないことを理由として代金の返還を拒絶することができるか，問題となる（548条参照）．売主が悪意，すなわち他人物であることを知ってこれを売却した場合には，同時履行の抗弁権の主張は信義則上許されないというべきであろう．これに対して売主が善意である場合は問題である．しかし，仮に買主が原所有者に返還しておらず，したがって，売主に目的物を返還することができるとしても，売主は受領した目的物を保持することができるわけではない．そうだとすると，他人物売買の売主も原所有者の請求に応じなければならない以上，同時履行の抗弁権を主張すること自体無意味であり，したがって，無条件の代金返還義務が発生すると解すべきであろう．

◇ 第16講　留置権の機能 ◇

第16講　留置権の機能

lecture

1　留置権における牽連性

(1)　留置権は債権の担保のために，占有している他人の物を留置して，返還請求を拒む権利である．「留置する」という文言からはかならずしも明らかではないが，物の所有者からの引渡請求を拒絶する権利と考えられている．それゆえ，他の担保物権と異なって，物的抗弁権に近いといえる．また，たとえば抵当権は弁済期が到来していないときは権利を実行できないにすぎないが，留置権は弁済期が到来していることを成立要件としている（295条1項ただし書）点に特徴がある．

留置権はどのような場合に生じるか．民法295条は債権が「物に関して生じた」場合に留置権が成立すると規定する．これを牽連性と呼ぶ．しかし，現実に牽連性が何かは一義的に明確であるとはいえない．そこで，通説は，①債権が物によって生じた場合，②債権が物の返還請求権と同一の法律関係または同一の生活関係において生じた場合，として説明する．前者の例として，占有者が物の上に加えた必要費，有益費の償還請求権，あるいは，損害が物から生じた場合（瑕疵ある物）や，物によって占有者に損害が生じた場合（たとえば，キャッチボールをしていたところ，ボールがガラスを破って隣家に飛び込んだような場合）の損害賠償請求権をあげ，後者の例として，売買契約における代金請求権，請負契約における報酬請求権，契約が無効・取消しの場合の代金返還請求権等があげられる．

判例上，牽連性が問題となったものに次のものがある．

①　賃借権　　たとえば，AがBに賃貸した土地をCに譲渡した場合でBがCに賃借権を対抗できない（177条・605条）とき，Bは賃借権を被担保債権とする留置権の主張をすることはできない（大判大正11・8・21民集1-498）．賃借権は物自体を目的とする債権であって，物に関して生じた債権ではないからである．

②　対抗できない権利が損害賠償請求権に変じた場合　　損害が物から生じた場合や物によって引き起こされた場合を別として，本来の権利が第三者に対抗で

251

◇ 第16講　留置権の機能 ◇

きないために損害賠償請求権に変じた場合には，留置権は成立しない．たとえば，上記①の場合の賃借人は，賃貸人に対する債務不履行にもとづく損害賠償請求権のために留置権を行使することはできず，また，ＡがＢおよびＣに二重に土地を売却したがＣが登記を備えた場合に，Ｃに所有権取得を対抗できない結果としてＡに対する履行不能による損害賠償請求権（ないし不法行為にもとづく損害賠償請求権）にもとづいてＢは留置権を行使することはできない（最判昭和34・9・3民集 13-11-1357，最判昭和 43・11・21 民集 22-12-2765）．ここでの損害賠償請求権は本来，「物自体を目的とする債権が態様を変じたものにすぎない」し，実質的には留置権を認めると 177 条の対抗問題の原則が覆る結果となるからである．

③　敷金返還請求権　敷金は，建物賃借人が賃料不払い等賃貸人に対して負担することのある損害賠償債務を担保するため，契約締結時において賃貸人に交付される一定の金銭であり，賃貸借が終了した際に損害を控除して残余があれば賃借人に返還すべきものである．そこで，賃貸借終了時に賃借人が敷金返還請求権のため，建物の明渡しを拒絶できるか問題となる．敷金返還請求権の発生時期に関しては，賃貸借終了時説と建物明渡し時説が対立しているが，判例は後者を採る．したがって，留置権は成立せず，建物明渡しが先履行になる（最判昭和49・9・2民集 28-6-1152）．

④　造作買取請求権　借家人が賃貸人の同意を得て建物に付加した畳，建具その他の造作がある場合に，賃借人は賃貸借終了の際にその買取を請求することができる（借地借家 33条）．この造作買取請求権のため造作を留置することには異論はないが，建物を留置することができるかは争われている．学説の多数は肯定するが，判例は否定する（最判昭和 29・1・14 民集 8-1-16，最判昭和 29・7・22 民集 8-7-1425）．

⑤　建物買取請求権　借地権の期間が満了したが更新されない場合，あるいは，借地上の建物が譲渡されたが賃貸人が借地権の譲渡を承諾しない場合，建物買取請求権が発生する（借地借家 13条・14条）．この場合に，建物買取請求権のため建物のみならず敷地の明渡しを拒絶できるか問題となる．後者につき判例はこれを認める（大判昭和 14・8・24 民集 18-877）が，前者についても同様に留置権を認めるべきであろう．

(2)　ところが，こうした具体例を離れると留置権によって指し示される実体関係がどのようなものか明らかではない．のみならず，後述のように，上の２つの

基準にもとづいて生じる留置権は，その効力において異なった処理をすべきことが明らかになるのである．

そこで近時の有力な学説は，上の通説的見解に代えて，別個の基準を提案する．1は「物的＝客観的牽連」と呼ばれるもので，物と債権が直接に結びついている場合であり，費用償還請求権や損害賠償請求権がその具体例である．2は，「法的＝主観的牽連」といわれるもので，物と債権との結びつきが当事者の（黙示的）意思にもとづいているものであり，売買代金請求権や契約無効の場合の給付物返還請求権がその例としてあげられる．そして，前者は，所有者が占有者に対して回復請求をする場面において問題となるが，後者は売買などの契約関係を示す「牽連性」の類型としての意味を有する（清水・プログレッシブ民法〔担保物権法〕169頁）．

2 留置権と同時履行の抗弁権

留置権と類似の機能を果たす制度として同時履行の抗弁権（533条）がある．同時履行の抗弁権においても，双方の給付が相互に牽連しあっているが，その基礎は双務契約または両給付を結びつける当事者意思であり，その意味で同時履行の抗弁権における牽連性とは主観的牽連性なのである．

このような同時履行の抗弁権と留置権は次のような点で差異があるものと考えられる．

第1は，同時履行の抗弁権が双務契約において双方の給付が対価関係にある場合の給付拒絶権であるのに対して，留置権は「給付」ではなく，物の「引渡し」を拒絶する権利であること，そして，同時履行の抗弁権と異なり，留置権者と物返還請求権者との間の契約関係の存在を要求しないこと，である．

しかし，同時履行の抗弁権におけるこの要件は，学説判例上厳密には貫かれていない．たとえば，請負契約においては，報酬の支払いと対価関係に立つ給付は「仕事の完成」である（632条）が，両者は同時履行の関係にはない．そこで，通説は報酬請求権のため，「仕事の完成」の結果である物の「引渡し」との同時履行関係を認める．また，契約が無効ないし取り消された場合には，契約は存在しないから，給付物返還請求権相互の関係について同時履行の抗弁権を適用することはできないはずである（契約解除については民法546条によって特別に同時履行の抗弁権が認められている）．しかし，この場合でも判例通説は533条を適用する（最判

◇　第16講　留置権の機能　◇

昭和47・9・7民集26-7-1327)．

　なお，債務の弁済に際して弁済者は受領証を請求できる（486条）が，そのために判例は弁済との同時履行の抗弁権を認める（大判昭和16・3・1民集20-163，東京高判昭和39・3・11判時368-55)．ただしそれが双務契約の問題でないことは明らかである．

　第2に，同時履行の抗弁権は相対的な権利であって，契約当事者ないしその一般承継人に対してしか主張できないのに対して，留置権は物権として第三者に対抗できる．たとえば，AB間で不動産の売買契約がなされてAからBに目的物が引き渡されたが，Bの強迫を理由にAが契約を取り消したとしよう．この場合に，Bが事情を知らない第三者Cにすでに目的物を転売していたときでも，AはCに対して返還を請求することができる（96条3項参照)．CはBに対して契約を解除しても，それにもとづく売買代金返還請求権のための同時履行の抗弁権（546条）を理由にAの返還請求を拒むことはできない．また，AのBに対する給付物返還請求に対して，BがCに対する売買代金請求権のため同時履行の抗弁権を行使することができないことは，明らかである．

　これに対して，たとえばAがBに対して時計の修理を依頼した後これをCに譲渡した場合に，CのBに対する時計の引渡し請求に対して，Bが修理代金債権のため，留置権を「対抗」することができる．

　第3に，不可分性に関しても同時履行の抗弁権と留置権の間には差異が存在する．たとえば，3筆の土地について宅地造成工事を請け負ったところ，注文者（土地所有者）が工事代金の一部しか支払わなかった場合に，支払いがなされなかった土地についてのみ引渡しを拒絶することも，3筆の土地全部の引渡しを拒絶することもありうる．いずれになるかは契約当事者の意思による．後者の場合，請負人が3筆の土地全部を留置できる理由は造成代金は各土地ごとに計算された金額ではなく，3筆の土地の全部の造成に対して支払われることが合意されていると考えられる．これに対して，3筆（3個の）土地の上に1個の留置権は成立しない（一物一権の原則）から，各土地ごとに造成工事代金債権が発生するのであれば，留置権は支払いを受けていない土地についてのみ成立することになる．しかし，判例は3筆全部の土地につき留置権を行使することができるとする（最判平成3・7・16民集45-6-1101)．

　第4に，留置権者は目的物の使用収益ができないのが原則である（298条2項）．

しかし通常，売買契約で同時履行関係がある場合には，引渡し前に売主が使用収益できるのが原則であろう．また，留置権関係においては果実は被担保債権に充当される（297条）が，売買においては果実は引渡し前は売主に帰属する（575条）．

【演習判例】最判昭和 47・11・16 民集 26-6-6

(1) 前提事実

本件土地建物はもとYと訴外Aの共有であったが，両名は昭和 43 年 7 月 20 日代金 680 万円でBに売り渡したが，代金の支払方法については，40 は本件土地建物の所有権移転登記と同時に支払い，うち 110 万円は昭和 43 年 8 月 10 日限り支払い，うち 185 万円についてはYのC金庫に対する 135 万円の債務及びD銀行に対する 50 万円の債務をいずれも免責的に引き受けて支払う約束であり，残金 345 万円については金員の支払いに代えてBにおいて他に提供土地を購入して提供建物を新築し，これをYに譲渡することとし，本件土地建物の明渡は提供土地建物の引渡しと同時に，おそくも同年 11 月 30 日までにすることを約した．しかし，Bはいまだ提供土地建物をYに譲渡する義務を履行していないまま，Xからの借受金 400 万円の債務の弁済に代えて本件建物およびその敷地の所有権を移転し，同年 3 月 13 日所有権移転登記を経由した．XからYに対して明渡しを求めた．

(2) 第 1 審判決

「ところで留置権は，他人の物の占有者がその物に関連して生じた債権を有する場合に成立するが，物の占有者がその物を売却して，買主に対し取得する代金債権と，所有権を取得した買主の目的物の引渡請求権が同一の売買契約という法律関係から生じたときは，右関連性があるものと解される．したがってかような場合，売主である目的物の占有者は買主に対する代金債権の担保として，その物のうえに留置権を取得するものというべきである．

そうすると，本件において，Yは本件建物および敷地の代金債権が完済されるまで，留置権に基づきその引渡を拒絶することができるものといわなければならない．もっとも本件では，前記認定のように，未だ買主によって履行されていないのは，代金 680 万円のうち金 345 万円につき，右金銭の支払に代わる建物および敷地の譲渡義務であって，かような買主の給付義務は，その内容において，

◇ 第16講　留置権の機能 ◇

右金銭に相当する物を給付することを要し、かつそれをもって足るものであるが、しかしそれでもなお、単なる金銭債務とは異なり、どのような建物、敷地を譲渡すべきかの問題が残り、譲渡すべき建物、敷地の所在地、面積、建物の構造等を容易に一義的に確定することができず、かような物の給付義務の未履行を理由として、右契約当事者以外の第三者であるＸに対し、かかる物の給付あることを担保として持ち出して主張するのは問題である。しかし前記認定のように、右建物、敷地の譲渡義務は、代金680万円のうち金345万円の金銭の支払に代わるものであるから、右物件の給付は法律上残代金345万円の支払と等価関係にあるから、かかる場合には、契約当事者以外の第三者であるＸに対しては、右物件に代わる右金345万円の給付請求権について留置権を主張することが許されるものと解する。

　もっともまた、前記認定のとおり右売買代金680万円は本件建物とその敷地を併せたものの代金額であって、このうち本件建物の代金額とがそれぞれいかなる割合を占めているのか明確にすることができない。ところでＸは本訴においては建物の所有権に基づいて建物のみの明渡を請求しているのであって、これに対し建物のみならず敷地を含む代金680万の残代金345万円の債務の未払があることを理由として、留置権の行使を認めるのは、Ｘに酷であり、Ｙに不当な利益を与える感がしないではない。しかし前記認定のようにＸは本件建物とともにその敷地をも取得して、現に右敷地もまたＸの所有に属し、そして前掲各証拠によると、Ｘにおいては本件建物の明渡を得られれば、その敷地の完全な占有をも取得でき、したがってＹに対し本件建物の所有権に基づいてその明渡を訴求すれば、事実上、その敷地の所有権に基づいてその明渡をも併せ求めた場合と同一の結果がもたらされることが認められるから、かような場合においては前記金345万円の給付請求権について留置権を主張することが許されるものと解する。」

(3)　**原審判決**

「ＹはＢに対する関係においては、提供土地建物の引渡を受けるまで本件土地建物の明渡を拒みうることはいうまでもないが、右売買契約の当事者でないＸに対する関係において同時履行の抗弁を主張できないことは明らかである。

　ところで留置権は、他人の物の占有者がその物に関して生じた債権を有する場合に成立し、物に関して生じた債権とは、債権が物自体より発生した場合及び債権が物の返還請求権と同一の法律関係又は同一の生活関係より発生した場合をい

うものと解せられ，目的物の所有権が買主に移転している場合における物の売買代金債権は後者の場合に当り，売主である目的物の占有者は買主に対する代金債権の担保としてその物のうえに留置権を取得するものと解される．しかしながら，本件においては，前記認定のとおり買主であるBによっていまだ履行されていないのは残代金345万円の支払に代わる提供土地建物の引渡義務であり，売主であるYは売買の目的物の残代金債権を有するものでなく，売買の目的物とは無関係な提供土地建物の引渡請求権であって，これが実質上残代金債権の態容を変えたものでこれと等価関係に立つとしても，右の引渡請求権はBに対して存するのは格別，Xには対抗しえないのであるから，これと売買の目的物である本件土地建物との間には留置権発生の要件たる牽連関係はないものと認むべきである．YはBが債務を履行しないときは契約解除により金345万円の原状回復請求権を有しうる地位にあったと主張するが，右解除がなされなかったことを自認するのみでなく，仮に解除による原状回復請求権ないし債務不履行による損害賠償請求権が発生したとしても，原債権である提供土地建物の引渡請求権と売買の目的物との間に牽連関係が存在しない限り，右原状回復請求権ないし損害賠償請求権と売買の目的物との間にも牽連関係は存在しないというべきである．Y主張の留置権は発生するに由なく，右抗弁は採用できない．」

(4) 判　　旨

「しかしながら，原審の右判断は首肯することができない．原審は，右確定事実のもとでは，売主であるYは売買の目的物の残代金債権を有しないというが，右確定事実によれば，残代金345万円については，その支払に代えて提供土地建物をXに譲渡する旨の代物弁済の予約がなされたものと解するのが相当であり，したがって，その予約が完結されて提供土地建物の所有権がYに移転し，その対抗要件が具備されるまで，原則として，残代金債権は消滅しないで残存するものと解すべきところ，本件においては，提供土地建物の所有権はいまだYに譲渡されていない（その特定すらされていないことがうかがわれる．）のであるから，YはBに対して残代金債権を有するものといわなければならない．そして，この残代金債権は本件土地建物の明渡請求権と同一の売買契約によって生じた債権であるから，民法295条の規定により，YはBに対し，残代金の弁済を受けるまで，本件土地建物につき留置権を行使してその明渡を拒絶することができたものといわなければならない．ところで，留置権が成立したのち債務者からその目的物を

◇ 第16講　留置権の機能 ◇

譲り受けた者に対しても，債権者がその留置権を主張しうることは，留置権が物権であることに照らして明らかであるから，本件においても，Yは，Bから本件土地建物を譲り受けたXに対して，右留置権を行使することをうるのである．もっとも，Xは，本件土地建物の所有権を取得したにとどまり，前記残代金債務の支払義務を負ったわけではないが，このことはYの右留置権行使の障害となるものではない．また，右残代金345万円の債権は，本件土地建物全部について生じた債権であるから，同法296条の規定により，Yは右残代金345万円の支払を受けるまで本件土地建物全部につき留置権を行使することができ，したがって，Xの本訴請求は本件建物の明渡を請求するにとどまるものではあるが，YはXに対し，残代金345万円の支払があるまで，本件建物につき留置権を行使することができるのである．

ところで，物の引渡を求める訴訟において，留置権の抗弁が理由のあるときは，引渡請求を棄却することなく，その物に関して生じた債権の弁済と引換えに物の引渡を命ずべきであるが，前述のように，XはYに対して残代金債務の弁済義務を負っているわけではないから，Bから残代金の支払を受けるのと引換えに本件建物の明渡を命ずべきものといわなければならない．」

1　コメント

(1)　売買契約における目的物の所有権移転義務と対価関係にある債務が代金債権であることはいうまでもない．ところが，本件では売主は代金の支払いではなく，第三者に対する債務の免責的引受けと代替土地建物の建築および譲渡を求めている．そして，これらの給付を求める債権が「物の返還請求権と同一の法律関係または同一の生活関係より発生した場合」であることを否定することはできず，通説的見解に従うかぎり，留置権の主張は正当なものといわなければならない．しかし，第1審判決が指摘するように，代金債務と異なって，こうした債務を第三者弁済することは困難である．のみならず，第三者が事前にこうした本件事案に特有の契約関係の内容に立ち入って調査し，それを基礎として取引関係に入ることを期待することは酷であろう．Xとしては，Yから所有権を取得したAから目的不動産を買い受けるに際して，売買代金債権の存在を予測することはできても，本件のような給付を予測することはきわめて難しいからである．

この点で，YB間の売買契約における特約を代物弁済予約と捉えたうえで，それが履行されない限り残代金債権が存続しており，そのために留置権がある，と

した最高裁判決は論理的には一貫している．しかしそれは代物弁済の要物性（482条）という技術的性格によって問題を回避したにすぎない．なぜならば，Yはかならずしも残代金の支払いを期待しているのではなく，なによりも代替土地建物の譲渡を受けることを望んでいるのである．そして，第三者（買主からの譲受人）がそうした給付をすることが困難であることはYには関わりのないことである．そうだとすると，判例の結論はYの意思に反する結果とならないであろうか．

実は，ここに留置権の牽連性のもつ問題性が潜んでいるのである．なぜならば，被担保債権が契約関係において生じる場合，給付の具体的内容は個別の具体的な契約に依存し，したがって，千差万別であって，無限に多様なものだからである．そして，ここでは物権たる留置権が第三者に対しても無条件に主張できるという原理と契約法の原理が衝突することになる．

(2) 近時売買代金債権の牽連性そのものを否定した裁判例が出ている．すなわち，東京高決平成14・6・6判時1787-124では，抵当不動産を買い受けるに際して，売主が抵当権を解除することを買主に約束していたところ，抵当権が実行されたため，買主が売買契約を解除して代金返還請求権のため，不動産の買受人に対して留置権を主張したものである．判旨は次のように述べて留置権を否定した．

① 「民法上の留置権は，修理代金債権，不動産工事の請負代金債権など物の価値の増加をもたらす債権や物に瑕疵があったことによって生じた被害の損害賠償債権などのように，物自体にその債権の負担を負わせるだけの実質的な根拠（物の価値の増加，物自体による被害）があり，また，物自体に債権の負担を負わせても，その物について権利を取得した者との関係で不公平でなく，公平性が維持されることから，物の上の権利，すなわち物権としての効力が与えられる制度である．そして，民法上留置権が認められるためには，物とその債権との間に牽連性が認められることが要件とされるが，この牽連性とは，物が債権の負担を負うことについて実質的な根拠があり，かつ，第三者との関係で公平性が維持されることを意味する．」

② 「物の売買代金債権など物自体の交換価値を体現する債権について，交換価値の体現を実質上の根拠として，留置権が認められることがある．しかし，その交換価値の体現ということは，売買契約など，契約という人の行為に基礎を置くもので，恣意的になりやすく，物的な負担の根拠として，物の価値の増加などと比較すると，説得力のある確実なものであるとはいえない．また，不動産の場

◇ 第16講 留置権の機能 ◇

合などは，特に権利関係が複雑であるから，他にすでに不動産の交換価値について権利を有する者がある場合に，交換価値を体現する債権について，物の上の負担である留置権を認めることは，第三者との間での実質的な公平性は維持されないこととなる．」

③「以上のことから，物の売買代金債権などの交換価値を体現する債権について，物との牽連性が肯定されるのは，その物についての物権変動（抵当権の設定などを含む．）が発生するより先に留置権の発生要件である事実が生じたものに限るのであって，しかも，そのような留置権で担保される債権の存在が，債権者による物の占有やその他の事情によって，取引に入ろうとする第三者にも認識できる場合に限るよう解釈されているのである．」

事案は売買契約の解除による代金返還請求権に基づく留置権が問題とされたものであるが，②でも指摘されているように，売買代金債権に共通の問題だと考えられる．たとえば，抵当権設定者が目的不動産を売却した場合でも，代金債権のための留置権を抵当権が実行されて引渡請求を受けたときに行使することは，できないと考えるべきであろう．

2 留置権が主張される場合の主張立証

留置権の成立要件は，①他人の物の占有者が，②その物に関して生じた債権を有すること（295条1項本文），③被担保債権が弁済期にないこと（同条項ただし書），④占有が不法行為に始まったものでないこと（295条2項），である．ここでは，Aが所有する時計をBが占有しているので，Aが所有権にもとづく返還請求権によりその返還を求めたところ，Bが修理代金の未払いを理由に留置権を主張した場合を考える．

まず，Aはその動産を所有していること，Bが現実にそれを占有していることを主張立証することになる．

これに対して，Bは抗弁として留置権を主張することになるが，AB間（あるいはBと第三者Cとの間）の時計の修理契約にもとづいて代金債権が生じていること（民法295条は「債務者所有の物」ではなく「他人の物」と規定しているから，Aが契約当事者であることを要しない（通説））を主張立証しなければならない．次に，その代金債権の弁済期が到来していることが必要であるが，Bは積極的に主張立証する必要はなく，Aが再抗弁として弁済期未到来であることを主張立証することになる．第3に，占有が不法行為にもとづくものでなければならないが，Bはこれ

を積極的に主張立証する必要はない．Aの再抗弁事実になる．なお，民法295条2項は，占有が不法行為によるもののみならず，当初占有が適法であったが後に権限を喪失して不法占有となった場合にも類推適用されるとするのが判例（最判昭和41・3・3民集20-3-386，最判昭和51・6・17民集30-6-616等）である．

à plus loin

1 民事執行における留置権の処遇

(1) 民事執行手続における留置権の処遇については，2つの側面から問題となる．第1は，留置物について執行がなされる場合の留置権の処遇の問題であり，第2は，留置権にもとづく競売権の行使の問題である．

(2) 前述のように，留置権は物権であるがゆえに，万人に対しても主張することができる．このことは民事執行手続においても変わらない．すなわち，目的物が動産の場合には，留置権者が当該動産を執行官に提出するか，差押えを承諾することを証する文書を提出しないかぎり，他の担保物権者は実行手続を開始することができず（民執190条1項1号・2号，以下民事執行法の規定を指すものとする），その結果，留置権者は事実上優先弁済を受けることができる．

不動産の場合，執行手続を開始することはできるが，買受人は留置権の被担保債務につき「弁済の責め」を負う（59条4項）．同条は競売によって質権および留置権は消滅しないという，いわゆる引受主義を採用したものであるが，その意味に注意すべきである．すなわち，抵当権等に優先する質権（かつ，使用収益しない旨の定めのある質権）が存在する場合は，買受人が被担保債務を負担するのではなく，責任のみを引き受けるにすぎないことは実体法上明らかである．留置権についても，その対抗力からはそのように理解されることになる．しかし，法文上は買受人が直接被担保債務を負担すると解する余地があり，そのような見解も存在する．すなわち，通常の売買契約とは異なり，民事執行の場合には買受人は法律の効力によって特別に本来の債務者に代わって（免責的），あるいは，本来の債務者とともに（重畳的に）債務を負担すると解するわけである．しかしながら，以下に示すように，留置権における牽連性の違いによって異別の処理をすることが妥当ではないかと考えられる．

まず，牽連債権が契約上生じたものである場合（法的＝主観的牽連），たとえば，売買契約において買主Bに所有権移転登記がなされたが，売主Aが売買代金債権

◇ 第16講 留置権の機能 ◇

にもとづいて留置権を有している場合に，Bに対する債権者により競売手続が開始されてCが買い受けたときに，CがBとともに（あるいは免責的に）代金債務を負担するものでないことは明らかであろう．その意味で，質権における引受けと同趣旨に理解されなければならない．

これに対して，牽連債権が物に加えた費用の償還請求権（物的＝客観的牽連）に関しては問題がある．たとえば，Bから建物を賃借したAが建物に修理，改築等の費用を支出した場合に，Aは必要費および有益費償還請求権を有し（608条），そのために留置権を行使することができる．留置権は物権であるから，第三者にも対抗することができ，したがって，目的建物が競売された場合でも，買受人Cに対して費用償還請求権のため留置権を主張することができる．この場合に，Cは──賃貸人の地位を承継したのでないかぎり──Aとは契約関係にないから，契約上の債務を負担するいわれはなく，したがって，費用支払いについては責任のみを負担することになるものと考えられる．しかし他方で，Cは所有者として物権的返還請求権を行使するものと考えることもでき，その場合に占有者であるAは費用の償還を請求することができる（196条）．ここでは，Cは留置権のみならず，直接被担保債務をも負担することになるものと考えられる．

(3) 留置権が競売権能を有するかは古くから争われてきた．競売権は担保権に内在する優先弁済権能にもとづくものであるとの立場からすれば，否定せざるを得ない．しかし，留置権者がイニシアティブをとってみずから競売をすることができないとすると，債務者が留置物の返還請求をしないかぎり留置権者は債権の回収ができないまま目的物の保管の継続を強いられる結果となる．目的物の価額が被担保債権に比して大きい場合，とりわけ，留置権者以外の債権者ないし担保権者が存在する場合には，これらの者が留置物より債権の回収をはかろうとするときに留置権は威力を発揮するから問題は少ない．しかしこれとは反対に，被担保債権額が目的物の価額よりも大きい場合には，他債権者の引渡し請求に対する留置権の行使を期待することは難しく，留置権者は自縄自縛の状態に陥る．そこで民事執行法は，「担保権の実行としての競売の例による」と規定し（195条），留置権者に競売申立権を与えた．ただし，それは法が特別に留置権に競売権能を与えた趣旨であるとは解されておらず，したがって，そこから優先弁済権能を導くことはできない．そもそも留置権者は被担保債権による一般執行，すなわち，債務名義を得てこれにもとづき留置物を差し押さえて，競売にかけることができる

262

◇　第16講　留置権の機能　◇

（122条以下）はずであり，民事執行法 195 条はこれとどのような関係に立つのであろうか．

　実体法上，留置権の本体はいうまでもなく，「留置する」，すなわち物の返還請求に対して拒絶する権利にすぎないから，その効力として優先弁済権はむろんのこと，留置物から「弁済」を受ける権能があるかどうか疑わしい．民事執行法 195 条は留置物を売却換価することを許しているが，そこから当然に留置権者も他債権者も換価金から配当を得られるといえるわけではない．そうだとすると，留置権者が換価金から配当を得ることを望むならば，被担保債権それ自体の債務名義を取得しなければならないということになろう．それは留置物を客体とする一般執行にほかならない．では同条の意味はどこにあるか．留置権者はみずから目的物を執行官に提出し，または，差押えを承諾することによって動産執行を開始すること（124条）も可能だからである．そうだとすると，同条の競売申立権は，留置権者に換価弁済権を与えたものと解するのが妥当であろう．

　では，換価配当の方法として動産執行と留置権による競売を並立させる意味がどこにあるか．留置権は物権であるから，債務者以外の他人の物の上にも成立する（通説）．このような場合に被担保債権を回収する競売権を行使するところに重要な意義がある．しかし，債務者の所有物について競売権を行使する場合に，さらに次の点を指摘しなければならない．

　一般執行の場合には，債務名義（通常は給付判決）の取得が必要であるのに対して，担保権実行においては債務名義が必要ではない．民事執行法 181 条 1 項は，①担保権の存在を証する確定判決もしくは家事審判法 15 条の審判またはこれらと同一の効力を有するものの謄本，②担保権の存在を証する公証人が作成した公正証書の謄本，③担保権の登記，が提出されたときにかぎり，担保権の実行が開始されるものと規定している．これを留置権に関してみれば，③は問題とならず，②も現実にほとんど期待できない．①についても留置権実行前に留置権者があらかじめ留置権確認訴訟の勝訴判決を取得しておくことは無理を強いるものであろう．のみならず，他の担保物権が債務名義を必要としないにもかかわらず，留置権についてだけ債務名義の取得以外に実行の方法はないというのでは均衡を失する．では留置権の実行のためには何を要求すべきであろうか．近時最判平成 18・10・27 民集 60-8-3234 は，駐車場料金債権のため駐車している自動車に対する留置権にもとづく競売に関して，被担保債権についての確定判決（かつ，担保

債権が当該登録自動車に関して生じたことが主要事実として認定されている確定判決）であれば，同条項1号の確定判決に当たると判示した．留置権の債務名義を不要とする点で他の担保物権と法的処理において揃えようとするものである．しかし，それは被担保債権による一般（動産）執行と径庭の差がなく，留置権による競売でなければならない理由はなお明らかではないといわなければならない．この難点をクリアするためには被担保債権の存在を示す文書（たとえば，契約書）の提出をもって足りると解するほかはないように思われる．

2 民事留置権と商事留置権

(1) 商法上の留置権は民事留置権とは沿革を異にし，中世イタリア都市の慣習法から発達してきたものといわれ，商取引より生じた債権につき取引上債権者の占有に帰した債務者の所有物の上に担保権を生じさせるものであり，商法は複数の規定を設けている．

① 商人留置権（商521条）

商人間の双方的商行為によって生じた債権を担保するため，債権者の占有する債務者の所有物または有価証券につき生じる．物と債権との個別的な牽連性を要求せず（一般的牽連性と呼ばれる），また，債務者以外の第三者の所有物の上には発生しない（ただし，即時取得の可能性はある）．

② 運送人および運送取扱人（商562条・589条）

運送人および運送取扱人は，運送品に関して受け取るべき報酬，運送賃，委託者のためになした立替金や前貸債権につき，運送品について留置権を有する．この留置権は民事留置権における牽連性（法的牽連）の具体化である．

③ 海上運送人（商721条）

運送契約によって生じる報酬請求権（運送賃）のため運送人は運送品につき留置権を有する．この留置権も民事留置権における牽連性が具体化されたものである．

④ 問屋および代理商（商31条・557条）

問屋は，別段の意思表示がないかぎり，委任者のために物品の販売または買入れをなしたことによって生じた債権につき，委託者のために占有する物または有価証券を留置権を有する．また，代理商は取引の代理または媒介をしたことによって生じた債権のため留置権を有する．物と債権との具体的な牽連性を要求するものではなく，商人留置権に近い．

(2) このように商事留置権には，物との具体的な牽連性を要求するものと一般的牽連性で足りる2種類のものがあるが，いずれも引渡請求に対して拒絶することのできる点で共通し，効力に差異は存しない．ただし，倒産法において両者は異なった処遇を受ける．すなわち，民事留置権については破産開始決定によって効力を失う（破66条3項）のに対して，商事留置権は，破産財団に対しては特別の先取特権とみなされる（同条2項）．したがって，商事留置権は民事留置権とは異なり，別除権として手続外で競売を申立て，売得金から優先弁済を受けることができる．

第2に，破産法は商事留置権に関して消滅請求制度を設けている．すなわち，留置物が継続事業に必要なものであるか，目的物の回復が破産財団の価値の維持，増価に有益であるときは，留置権者に目的物の価額に相当する金銭を弁済して留置権の消滅を請求することができる（破192条）．担保物権の不可分性の修正と解されよう．なお，担保権の消滅請求制度は民事再生法でも認められている（民再148条），この場合には民事留置権と商事留置権は区別されない．

第3に商事留置権は会社更生法上更生担保権としての処遇を受ける（会更2条10項）が，民事留置権と異なって，担保権の実行を禁じられる（50条1項）．

◇ 第17講　先取特権の現代的機能　◇

lecture

1　先取特権の現代的機能

　債務者が支払不能に陥り，債権者たちに支払いをすることができず破産手続開始決定を受けると，債務者の総財産は裁判所の厳格なコントロールの下に，債権者平等の原則に則って総債権者に按分に配当されることになる．債権者はこうした事態に対して債権の全額を回収するため，担保の設定を受けておくことが多い．債務者または第三者の所有する不動産上に抵当権を設定したり，第三者に保証人になってもらう等である．

　しかし，現実にはあらかじめ担保の設定をしておくことができない場合も少なくない．たとえば，賃金債権のため労働者が担保を取得しておくことは不可能であり，また，建物賃貸人はあらかじめ賃料不払いに備えて賃借人等の財産の上に担保の設定を受けておくことも困難である．売買契約の場合でも，原材料の供給者等，当事者の社会経済的不均衡のため担保権設定契約の締結は期待できない場合も多い．こうした一定の種類の債権については，債権者平等の原則によらずに優先的な支払いを認める必要がある．先取特権の意義はそこにあると考えられよう．

　しかし，何が先取特権的保護に値する債権となるか，また，どの程度において優先的な取扱いをすべきかは論理的に決まるものではなく，その時代，社会によって規定されるものであり，また，社会の変化によって変わりうるのである．一例をあげれば，公吏保証金の先取特権は国家賠償制度が存在しなかった時代を背景としたものであり，平成15年の民法典改正によって廃止されたが，不動産先取特権の実効性についても疑問視されている．

2　商品流通過程における売主の代金確保手段

　商品の売買において売主の代金債権はどのような形で保護されているであろう

か．

　まず，第 1 に売主は同時履行の抗弁権によって商品との引き換えを求めることができ，(533条)，また，留置権を行使することもできる（295条）ものと考えられる．しかし，これらは弁済期が同時期であることを前提とするものであり，商品売買はしばしば先渡し後払いが原則である．しかしそれは売主買主間の経済的地位の不均衡からもたらされるわけではない．流通過程においては，買主はみずから使用収益するために目的物を取得するのではなく，転売のために取得するのであり，転売代金から原売主への代金弁済を予定しているのである．そうでなければ原売主への支払資金を逼迫させることになる．いいかえれば，同時履行関係は売買契約が一回的なものとして完結する場合か，買主の経済状態が悪化して将来の支払いが危殆化する場合に限られるといっても過言ではない．

　事実，代金後払いの契約をした後に相手方たる買主の財産状況が悪化したような場合に，なお買主が商品の先渡しを請求できるかは問題であり，不安の抗弁権としてしばしば問題となる．

　代金未済のまま商品が買主に引き渡された場合でも，買主が弁済期に履行しなければ，売主は履行を請求する（414条）とともに，債務不履行による損害賠償を請求することができる（415条）．また契約を解除して商品を取り戻すこともできる（541条）．しかし，買主が破産している場合にはこの方法は有効ではない．代金債権は破産債権として按分比例でしか配当を得られないからである．

　商品代金担保のためにしばしば用いられるのが所有権留保である．しかし，自動車等登録できる動産であれば，留保所有権を第三者に対抗することができるが，通常の動産商品は第三者に引き渡されてしまうと，所有権留保を主張することはむずかしい．第三者が即時取得する可能性が高いからである．また，万一取り戻すことができたとしても，商品の性質上当初の売買代金を目的物から回収することは難しい場合も少なくない．商品は陳腐化し，あるいは，中古品として代価が著しく減価することは避けられない．

　そこで，ドイツでは売買契約の締結に際して，所有権留保とともに転売代金債権の譲渡契約（予約）が行われているといわれる（いわゆる延長された所有権留保）．わが国では，近時債権譲渡とりわけ，将来債権の譲渡担保が実務上も重要な問題として脚光を浴びつつある．ところが，債権譲渡契約は第三者すなわち転得者の登場前も法的に可能なのかはなお問題であり，議論のあるところである．また，

◇ 第17講　先取特権の現代的機能　◇

買主破産の場合に債権譲渡担保契約そのものが詐害行為とならないか，破産否認の対象とはならないか，との問題も存在する．そもそも当事者間の社会的経済的不均衡は所有権留保の設定契約の締結そのものが難しい場合も少なくない．

　この点で，売買先取特権は法定担保物権として当然に生じる点で，こうした所有権留保の制約を克服しているものと考えられる（売買先取特権放棄の特約が有効かどうか問題であろうが，物権の強行法規性から否定されるべきであろう）．

　しかし，所有権留保と同様，動産先取特権は公示力が弱く，債務者が目的物を第三者に引き渡してしまうと行使することができなくなる（333条）．しかも，前述のように，通常の動産商品取引においては売主は代金の支払いを受ける前に目的物を引き渡してしまうのが常態である．また，先取特権は目的物の使用収益権原を有しないから，買主破産の場合に実行のために目的物を取り戻すことができるかどうかも後述のように問題である．これが許されるとしても，代金債権をみずからが売却した物の競売によって完全に回収できることは困難である．

　しかし，先取特権は物上代位性があり（304条），それこそが動産売買先取特権の予定した本体的な要素というべきではないか．追及力の否定は，むしろ転得者の所有権取得の保障という点で取引安全を確保するとともに，転得者への（転売）代金債権（それは通常，原代金債権よりも価額が大きい）の移転という点で有利なものとして積極的に捉えられるべきものと考えられるのである．そして，物上代位権の行使もまた物権としての先取特権の行使である以上，第三者に対する優先的効力が認められる．債務者が破産した場合であっても先取特権は行使することができ（最判昭和59・2・2民集38-3-431），また，一般債権者が転売代金債権を差し押さえた場合であっても，払い渡しがなされない以上，なお権利を行使することができる（最判昭和60・7・19民集39-5-1326）．

【演習判例】最判平成17・2・22民集59-2-314

(1) 前提事実

　A社は，B社に対し，工作機械3台を代金1億3000万円で売渡し，BはXらにこれを転売した．B社は，平成14年3月1日破産宣告を受け，Cが破産管財人に選任された．Cは，破産裁判所の許可を得て，平成15年1月28日Yに対して本件転売代金債権を譲渡し，同年2月4日Xらに対し債権譲渡の通知をし

た．

　他方で，A社は動産売買の先取特権にもとづく物上代位権の行使として，本件転売代金債権について差押えの手続きを取らないまま，平成14年3月11日Xらから支払いを受けたが，後に，あらためて差押命令の申立てをし，裁判所はこれにもとづき平成15年4月30日差押命令を発し，5月1日にXらに送達された．

　YはXらに対し，本件転売代金債権について支払いを求めた．第1審裁判所は請求を棄却した．理由は，第三債務者であるXらが債権差押命令を要求せずに任意にAに売買代金を支払ったものである以上，Aがその後に債権差押命令を得ることによって民法304条の要件が充足（追完）される，というのである．

(2) **原審判決**

　「民法304条1項ただし書の趣旨・目的等の本件に関連する問題について検討するに，同項ただし書において，先取特権者が物上代位権を行使するためには，物上代位の対象となる金銭その他の物の払渡し又は引渡し前に差押えをしなければならないものと規定されている趣旨・目的は，先取特権者のする差押えによって，第三債務者が金銭その他の目的物を債務者に払い渡し又は引き渡すことが禁止され，他方，債務者が第三債務者から債権を取り立て又はこれを第三者に譲渡することを禁止される結果，物上代位の目的となる債権（目的債権）の特定性が保持され，これにより物上代位権の効力を保全せしめるとともに，他面二重弁済を強いられる危険から第三債務者を保護し，又は目的債権を譲り受けた第三者等が不測の損害を被ることを防止しようとすることにあると解される．

　そして，抵当権設定登記によりその存在及びその効力が物上代位の目的債権に及ぶことが公示される抵当権と異なり，動産売買先取特権は，権利が存在すること及びその効力が物上代位の目的債権に及ぶことが対外的に明らかにされているわけではないから，債権譲渡の対抗要件を具備した目的債権の譲渡よりも動産売買先取特権に基づく物上代位権の行使による差押えが優先するとすれば，債権譲渡により確定的に債権譲受人に目的債権が帰属したとの第三債務者の信頼を害することになることは明らかである．

　また，動産売買先取特権者は，目的物が売却等された場合に当該売買代金債権等に対して物上代位に基づく差押えをすることができるという点で，当該売買代金債権等の譲受人とは，債権が二重に譲渡された場合の第一譲受人と第二譲受人

◇　第17講　先取特権の現代的機能　◇

と類似する関係に立つから，動産売買先取特権に基づく物上代位権の行使と目的債権の譲渡とは，物上代位に基づく差押命令の第三債務者に対する送達と債権譲渡の対抗要件の具備との前後関係によってその優劣を決すべき対抗関係に立つと解するのが相当である．

　以上の民法304条1項の趣旨・目的及び動産売買先取特権の性質並びに関係者の利益状況を総合すれば，先取特権者が差押えを得ないまま，第三債務者から物上代位権の行使として債権の支払を受けることはできず，第三債務者は，目的債権消滅を債務者（目的債権の債権者）又は目的債権を譲り受けた第三者に主張することができず，先取特権者も物上代位権の優先権を主張することができないものと解される．

　Xらは，上記のとおり，いずれもAの差押えがないまま，平成14年3月11日から同月25日の間に参加人に金員を交付したのであるから，Xらは，債権の消滅をA又はYに主張することができず，Aも物上代位権の優先権を主張することができないというべきである．」

(3)　判　　旨

「民法304条1項ただし書は，先取特権者が物上代位権を行使するには払渡し又は引渡しの前に差押えをすることを要する旨を規定しているところ，この規定は，抵当権とは異なり公示方法が存在しない動産売買の先取特権については，物上代位の目的債権の譲受人等の第三者の利益を保護する趣旨を含むものというべきである．そうすると，動産売買の先取特権者は，物上代位の目的債権が譲渡され，第三者に対する対抗要件が備えられた後においては，目的債権を差し押さえて物上代位権を行使することはできないものと解するのが相当である．

　前記事実関係によれば，A社は，Yが本件転売代金債権を譲り受けて第三者に対する対抗要件を備えた後に，動産売買の先取特権に基づく物上代位権の行使として，本件転売代金債権を差し押さえたというのであるから，Xらは，Yに対し，本件転売代金債権について支払義務を負うものというべきである．」

1　コメント

　判例の論点は，動産先取特権にもとづく物上代位による差押えと債権譲渡との優劣関係をどう考えるかにある．抵当権については，抵当権設定登記と債権譲渡の対抗要件具備の先後で決するとするのが判例である（最判平成10・1・30民集52-1-1）．抵当権設定登記があれば，債権譲受人はあらかじめ抵当権，そしてそ

れにもとづく物上代位権の存在を認識することができるから，債権譲渡がなされ，かつ，その対抗要件を備えたとしても，抵当権者には対抗できないと考えられるからである（したがって，これとは反対に，賃料債権の譲渡がなされた後に目的不動産につき抵当権設定（登記）がなされた場合には，抵当権にもとづく物上代位は債権譲受人には対抗できないということになる）．

　ところが，動産先取特権については抵当権のような公示を欠いているため，これとは同日に論じることはできない．物上代位が優先すれば取引の安全を害する．もっとも，これに対しては，動産売買先取特権についてはその被担保債権と転売債権との牽連性が強いこと，現実の動産取引が目的物先渡し代金後払いという常態からすれば，転売代金債権の譲渡を受けるに当たって譲受人はあらかじめ商品代金についての先取特権の存在（原代金債権の未済）を調査しておくことができる，といえなくもないであろう．また，譲受人が先取特権の存在を知りつつ，あえて債権譲渡を受けたような場合であれば保護の必要性は薄まるものといえよう．そもそも，動産売買先取特権が抵当権や所有権留保等の強力な担保手段を取得しておくことが困難な弱小債権者のための担保としても機能していることからすれば，取引の安全をその限りで後退させるといった価値判断もありうる．本件事案での第1審裁判所判決は，この点で興味深い．

　しかし，判旨はそうした立場に立たず，物上代位権による差押えと債権譲渡の対抗要件具備の時期との先後関係で優劣を決する立場を明らかにしている．そこでは，物上代位権行使のための差押えが公示要件としての意味をもつ点で抵当権における物上代位と異なったものになる．債権譲渡は民法304条にいう「引渡しまたは払渡し」には当たらないにもかかわらず，なお，物上代位権による債権譲渡の対抗要件具備の後差押えをしても，債権譲渡に対抗しえないのである．

　なお，本事案におけるように，AがXに対して直接支払を求めた場合，第三債務者たるXは相手方が動産先取特権を有することから，これに応じて任意に支払ってしまうことは珍しくないかもしれない．しかし，Aの支払請求は物上代位権の行使ではないから，Xはこれを拒絶することができる．したがって，Xの支払いは債権の準占有者への弁済に当たらず，Xが二重払いを余儀なくされることになる．むろん，この場合でも，XはAに対して不当利得返還請求権を行使しうる．

271

◇ 第17講　先取特権の現代的機能 ◇

2　動産先取特権を主張する場合の主張立証

　動産先取特権は民法 311 条に 8 種類のものを規定している（①不動産の賃貸借，②旅館の宿泊，③旅客または荷物の運輸，④動産の保存，⑤動産の売買，⑥種苗または肥料の供給，⑦農業の労務，⑧鉱業の労務）．動産先取特権を有する者は，これらの債権の発生原因事実を主張・立証しなければならない．

　動産売買を例に取れば，売主と買主との間の動産を目的とする売買契約締結の事実が請求原因事実である．これに対して，売買代金の支払いがなかったことは請求原因事実ではなく，代金支払いがなされたことが被告の側の抗弁事実になる．また，動産売買先取特権にもとづく物上代位の主張のためには，目的物たる動産が第三者に転売されたこと，債権差押命令・転付命令がなされたことが必要である．物上代位の行使のためには，「引渡しまたは払渡し」がなされていないことが必要であるが，これは抗弁事実になる．

à plus loin

● 先取特権の実行

　先取特権は優先的効力を有し競売権を有する．しかし，動産の先取特権については実行方法について問題がある．動産先取特権を有する債権者が目的物を占有する場合（311条2号，3号等）には，執行官にこれを提出して手続を開始することができる．これに反して，債権者が占有をしていない場合は実行が困難であった．債務者みずからが目的物を債権者に引き渡すか，差押えを承諾することを証する書面を提出しないかぎり，実行が開始されない．ところが，先取特権を有する者が占有者に対してこれを求めることができるか，その法的根拠がなにか，問題となったためである．先取特権は非占有担保であるため，実体法上債務者に対して引渡しを求める権利を有しない．学説および実務も分かれている．そこで，①先取特権の実行の場面にかぎり，売主に先取特権にもとづく引渡請求権を認めて，引渡しを命じる判決または断行仮処分を得て，引渡しを受け，それを執行官に提供する方法，②売主が仮差押命令を受けて目的動産の占有を執行官に得させた上で先取特権実行をする方法，③売買代金債権の債務名義を取得して動産執行申立をし，同時に民事執行法 133 条に従って当該債務名義を証明文書として配当要求する方法が主張されてきた．しかし，②③は代金債権を被保全権利とするものであり，そこから優先権を導くことは困難である．したがって，④売主

が先取特権を被保全権利とする執行官保管の仮処分命令を受けて目的動産の占有を執行官に得させ，先取特権の実行をする方法，あるいは，⑤買主に差押承諾義務を認めて，買主に対して差押え承諾の意思表示を命じる判決または断行仮処分を受けて先取特権を実行する方法，⑥売主が先取特権を有することの確認判決を取得して，先取特権実行をする方法等が主張されてきた．平成15年の民事執行法改正により，債権者の申立てにより執行裁判所が担保権の存否に関する実体的判断をして動産競売開始決定する途が開かれた（190条3号）．

◇ 第18講　抵当権にもとづく物権的請求権 ◇

lecture

1　抵当権とはどのような権利か

　判例は，抵当権侵害の損害賠償請求事件において，「抵当権は所謂一の価格権に外ならず」（大判昭和3・8・1民集7-671）とか，「担保に供したる不動産に付他の債権者に先ちて自己の債権の弁済を受くる一の価格権たるに止ま」（大判昭和9・6・15民集13-1164）るものであるとし，抵当権は価格権であるとしている．
　我妻榮博士は，「抵当権は，債権者が債務者または第三者（物上保証人）が債務の担保に供した物を，質権のように提供者から奪うことなく，その使用収益に委しておきながら，債務が弁済されない場合にその物の価額によって優先的弁済を受けることのできる担保物権である」，そのことが抵当権の法律的性質でもあるとしている．「抵当権者の方面からいえば，目的物の利用価値は所有者のもとにおいて実現させ，自分は単に目的物の交換価値だけを把握し，これを基礎として利息の吸収をはかることができる．抵当権は目的物の物質的存在から全く離れた価値のみを客体とする権利……だということができる」とも説明している．
　したがって，「抵当権は目的物の交換価値から優先弁済を受けることを内容とする物権である」から，「抵当権の侵害を生ずるとは，目的物の交換価値が減少しそのために被担保債権を担保する力に不足を生ずること」であるということになる．
　ここで問題となるのは，以下の3点であると我妻博士はいう．
　①　抵当山林の不当伐採，抵当家屋の取壊し，抵当不動産の附加物や従物の不当分離，目的物の自然的損傷を修理しないことなどが抵当権の侵害となり得る．物価の下落による抵当目的物の値下がりは，それだけでは抵当権の侵害とはいえないが，抵当権実行手続の進行を故意に妨げる間にその値下がりを生じたような場合は侵害となり得る．
　②　「目的物をその経済的用途に従って用益することは，抵当権の侵害とはな

らない」。①の侵害となりうる附加物・従物の分離も，目的物の正当な利用の範囲と認められる限り，抵当権の侵害とはならない（侵害となるかどうかは，目的物の正当な利用の範囲と認められるか否かで決まる）。

③ 「目的物を第三者に用益させることは，抵当権侵害とはなりえない。第三者に用益させる法律関係が不適法な場合でも同様である」。

上記①が抵当権侵害となりうる場合であり，②と③が侵害とならない場合である。判例と我妻博士の所説にそって，少し具体的にみていくことにしよう。

①の抵当山林の不当伐採では，立木が抵当権の目的となるのは，樹木が立木として土地に生立する間に限り，伐採されたときは，不動産たる性質を失い，動産となる。伐採された以上は，抵当権者はこれに対し抵当権の直接の目的としてその権利を行うことができない。立木が不動産である間は登記の規定があるから，立木が抵当権の目的となっていることを知らずに，土地に生立した立木を買い受けた第三者は自己の調査不足である。しかし，立木の伐採した材木を転轢（てんてん）して買い受けた第三者は意外な損失をこうむるがゆえに，伐採された立木は，不動産としては滅失したものとして，抵当権の目的として権利行使することはできない（大判明治36・11・13民録9-1221）。

我妻博士によれば，抵当権は，付加物を含めて目的物の全部を支配する物権であるから，分離された物にも支配力は及んでいるというべきである。だが抵当権は登記を対抗要件とする権利であり，結局，分離物が抵当不動産の上に存在し，登記により公示に包まれているかぎりにおいてだけ，その上の抵当権の効力を第三者に対抗できる，けれどもそこから搬出されたときは，もはや第三者に対抗することができなくなる。（付加物，従物の不当分離については，後述「二　抵当権の効力の及ぶ範囲」での説明を参照）。

③の問題点を前提とする判例が，最判平成3・3・22民集45-3-268である。

事案は，無権原で不動産を占有することとなった元賃借人に対し，抵当権にもとづく妨害排除請求を求めたというものである。

判旨は，我妻博士の抵当権の説明を取り上げたうえで，抵当権は，「抵当不動産の占有する権限を包含するものではなく，抵当不動産の占有はその所有者にゆだねられている……第三者が何らの権限なくして抵当不動産を占有している場合においても，抵当権者は，抵当不動産の占有関係について干渉し得る余地はないのであって，第三者が抵当不動産を権原により占有し又は不法に占有としている

275

だけでは，抵当権が侵害されるわけではない．」としている（なお，上記判旨は，債権者代位権にもとづく請求についてのものを省略している）．

　上記最判平成3年は，第三者が抵当不動産を無権原占有していても，抵当権の侵害とはならないとしていた．しかし，無権原占有者（不法占有者）が抵当不動産を占有していて，抵当権の実行がなされ，競売が開始したが，この不法占有者の存在によって，買受人が現れず，最低売却価額を下げても買受人が現れなかったという事案において，最高裁は，最判平成3年を判例変更して，抵当不動産を無権原占有（不法占有）している場合においても，抵当権侵害はありうることを判示した．

　最大判平成11・11・24民集53-8-1899は，「第三者が抵当不動産を不法占有することにより，競売手続の進行が害され適正な価額よりも売却価額が下落するおそれがあるなど，抵当不動産の交換価値の実現が妨げられ抵当権者の優先弁済請求権の行使が困難となるような状態があるときには，これを抵当権に対する侵害と評価することを妨げるものではないとして，第三者の不法占有があるだけでは抵当権侵害とはならないが，その存在が『抵当権者の優先弁済請求権の行使が困難となるような状態』になれば，抵当権の侵害になり，抵当権者は，抵当不動産の所有者に対して，抵当権の侵害を是正して目的物の担保価値を維持するよう請求する債権があり，その担保価値維持請求権を被保全債権として，抵当不動産の所有者の不法占有者に対する明け渡し請求権を代位（423条）行使して，不法占有者に明け渡し請求をすることができる」と判示した（なお，同判決の原審までの判決は，債権者代位権の被保全債権を貸金債権《金銭債権》としていたのを，上記大法廷判決は，担保価値維持請求権《特定債権》としている．これは，債権者代位権の無資力要件を不用とする被保全債権を特定債権とする転用事例としたかったのではないかと思われる）．

　また同大法廷判決は，傍論で，「第三者が抵当不動産を不法占有することにより抵当不動産の交換価値の実現が妨げられる抵当権者の優先弁済請求権の行使が困難となるような状態があるときは，抵当権に基づく妨害排除請求として，抵当権者が右状態の排除を求めることも許される」としている．

　最判平成3年が，第三者の無権原占有は抵当権侵害とはならないとしていたが，上記大法廷判決は，第三者の無権原占有であっても抵当権者の優先弁済請求権の行使が困難な場合は，抵当権の侵害となる，とした．

　しかし，この判例変更は，我妻抵当権論とは異なった考えを示したものといえ

◇ 第18講 抵当権にもとづく物権的請求権 ◇

るのだろうか．

　我妻博士の侵害論においてとりあげられた問題点として，上記①の末尾には，抵当権実行手続の進行を故意に妨げる間にその値下がりを生じたような場合は侵害となりうる，とされている．これは，大判昭和11・4・13民集15-630（判決要旨は，不法に抵当権の実行を阻害させられたため被担保債権の完済を得る見込みなきに至りたるときは抵当権者は競売前といえども不法行為の損害賠償の請求ができる，としている）を取り上げて説明している．もちろん事案も上記大法廷判決とは異なるが，競売手続きの進行を（結果的に）妨げ，抵当不動産の値下がりにより抵当権者の優先弁済権の行使が困難となったという側面は，同一であるといえよう．我妻博士の侵害論からいっても外れていない考え方といえる．

　上記大法廷判決による判例変更は，従来の抵当権侵害論を大きく変えるものではなかったといえるであろう．

　平成15年に民法371条が改正され，それまでは，抵当権者は，目的物の使用収益には干渉できない，とする抵当権の考え方であったが，その結果，抵当権の効力は，原則的に果実には及ばず（判例は，同条の「果実」は，天然果実を指すとしていた），抵当権実行のための通知到達後は，抵当権の効力は果実にも及ぶ（371条の旧規定）としていたのを，果実は，天然果実のほか，法定果実も含まれるとしたうえで，抵当権の効力が及ぶ時期を早め，抵当権の被担保債権について「不履行があったとき」より後は，「抵当不動産の果実」に効力が及ぶとした．

　このような立法の考え方の変化を受けてか，最判平成17・3・30民集59-2-356は，抵当不動産の権原占有者についても，抵当権にもとづく妨害排除請求の対象となりうると判示し，抵当不動産の所有者は，使用収益について，競売手続を妨害する目的の占有権原を設定することを理由に，権原占有者であっても，その占有権原の設定が抵当権実行の手段である競売手続きを妨害する目的がある場合に，抵当権にもとづく妨害排除請求の対象となるとした．

【演習判例】 最判平成17・3・10民集59-2-365

(1) 事　　案

① 　X社（請負人）―――A社（注文者）
　　本件ホテル建築請負契約

◇ 第18講 抵当権にもとづく物権的請求権 ◇

;請負代金約 17 億円，平成 3 年 4 月完成．

②

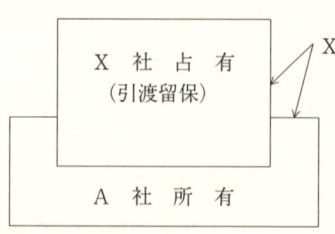

```
  ┌─────────────────┐   X社（抵当権者）
  │   X 社 占 有    │←  a  請負残代金 17 億円を被担保債権（分割払）とする
  │   （引渡留保）  │       第 1 順位の抵当権設定（登記了）
  ├─────────────────┤   b  抵当権実行を停止条件とする賃借権設定（登記了）
  │   A 社 所 有    │       なお，A 社が他に賃貸する場合，X 社の承諾が必要．
  └─────────────────┘
```

③　X社は，A社（A社の代表者はY社の取締役を2年程務める）に完成後の本件ホテルを引き渡す．

④　A社は，分割払金を支払わず，X社の同意を得ずB社（B社の代表者はY社代表者と同一人）に，月額賃料 500 万円（後に 100 万円に減額），期間 5 年，敷金 5000 万円（後に 1 億円に増額）で賃貸し引き渡した．

⑤　B社は，X社の同意を得ず，Y社に，月額賃料 100 万円，期間 5 年，保証金 1 億円で，転貸し，引き渡した．

　　転貸月額賃料は，613 万円が適正額であった．

⑥　X社は，本件土地，本件ホテルの抵当権を実行．最低売却価額は，当初，6 億 4039 万円であったが，その後，4 億 8029 万円に大きく引き下げられた．

⑦　買受人は現れず，売却見込みが立たなかった．また，A社代表者は，X社に本件土地の抵当権を 100 万円の支払いと引き換えに放棄するよう要求していた．

⑧　X社は，本件ホテルの転借人として占有しているY社に対し，抵当権にもとづく妨害排除請求として，建物の明渡しと抵当権侵害による不法行為にもとづく損害賠償（賃料相当損害金）の支払いを訴求する．

(2) 争　　点

①　所有者から占有権原の設定を受けて，抵当不動産を占有する者に対し，抵当権にもとづく妨害排除請求ができるか？

②　抵当権にもとづく妨害排除請求権の行使ができる場合，抵当権者は，直接，自己（抵当権者）へ，抵当不動産の明渡しを請求することができるか？

③　第三者による抵当不動産の占有は，抵当権者に，賃料額相当の損害を発生

◇ 第18講 抵当権にもとづく物権的請求権 ◇

させるか？

(3) ポイントとなったと思われる事実

① Xの抵当権設定時に抵当権実行を停止条件とするXの賃借権が設定され，抵当建物を債務者（所有者）Aが他に賃貸するには，Xの承諾を必要とするなどの合意の存在．

② その後，Aの被担保債務の不履行が発生したほか，Aは，Bに，賃料月額500万円（後に100万円に減額），敷金5000万円（後に1億円に増額），期間5年などの約定で，賃貸し，さらにBは，Xの同意を得ず，賃料月額100万円，保証金1億円，期間5年などの約定で，Yに転貸されたこと．

③ 転貸料月額100万円は，適正な額（613万円）を大幅に下回っていること．

④ YとBの代表取締役は同一人物であり，Aの現在の代表取締役は，一時期，Yの取締役であったこと．

⑤ Xは，抵当権の実行（競売の申立て）をしたが，最低売却価額が6億4039万円から，4億8029万円に大幅に引き下げられても，売却に至らなかったこと．

⑥ Yは，Xに抵当建物の敷地に設定していたXの抵当権を100万円の支払いと引き換えに放棄するよう要求していたこと．

(4) 判　　旨

1 「抵当権設定登記後に抵当不動産の所有者から占有権原の設定を受けてこれを占有する者についても，その占有権原の設定に抵当権の実行としての競売手続を妨害する目的が認められ，その占有により抵当不動産の交換価値の実現が妨げられて抵当権者の優先弁済請求権の行使が困難となるような状態があるときは，抵当権者は，当該占有者に対し，抵当権に基づく妨害排除請求として，上記状態の排除を求めることができるものというべきである．なぜなら，抵当不動産の所有者は，抵当不動産を使用又は収益するに当たり，抵当不動産を適切に維持管理することが予定されており，抵当権の実行としての競売手続を妨害するような占有権原を設定することは許されないからである．」

2 「抵当権に基づく妨害排除請求の行使に当たり，抵当不動産の所有者において抵当権に対する侵害が生じないように抵当権者を適切に維持管理することが期待できない場合には，抵当権者は，占有者に対し，直接自己への抵当不動産の明渡しを求めることができる」．

◇ 第18講　抵当権にもとづく物権的請求権 ◇

3　「抵当権者は，抵当不動産に対する第三者の占有により賃料額相当の損害を被るものではないというべきである．なぜなら，抵当権者は，抵当不動産を自ら使用することはできず，民事執行法上の手続等によらずにその使用による利益を取得することもできないし，また，抵当権者が抵当権に基づく妨害排除請求により取得する占有は，抵当不動産の所有者に代わり抵当不動産を維持管理することを目的とするものであって，抵当不動産の使用及びその使用による利益の取得を目的とするものではないからである．」

1　コメント

(1)　無権原占有者だけではなく，権原による占有者に対しても抵当権にもとづく物上請求を認めた最高裁判例で，まず，(i)抵当権侵害について，最大判平成11年が「競売手続の進行が害され」，「抵当不動産の交換価値の実現が妨げられ抵当権者の優先弁済請求権の行使が困難となるような状態があるとき」は抵当権侵害と評価しうるとしていたことについて，本判決も，上記ポイント事実⑤によって，上記「交換価値実現阻害状態」の要件が充足されるとしている，とされ，(ii)「権原占有」であっても，「占有権原の設定に抵当権の実行としての競売手続を妨害する目的（「競売手続妨害目的」）が認められる場合には，抵当権に基づく妨害排除請求の対象となる旨」を本判決は判示している．(iii)不動産所有者ではなく，抵当権者への（直接の）明渡請求について，最大判平成11年は，その補足意見（奥田昌道判事）で，「更に検討を要する問題である」としていたのを，所有者が抵当権侵害とならないように適切維持管理の期待できない場合には，肯定できるとする限定的肯定説にたつことを明らかにした．そして，その理由は，目的達成のための必要性と所有者の占有利用よりも，抵当権者の保護が優先されても止む得ないとする利益衡量があげられている．(iv)最大判平成11年の奥田判事の補足意見は，抵当不動産の所有者のためにこれを維持管理する目的の抵当権者の「管理占有」を認めていた．その占有目的から，抵当権者は，抵当不動産の使用収益権を有するものではなく，抵当権者は，賃料額相当の損害を被るという根拠はないといわざるを得ない，としている．本判決は，原則的にはこのような考え方によったといえる．

(2)　抵当権侵害について，本判決は，上記⑤の事実から，客観的に「競売手続妨害目的」を認定している．短期賃貸借の保護を定めていた民法の旧規定の395条の「抵当権者に損害を及ぼす」ことを認定される場合の具体的事実は，上記ポ

イントとなった事実②，③が大きな意味をもつ．すなわち，転貸借する場合に，転貸料（月額100万円）より，賃料（当初月額500万円）がきわめて低いということは，通常は考えられない．転貸したことにより，賃貸人は，毎月400万円の赤字を抱え続けることになるからである．保証金，敷金は，高額に設定するとその返還を引き継ぐことを予想した競売不動産の買受人が買受けを躊躇することにもなる．④の事実も，ことさら同じ代表者の会社に転貸し，低額の転貸料と高額の保証金を差し入れさせ（そのように仮想する），それらの事実をもって，「抵当権者に損害を及ぼす」事実としたと思われる．⑤で，客観的に「競売手続妨害目的」を認定できるので，上記事実は，さほど考慮されないと考えるのは，早計といえよう．現行の規定では，抵当権に対抗できない（遅れる）賃貸借は，（買受けの時から6カ月以降は）保護されないから，保証金の高額，賃料の多寡は，関係がなくなってしまったが，いずれもそれらの事実が競売における買受けを躊躇させ，最低売却価額を下げても買受人が出てこなければ，「競売手続妨害目的」を認定することが可能となる．その意味では，我妻博士が取り上げた，抵当権侵害にもとづく不法行為責任を認めた上記大判昭和11・4・13も，競売手続の進行を故意に妨げ，抵当目的物の値下がりを抵当権侵害ととらえていた．「競売手続妨害目的」の事案であったといえ，判例は大審院の時代から，「競売手続妨害目的」を抵当権侵害の基準の1つとして持っていたともいえる．あとは，抵当権設定者の抵当不動産の使用，利用が「競売手続妨害目的」となるか否かの問題が残っていたといえよう．

「競売手続妨害目的」が抵当権侵害の判断基準となった以上，また，短期賃貸借保護の制度が廃止され，物権法の秩序どおり，抵当権に遅れる利用権が抵当権者に対抗し得なくなった以上，その判断のウェイトは，競売の段階，多くは，民事執行法の問題として考えられることになることが予想される．

抵当権者の「管理占有」の具体的内容が明らかにされない以上，抵当権者への明渡しを認めても，抵当権者にとって，物上請求権の行使は，さほど使い易い手段とはならないと思われる．

2 抵当権にもとづく妨害排除請求の場合の当事者の主張立証

抵当権にもとづく妨害排除請求の要件事実は，

妨害排除を求める抵当権者は，

① 抵当権を有していること．

② 抵当権が侵害されていること，

を主張立証することになる．

①の要件の立証は登記がされていれば容易だが，②の要件は，具体的な抵当権侵害の事実を主張立証する必要がある．所有権にもとづく妨害排除請求の場合は，所有権侵害は，相手方（被告）が当該不動産を占有していることの主張立証だけで，必要かつ十分であるが，抵当権は，原則的に設定者側の使用利用，占有に干渉できず，第三者が占有しているだけでは，原則，抵当権侵害とはならない．それゆえ，占拠者の妨害排除請求においては，通常，相手方（被告）の占有の主張立証は，必要ではあるが，それだけで十分とはならない．

少なくとも，判例理論では，第三者が占有していることに加えて，その占有が，「競売手続妨害目的」によるものであり，買受け価額が低落して，交換価値（優先弁済権）の実現が困難となったことの具体的事実の主張立証が必要になってくる．

上記最大判平成11年も最判平成17年も，いずれも抵当権の実行をしたが，最低売却価額を下げても買受人が出てこなかった事例である．実際に「競売手続妨害目的」を立証するためには，抵当権を実行をし，最低売却価額を下げても買受人が現れなかったという事実が必要にもなってくる．この段階に至らないと抵当権にもとづき妨害排除請求ができないということになると抵当権者にとって使い勝手のいいものかどうか問題がある．抵当権の実行前に「競売手続妨害目的」が立証できるか，認定されるかどうかは，現実の問題としては難しいのではないだろうか．民事執行法上の保全処分等の利用で手続的に対処することが早手回しになるということで，抵当権にもとづく妨害排除請求の行使されるケースはさほど多くはないということになるのではないかと思われる．

2　抵当権の効力の及ぶ範囲〈*lecture*〉

抵当権の侵害を考える場合，当然のことながら，抵当権はどの範囲まで効力が及んでいるのかが問題となってくる．抵当権の効力の及ぶ範囲は，370条に規定するとおりで，その解釈ということになる．

他人が権原（たとえば地上権）にもとづき植えた樹木に抵当権の効力は及ばない．抵当権の効力が及んでいる付合物が不動産から分離された（たとえば樹木が伐採された）場合，その付合物（樹木）が分離されたときは，動産となるから抵当権

の効力は及ばなくなる（大判明治 36・11・13 民録前掲）としている．後に，抵当権が実行され，差押えの効力が生じたときは，抵当権者は，立木の伐採を差し止め，木材の搬出を禁止することができる（大判大正 5・5・31 民録 22-1083）としている．

分離された付合物（動産）が搬出されても，もとの場所に戻すように請求することはできないとされている．もっとも，工場抵当法 2 条が適用される動産は，もとの備え付け場所に戻すように請求ができる（最判昭和 57・3・12 民集 36-3-349）．

抵当権の効力は，抵当権設定時の抵当不動産の構成部分にも，従物にも及ぶことになる（最判昭和 44・3・28 民集 23-3-699）．

問題は，抵当権設定後の従物について効力が及ぶかである．

具体的には，抵当不動産の価額に比して高額な従物を抵当権設定後に従物として付着された場合に問題となる．設定時に存している抵当不動産の高額な従物についても，抵当権の効力が及ぶとされている（最判平成 2・4・19 判時 1354-80 は，借地上のガソリンスタンドに高額の地下タンクなどに効力が及ぶとしている）．

また，以下のような裁判例もみうけられる．

東京高判昭和 53・12・26 判タ 383-109 は，劇場兼キャバレーの建物に，抵当権設定後に建物の価格を超える舞台装置などが設置された場合に，これらの従物（舞台装置）に抵当権の効力が及ぶとしている．上記裁判例は，抵当権の対象物件に抵当権の効力が及ぶことの当事者間の明示，黙示の合意の存否を認定し，これは認められないが，主物の差押えの効力として従物に及ぶとしている．そして，「さらに進んで，抵当権の効力はこれに及び爾後所有者も右従物を主物と切り離して恣に処分することができないと解すべき」で，「この点は抵当物件である建物に所有者が増築し，これが附合により 1 箇の建物となった場合に，所有者が右増築部分を抵当権者の意に反して取り壊すことが抵当権の効力により禁止されるのと同断である」としている．

上記裁判例が，抵当権の効力の及ぶ範囲を，まず，当事者の合理的な意思の解釈に求めていたこと．その後に，物件の物理的，経済的一体性に着目していたことに，注意する必要があると考えられる．

なお，借地権などの従たる権利も，物理的，経済的一体性から，その効力が及ぶと考えることになる．

建物の増築に関しては，数個の建物の合体の場合に，最判平成 6・1・25 民集

◇ 第18講　抵当権にもとづく物権的請求権 ◇

48-1-18が,「互いに主従の関係に甲, 乙2棟の建物が, ……工事により1棟の丙建物となった場合においても, ……設定されていた抵当権が消滅することはなく, 右抵当権は, 丙建物のうちの甲建物又は乙建物の価格の割合に応じた持分を目的とするものとして存続する……．けだし, ……甲建物又は乙建物の価値は, 丙建物の価値の一部として存続しているものとみるべきであるから, ……丙建物の価値の一部として存続している甲建物又は乙建物の価値に相当する各建物の価格の割合に応じた持分の上に存続する．」としている．少し法律関係は複雑となろうかとも思われるが, いわゆる抵当権飛ばしを封ずる意味でも, 妥当な判決だと思われる．

à plus loin

● **抵当権の実行**

抵当権の実行には, 担保競売 (任意競売) と担保不動産収益執行 (平成16年から) の2種類がある．

(1) 担保不動産の競売

担保競売を申し立てる実体法上の要件は, ①被担保債権が存在すること．②抵当権が存在すること．③被担保債権の弁済期が到来したことの3つの要件が充たされることが必要である．

担保競売を申し立てる場合, 目的不動産を管轄する地方裁判所に書面で申し立てることとなる (申立て)．競売申立てには, 抵当権の存在を証する文書の提出がなされることが必要である (民執181)．

申立てが適法になされていると認められた場合は, 裁判所は, 不動産競売を始める旨および目的不動産を差し押さえる旨を宣言する競売開始決定が出る．開始決定がなされると, 裁判所書記官は, 「差押え」の登記をするように嘱託をする．その後, 債務者及び所有者に開始決定正本が送達される (開始決定・差押え)．

執行官は, 裁判所の現況調査命令により, 不動産の形状, 占有状況, 占有者の権原等を調査し, 現況調査報告書を作成し, 裁判所に提出する (現況調査)．

評価人 (通常, 不動産鑑定士が選ばれる) は, 裁判所の評価命令によって目的不動産の評価額の調査をし, 評価書を作成して裁判所に提出する (評価)．

評価人の評価にもとづいて執行裁判所が決定する (売却基準価額の決定)

裁判所は, 不動産を買受人がそのまま引き継がなければならない賃借権などの

権利があるかどうか，法定地上権が成立するかなどが記載された物件明細書を作成する（物件明細書作成）．

なお，上記現況調査報告書，評価書，物件明細書を実務では「３点セット」ともいう．

物件明細書作成の後に，売却が実施される．多くは期間入札の方法で行われる（売却実施）．

売却実施にあたっては，新聞等の広告がなされることが多い（新聞等への広告）．

売却手続きが進み，売却許可決定がでて買受人が代金納付をすると，配当手続きに移行し（配当手続）あわせて，嘱託登記，必要があれば引渡命令の申立てをすることになる．

(2) 抵当権者の申立てに理由があると判断されれば，裁判所は，担保不動産収益執行開始決定を出し，担保不動産の差押えの宣言及び債務者（所有者）に対する収益の処分禁止を命じるとともに，管理人を選任したうえ，当該不動産の賃借人等に対し，その賃料等を管理人に交付すべき旨を命じる．管理人は，執行裁判所の監督の下，担保不動産の賃料等を回収し，担保不動産の価値保存のために必要な管理・修繕を行うほか，事案によって，賃貸借の解除，新たな賃貸借契約の締結等を行う．

◇ 第19講　抵当権にもとづく物上代位　◇

lecture

1　372条（304条1項）差押えの意味

　我妻博士は,「抵当権は,……目的物の交換価値を把握し,これを優先的に充てる権利であるから,目的物が何らかの理由でその交換価値を具体化したときは,抵当権は,その具体化された交換価値（代位物）の上に効力を及ぼす.担保物権の物上代位性と呼ばれるものである」と説明している.

　抵当権の物上代位の行使の要件は,「抵当権者は,その払渡し又は引渡しの前に差押えをしなければならない」と規定する.

　では,抵当権の場合,この準用される304条ただし書の差押えについて,判例は,どのように考えているのだろうか.

　まず,304条の先取特権の判例である最判昭和59・2・2民集38-3-431は,代位の目的物である債権について,差押えをしないうちに,債務者に破産宣告がなされても,その債権が譲渡または転付された場合とは違い,債権の特定性は維持されているので,なおこれを差し押さえて物上代位権を行使しうる,としている.また,最判昭和60・7・19民集39-5-1326は,代位の目的となる債権について,一般債権者が差押えまたは仮差押えをしても,先取特権者は,物上代位権を行使することを妨げられない,としている.

　差押えの意義は,物上代位権の効力を保全せしめるとともに第三者が不測の損害をこうむることを防止するところにあり,債権の特定性が保持されればよいとするのが現在の判例の見解といってよい.

　なお,先取特権の判例として,最判昭和62・4・2判時1248-61は,先取特権者が強制執行をなしていても,他に競合する差押債権者等がいる場合,担保権の存在を証明する文書を提出して,優先弁済を主張する必要があるとしている.動産売買の先取特権にもとづく物上代位権者は,担保権の存在を証明する文書を提出して,先取特権にもとづく配当要求などの申し出をすれば,優先弁済をうける

ことができるとしていたが，近時，抵当権の判例がでて，抵当権にもとづき物上代位権を行使する債権者は，「他の債権者による債権差押事件に配当要求をすることによって優先弁済を受けることができない」としている（最判平成13・10・25民集55-6-975）．その理由は，差押えに配当要求を含むと解することはできず，民事執行法154条，同法193条1項は抵当権の物上代位権者が配当要求することを予定していないからだとしている．

　先取特権の差押えには，配当要求が含まれるが，抵当権の差押えには，配当要求は含まれない，と判例はいう．

　304条が準用される抵当権の場合，従前の学説の特定性維持説（価値権説によれば，抵当権の効力が抵当目的物の価値代位物に及ぶのは当然であり，抵当目的物の登記による公示で物上代位の公示として十分である．代位物（債権）が支払われてしまうと債務者の財産に混ざってしまうため，もはや抵当権の効力を及ぼし得なくなる．差押えは単に目的物の特定を保全するための要件にすぎない）と優先権保全説（物上代位は法が特に抵当権に認めた特権であり，目的物の抵当権が消滅して代位物（債権）に物上代位権という優先弁済権が新たに認められるのであるから，抵当権者みずからが差し押さえる必要があり，差押えは，抵当権の効力が及ぶための要件，すなわち，抵当権の保全の要件である）の対立，議論は，民事執行法施行前のものである．物上代位権行使の手続規定が民事執行法に置かれた現在において，実際上，物上代位権者自身の差押え（仮差押え）が要求されている以上，抵当権者自身ではない抵当権者以外の他者の差押えでもよい，と考える場合の特定性維持説はとれないことにはなる．もっとも，同説をとっても，抵当権者自身の差押えが，権利行使に必要だといわざるをえないので，それだけでは他者の差押えで特定性が維持され，物上代位権の行使がなされたということにはならない．

　そもそも差押えは，差押対象物を特定してなされるため，その意味で，特定性維持という考え方は正鵠を得ていないとまではいえない．民事執行法に物上代位権の手続規定が新設された以上，民法の抵当権の物上代位に規定する差押えもその解釈に整合性をもたせる必要が出てくることになる．

　差押えは，第三債務者に対し「処分の禁止・弁済の制限」の法的効果が出てくるという法的意味をもつ．この抵当権者自身の差押えによって，物上代位権者（抵当権者）の優先権確保の前提となることに，現在，どの学説をとっても変わりがないといえるのではないか．

◇ 第19講 抵当権にもとづく物上代位 ◇

　最高裁の考え方は，実体法の観点からは，債務者，一般債権者に対しては，差押えを必要としないが，第三債務者に対しては，その保護のために差押えを要求する，物上代位権には，追及効はないものであると理解されている．第三債務者にだけ，差押えを要件とすると考えることは，法規定がその旨になっていない限り，できないということにもなると思われる．
　動産売買の先取特権などの物上代位は，差押えを権利行使要件とすると，結局，公示のない担保権を認めることになる．もちろん，先取特権自体が公示のない担保物権であるといわれる部分が多い担保物権であるが，公示のないことが多い担保権である先取特権の規定を，公示を対抗要件としている抵当権に準用する場合には，その点の配慮，考慮が必要となってくる．
　そのため一部の学説（差押公示説）は，差押えに公示の機能を認めて，さらに，差押えを，物上代位の優先弁済権を第三者に対して主張するための対抗要件としている．では，この学説のいうように，物上代位権行使の差押えに，公示の機能を認めないと，先取特権と同様に，抵当権にもとづく物上代位権が公示のない担保物権となってしまうことになるのだろうか．
　差押えが公示方法とすると，わが国の物権法秩序からは，それは対抗要件であるともいえるが，そう解すると，当事者である，物上代位権者と抵当権設定者の間には，差押えがなくても物上代位権は効力をもつということにもなる．そもそも，第三者に優先権が認められない当事者間だけの物上代位権を認めても，実際上の意味はほとんどないはずである．
　差押えは，物上代位権の効力要件（成立要件）と考えることができるが，それ自体を，抵当権の場合，対抗要件と考えることはできない．
　抵当権の場合，差押えを公示方法と考えなくても，公示のない担保物権を認めることにはならないと思われる．抵当権の場合，抵当権設定登記が物上代位権の公示もしている（公示を兼ねている）といえる．
　抵当権は，その設定登記によって公示されている．物上代位の対象目的物（債権）は，当該不動産に何らかの牽連性をもつものであり，第三者に不測の損害をこうむらせることはないといえる．
　このような物上代位権の公示を抵当権設定登記にみる考え方は，以下の最判平成 10・1・30 民集 52-1-1 で明らかになった．

【演習判例】 最判平成10・1・30 民集52-1-1

　この判決は,「抵当権の効力が物上代位の目的債権についても及ぶことは抵当権設定登記により公示されているとみることができ」る,と判示している.また,これは,第三債務者保護説(差押えの趣旨目的は,第三者の保護というのではなく,主として,二重弁済を強いられる危険から第三債務者を保護するという点にある)をとった判例だといわれている.

(1) 事　案

　Aに対する債権につきB所有の不動産に抵当権が設定され,その抵当権者Xが,物上代位権を行使して差し押さえた平成5年7月分から平成6年3月分までの合計9カ月分の上記抵当不動産の賃料債権を,賃借人であるYに対して取立訴訟により請求した.これに対して,Yは,上記賃料債権は,抵当権者であるXによる物上代位の差押えより前に,BからCに債権譲渡され,債権譲渡の対抗要件(確定日付あるYの承諾)も具備しているから,Yが,弁済義務があるのは,Cに対してである,と主張して争った.

(2) 判　旨

　法が抵当権の「1　物上代位権を行使するには払渡し又は引渡しの前に差押えをすることを要するとした趣旨目的は,主として,抵当権の効力が物上代位の目的となる債権にも及ぶことから,第三債務者は,右債権の債権者である抵当不動産の所有者(抵当権設定者)に弁済しても弁済による目的債権の消滅の効果を抵当権者に対抗できないという不安定な地位に置かれる可能性があるため,差押えを物上代位権行使の要件とし,第三債務者は,差押命令の送達を受ける前には抵当権設定者に弁済をすれば足り,右弁済による目的債権消滅の効果を抵当権者にも対抗することができることにして,二重弁済を強いられる危険から第三債務者を保護するという点にあると解される.

　2　右のような民法304条1項の趣旨目的に照らすと,同項の『払渡又ハ引渡』には債権譲渡は含まれ(ない).けだし,(一)民法304条1項の『払渡又ハ引渡』という言葉は当然には債権譲渡を含むものとは解されないし,物上代位の目的債権が譲渡されたことから必然的に抵当権の効力が右目的債権に及ばなくなるものと解すべき理由もないところ,(二)……第三債務者は,差押命令の送達を受ける前に債権譲受人に弁済した債権についてはその消滅を抵当権者に対抗す

289

◇ 第19講 抵当権にもとづく物上代位 ◇

ることができ，弁済をしていない債権についてはこれを供託すれば免責されるのであるから，……第三債務者の利益が害されることとはならず，(三) 抵当権の効力が物上代位の目的債権についても及ぶことは抵当権設定登記により公示されているとみることができ，(四) 対抗要件を備えた債権譲渡が物上代位に優先するものと解すると抵当権設定者は，……容易に物上代位権の行使を免れることができるが，このことは抵当権者の利益を不当に害する……．そして，以上の理は，物上代位による差押えの時点において債権譲渡に係る目的債権の弁済期が到来しているかどうかにかかわりなく，当てはまるものというべきである．」

(3) ポイントとなった事実

① Bが所有し，物上保証した本件抵当不動産は，賃貸用建物（本件建物）とその敷地であり，複数の賃貸人に賃貸していた．Aの銀行取引停止処分直後の平成5年1月12日，Bは，本件建物を一括してYに賃貸した（月額賃料200万円，賃借権設定登記済み）．

② Bは，平成2年9月28日，被担保債権をAのXに対する30億円の借入金債務を主債務とする物上保証をした（抵当権設定登記は，上記同日）．

③ Aが上記銀行取引停止処分受けた約3カ月あとの平成5年4月19日に，Cは，Bに対して7000万円を貸し付けた．

④ Xは，平成5年5月10日，抵当権の物上代位にもとづく差押え（差押命令送達時以降に支払期にある分から請求債権額38億余円にみつるまで）を申し立て，平成5年6月10日，第三債務者に送達された．

⑤ Bは，平成5年4月20日，Cに，Yに対する平成5年5月分から同8年4月分までの賃料債権を譲渡した．Yは，この譲渡を承諾し，公証人による確定日付（平成5年4月20日付け）を得た．

①から⑤までの事実から，Yが，Bと結託し（Bに強制され？），Xの抵当権の物上代位による差押えを免れるために，債権譲渡がなされたことが推察できる．

● コメント

本判決について調査官解説は，差押えの主要な趣旨は，第三債務者の保護にある（競合債権者の保護や特定性維持は，第三債務者を保護することによる反射的利益にすぎない）として，物上代位の差押えの学説の考え方を批判している．すなわち，

① 特定性維持にあるとみる説は，何人の差押えによっても抵当権者によっても抵当権者による物上代位権の行使が可能とする考え方に容易に繋がり，民法

304条1項本文の文理に反する，と批判されているが，民事執行法の制定で，物上代位権者の差押え，先取特権の場合の配当要求などが物上代位権行使の要件とされ，前段部分は，差押えに特定性維持の機能がないとしない以上，決定的な批判とはならないのかもしれない．

② 債務者の一般財産への混入防止による第三者の保護とみる説は，差押えを要件とするための結果の説明をしているにすぎないものと批判されている．

③ 競合債権者との間の優劣を定める対抗要件とみる説は，抵当権者の利益を軽視し過ぎており，とくに一般債権者が単に差し押さえたにすぎない場合であってももはや物上代位権を行使できないとすることは，収用補償金，火災保険金，損害賠償金等についての物上代位を認めた趣旨からみると，抵当権者の利益保護について薄きに過ぎるものである，と批判されている．

【演習判例】 最判平成 10・3・26 民集 52-2-483

(1) 事　案

① YのAに対する2億1,939万余円の債権に対し，執行認諾文言入りの公正証書を作成した．

②

```
┌─────────┐
│ A 所 有  │      ← Y
│   ↓     │   差押え（平成3年7月分以降の賃料債権
│ Bに賃貸 │     ↓↓　　を上記公正証書での差押え申立て）
└─────────┘
```

《　月額賃料 248 万余円　》

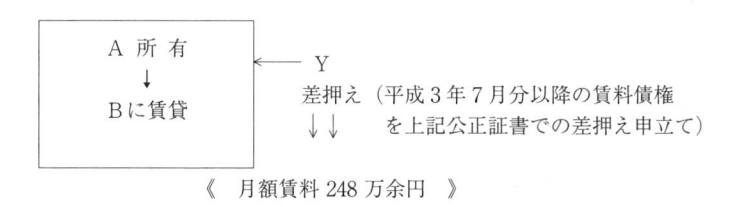

③ 平成3年6月3日，執行裁判所は，差押命令を発令し，同6月5日，第三債務者Bに上記差押命令送達（差押命令の効力発生），同6月13日，債務者兼所有者Aに上記差押命令を送達した．

④ 平成3年7月19日，上記差押えがなされた後，本件建物に極度額5900万円の根抵当権を設定（根抵当権者X，設定者A）．同日に抵当権設定登記をした．

⑤ 平成4年9月18日，Xは，上記抵当権にもとづく物上代位権による（本件建物の平成4年9月分以降の）賃料債権の差押えを申し立てた．

◇ 第 19 講 抵当権にもとづく物上代位 ◇

　　同 9 月 18 日，第三債務者 B に差押命令が送達，同 10 月 11 日，A に上記差押命令が送達された．
⑥　B は，4 カ月分の賃料を供託し，執行裁判所は，上記供託額＋利息－手続費用＝996 万余円を配当すべき金額とし，X と Y の債権額に按分して，Y の配当額 752 万余円，X の配当額 243 万余円の配当表を作成し，配当表に異議はなく，確定し，配当表どおりの配当を実施した．
⑦　抵当権者 X が一般債権者 Y に対し，自己に全額配当されるべきであったとして Y 配当分につき，不当利得の返還請求の訴えを提起した．

(2) 争　　点

債権について一般債権者の差押えと抵当権者の物上代位にもとづく差押えが競合した場合，両者の優劣及びその判断基準．

(3) ポイントとなった事実

①　本件建物は A の所有であり，A は，本件建物を B に賃貸していた（月額賃料額 248 万余円）．
②　Y は，A に対する 2 億 1,939 万余円の債権の執行証書に基づき，A の B に対する本件建物の平成 3 年 7 月分以降の賃料債権の差押えを申し立て，平成 3 年 6 月 3 日に差押命令が発せられ，A には，同月 13 日，第三債務者である B には同月 5 日（この日に差押命令の効力発生）にいずれも送達された．
③　X と A は，上記差押命令に遅れて，平成 3 年 7 月 19 日，本件建物について，極度額 5,900 万円の根抵当権を設定し，その登記も同日完了した．
④　X は，上記根抵当権にもとづく物上代位権の行使として，A の B に対する本件建物の平成 4 年 9 月支払分以降の賃料債権の差押えを申し立てた．執行裁判所は，平成 4 年 9 月 18 日，差押命令を発し，A には同年 10 月 11 日，B には同年 9 月 21 日に送達された．
⑤　第三債務者 B が供託した配当すべき金 996 万余円を，Y と X の届出債権額に按分し，Y の配当額 752 万余円，X の配当額 243 万余円の配当表どおりの配当がなされた．

(4) 判　　旨

「一般債権者による債権の差押えの処分禁止効は差押命令の第三債務者への送達によって生ずるものであり，他方，抵当権者が抵当権を第三者に対抗するには抵当権設定登記を経由することが必要であるから，債権について一般債権者の差

押えと抵当権者の物上代位権に基づく差押えが競合した場合には，両者の優劣は一般債権者の申立てによる差押命令の第三債務者への送達と抵当権設定登記の先後によって決せられ，右の差押命令の第三債務者への送達が抵当権者の抵当権設定登記より先であれば，抵当権者は配当を受けることができないと解すべきである.」

1 コメント

(1) 本判決の争点は，一般債権者が目的債権について差押命令を取得したときにも，その後に，抵当権者は，物上代位権の行使をすることができるか，というところにある．

本件の場合は，一般債権者の差押命令がなされた後に抵当権が設定され登記された場合にも，抵当権者は，物上代位権を行使できるか，という点だとすれば，さほど問題がないようにも思える争点ともいえる．しかし，一般債権者の債務名義による債権の差押えには，優先権は認められておらず，差押えが競合すれば，第三債務者は，その債務金を供託する義務を負い，供託された債務金（供託金）は，差押債権者の各債権額の按分で配分（配当）を受けることになる．すなわち，差押えの先後で，競合する差押えの優先性は決まらないため，後から，抵当権者が物上代位にもとづいて差押えがあっても，先の一般債権者の差押えが優先するということにはならず，それどころか一般債権者より優先権をもつ抵当権者の差押えであるため，後からの差押えであっても抵当権者の差押えが優先する，という余地もある．実際，本判決の第1審は，配当手続において，後に差し押さえた抵当権者が一般債権者に優先するとしている．

原審と本判決（最高裁）は，一般債権者が優先するとしている．本判決は，抵当権者は，抵当権設定登記を経由しなければ，第三者（一般債権者）に対抗できないから，一般債権者が優先し，供託金全額配当を受けることができるとしている．

では，抵当権者は，一般債権者的な取扱いを受け，お互いの債権額の按分の配当を受けることができないのだろうか．

一般債権者の先になされた債権の差押えの処分禁止効は，差押命令の第三債務者への送達によって生じ，手続相対効の観点から，一般債権者の差押えの効力が発生した後の担保設定は，対抗要件を具えても抵当権の物上代位の効力を主張できない，ということになる．また，本判決は，抵当権の物上代位権行使の対抗要

◇ 第19講　抵当権にもとづく物上代位 ◇

件は，差押えではなく，抵当権設定登記であるとし（差押え対抗要件説の否定），そのうえで，「払渡又は引渡」前に差押えが必要とされた趣旨の第三債務者保護説をとると，第三債務者は，差押債権者（一般債権者）に弁済をすれば足り，差押債権者（一般債権者）は，賃料債権の弁済を有効に受領することができ，もちろん，抵当権者から不当利得返還をいわれることはない．抵当権設定登記が一般債権者の賃料債権の差押えに後れる場合には，一般債権者の申立てによる債権執行事件が係属する限りは，抵当権者の物上代位による差押えは効力を有しないものと扱われ，各債権額に按分した配当も受けられないことになる．

なお，抵当権設定登記が第三債務者への送達より先であれば，一般債権者は，抵当権者に劣後して配当を受けることになる．

(2)　上記は，一般債権者が差押命令を得た場合の優劣の問題であるが，一般債権者が転付命令を得た場合の優劣問題については，最判平成14・3・12民集56-3-555がある．

同判例は，抵当権の物上代位の目的となる債権に対する転付命令は，これが第三債務者に送達される時までに抵当権者により当該債権の差押えがされなかったときは，その効力を妨げられない，としている．事案の物上代位の対象目的債権は，買収補償金債権である．

前述の最判平成10・1・30は，債権譲渡より物上代位を優先させるとし，その理由をあげているが，そのほとんどが転付命令に当てはまる，としている．

しかし，民事執行法上の観点からの考慮も加えておく必要がある．物上代位権は，実体的には，担保権の効力である優先弁済権を有するが，民事執行法上は，物上代位の差押えも通常の差押えと区別せずに同一のものと取り扱っており，実体法的には優先弁済権を有するが，手続法的には一般の債権差押えの制約が課されることになる，といわれている．手続法的に，転付命令は，第三債務者に送達され，執行抗告期間が徒過しあるいは執行抗告が棄却されることにより確定し，確定により執行手続が終了するとともに，第三債務者への送達時に遡って効力が生じることになる（民執160条）．転付命令は，第三債務者へ送達される時以降，転付債権者に転付債権が独占され，抵当権の物上代位権行使についても，転付命令が第三債務者に送達されて以降，もはや権利行使する余地はないとすることも可能ではないか，とされている．実体法的には，転付命令と債権譲渡と区別して扱う理由はないが，上記手続法上の制約により，転付命令が優先すると説明する

ことができる，とされている．

2 抵当権にもとづく物上代位権を主張する場合の主張立証（行使の方法）

抵当権の物上代位の主張の前提となる要件事実は，次のとおりである
① 抵当権の存在，
② 抵当権の被担保債権の存在と被担保債権の履行期の到来，
③ 代位対象物（債権）

抵当権者は，「担保権の存在を証する文書」（多くは，抵当権設定登記がなされている登記簿謄本）を提出した場合に限り，物上代位権にもとづく差押命令の申立てができる．先取特権の場合と違い，他の債権者による債権差押事件に配当要求をすることでは，優先弁済権を確保できないとされている（最判平成 13・10・25 前掲）．

à plus loin

1 賃料債権への物上代位

(1) 賃料債権については，従来の通説（我妻博士など）は，物上代位を肯定していたが，その後の学説の多くは，物上代位を否定する説を展開している．

①抵当権が目的不動産の果実に効力を及ぼさないこと（平成 15 年改正前の民 371 条）との調和，②抵当権設定者にできるだけ自由な経済活動を許すことが望ましいこと，さらに，③抵当目的物の使用収益権が目的物の所有者にあるのが抵当権の特性であり，抵当権者に対抗できない利用権は，当然のことながら，抵当権者に対抗できず，抵当権者は損害を受けないことなどを，否定する理由としていた．

しかし，最判平成元・10・27 民集 43-9-1070 は，供託された賃料の還付請求権の事案であるが，規定に反した解釈をする必要はなく文理解釈によるべきこと，非占有担保であることに変わりのない先取特権と抵当権で違う結論を出すのはおかしい，設定者の使用対価について抵当権を行使させても，設定者の目的物の使用を妨害したことにはならないなどの理由をあげ，無条件肯定説の立場をとり，抵当権が消滅するまでは，賃料債権に対する物上代位権の行使は可能であるとしている．

(2) 転貸料債権については，賃料債権に対する物上代位を肯定しても，転貸料は，直接的には抵当権の負担を受けない賃借人が，転貸借契約によって取得するものであることから，これを当然に肯定する結論はでてこないといわれている．

◇ 第19講　抵当権にもとづく物上代位 ◇

　転貸料の取扱いについて，従来，東京地裁執行部は，原賃貸借が抵当権設定後に行われた場合に限って物上代位を認め，大阪地裁では，より限定的に，所有者と転貸人が同一視される場合や原賃貸借が詐害的である場合には，契約締結時期如何にかかわらず認めていたといわれていた．

　最決平成12・4・14民集54-4-1552は，抵当権者は，抵当不動産の賃借人を所有者と同視することを相当とする場合を除き，賃借人が取得する転貸賃料債権について物上代位権を行使することができない，とした．

　抵当不動産の賃借人は，物的責任を負担するものではなく，自己に属する債権を被担保債権の弁済に供されるべきではなく，抵当権に準用される304条1項に規定する「債務者」には，原則として，抵当不動産の賃借人（転貸人）は含まれないと解され，物上代位の目的とすると，正常な取引により成立した転借人の利益を不当に害することにもなる，とその理由をあげている．

　(3)　賃料債権の消滅と物上代位権について，最判平成14・3・28民集56-3-689は，敷金が授受された賃貸借契約に係る賃料債権につき，抵当権者が物上代位権を行使してこれを差し押さえた場合において，当該賃貸借契約が終了し，目的物が明け渡されたときは，賃料債権は，敷金の充当によりその限度で消滅する，としている．

　物上代位による差押えも処分禁止効を有するから，差押後に，敷金充当により債権が消滅するということはないのではないか，とも思われる．現に，最判平成13・3・13民集55-2-363は，抵当権者が物上代位権を行使して賃料債権の差押えをした後は，抵当不動産の賃借人は，抵当権設定登記の後に賃貸人に対して取得した債権を自働債権とする賃料債権との相殺によって，抵当権者に対抗することができない，としている．物上代位の差押えも処分禁止効を有するが，差押後に取得した自働債権をもって代位目的債権を相殺することができないとする民法511条の適用を排除するものではないが，上記最判平成13年の法理は，その適用を不要とするものである，といわれている．

　債務者の処分を禁止するだけで第三債務者の地位に影響を与えない相殺は，差押えによる処分禁止効に触れないが，差押後に取得した債権は，自働債権とできない，というのが民法511条であると解されている．そして，差押えにより現実化した優先弁済請求権との調整の問題を扱うものではない，と説明されている．

なお，上記最判平成13年の事案では，相殺の自働債権が保証金返還請求権であるが，既に解約された賃貸借契約に係るもので，物上代位の対象となっている賃料債権との関係では，いわば一般債権であったことが指摘されている．最判平成13年の保証金返還請求権が既に解約された賃貸借契約で残っていたかたちになっていて，残存していた保証金返還請求権のその後の賃料債権との相殺の問題であり，そのような事情があるのであれば，相殺の担保的機能は働かず，簡易決済機能，公平保持機能までしか働かなかったものである．

　上記最判平成13年の事案は，平成9年2月3日に従前の賃貸借契約を同年8月31日に解消し，翌日の9月1日から従前差し入れられていた保証金の一部を8月31日までに返還することを賃貸人が約束していたにもかかわらず，不履行したので，9月27日に不履行の保証金返還債務と賃料債務を対等額で相殺する合意をし，その後に，賃料債権について抵当権の物上代位の差押えがなされたというものである．この事案の返還される予定の保証金は，賃料債権の担保から離脱していたものであったともいえる．賃料債権の担保の意味をもっていない保証金返還請求権の相殺合意は，担保的機能を有せず，たかだか公平保持機能しか認められない相殺合意でしかないといえるから，抵当権設定登記で公示され，優先権をもつ物上代位権の差押えに劣後することになる，と考えることが可能である．この場合，敷金の法的意味を吟味することで，判旨が理解できよう．

　本判決の中村也寸志調査官の解説にあるように，敷金契約は，賃貸人のための担保を目的とするという性質を有するが，担保権としては構成されていない．しかし，賃貸人の意思にかかわらず，敷金が当然充当され，賃貸人に敷金を充当するか否かの自由はなく（相殺であれば，相殺するかしないかの自由がある），敷金契約は，賃料等の支払方法に関する契約であるとも考えることが穏当な結論を導きだすことになると思われる．

2　買戻代金債権への物上代位

　不動産の買戻特約付売買の売主の買戻代金債権は，物上代位の目的債権となるのか．

　最判平成11・11・30民集53-8-1965は，買戻特約付売買の買主から目的不動産につき抵当権の設定を受けた者は，抵当権にもとづく物上代位権の行使として，買戻権の行使により買主が取得した買戻代金債権を差し押さえることができるとしている．すなわち事案は，買戻特約登記の後に，目的不動産に抵当権が設

◇ 第19講 抵当権にもとづく物上代位 ◇

定されたというものである．

　上記最判平成11年は，買戻しによる目的不動産の所有権の買戻権者への復帰に伴って消滅するが，抵当権設定者である買主やその債権者等との関係においては，買戻権行使時まで抵当権が有効に存在していたことによって生じた法的効果までが買戻しによって覆滅されることはない．また，買戻代金は，実質的には，目的不動産の所有権の復帰についての対価とみることができ，目的不動産の価値変形物として，抵当権に準用される304条にいう目的物の売却又は滅失によって債務者が受けるべき金銭にあたる，としている．

　不動産売買の買戻しの買戻権は，解除権の留保として構成されている（579条．判例）．買戻しの買戻代金債権に対する物上代位の可否の問題は，解除の遡及効との関係で論じられることになる．

　①　物上代位を否定する説は，抵当権にもとづく物上代位は，抵当権の存在を前提とするものであるから，買戻権の行使により抵当権が遡及的に消滅する以上，物上代位権が生じる余地はない，としている．

　②　この説は，抵当権設定が遡及的に失効する以上，物上代位権の生ずる余地はないのは，①説と同様であり，抵当権設定を買主による転売と同視して，買戻代金債権について抵当権者に法律上当然優先弁済受領権が生じ，売主は，抵当権の被担保債権の限度において買戻代金を抵当権者に優先的に返還しなければならない，としている．

　③　肯定説は，抵当権の遡及的消滅は，買戻権者に完全な不動産所有権を回復するために認められたものであるため，物上代位の可否は，買主の債権者間の利益調整の問題で，買戻しの効果とは別個の問題である．物上代位を肯定することは，買戻権者の右利益に抵触するものではなく，かえって買主の債権者間の利害調整として妥当であり，目的不動産の担保利用を容易にするものであるから，これを肯定すべきである，としている．

　①の考え方については，買戻権者への完全な所有権の復帰という買戻しの本来的効果ないし買戻権者の利益を何ら害するものではないにもかかわらず，買戻しにより買主やその一般債権者との関係でも優先権が主張できなければ，抵当権者の通常の合理的期待に反し，妥当でない，と反論されている．

　利益衡量の結果，物上代位を肯定すべきとしても，その法律構成は多岐に分かれている．

◇ 第19講 抵当権にもとづく物上代位 ◇

　上記最判平成11年は，解除の効果についていわゆる直接効果説をとる通説判例の立場を踏襲しつつ，買戻しの特殊性（解除権の留保として構成されているとはいえ，物権取得権的性格を帯有し，実質的には所有権移転原因として機能している）に着目することにより肯定説に与したものと思われる，としている．
　買戻代金債権は，もともと目的不動産の売買代金として売主に交付された金銭につき，契約解除による取引関係の清算ないし巻き戻しとして買主への返還が命じられ，実質的には目的不動産の返還（所有権の復帰）についての対価であり，広義では，抵当権の目的物の価値変形物であるといえる，とされている．
　買戻しの目的如何にかかわらず，抵当不動産の価値変形物であるといえるのであれば，買戻特約登記に遅れる抵当権設定が，買戻しがなされたことによって抵当権が消滅することは，きわめて形式論理で，実質を損なうものである．
　買主は，買戻しの実行まで，買受け不動産を使用利用でき，買戻しが実行されれば，不動産の所有権，利用権を失うが，それに見合う代金が得られ，また，買戻特約が付いた不動産で，金融の便が得られることになる．形式論理では，買戻しが実行されれば，抵当権者は，せっかくとった担保を失い，抵当権者の設定時の意思に反する結果ともなるため，売主の利益が損なわれないかぎり，実際上の物上代位権の行使は認められねばならないと思われる．もっとも，オーバーローンとなっている場合にまで，抵当権の被担保債権の限度まで，買戻代金に優先権を認めることができない．
　一方，不動産の通常の売買の売買代金が物上代位の対象となるかどうかについては，学説上争いがあり，物上代位の対象とならないとする有力説は，その理由として，抵当権には追及効があることから，買主が所有するに至った抵当不動産の実行をすればよく，また場合によっては，代価弁済を受ければよいとしている．
　優先する買戻特約は，買戻しが実行された場合，売主に抵当権の追及効は及ばず，その結果，売主は，抵当権の負担のない所有権が取得でき，抵当権者は，代価弁済的に買戻代金をもらって，抵当権を完全に消滅させると考えるか，抵当権に追及効はないが存続している抵当権の物上代位権にもとづき買戻代金の差押えを認めるかのいずれかである．買戻特約売買の権利を目的不動産に付従する権利ととらえ，その権利が抵当権に優先する場合は，抵当権の追及効だけが認められないものと考える．抵当権の追及効だけが，対抗要件が劣後することにより否定されるが，価値変形物に対しての物上代位権だけは残っている，と考えられる．

299

◇ 第20講　法定地上権 ◇

lecture

1　なぜ法定地上権という制度が設けられたのか

　わが国の民法では，土地と建物は相互に独立した別個の不動産として扱われる．それゆえ，たとえばXが土地とその上の建物を所有するとき，土地のみあるいは建物のみを売却したり，また土地と建物を別々に売却することも自由である．このような任意の譲渡により土地と建物の所有者が別々になるときは，通常は土地・建物の所有者同士の合意により建物のための土地利用権が設定される．
　また，抵当権設定に際してもXは土地のみに抵当権を設定することもでき，抵当権の実行として土地が競売に付されたときにも，土地と建物の所有者は別々になる．しかしこのとき，土地利用権の設定を当事者の意思にゆだねるとすると，Xが買受人から土地利用権の設定を受けられるとは限らない．買受人の同意が得られない限り，Xは無権原で買受人の土地を占有していることになり，買受人から請求されれば建物を収去し土地を明け渡さなければならない．このような結果は，まだ利用価値のある建物を途中で取り壊さなければならないとなれば社会経済的に見て望ましくないであろう．かといって，Xとしては建物の取壊しを回避するためにあらかじめ建物のために土地利用権を設定しておくこともできない．わが国では，混同の法理があり，自分の建物のため自分の土地に利用権を設定すること（いわゆる自己借地権）を認めていないからである（ただし，借地借家法15条の場合を除く）．
　そこで388条は，同一所有者に属する土地または建物に抵当権が設定され，競売の結果別々の所有者に帰属することになったときは，法律上当然に，建物のために地上権が設定されたものとみなすこととした．これが法定地上権制度である．法定地上権が成立することによって，建物所有者は適法に土地を利用できるようになる（このほか，類似のケースで法定地上権を認める規定として，民事執行法81条，国税徴収法127条1項，立木法5条，法定賃借権を認める規定として仮登記担保法10

条，388条を準用するものとして工場抵当法16条1項，鉱業抵当法3条があるが，ここでは民法上の法定地上権を対象とする）．

　たしかに，通常，土地のみに抵当権を設定するとき（以下，「土地抵当型」という），Xは抵当権実行後も建物を利用し続ける意思を有するであろうし，抵当権者もそれを認識できるだろう．逆に建物のみに抵当権を設定するときは（以下，「建物抵当型」という），抵当権の実行により買受人が現れ建物を利用することをXも当然予測するはずである．そうすると，法定地上権の成立は，抵当権設定当事者の意思にもかなうとみることができよう．このように，法定地上権の根拠は，当事者の合理的意思の推測と建物保護という公益的要請に求められている．

2　一括競売制度が有する意味

　法定地上権が成立する場合には，特に土地抵当型では，利用権の負担があるため土地の担保価値は下落する．もっとも，抵当権者が抵当権設定時に法定地上権の成立を予測できれば，それによる減価分を考慮して被担保債権額（根抵当であれば極度額）を決めることができるのだから，抵当権者が予想外の不利益をこうむることはなかろう．そこで，抵当権者が不測の損害をこうむらないよう，抵当権設定時に土地上に建物が存することが法定地上権成立の要件の1つとされている．よって，更地への抵当権設定後に築造された建物については法定地上権は認められないことになる．

　しかし，土地抵当権設定後に築造された建物については法定地上権が成立せず，土地が競売されると建物収去が不可避であるとすることにも不都合が伴う．建物所有者にとって不利益であり社会経済的に見て望ましくないだけではない．土地のみを競売するときは，買受人に建物収去の負担を負わせることになるため，売却が困難となり抵当権者にも不利益となる．土地・建物を一括して売却する方が売却が容易となり，抵当権者にとって望ましいこともあろう．そこで，民法は389条で一括競売の制度を設けている．

　これは，土地抵当権設定後に建物が築造された場合には，抵当権者は土地とともに建物をも競売することを許すものである．もちろん，抵当権者が担保価値を把握しているのは土地についてだけであるから，抵当権者は土地の売却代金のみから優先弁済を受けられるにすぎない．しかし，一括競売により，競売の結果土地と建物の所有者が別々になって建物が取り壊されるという事態は回避できる

◇　第20講　法定地上権　◇

（したがって，建物所有者が抵当権者・買受人に対抗できる土地利用権を有する場合にはこの制度を用いる必要はないから本条の適用はない（389条3項））．また，抵当権者としては売却による被担保債権回収の可能性が高まる．建物所有者としても，単に建物収去を命じられる場合に比べると一部であれ投下資本の回収が可能になるというメリットがある．このように，一括競売という制度は，建物の収去に伴う不経済を抵当権者が回避するために選択できる手段であり，抵当権者の権利であって義務ではないとされている．

　389条は，当初，土地抵当権設定者が建物を築造した場合にのみ適用があるものとされていたが，第三者が築造した場合にも上記のことはあてはまるとして，平成15年改正により，第三者が築造した建物についても一括売却が可能になった．こうして，一括競売制度は，法定地上権制度と相まって，土地と建物が別個の不動産であることに由来する不都合を回避する役割を果たしているといえよう．

　なお，更地に抵当権が設定された場合に，設定後に築造された建物への保護が一切否定されるとするならば，設定後も土地所有者に使用収益権が留保されている意義が失われるとして，この場合にも原則として法定地上権が成立するとする有力説もある（加藤一郎「抵当権と利用権」谷口知平＝加藤一郎編『新民法演習2』247（有斐閣，1967年），柚木＝高木・新版注釈民法（9）365，松本恒雄「抵当権と利用権の調整についての一考察（1）」民商80-3-313（1979年）など）．これによると，一括競売は抵当権者が法定地上権の負担を免れる方法，あるいは抵当権者の義務と位置づけられることになる．このような法定地上権の成否と，一括競売の位置づけをめぐる議論においては，抵当権と利用権を調和させつつ建物の保護をはかるにはいかなる方法によるのがよいのか，ひいては土地と建物は別個の不動産という建前をどこまで維持すべきかということも問われているように思われる．

3　法定地上権の成立要件

　ここで，388条所定の法定地上権の成立要件を確認しておこう．①抵当権設定時に土地の上に建物が存すること②抵当権設定時に土地と建物が同一の所有者に属すること③土地または建物に抵当権が設定されたこと，さらに④競売の結果，土地と建物が異なる所有者に属するに至ったこと，が要件となる．

　(a)　**抵当権設定時に土地の上に建物が存在していること**　　すでに述べたよう

に，法定地上権の成否については抵当権設定当事者の意思，特に抵当権者の認識が重要な意義をもつ．土地抵当権設定時に土地上に建物が存在していなければ，抵当権者は，更地であることを前提に土地の担保価値を評価している．仮にこのときにも法定地上権が成立することを認めると，抵当権者は抵当権設定時に認識できなかった事情によって土地の減価という不利益をこうむることになってしまう．そこでこの要件が設けられている．

　　（i）更地への抵当権設定の場合　　更地への抵当権設定後に土地所有者が建物を築造しても，法定地上権は成立しない（大判大正4・7・1民録21-1313）．仮に，更地への抵当権設定時に建物の建築工事が始まっており，抵当権者が建物築造に承認を与えていたとしても，抵当権者が更地であることを前提として担保評価をしていた限りでは法定地上権は成立しないとされており（最判昭和36・2・10民集15-2-219），抵当権者の担保評価が重視されている．もっとも，抵当権設定時に土地抵当権者が建物築造を承認し，設定者との間で建物のため将来的に地上権を成立せしめる合意をしていた事例で，買受人保護の観点から法定地上権を否定した判決もあり（大判大正7・12・6民録24-2302），常に抵当権者の認識と評価のみが絶対視されていたわけではないこともうかがえる．

　　（ii）抵当権設定後に建物滅失した場合　　抵当権設定時には建物が存在したが，競売時に建物が滅失していた場合には，競売に伴って建物が収去されることを防ぐ必要性はないのだから，法定地上権を成立させる意義はないと解する説が多い．

　　では，抵当権実行・競売時までに建物が改築・再築されていた場合はどうか．判例は，土地抵当型で建物が滅失・再築されたケースで，法定地上権の成立を認めている（大判昭和10・8・10民集14-1549，最判昭和52・10・11民集31-6-785など）．この場合には，以前のものとは異なるとはいえ建物は現存するのだから建物保護の要請を等閑視できない．また，抵当権設定時には建物が存在していたのだから，抵当権者は法定地上権の成立を予測していることを考慮すれば，法定地上権を認めても問題はないと解されよう．ただし，土地抵当型のケースでは，抵当権者はあくまでも，滅失前の建物（旧建物）を基準とした法定地上権の内容を前提に担保評価をしていたのだから，その予測を害さないために，法定地上権の内容は旧建物が基準となるとされる（前掲大判昭和10・8・10，大判昭和13・5・25民集17-1100）．例外的に，抵当権設定時に抵当権者が新建物の建築を予定しており，

それを前提として担保評価をしていたときには，抵当権者の利益を害しないと認められる特段の事情がある限り，新建物を基準とした法定地上権が成立する（前掲最判昭和52・10・11）．

なお，土地と建物に共同抵当権が設定されていた場合の建物再築については〈*à plus loin*〉で述べる．

(b) **抵当権設定時に土地と建物が同一の所有者に属すること**（同一所有者要件）
　先にみたように，法定地上権制度は，抵当権設定時には建物のために土地利用権を設定することが不可能であった場合について，法律により土地利用権を付与するものである．もし設定時に土地と建物の所有者が別であれば利用権の設定は可能である．このときの競売後の建物存続については，土地抵当型では土地利用権と抵当権の対抗問題として処理すれば足りる．また建物抵当型では抵当権の効力が従たる権利である土地利用権にも及び，買受人は利用権も取得するから，法定地上権を認める必要はない．そこでこの要件が置かれている．

　(i) **抵当権設定後に土地と建物が別人に属した場合**　要件②については，抵当権設定時に土地と建物が同一所有者に属していればよく，その後抵当権実行までに別々の所有者に属することになってもよい（大連判大正12・12・14民集2-676）．土地抵当型についていえば，設定後に別異の所有者に属することになったときには建物のために何らかの土地利用権が設定されるであろう．しかし抵当権に後れる土地利用権は（旧395条の短期賃貸借の場合を除いて）抵当権に対抗できないのだから，法定地上権が認められなければ建物所有者は建物を収去せざるをえなくなる．これは建物保護の要請から見て望ましくない．また，抵当権設定時に土地と建物が同一所有者に属していれば抵当権者は法定地上権の成立を予測できるのだから，法定地上権の成立を認めても抵当権者に不測の不利益を与えることはない．他方，建物抵当型では，抵当権者は法定地上権の成立を期待していたはずなのだから，その期待が，自分とは無関係の，建物所有者の交代という事情により害されるのも妥当ではない．法定地上権の成立が認められるゆえんである．

　(ii) **登記名義上同一所有者に属していなかった場合**　同一所有者に属するとは，実質上の所有者が同一であればよく，登記上の名義が同一であることは必ずしも必要ではない．建物について未登記であったり（大判昭和14・12・19民集18-1583），未登記建物を第三者が譲り受けてみずから保存登記をした場合であっ

てもよい（大判昭和7・10・21民集11-2177）．また土地と建物のいずれかについて前主からの所有権移転登記が完了していなくてもよい（最判昭和48・9・18民集27-8-1066，最判昭和53・9・29民集32-6-1210）．抵当権設定時の現況調査により土地と建物が同一所有者に属することは確認でき，そうすると，土地抵当権者は建物の存在を前提として土地の担保価値を評価できるのだから，法定地上権の成立を認めても土地抵当権者に不測の損害を与えることはないからである．

なお，土地所有者と建物所有者との間に夫婦・同居親族・個人会社とその代表者などの密接な関係がある場合に要件②を充足するかが争いとなることがある．このような場合には明確な契約や利用権の設定がないまま土地が利用されていることが多く，その際はせいぜい使用貸借関係しか認められない．そうすると，利用権に対抗力がないため，建物所有者は，法定地上権が成立しない限り建物収去と立退きを余儀なくされる．しかし判例は，土地と建物が別個の所有者に属する以上，土地利用権の設定は可能であるとして，法定地上権の成立を否定する（最判昭和51・10・8判時843-57など）．

　　(iii)　抵当権設定時には別人に属し，設定後に同一所有者に属した場合　　抵当権設定当時に要件②を充たしていなければ，その後土地と建物が同一所有者に属することになったとしても法定地上権は成立しない．設定時に別人に属しているのならば土地利用権が存在したはずであり，土地抵当型の場合，その利用権に対抗力があれば混同の例外に関する179条1項の類推により消滅せず（最判昭和46・10・14民集25-7-933），利用権の対抗の問題として処理される．建物抵当型では，抵当権の効力は従たる権利である土地利用権にも及び，土地利用権が混同により消滅することはないから，法定地上権の成立を認める必要がないのである（最判昭和44・2・14民集23-2-357参照）．

では，先順位の抵当権設定時には要件②を満たしていなかったが，爾後土地所有者が建物所有権を取得するなどして後順位の抵当権設定時には満たしていた場合に，抵当権が実行されたときには，どの抵当権を基準に法定地上権の成否を判断することになるのか．原則としては上述の議論が妥当するが，土地利用権が契約解除により消滅していたり，対抗力のないケースが特に問題となる．判例は，建物抵当型では後順位抵当権を基準に法定地上権の成立を認めたものがあるが（大判昭和14・7・26民集18-772，最判昭和53・9・29民集32-6-1210），土地抵当型では認めない（最判平成2・1・22民集44-1-314）．建物抵当型では，法定地上権の成立

◇ 第20講 法定地上権 ◇

により抵当権の目的物である建物の価値は上昇し，抵当権者や建物買受人にとっては利益となる．抵当権設定時に法定地上権の成立を予測していなかった1番抵当権者にも不利益はないから，成立を認めても問題がないと説明できよう．他方，土地抵当型では状況が異なる．ここで後順位抵当権を基準に法定地上権の成立を認めれば，担保目的物である土地の価額は下がってしまう．法定地上権の負担のないものとして担保評価を行った1番抵当権者にとっては予測外の事態であり，不利益となる．したがって法定地上権は否定せざるをえない．もっとも，土地抵当型でも，法定地上権の成否は抵当権実行段階で最先順位の抵当権を基準として判断されるから，抵当権実行時には先順位の抵当権が消滅しており，法定地上権の要件をみたす後順位抵当権が設定契約の解除等により1番抵当権となっていた場合には，法定地上権が成立する（最判平成19・7・6民集61-5-1940）．

(c) **土地または建物に抵当権が設定されたこと** 抵当権の実行により土地と建物が別々の所有者に属することになる典型例は土地か建物いずれか一方に抵当権が設定されたケースであり，平成15年改正前の条文では，文言上それを予定していた．しかし，土地と建物の双方に抵当権が設定されたケースでも，どちらか一方のみが売却されたり，同時に売却されたとしても別々の者が買受人となることはありうる．そのため，双方に抵当権が設定された場合でもよいとされた（最判昭和37・9・4民集16-9-1854）．改正後の条文はこの判例・通説の立場を取り入れた表現となっている．

(d) **競売が行われて土地と建物が異なる所有者に属するに至ったこと** 競売とは，担保不動産競売でも強制競売でもよい．

◇ 第20講 法定地上権 ◇

【演習判例】最判平成 6・12・20 民集 48-8-1470

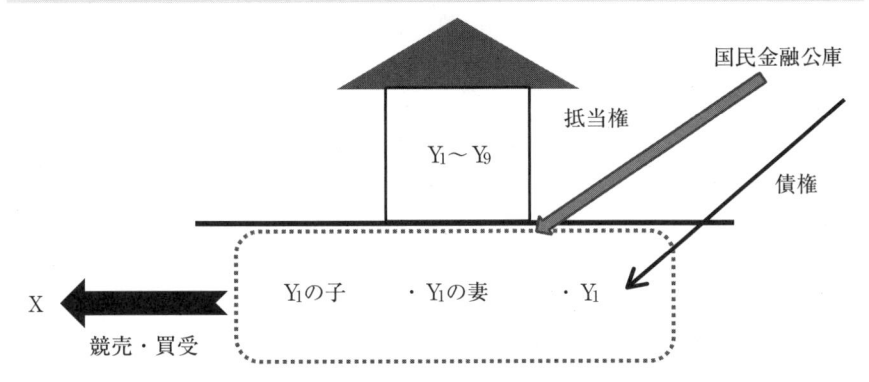

```
          ▲
         ／ ＼         国民金融公庫
        ／   ＼     抵当権 ／
       ／ Y₁〜Y₉ ＼      ／
      ／_____＼    ／    債権
  ───────────────────────↙──────
              ┌·······················┐
  X  ←────── : Y₁の子  ・Y₁の妻  ・Y₁ :
              └·······················┘
 競売・買受
```

(1) 前 提 事 実

① 本件土地および建物は元々亡Aが所有していたところ，土地については昭和 55 年 2 月に Y₁ およびその妻子（以下 Y₁ ほか 2 名という）に対し，土地所有権の持分 3 分の 1 ずつが贈与され，同月 5 日その旨の所有権移転登記を経由した．Y₁ ほか 2 名は，昭和 58 年 12 月 23 日，国民金融公庫のために本件土地上に抵当権を設定した．他方，建物については，昭和 56 年 1 月 11 日にAが死亡し，亡Aの子である Y₁ ら 9 名が相続した．

その後，本件土地につき，国民金融公庫の申立てにより昭和 60 年 12 月 7 日に抵当権にもとづく競売手続が開始され，Xが買受人となり所有権を取得した．そこでXは Y₁ ら 9 名および建物の一部の占有者に対して建物収去土地明渡しおよび不法行為による損害賠償を求めて訴えを提起した．Y₁ らは，法定地上権の成立，約定地上権による対抗，権利濫用の抗弁を主張した．

② なお，原審において，亡Aは生前に Y₁ の生活を保障する趣旨で本件土地および建物を贈与する意向であったが，土地については Y₁ に贈与税を支払う資力がないため Y₁ ほか 2 名の共有とし，建物については Y₁ の債権者から差押えを受けるおそれがあったので登記をA名義にしていたことが認定されている．

③ 第 1 審は土地は Y₁ ほか 2 名，建物は Y₁ ら 9 名の共有に属することから，民法 388 条所定の「抵当権設定当時土地および建物が同一所有者に属していること」に該当しないとして法定地上権の成立を否定し，約定地上権の主張・権利濫用の抗弁も認めなかった．Y₁ らが控訴した．

307

◇ 第20講　法定地上権 ◇

(2) 原審判決

「……土地の共有者の一人が他の共有者の同意の下にその地上に共有建物を所有する場合において，同人の共有持分のみならず他の共有者の持分全部に抵当権が設定せられ同時に競売せられた場合において，前記 (2)［筆者注：前提事実②］のような特段の事情があるときは，土地共有者全員について民法388条により地上権を設定したものとみなすべき事由が発生したものというべきであり，これが，他の共有者の意思に反するというものではない．（執行裁判所（……）の物件明細書（……）の「売却により設定されたものとみなされる地上権の概要」欄には「なし」と記載され，法定地上権の成立を否定している．その理由とするところは，恐らく，共有者は，各自共有物について所有権と性質を同じくする独立の持分を有しているのであるから，土地共有者中一部の者だけがその土地に地上権を設定することはできず，その理は，法定地上権についても同様である（最判昭和29・12・23）というにあるものと推測される．）したがって，その抵当権に基づき競売が実行され第三者がこれを買い受けたときは，建物の共有者の一人がその敷地を単独で所有する場合（最判昭和46・12・21）と同じく，右土地につき建物共有者全員のため法定地上権が成立するものと解すべきである．」

(3) 判　旨

「1　共有者は，各自，共有物について所有権と性質を同じくする独立の持分を有しているのであり，かつ，共有地全体に対する地上権は共有者全員の負担となるのであるから，土地共有者の一人だけについて民法388条本文により地上権を設定したものとみなすべき事由が生じたとしても，他の共有者らがその持分に基づく土地に対する使用収益権を事実上放棄し，右土地共有者の処分にゆだねていたことなどにより法定地上権の発生をあらかじめ容認していたとみることができるような特段の事情がある場合でない限り，共有土地について法定地上権は成立しないといわなければならない（最判昭和29・12・23民集8-12-2235，最判昭和44・11・4民集23-11-1968参照）．

2　これを本件についてみるのに，原審の認定に係る前示事実関係によれば，本件土地の共有者らは，共同して，本件土地の各持分について［Y_1］を債務者とする抵当権を設定しているのであり，［Y_1］以外の本件土地の共有者らは［Y_1］の妻子であるというのであるから，同人らは，法定地上権の発生をあらかじめ容認していたとも考えられる．しかしながら，土地共有者間の人的関係のような事情は，登記簿の記載等によって客観的かつ明確に外部に公示されるもので

はなく，第三者にはうかがい知ることのできないものであるから，法定地上権発生の有無が，他の土地共有者らのみならず，右土地の競落人ら第三者の利害に影響するところが大きいことにかんがみれば，右のような事情の存否によって法定地上権の成否を決することは相当ではない．そうすると，本件の客観的事情としては，土地共有者らが共同して本件土地の各持分について本件建物の9名の共有者のうちの1名である［Y₁］を債務者とする抵当権を設定しているという事実に尽きるが，このような事実のみから［Y₁］以外の本件土地の共有者らが法定地上権の発生をあらかじめ容認していたとみることはできない．けだし，本件のように，9名の建物共有者のうちの1名にすぎない土地共有者の債務を担保するために他の土地共有者らがこれと共同して土地の各持分に抵当権を設定したという場合，なるほど他の土地共有者らは建物所有者らが当該土地を利用することを何らかの形で容認していたといえるとしても，その事実のみから右土地共有者らが法定地上権の発生を容認していたとみるならば，右建物のために許容していた土地利用関係がにわかに地上権という強力な権利に転化することになり，ひいては，右土地の売却価格を著しく低下させることとなるのであって，そのような結果は，自己の持分の価値を十分に維持，活用しようとする土地共有者らの通常の意思に沿わないとみるべきだからである．また，右の結果は，第三者，すなわち土地共有者らの持分の有する価値について利害関係を有する一般債権者や後順位抵当権者，あるいは土地の競落人等の期待や予測に反し，ひいては執行手続の法的安定を損なうものであって，許されないといわなければならない．」

1 コメント

(1) 本判決は，土地および建物の双方が共有に属する場合に，土地および建物の共有者の1人の債務のために設定された土地抵当権が実行されたときにおける法定地上権の成否が問題となったものである．

本件はこれは法定地上権の成立要件のうち，いわゆる同一所有者要件にかかわる．すなわち，土地・建物の双方が共有に属し，建物共有者かつ土地共有者1人の債務のために土地抵当権が設定された場合には，共有者の一部の者については法定地上権の要件を充たすが，他の共有者においてはこれを充たしていないことになるが，この場合に法定地上権は認められるのか，という問題である．

(2) 判例では，この問題に関する直接の先例はない．これまでの土地や建物が共有であった場合に関する判例は，土地が甲・乙共有で建物は甲の単独所有（以

◇　第20講　法定地上権　◇

下「土地共有類型」という），土地が甲の単独所有で建物が甲・乙共有（以下，「建物共有類型」という），土地・建物とも甲・乙共有（以下，「土地・建物共有類型」という）の事例についてのものであった．

　このうち，建物共有類型については，土地抵当型のケースで「建物の共有者の一人がその建物の敷地たる土地を単独で所有する場合においては，同人は，自己のみ成らず他の建物共有者のためにも右土地の利用を認めているというべきである」とした上で法定地上権の成立が認められている（最判昭和 46・12・21 民集 25-9-1610）．この類型では土地所有者たる甲自身が法定地上権の成立を予測し得たこと，また法定地上権を認めても乙に損害を与えるわけではないことからすれば，法定地上権の成立を認めて問題ないと考えるのが多数説である．さらに，後述する土地共有類型に関する最判昭和 29・12・23 との関係でいえば，土地所有者は単独で土地に用益権を設定することができるから，この類型は建物を土地所有者が単独で所有する場合と異ならず，建物が共有であることは法定地上権成立の障害にはならないと解されている．

　では，土地共有類型についてはどうか．

　この類型では，まず土地の甲の共有持分につき抵当権が設定・実行された事例で，法定地上権の成立が否定された（最判昭和 29・12・23 民集 8-12-2235）．その理由は，共有持分の性質上，共有地全体に対する地上権は共有者全員の負担となるのだから共有地全体に対する地上権の設定には共有者全員の同意を要し，法定地上権の場合にも同様であるからだとされた．

　他方，同じく土地共有類型で建物に抵当権が設定・実行された事例では，前掲最判昭和 29 年の立場を原則としながらも，「右は他の共有者の意思に基づかないで該共有者の土地に対する持分に基づく使用収益権を害することを得ないことによるものであるから，他の共有者がかかる事態を予め容認していたような場合においては，右の原則が妥当しないものと解すべきである」として，結論としては法定地上権の成立が認められた（最判昭和 44・11・4 民集 23-11-1968）．ここで，他の土地共有者の事情によっては，法定地上権が成立する余地が認められたことになる．ただしこれはやや特殊な事案であり，土地区画整理事業の途中で甲が乙から仮換地の一部を特定して取得し建物を築造したという事情があり，甲の建物の競落人（建物抵当権者自ら競落した）が仮換地上の建物を適法に占有できるかということとの関連で，法律上甲・乙共有となっていた土地に対する法定地上権の成

◇ 第20講 法定地上権 ◇

否が甲と建物競落人との間で争われた事例に関するものであった.

また土地建物共有類型（共有者同一）では，民事執行法81条に関するものであるが，甲の土地・建物にかかる共有持分につき強制競売がなされた事案で，前掲最判昭和29年同様に，法定地上権の成立を認めると乙の意思にもとづかずに乙の持分にもとづく使用収益権を廃されることになるとして，法定地上権が否定された（最判平成6・4・7民集48-3-889）.

このように，従来の判例理論は，土地が甲・乙共有で甲についてのみ法定地上権の要件を充足するケースでは，法定地上権を認めることは乙の共有持分権の侵害になるとの評価を原則とし，ただし，乙が第三者の使用収益を容認していたといえる特段の事情があるときには例外の余地を認めるというものであった.

学説は，土地共有類型に関して，建物保護の要請を重視して法定地上権の成立を認めようとする説，建物に関する約定土地利用権あるいは土地利用に関する合意が存在し，抵当権実行後もそれにもとづき土地利用を継続できると解する説などに分かれている．また，土地共有者全員が各持分に抵当権を設定した場合については，土地共有持分権者全員の合意があるはずだから法定地上権の成立を認めてよいと解するものが多く，執行実務でもこの見解がとられていたもっとも，このような場合も共有者は持分の担保価値を自分の利益となるよう十全に利用しようと考えるのが通常の意思であるから，法定地上権の成立まで容認しているとはいえないとして否定するものもみられた（岩本信行「共有不動産をめぐる法定地上権の成否」判タ386-37（1979年））.

(3) ここで本件に立ち返ると，本件は，土地・建物双方が共有に属するが，共有者の1名Y_1のみが共通である．他の建物共有者Y_2～Y_9は，建物共有類型に関する判例・学説によれば，法定地上権の成立により不利益を受けることはない．そうすると，本件の焦点は，土地共有・土地建物共有類型におけると同様に，他の土地共有者との関係で法定地上権の成立を認めてよいかということに絞られる.

判例理論が土地共有のケースで原則としては法定地上権を否定してきたのは，他の共有者の同意を得ずに土地全体に地上権という負担を課すことは認められないということにあった．しかるに本件では，Aが事実上はY_1に土地所有権を承継させる意図を有していたことや，Y_1以外の土地共有者はY_1の妻子であり，土地共有者全員がY_1の債務のために抵当権を設定しているという事実が認定され

◇ 第20講 法定地上権 ◇

ている．これらの事実から，本件土地は実質的に Y_1 の単独所有であったとすることができれば，前掲最判昭和46年のように法定地上権の成立は認められよう．しかし先にみたとおり，判例は同居親族といえども法律上は他人として扱うことからすれば，かかる前提は採りえない．そうすると問題は，本件が前掲最判昭和44年にいう例外を認めるべき場合にあてはまるのかである．本件では，先例のように土地の共有持分への抵当権設定ではなく，土地共有者の全員により各持分に抵当権が設定されている．このとき，共有持分にもとづく使用収益権を事実上放棄し，Y_1 の処分にゆだねたとみて，法定地上権の成立をあらかじめ容認していたと見ることができるだろうか．

　原審判決は，土地共有者全員による抵当権設定であること，土地共有者が Y_1 の妻子であることを重く見て，法定地上権の成立を容認していたといえる特段の事情ありとした．これに対して，本判決は，法定地上権の成否は土地共有者だけでなく土地の競落人などの第三者も利害関係を有することに鑑みれば，他の土地共有持分権者が Y_1 の妻子であるというような主観的な事情により法定地上権の成否が左右されるとすべきではないとする．そうすると，本件で「特段の事情」にあたりうる客観的な事情は，土地共有者らが全員で建物共有者の一人である土地共有者の債務のために抵当権を設定したという事実だけであり，この事実からは，土地共有者らが法定地上権の成立をあらかじめ容認していたとは認められないとした．つまりここでは，「特段の事情」としていかなる事情をとりこめるかという判断において原審と最高裁の結論が分かれたことになる．原審判決は共有者間の関係など個別具体的な事情をも考慮したのに対し，最高裁は第三者からも認識可能な客観的な事情に限定した．

　なお，前掲最判昭和44年が共有者間の具体的な事情をもって「特段の事情」を認めたのに対し本判決が客観的事情に限定している点については疑問が生じるかもしれない．しかし前掲最判昭和44年は建物抵当型であり地上権成立が抵当権者にとって利益となる，法定地上権が認められやすいケースだったといえる．他方，本件は土地の買受人と建物所有者の紛争であり地上権成立が抵当権者側の不利益となるケースである．また買受人は抵当権者以上に抵当権設定時の共有者間の具体的事情を知悉しにくいであろうことも考慮すると，客観的事情に限定し法定地上権の成立を否定したことには一理あろう．

　こうして共有者間の主観的事情を捨象すれば，共有持分への抵当権設定それ自

312

体から法定地上権成立の容認を導くことは困難となる．とりわけ，本判決のいうように，法定地上権の「容認」が，第三者による単なる使用収益の容認だけでなく，法定地上権の成立による共有持分の減価の容認まで含むのであれば，これを容認しないのが共有者の通常の意思といえよう．そうすると，本判決は事例判決ではあるものの，「他の共有者の容認」の客観的な認識可能性を要求したことにより，土地共有のケースでは法定地上権が成立する場合を著しく限定することになったと解される．執行手続では明確に法定地上権の成否を判断しなければならないという事情を勘案すれば，そこで考慮されるのは登記簿の記載等から判明する客観的な事情に限るとしたことは，法的安定性・予測可能性を高めるものと評価されよう．

2　法定地上権を主張する場合における当事者の主張立証

法定地上権の成立要件は上記の通り，抵当権設定時に土地上に建物が存在したこと，抵当権設定時に土地と建物が同一所有者に属していたこと，土地・建物の一方または双方に抵当権が設定されたこと，抵当権の実行等により土地と建物の所有者が異なるに至ったこと，である．法定地上権は，多くの場合，土地所有者からの建物収去・土地明渡請求に対する占有正権原の抗弁として主張される．建物抵当型での買受人Yが土地所有者Xに対して法定地上権を抗弁として主張する場合の要件事実については以下のように説明されている（大江・要件事実民法(2)物権［第3版］）．

①　AがXに対し，金1,000万円を弁済期平成〇年〇月〇日の約定で貸し渡したこと　②　AとXは，抗弁1の債務を担保するため本件建物につき抵当権設定契約を締結したこと　③　抗弁2の当時，本件土地上に本件建物が存在していたこと　④　抗弁2の当時，本件土地及び建物はいずれもXの所有であったこと　⑤　〇〇地方裁判所は，本件建物に関する不動産競売手続きにおいて，Yに対して売却許可決定をし，これが確定したこと　⑥　Yは，抗弁5にもとづく代金を納付したこと．

à plus loin

1　先にみたように，同一所有者に属する土地と建物の双方に抵当権が設定された場合や土地と建物に共同抵当権が設定された場合（以下，「共同抵当ケース」という）にも388条の適用がある．他方，同一所有者に属する土地・建物が存

◇　第20講　法定地上権　◇

し，土地についてのみ抵当権が設定されたがその後建物が再築されたケースでは，再築された建物のために，ただし原則としては旧建物を基準とした法定地上権が成立することも既に述べた．では，共同抵当ケースで建物が滅失・再築されたときにも同様に，建物のための法定地上権が成立するのか．これまでの判例はこれを認めていたが（大判昭和13・5・25民集17-1100），近年大きな問題となっていた．

　2　問題の背景はこうである．従来から，共同抵当ケースで法定地上権が成立する場合の抵当不動産の担保価値については，建物抵当権は「《建物価格》＋《法定地上権価格》」を把握し，土地抵当権は「《土地を更地と評価した場合の価格［更地価格］》－《法定地上権価格》」（いわゆる《底地価格》）を把握していると考えられてきた（個別価値考慮説）．このような扱いは，共同抵当権設定時の建物が競売時にも現存する場合には問題は生じない．しかし，建物が滅失・再築された場合にはどうだろうか．旧建物が滅失しているため，抵当権者は，旧建物についての抵当権を失っている．新建物について即時に抵当権を取得できればよいが，そのような措置が講じられないままに不動産が競売され，新建物のために法定地上権が成立すると，抵当権者は，建物抵当権の喪失に加え，土地抵当権については法定地上権による減価をこうむることになってしまう．

　個別価値考慮説によれば，上記のような場合にも，法定地上権は原則として成立する．なぜなら，抵当権設定時に土地上に建物が存在したのであれば，抵当権者は法定地上権の成立を予測しその分を控除して抵当権を取得するのが通常だから，土地はもともと，「《更地価格》－《法定地上権価格》」分の価値しか把握していなかった．そうすると建物滅失・再築により法定地上権が成立しても，土地抵当権については不測の損害をこうむるわけではないことになるからである．

　従前の判例・実務はこのように解していたが，この点を利用して，執行妨害をねらって競売直前に建物を取り壊し，バラックなどの簡易な新建物を再築するという行為が横行し，特にバブル崩壊後に問題となるに至った．当初，裁判実務・通説は従来からの個別価値考慮説によりつつ，執行妨害については，権利濫用法理などで対処すべきものとしていた．

　これに対して，平成4年に東京地裁執行部が全体価値考慮説と呼ばれる見解を打ち出した（東京地裁執行処分平成4・6・8金法1324-36，淺生重機＝今井隆一「建物の建替えと法定地上権」金法1326-6（1992年）など）．この説は，土地と建物を共同抵

当にとる者は土地と建物の価値全体（《更地価格》＋《建物価格》）を把握することを意図していたとみる．その上で，建物が滅失・再築されたとき，抵当権者の把握する担保価値は，建物価格分はゼロとなるが，土地についてはなお更地価格分を把握していると見るのである．そうすると，法定地上権の成立により土地の担保価値が「《更地価格》－《法定地上権価格》」となることは，抵当権者にとって不測の損害であると評価される．それゆえ，このようなケースでは，土地と新建物の所有者が同一で，かつ新建物に土地と同順位の抵当権が設定されるなどの事情がない限り，法定地上権を否定すべきであるとする．その後，執行・裁判実務は個別価値考慮説によるものと全体価値考慮説によるものとに分かれていた．

　このような中で出されたのが最判平成9・2・14民集51-2-375である．これは次のような事案であった．昭和50年7月に債務者Y_1が債権者Aのために自己所有の土地（本件土地）とその上の建物に共同根抵当権を設定していたところ，後日Aの承諾を得て建物を取り壊し（平成元年2月に滅失登記），Aは土地を更地と評価して根抵当権の極度額を数度にわたり増額した．平成4年9月にAは根抵当権にもとづき本件土地の競売を申し立て，差押登記もなされた．XはAから本件根抵当権・被担保債権を譲り受け，競売事件における債権者の地位も承継した者である．他方，Y_1はY_2と土地の短期賃貸借契約を結び，平成4年10月にY_2はカラオケビルを建築した．そこでXがY_1・Y_2に建物収去・土地明渡しを請求した．第1審でY側は敗訴し，第2審では法定地上権の成立を主張したがこれも認められなかった．Y側からの上告に対して最高裁は次のように述べて法定地上権の成立を否定した．

　「所有者が土地及び地上建物に共同抵当権を設定した後，右建物が取り壊され，右土地上に新たに建物が建築された場合には，新建物の所有者が土地の所有者と同一であり，かつ，新建物が建築された時点での土地の抵当権者が新建物について土地の抵当権と同順位の共同抵当権の設定を受けたとき等特段の事情のない限り，新建物のために法定地上権は成立しないと解するのが相当である．けだし，土地及び地上建物に共同抵当権が設定された場合，抵当権者は土地及び建物全体の担保価値を把握しているから，抵当権の設定された建物が存続する限りは当該建物のために法定地上権が成立することを許容するが，建物が取り壊されたときは土地について法定地上権の制約のない更地としての担保価値を把握しようとするのが，抵当権設定当事者の合理的意思であり，抵当権が設定されない新建物の

◇ 第20講 法定地上権 ◇

ために法定地上権の成立を認めるとすれば，抵当権者は，当初は土地全体の価値を把握していたのに，その担保価値が法定地上権の価額相当の価値だけ減少した土地の価値に限定されることになって，不測の損害を被る結果になり，抵当権設定当事者の合理的な意思に反するからである．なお，このように解すると，建物を保護するという公益的要請に反する結果となることもあり得るが，抵当権設定当事者の合理的意思に反してまでも右公益的要請を重視すべきであるとはいえない．」

このように述べて，最高裁は，共同抵当ケースでの建物再築については全体価値考慮説を採用した．ここでは，法定地上権制度の根拠の1つであった建物保護の要請は後景に退き，抵当権設定当事者の合理的意思を重視すべきことが強調されている．

3 最判平成9・2・14が例外を認め得る場合として挙げている，土地所有者と新建物所有者が同一であり，新建物につき土地と同順位の共同抵当権の設定を受けたなどの「特段の事情」がある場合にあたるか否かの判断に関しては，この後，別の最高裁判決が出されている．最判平成9・6・5民集51-5-2116は，土地所有者と新建物所有者同一・新建物にも土地抵当権と同順位の共同抵当権が設定されていたところ，土地・建物の一括競売に際して，建物につき国税債権が抵当権者の債権に優先する配当表が作成されたという事例で，法定地上権の成否が争われたというものであった．最高裁は，「新建物の所有者が土地の所有者と同一であり，かつ，新建物が建築された時点での土地の抵当権者が新建物について土地の抵当権と同順位の共同抵当権の設定を受けた場合であっても，新建物に設定された抵当権の被担保債権に法律上優先する債権が存在するときは，右の特段の事情がある場合には当たらず，新建物のために法定地上権が成立しないものと解するのが相当である」とした．抵当権者からすると，法定地上権が成立すれば，優先する債権によって建物の担保価値が把握される一方で，土地については法定地上権価格分の減価となり，土地と建物の価値全体を把握するという抵当権者の合理的意思に反する結果となるからである．このほか，最判平成10・7・3判時1652-68は土地抵当権者が新建物について土地抵当権とは順位の異なる第3順位の抵当権を取得した事例について，やはり「特段の事情」がある場合にはあたらないとしている．

4 なお，最判平成9・2・14では，Xは当初，Y_1-Y_2間の短期賃貸借の解除を

請求していた．この事件は平成 15 年改正前のものであり，旧 395 条は，「第 602 条に定めたる期間を超えざる賃貸借は抵当権の登記後に登記したるものと雖も之を以て抵当権者に対抗することを得．但其賃貸借が抵当権者に損害を及ぼすときは裁判所は抵当権者の請求に因り其解除を命ずることを得．」と規定し，これにより，抵当権に後れる短期賃貸借は原則として抵当権に対抗できたからである．

　本来この旧 395 条の定める短期賃貸借の保護制度は，抵当権設定後も抵当権に対抗できる用益権を認めることにより，用益権者の保護と設定者の自由な使用収益を認めるという，抵当権と利用権の調和をはかるものであった．
　しかし，法定地上権におけると同様に，短期賃借権という利用権の負担つきの抵当不動産は売却価格が下落する．この点をとらえて，とくにバブル崩壊と前後して，抵当不動産の競売を妨げたり立退料として不当な利益を得る目的で短期賃貸借を設定するケースが相次ぐようになった．このような，いわゆる詐害的短期賃貸借への対抗手段として，旧 395 条ただし書は，抵当権者の請求による解除を認め，前掲最判平成 9・2・14 の第 1 審でも短期賃貸借の解除が認められている．しかし，一般的には，解除請求の際に抵当権者側で損害の発生を立証しなければならず，競売手続前の段階で損害を証明するのは困難であることや，手続に要する時間や費用負担などの面で障害が多かったといわれる．
　さらにはこのような詐害的短期賃貸借の登場を防ぐため，抵当権者自身が抵当不動産につき短期賃貸借契約を結ぶ併用賃貸借も利用されるようになるなど，短期賃貸借制度は本来のあり方をはなれた利用をされるようになってしまった．
　執行妨害に対してはその後判例により抵当権にもとづく抵当不動産の明渡請求が認められたものの，短期賃借権の濫用と制度の空洞化という事態に対処するため，平成 15 年に旧 395 条は改正され，現行のように，抵当権に後れる賃貸借はすべて抵当権に対抗できないとされることになったのである．

◇ 第21講　共同抵当・根抵当 ◇

一　共同抵当

lecture

1　共同抵当とはどのような制度か

　ある債権を担保するために抵当権を設定するとき，通常は1個の不動産をその対象とする．しかし，特に債権額が大きい場合などは，担保提供者の有する1個の不動産では担保価値が不足するけれど，他の不動産も合算すれば担保として十分だということがある．このようなときには，複数の不動産を1個の債権の担保とすることが求められる．また，債権の担保として現在は1個の不動産で十分であったとしても，将来もそうであるとは限らない．不動産の価値が低下するなどして，抵当権実行時には被担保債権の回収に不足する可能性もある．そのような場合に備えて，他の物件も同時に担保とすることが求められることもある．このような担保価値の集積，リスク低減のために認められているのが，共同抵当というしくみである．これは，同一の債権の担保として数個の不動産に対して抵当権を設定するものである．

共同抵当　1　（モデル例）

	甲不動産（1,500万円）	乙不動産（1,000万円）
1番抵当権	X（債権額1,000万円）………………X	
2番抵当権	A（債権額1,000万円）	B（債権額500万円）

　たとえばXがYに対して1,000万円の債権を有し，Yが1,500万円の甲不動産と1,000万円の乙不動産を有しているとする．共同抵当とは，このとき甲につき被担保債権500万円の抵当権，乙につき被担保債権500万円の抵当権というように被担保債権を分割して抵当権を設定するのではない．甲についても乙についても被担保債権額は1,000万円である．設定は同時でも順次でもよく，不

動産所有者は債務者以外の者であってもよい．

共同抵当権の実行方法（担保不動産競売を念頭におく）としては，複数の不動産につき同時に配当を受ける同時配当（392条1項）と，一部のみを選んで実行する異時配当（392条2項）とがあり，共同抵当権者の自由選択権が認められている．同時配当の場合には，甲・乙不動産の両方を競売しても，1,000万円（利息等を除く）までしか配当は受けられないのは当然である．他方，Xは甲または乙不動産のいずれか一方を選んで売却する異時配当により，その売却代金から被担保債権全額に達するまで配当を受けてもよい（抵当権の不可分性による）．

2　共同抵当権者と利害関係人の利益調整

もっとも，Xが，どの不動産からいくら配当を受けるかを任意に決められるとすれば，抵当不動産上に後順位抵当権者がいるときに，その者が不利益をこうむったり不公平が生じるおそれがある．先の異時配当の例で考えよう．この場合に，乙不動産上に後順位抵当権者B（被担保債権額500万円）がいるとき，法律上何の手当てもしなければ，Bは，甲不動産のみが売却されたら，乙不動産上のXの抵当権消滅と順位昇進により500万円全額の配当が受けられる一方，乙不動産のみが売却されると無配当になってしまい，Xの選択により配当額が大きく変わってしまう．さらに甲不動産上に後順位抵当権者Aがいる場合を考えると，Xの選択によりA・Bへの配当額は大きく変動し，不公平ともなる．

また，仮に上述の結果をそのまま認めると，甲または乙不動産に後順位担保権を取得しようとする者は，Xが常に当該不動産から1,000万円の配当を受けるという前提で担保評価をせざるを得なくなる．そうするとYとしては，甲・乙合わせて総担保価値2,500万円のうち，事実上2,000万円の担保価値をXによって把握されていることになってしまう．実際にXに把握されているのは1,000万円にすぎないのにもかかわらずである．それではYが甲・乙不動産の残存担保価値を有効に利用できなくなり，Yにとっても不都合となる．そこで民法392条は，共同抵当権者と後順位抵当権者の利害調整をはかるために次のようなルールを設けている．

まず，同時配当の場合には，各不動産の価額に応じて債権額を按分する（割付）．これは強制的に行われる．モデル例でいえば，

◇ 第21講 共同抵当・根抵当 ◇

Xは甲からは $1000 \times \frac{1500}{1500+1000} = 600$ 万円，

乙からは $1000 \times \frac{1000}{1500+1000} = 400$ 万円の配当を受ける．

これに対し異時配当の場合には，Xが甲または乙から1,000万円の配当を受けられる原則は維持しつつ，後順位抵当権者が有していた残存担保価値に対する期待を確保できるようにした．それが，392条2項に定める後順位抵当権者の代位である．これは，たとえば甲のみが競売されたとき，本来なら甲不動産から配当を受けて消滅するはずの，Xの乙に対する抵当権が甲不動産上の後順位抵当権者Aに移転し，AはこれをXに代わって行使できるというものである．その範囲は，同時配当がなされたのであればXが甲から得られたであろう割付額を上限とする．モデル例で計算すると，甲の競売によりAは500万円の配当を受けている（同時配当であれば900万円）．他方，同時配当がなされていれば，Xの被担保債権の乙への割付額は400万円であったから，Aは乙不動産に対し400万円の範囲で代位できる．

このように392条2項の代位を認めることで，後順位抵当権者には少なくとも同時配当の場合と同様の結果（合計900万円の配当）を実現できる．後順位抵当権者は，この規定により代位取得した抵当権を行使する場合にはその抵当権について代位の付記登記をすることができ（393条），登記しなければ代位後に現れた第三者に対抗できないと解されている．

なお，同一の債権の担保として複数の不動産に抵当権を設定する場合に，いわゆる普通抵当では共同抵当である旨の登記や共同担保目録といった公示がなされていなくても392条の適用がある．他方，根抵当においては，（純粋）共同根抵当（398条の16）と，累積根抵当（398条の18）があり，共同根抵当である旨の登記をしないと392条・393条の適用はなく，後者が原則的形態となっている．

3　392条2項はどのような場合に適用されるのか

以上のように，392条においては共同抵当権者の自由選択権を保障しつつ後順位抵当権者の保護がはかられている．では，すべての後順位抵当権者が，この392条による割付・異時配当における代位という形での保護を受けられるのだろうか．

共同抵当不動産のすべてが債務者の所有に属する場合に，392条1項2項が適

用されることに異論はない．ところが，同条はその不動産が誰の所有に属する場合に適用されるものかという点については特に限定していない．392条が，共同抵当の場合に生じうる不公平から後順位抵当権者を保護するという意義を有することを重視するならば，共同抵当不動産のすべてが債務者所有に属する場合でなくとも392条を適用してもよいとの考えも成り立とう．この点については古くから判例が蓄積されている．場合を分けてみておこう．

(1) 甲不動産が債務者，乙不動産が物上保証人の所有に属する場合（以下，「第1類型」という）

判例はまず，この類型で乙不動産のみが競売されたときは，392条2項の適用はなく，物上保証人は500条により甲不動産に対する債権者の抵当権の全額につき代位し，甲不動産上の後順位抵当権者に優先するとした（大判昭和4・1・30新聞2945-12）．また，共同抵当権者が物上保証人から代位弁済を受け，物上保証人が乙不動産の抵当権を放棄した上で代位取得した甲不動産への抵当権を実行したという事案では，甲不動産上の後順位抵当権者からは392条により物上保証人の債権額を甲乙不動産の価額に応じて負担を分担すべきとの主張がなされたが，判例は，物上保証人はその債権全額につき代位できるとした（最判昭和44・7・3民集23-8-1297）．

さらに，甲・乙不動産を共同抵当の目的として複数の順位の異なる抵当権が設定されていたところ，乙不動産が先に競売され，第1順位の抵当権者が競落代金の交付により弁済を受けたケースで，物上保証人は第1順位抵当権への500条による代位を理由として甲不動産の競売時には乙不動産上の後順位抵当権者に優先して弁済を受けられるかが争われた．最高裁は，このようなケースでは，「後順位抵当権者は物上保証人に移転した右抵当権から優先して弁済を受けることができるものと解するのが相当」とした（最判昭和53・7・4民集32-5-785）．

もっとも，ここで392条2項の代位が認められたわけではない．次項にみる大判昭和11・12・9を援用し，「物上保証人に移転した一番抵当権は後順位抵当権者の被担保債権を担保するものとなり，後順位抵当権者は，あたかも，右一番抵当権の上に民法372条，304条1項本文の規定により物上代位をするのと同様に，その順位に従い，物上保証人の取得した一番抵当権から優先弁済を受けることができるものと解すべきである」とされているにすぎない．このように，第1類型では392条2項の適用は排除されていた．

(2) 甲不動産が物上保証人M₁，乙不動産が物上保証人M₂の所有に属する場合（以下，「第2類型」という）

この類型については次のような判例がある．これは乙不動産のみが競売され乙不動産上の後順位抵当権者が，競売により債権全部の弁済を受けた先順位の共同抵当権者に対し 392 条 2 項による代位の付記登記を請求した事案で，物上保証人M₂が甲不動産に対し 500 条，501 条に従い代位することを理由に，後順位抵当権者の 392 条 2 項による代位は認められないとした（代位の付記登記請求は棄却）．しかし後順位抵当権者を保護する 392 条の趣旨を考えると，物上保証人に移転した抵当権は後順位抵当権者の債権を担保するものであり，乙不動産上の後順位抵当権者は，あたかもM₂の代位取得した抵当権に物上代位をするのと同様に，M₂に優先して弁済を受けられるとした（大判昭和 11・12・9 民集 15-2172）．

ここでも，後順位抵当権者の優先弁済が物上保証人の代位権を介して認められ，392 条 2 項の代位は認められていない．

(3) 甲・乙不動産とも同一物上保証人の所有に属する場合（以下，「第3類型」という）

結論を先取りしていうと，この類型では 392 条 2 項の適用がある．第 1・第 2 類型では否定されたものが，本類型で認められるのはなぜなのか．この問題を扱い，392 条の適用範囲を明らかにする意義を持ったのが，次の演習判例である．

◇ 第21講 共同抵当・根抵当 ◇

【演習判例】最判平成 4・11・6 民集 46-8-2625

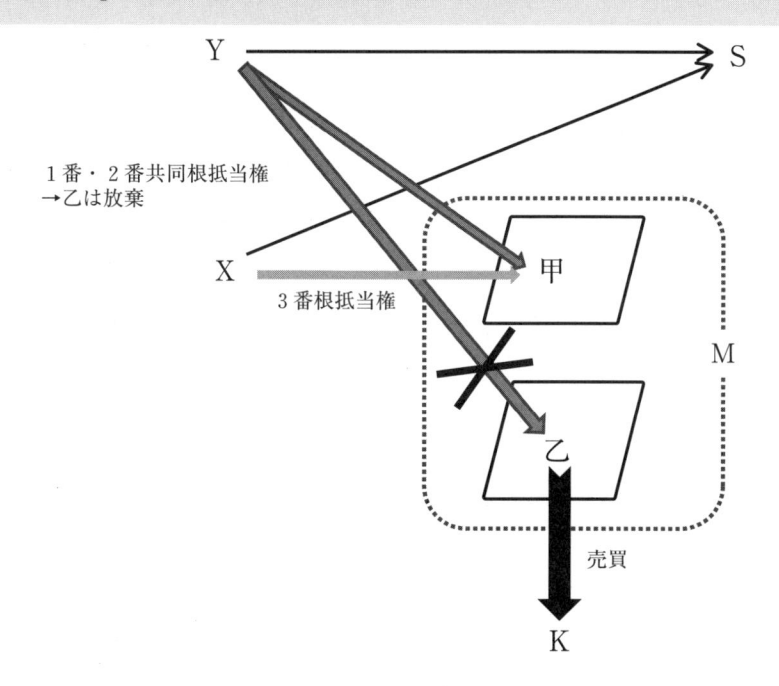

```
            Y ─────────────────→ S
           ╱╲
          ╱  ╲
1番・2番共同根抵当権
→乙は放棄
          X ──────→ ┌─────┐
              3番根抵当権  │ 甲  │
                     └─────┘  M
                     ┌─────┐
                     │ 乙  │
                     └─────┘
                        │
                        │ 売買
                        ▼
                        K
```

(1) 前提事実

　Sに対する債権を担保するため，Yは物上保証人Mの所有する甲物件の一部および乙物件の一部に1番共同根抵当権を，さらに甲物件および乙物件の全部について2番共同根抵当権の設定を受けた．他方，XもSに対する債権を担保するため，乙物件の全部につき3番根抵当権の設定を受けた．

　Sおよび乙物件について売買予約をしたKから，乙物件を売却して銀行の債務の返済をしたいので根抵当権を解除してほしいとの要請があり，Xは根抵当権を解除し，甲物件の全部に根抵当権の設定を受け，Kは乙物件を買い受けた．他方，Yは，Kから被担保債務の一部代位弁済を受けて，乙物件に対する1番・2番根抵当権を放棄した．

　その後，Yは甲物件に対する1番・2番根抵当権を実行し，甲物件の一部の売却代金から，Yには3,102万円余が配当され，Xには無配当となった．

　そこでXは，本件のように共同抵当権が同一物上保証人の所有に属する場合に

323

392条が適用されることを前提として次のように主張した．すなわち，甲・乙物件が同時に売却されたのであればYの債権は両物件の価額に応じて割付けられたはずであり，甲物件のみが先に売却されたとしても，392条2項の代位によりXは被担保債権の一部を回収できたはずであったところ，Yが乙物件への根抵当権を放棄したためXは代位できなくなった．このような場合には，YはXが代位権の行使により乙物件から回収し得た金額を限度として，甲物件の売却代金からXに優先して配当を受けることはできない，と主張して，Xが乙物件に代位して回収しえた額相当額の不当利得返還または損害賠償を求めた．第1審は民法392条2項後段は共同抵当権の目的不動産の全部が債務者の所有に属する場合にのみ適用され，物上保証人提供不動産が共同抵当目的物件の一部または全部を構成している場合には適用されず，後順位抵当権者はそもそも392条2項後段による代位権を取得しないとしてXの請求を棄却した．Xが控訴した．

(2) **原 審 判 決**

「債務者の有する甲・乙不動産が共同抵当の関係にある場合に甲不動産のみが売却されたときは392条2項によれば甲不動産上の後順位抵当権者は同条1項の割付額を上限として代位できる．したがって，共同抵当権者が，右抵当権の実行より前に乙不動産上の抵当権を放棄し，これを消滅させた場合には，放棄がなかったならば第二順位の抵当権者が乙不動産上の右抵当権に代位できた限度で，右第二順位の抵当権者に優先することができないと解すべきである（大判昭和11・7・14民集15-1409，最判昭和44・7・3民集23-8-1297参照）．

そして，民法392条2項後段は，共同(根)抵当権の目的物全部が一人の債務者の所有に属する場合に適用があるのはもとよりであるが，共同(根)抵当権の目的物全部が一人の物上保証人の所有に帰属している場合にも適用があるものと解するのが相当である．そうすると，債権者が一人の物上保証人所有の甲，乙二個の不動産に第一順位の共同抵当権を有し，その後右甲不動産に第二順位の抵当権が設定された場合において，共同抵当権者が甲不動産についてのみ抵当権を実行したときは，右共同抵当権者は，民法392条2項前段に基づき，甲不動産の代価から債権全額の弁済を受けることができることに対応して，第二順位の抵当権者は，同条同項後段に基づき，共同抵当権に代位して乙不動産につき抵当権を行なうことができる．したがって，共同抵当権者が，右抵当権の実行より前に乙不動産上の抵当権を放棄し，これを消滅させた場合には，放棄がなかったならば第二

順位の抵当権者が乙不動産上の右抵当権に代位できた限度で，右第二順位の抵当権者に優先することができないと解すべきである．
　この点に関し，[Y]は，民法392条2項後段は，共同(根)抵当の目的物件の全部が債務者の所有に属する場合にのみ適用があると主張し，大審院昭和4年1月30日，新聞2945号13頁，大審院昭和11年12月9日判決，民集15巻24号2172頁，最高裁昭和44年7月3日第一小法廷判決，民集23巻8号1297頁，最高裁昭和53年7月4日第三小法廷判決，民集32巻5号785頁を援用する．しかし，右挙示の判例の事案は，いずれも，第三者である物上保証人の民法500条による代位権が存する場合において，後順位抵当権者の民法392条2項後段に基づく代位権の優劣ないし存否が問題となったものであるが，本件は，共同(根)抵当権の目的物全部が一人の物上保証人の所有に帰属している場合であるから，右物上保証人の民法500条に基づく代位権と後順位抵当権者の民法392条2項後段に基づく代位権との衝突は起こりえないから，[Y]の右主張は採用できない．」
　(3)　判　　旨
「共同抵当権の目的たる甲・乙不動産が同一の物上保証人の所有に属し，甲不動産に後順位の抵当権が設定されている場合において，甲不動産の代価のみを配当するときは，後順位抵当権者は，民法392条2項後段の規定に基づき，先順位の共同抵当権者が同条1項の規定に従い乙不動産から弁済を受けることができた金額に満つるまで，先順位の共同抵当権者に代位して乙不動産に対する抵当権を行使することができると解するのが相当である．けだし，後順位抵当権者は，先順位の共同抵当権の負担を甲・乙不動産の価額に準じて配分すれば甲不動産の担保価値に余剰が生ずることを期待して，抵当権の設定を受けているのが通常であって，先順位の共同抵当権者が甲不動産の代価につき債権の全部の弁済を受けることができるため，後順位抵当権者の右の期待が害されるときは，債務者がその所有する不動産に共同抵当権を設定した場合と同様，民法392条2項後段に規定する代位により，右の期待を保護すべきものであるからである．甲不動産の所有権を失った物上保証人は，債務者に対する求償権を取得し，その範囲内で，民法500条，501条の規定に基づき，先順位の共同抵当権者が有した一切の権利を代位行使し得る立場にあるが，自己の所有する乙不動産についてみれば，右の規定による法定代位を生じる余地はなく，前記配分に従った利用を前提に後順位

◇　第21講　共同抵当・根抵当　◇

の抵当権を設定しているのであるから，後順位抵当権者の代位を認めても，不測の損害を受けるわけではない．」

「……右の場合において，先順位の共同抵当権者が後順位抵当権者の代位の対象となっている乙不動産に対する抵当権を放棄したときは，先順位の共同抵当権者は，後順位抵当権者が乙不動産上の右抵当権に代位し得る限度で，甲不動産につき，後順位抵当権者に優先することができないのであるから（最判昭和44・7・3民集23-8-1297参照），甲不動産から後順位抵当権者の右の優先額についてまで配当を受けたときは，これを不当利得として，後順位抵当権者に返還すべきものといわなければならない（最判平成3・3・22民集45-3-322参照）．」

● コメント

本判決は，第1に，共同抵当権の目的不動産の全部が同一物上保証人の所有に属する場合には392条2項の適用があるかという点について最高裁として初めて判断を下したものであり，第2に，392条2項の代位の対象となる抵当権を共同抵当権者が放棄した場合には，後順位抵当権者は同条同項により代位し得た限度で，共同抵当権者に不当利得返還請求ができることも明らかにしている．以下，分説しよう．

(1)　すでに述べたように，共同抵当不動産の一部または全部が債務者所有でない場合における，後順位抵当権者の代位については古くから争われていた．

先例は，先の第1・第2類型に関するものであり，これらの判例においては，392条は共同抵当不動産の全部が債務者の所有に属する場合にのみ適用があり，物上保証人提供の不動産が共同抵当不動産の全部または一部を構成している場合には適用されないと述べられていたことからすると，第3類型である本件においても392条2項は適用されないと解せなくもない．もちろん第1審判決とて，共同抵当不動産が同一物上保証人に属する本件と，第1・第2類型の事案の差異を意識しなかったわけではない．第1審が392条2項の適用を否定した主眼は，物上保証人にその所有不動産の担保価値を十全に利用させるべきだという点にあり，後順位抵当権者の保護は，第3類型についても前掲最判昭和53年と同様，物上保証人の代位権への物上代位に委ねられるとしたのであった．しかし第3類型のかかる処遇は妥当だろうか．392条2項適用の可否についてはやはり，第1・第2類型との事案の違いを重視すべきであろう．

なぜなら，第1類型や第2類型で物上保証人の不動産のみが売却された場合に

326

は，物上保証人は，債務者に対して求償権を取得し（372・351条），それを確保するために500条による弁済による代位が生じる．それゆえ，共同抵当不動産上に後順位抵当権者が存在するときには，物上保証人は，500条・501条に従い抵当権の全額につき（残存不動産所有者が他の物上保証人であるときは501条4号に従って）代位できるのか，それとも共同抵当であったことから後順位抵当権者の保護を重視して392条2項の割付額を限度として代位するのかという問題が生じた．そしてかかるケースでは，弁済による代位とそれによる求償権確保への物上保証人の期待を，後順位抵当権者の存在によって損なうことは妥当ではないと考えられたために，392条2項の適用が否定されたのである．

これに対して，第3類型では，共同抵当不動産の一部のみが売却されたにせよ，残存不動産も当該物上保証人自身のものなのだから，債務者に対する求償権確保のために残存不動産に対する物上保証人の代位を認める意味はない．その点で第1・第2類型とは異なり，弁済による代位との関係を調整する必要はなく，392条2項の適用を排除する必要もない．

本判決以前から，このような理解を前提として第3類型では392条2項を適用すべき旨が主張されていたが（吉原省三「共同抵当物件の所有者が異なる場合と民法392条2項」奥田昌道ほか編『民法学(3)』147頁（有斐閣，1976年），佐久間弘道『共同抵当の代価の配当についての研究』69頁以下（第一勧銀総合研究所，1992年）），本判決により，共同抵当不動産のすべてが債務者所有の場合にとどまらず，同一所有者に属する場合であれば392条2項の代位が認められることが明らかとなった．

さらに，最高裁は392条2項の適用を認める理由として，共同抵当不動産の一部の後順位抵当権者は392条による割付を期待して抵当権の設定を受けているのが通常であること，後順位抵当権者の代位を認めても物上保証人が不測の損害を受けるわけではないことをも理由として挙げる．物上保証人は，みずから自己所有の不動産に後順位抵当権を設定し，その担保価値を把握されている以上，392条2項により後順位抵当権者が残存不動産に代位することも当然覚悟しているといえるからである．ここで最高裁のいう，後順位抵当権者の割付への期待につき付言しておこう．本件事案でXは，Kへの乙物件売却の要請を受け抵当権を解除し，甲物件に付け替えている．この経緯から，Yも乙物件への抵当権を解除ないし放棄することをXは予測でき，よってXは割付の期待を実際には有しなかったと考えられなくもない．しかし，一般に共同抵当関係が追加担保等により

327

◇ 第21講　共同抵当・根抵当 ◇

事後的に生じた場合などにも392条2項の適用があるとされることからもわかるように，後順位抵当権者が具体的な割付の期待を有さなくても392条2項は適用される．およそ後順位抵当権者であれば当然に割付への期待を有するということになる．

　なお，第1審判決の述べるように，第3類型においても，392条2項によらずに後順位抵当権者が残存不動産につき優先弁済権を有すると構成することが不可能なわけではない．物上保証人による抵当権の代位取得を前提として，後順位抵当権者はそれに物上代位するとする構成である．本判決は，物上保証人が自己所有の不動産に対して代位する余地はないというが，それが混同消滅を理由とするものであるとすれば，第三者たる後順位抵当権者の権利の目的となっていることを理由に混同の例外を認める余地が皆無ではない（秦光昭「判批」金法1344-5（1993年））．しかし，この構成をとる場合には，物上保証人の債務者に対する求償権の範囲により後順位抵当権者が配当を受けられる額が増減することとなり妥当でないとの指摘がある（高木多喜男「共同抵当における最近の諸問題」金法1349-9（1993年））．弁済者代位との調整という，392条2項の適用を排除すべき理由がなければ，直截にこれを適用するのが簡明であり，抵当権設定当事者の予測可能性，執行段階での法的透明性を高めることにもなろう．

　(2)　第3類型で共同抵当不動産の一部につき異時配当がなされた場合には，売却された不動産上の後順位抵当権者は残存不動産に代位できることとなるが，本件ではさらに，残存不動産に対する抵当権が放棄されたときには，後順位抵当権者は共同抵当権者に代位しえた範囲で不当利得返還請求ができるか，ということも問題となっている．

　この点については，共同抵当権の一部放棄をした先順位抵当権者は後順位抵当権者に優先できないことは従前から判例で認められていたものの（大判昭和11・7・14民集15-1409，前掲最判昭和44・7・3（ただし傍論）），その法的構成は明らかでなかった．

　学説では，①後順位抵当権者の同意のない放棄は無効または後順位抵当権者に対抗できないとするもの，②放棄により当該不動産の割付額につき抵当権が消滅し，残余不動産の抵当権はその不動産の割付額についてしか優先権を主張できないとするもの，③本判決と同様に，放棄は有効であるが後順位抵当権者に対する優先権が制限されるとするものとがあった．本判決は③説を採用し，さらに最判

平成3・3・22 民集45-3-322 を援用して，配当手続終了後における不当利得返還請求を認めた．

　もっとも，本判決のように放棄イコール後順位抵当権者の代位権侵害と解すると，共同抵当権の一部放棄は後順位抵当権者の同意を得なければなすべきではないことになり，抵当権設定者との取引状況に応じた一部担保解除や担保の付け替えが不可能になりうる．そこで適正な担保解除の余地を残すべく，放棄を後順位抵当権者に対する不法行為と構成し，共同抵当権者の客観的・主観的状況を考慮して責任の成否や賠償について決すべきだとの主張もなされている（高木多喜男「後順位抵当権者のための共同抵当権者の担保保存」金法 1382-26（1994年），角紀代恵「判批」判タ 823-66（1993年））．

à plus loin

　判例は，共同抵当目的物の一部または全部が債務者以外の者，特に物上保証人に属する場合には 392 条が適用されないとしてきたことは既に述べた．それはいったいなぜなのか．そして，この場合に後順位抵当権者の地位はどうなるのか．以下に紹介する最判昭和 60・5・23 民集 39-4-940 はこの問題に関するものであるが，この判決の意義を明らかにするため，先の第1類型（債務者所有の甲不動産と物上保証人所有の乙不動産が共同抵当関係にある場合）と，第2類型（物上保証人 M_1 所有の甲不動産と物上保証人 M_2 所有の乙不動産である場合）における当事者間の関係を確認しておこう．

1　判例にみる当事者の関係

(1)　物上保証人と債務者所有不動産上の後順位抵当権者との関係

　先の第1類型に関する判例において，抵当権の実行を受けあるいは代位弁済した物上保証人は，債務者所有不動産上の後順位抵当権者に優先するとされていた．ここでは物上保証人の債権額が 392 条により割り付けられることはなく，抵当権の全額につき代位する．この二者関係においては，債務者所有不動産上に後順位抵当権者が存在するからといって，物上保証人による代位の範囲が 392 条1項による割付の範囲に限られると解すると，債務者への求償権のうち物上保証人所有不動産への割付額分は無担保債権となる．そうすると物上保証人は，債務者所有不動産に後順位抵当権が設定されたという，自分のあずかり知らぬ事情によって代位の範囲を制限されることになってしまう．これは，代位による求償

権の確保を期待していた物上保証人の期待を損なうことになるため，この二者関係では物上保証人が優先すべきものとされたのである．

(2) **物上保証人と当該物上保証人所有不動産上の後順位抵当権者との関係**
　この関係についてはまず第2類型に関する判例で争いになった．これは共同抵当関係にあった残存不動産に対して，物上保証人の代位権と売却不動産上の後順位抵当権者の代位のいずれが優先するのかという問題であった．判例は，後順位抵当権者の392条2項による代位は否定したものの，物上保証人が代位取得した抵当権に「あたかも物上代位するように」物上保証人に優先して弁済を受けられるとした．同様の理が，後に第1類型についても認められている．その理由としては，後順位抵当権者は物上保証人所有不動産の担保価値をも把握しうるものとして抵当権を取得していること，物上保証人は後順位抵当権による負担を後順位抵当権設定当初から甘受していること，物上保証人所有不動産が先に競売されたことにより物上保証人は債務者所有不動産への代位によって優先弁済を受けられる一方，自己の不動産における後順位抵当権の負担を免れるのは不合理であることがあげられている．
　このように，物上保証人と当該物上保証人所有不動産上の後順位抵当権者との関係では後者が優先する．

(3) **後順位抵当権者同士の関係**
　この問題を取り上げたのが前掲最判昭和60・5・23である．後順位抵当権者の代位の問題に必要な限りで要約すると次のような事案であった．
　Xは債務者Aに対する債権を担保するためA所有の甲不動産と物上保証人B所有の乙不動産に1番根抵当権の設定を受けた．他方Yは，Bを債務者とする債権のために乙不動産に2番抵当権の設定を受けた．XはさらにAに対する債権担保のため，甲・乙不動産上に根抵当権（甲については2番・3番）の設定を受けた（もう1名物上保証人がいるがここでは省略する）．なお，Xの根抵当権設定にあたり，BはXとの間でいわゆる代位権不行使特約を結んでいた．
　その後Xの根抵当権実行により乙不動産が競売され，Xには被担保債権の一部が配当された．次いで甲不動産が競売され，裁判所はXの2番・3番根抵当権がYの抵当権に劣後するものとして配当表を作成した．そこでXは，甲不動産の売却代金につき，Xの有する根抵当権はYの抵当権に優先するとして配当異議の申立てをした．

つまり第 1 類型に属する事案で，甲不動産上の後順位抵当権者と乙不動産上の後順位抵当権者の優劣いかんが争われたわけである．

そして本判決は前掲最判昭和 53 年を援用しつつ次のように述べた．「…共同根抵当の目的である債務者所有の不動産と物上保証人所有の不動産にそれぞれ債権者を異にする後順位抵当権が設定されている場合において，物上保証人所有の不動産について先に競売がされ，その競落代金の交付により一番抵当権者が弁済を受けたときは，物上保証人は債務者に対して求償権を取得するとともに，代位により債務者所有の不動産に対する一番抵当権を取得するが，物上保証人所有の不動産についての後順位抵当権者（以下「後順位抵当権者」という．）は物上保証人に移転した右抵当権から債務者所有の不動産についての後順位抵当権者に優先して弁済を受けることができるものと解するのが相当である」．

(1)(2)で見たところからすれば，第 1 類型において物上保証人の所有不動産のみが売却された場合には，①物上保証人は共同抵当権者に代位し，残存不動産に対する抵当権を，求償権の範囲内で全額につき代位取得する，②物上保証人は，共同抵当権者の従前の抵当権の順位を承継するから，当然，債務者所有不動産上の後順位抵当権者に優先する，③物上保証人所有不動産上の後順位抵当権者は，物上保証人が代位取得した抵当権から「あたかも物上代位するのと同様に」物上保証人に優先して弁済を受けられる，という命題が導かれる．以上の 3 命題を組み合わせると，第 1 類型における物上保証人所有不動産上の後順位抵当権者は，債務者所有不動産上の後順位抵当権者に優先して，物上保証人が代位する範囲内で優先弁済を受けられるとの帰結が導かれる．本判決は，従来の判例理論を踏まえて，このように解すべきことを明らかにしたものである．

なお，以上の判例理論から，近時の学説は，第 1 類型における同時配当の場合についても割付は行われず，共同抵当権者はまず債務者所有不動産の売却代金から優先弁済を受けると解している．(1)に見た異時配当の場合との権衡からすればこのように解さざるを得ないであろう．

そうすると，目的物が共同抵当であっても，債務者所有不動産上の後順位抵当権者は先順位の抵当権によって共同抵当権の被担保債権全額の担保価値を把握されることを覚悟しなければならないが，それは登記や共同担保目録を閲覧することで予測可能であり，債務者の不動産に後順位抵当権を取得する以上は甘受すべ

331

2　(2)(3)における後順位抵当権者の優先弁済の実現

(2)(3)の場合には，後順位抵当権者は「あたかも……物上代位をするのと同様に」優先弁済を受けられるとされる．物上代位については372条，304条により「払渡しまたは引渡し前」の差押えが要求されるが，ここでの後順位抵当権者の権利行使は純然たる物上代位ではないため，差押えを要せず，対抗要件としての登記も不要であるとされている（前掲最判昭和53年）．後順位抵当権者の優先弁済については，不動産登記簿の記載により確認できるからである．

3

なお，最判昭和60年の事案では，物上保証人が弁済等によって取得する権利は，債権者と債務者との取引が継続している限り債権者の同意がなければ行使しない旨の代位権不行使特約が結ばれていた．このような特約について最高裁は「物上保証人が弁済等をしたときに債権者の意思に反して独自に抵当権等の実行をすることを禁止するにとどまり，すでに債権者の申立によつて競売手続が行われている場合において後順位抵当権者の右のような権利を消滅させる効力を有するものとは解されない」として後順位抵当権者の代位には影響を与えないとした．また502条にいう一部代位の場合において一部弁済を受けた債権者が代位弁済者に優先することも判示している．最判昭和60年は，これらの点で金融実務との関係でも大きな意義を持った重要判例であることに注意しておきたい．

二　根抵当

lecture

1　根抵当とはどのような制度か

継続的に融資や取引から生じる債権のため担保が徴求されることがあるが，このときは抵当権を利用することは事実上不可能といってよい．

民法369条の定める抵当権（根抵当と対比して普通抵当と称される）は，通常1個の債権を被担保債権とし，場合によっては複数口の債権を被担保債権とすることも可能である．しかし，その債権はあくまでも特定されたものでなければならない．そして抵当権の付従性から，被担保債権が弁済により消滅すれば抵当権も

消滅する．ところが，継続的な取引関係においては，同一の当事者間で順次債権の発生と弁済による消滅とが繰り返される．そうすると，当事者は債権の発生・消滅のたびごとに抵当権の設定・抹消登記を行わなければならず，現実的ではない．また，その手続を厭えば，抵当権登記の流用の問題ともなり，抵当不動産上の後順位担保権者等の第三者に対抗できなくなる局面が出てくるおそれがある．

そこで，継続的取引関係から生ずる複数の債権を被担保債権となしうる担保手段を実務界が求めていたのに応えて，古くから慣習的に根抵当が利用されていた．これは，ある不動産に根抵当権を設定しておき，それにより，継続的な取引関係から生じる不特定の債権を担保するというものであった．民法に規定のない担保であるものの実務では広く利用されていたが，後述する包括根抵当の有効性につき疑義が生じたこともあり内容の明確化・適正化のために昭和46年に根抵当に関する規定が整備され，398条の2以下の規定が置かれた（いわゆる根抵当法）．

それによると，根抵当権とは「設定行為で定めるところにより，一定の範囲に属する不特定の債権を極度額の限度で担保する」ものである（392条の2第1項）．

不特定の債権を担保するということの趣旨は，一定の範囲に属する債権であればよく被担保債権が特定されている必要はないということである．根抵当権によって最終的にどの債権が担保されるかは，確定（当事者の定めた確定期日（398条の6第1項）の到来または398条の19第1項2項・398条の20第1項・398条の8第4項・398条の9第3〜5項・398条の10第3項所定の場合）によって定まり，それ以前の個別の債権との関係では，根抵当権は付従性を有しない（付従性の緩和）．たとえば取引継続中に当事者間の債権がすべて弁済された状態になったとしても，根抵当権は消滅しない．また，確定前の段階で債権が譲渡されても，根抵当権は随伴しない（随伴性の緩和）．いわば債権の入れ替わりが認められている．

ただし，不特定の債権を担保するものとすると，元本確定前には被担保債権額が明らかでないから，根抵当不動産に後順位の担保権を取得しようとする者が残存担保価値を把握できなくなる．そこで，根抵当権者が優先弁済を受けられる限度額としての極度額（利息・遅延損害金を含む，債権極度額）が定められるべきことになっている．これが，根抵当権者が支配する担保価値の《枠》である．一定の条件を満たす債権がこの《枠》の中に入ってくるが，当事者の取引状況に応じ，中身は新陳代謝する．取引継続中は，《枠》の中が空になってもよいしオーバー

◇　第21講　共同抵当・根抵当　◇

してもかまわない．最終的に元本確定時点で《枠》の中にある債権が優先弁済を受けられることになる．

　なお，根抵当権の設定にあたっては，極度額のほか，被担保債権の債務者，担保すべき不特定の債権の範囲を定め，設定登記に記載しなければならない．

2　根抵当権の被担保債権

　根抵当権が不特定の債権を担保するといっても，それは当事者間で生じる一切の債権を担保するということではない．たとえば，根抵当権者が根抵当債務者に対して，取引から生ずる売掛金債権の他に個人的に貸金債権や損害賠償請求権を有していたとしても，これらすべてを根抵当権の被担保債権として，極度額の範囲内で根抵当権者が優先的な回収を得ることは許されない．かつては，根抵当債務者に対するあらゆる債権を担保する包括根抵当が行われていたが，現行法はこれを禁じ，根抵当権の被担保債権についてはその範囲を定めるべきものとして，その定め方を下記の4種類に限定した．

(1)　**債務者との取引から生ずる不特定の債権**（398条の2第2項）

　①　「債務者との特定の継続的取引契約によって生ずるもの」

　債務者との間で結ばれる具体的・個別的な契約の成立年月日と名前をあげてそこから生ずる債権を被担保債権と定めるものである（「平成○年×月××日当座貸越契約」など）．

　②　「債務者との一定の種類の取引によって生ずるもの」

　債務者との間の抽象的な取引の種類によって被担保債権の範囲を定めるものである（「銀行取引」「石油供給取引」「手形貸付取引」など）．登記実務上は，第三者が見て当該債権が根抵当権の被担保債権にあたるか否かを客観的に判別できるようなものでなければならないとされる．

(2)　**取引関係外から生ずる債務者に対する債権**（398条の2第3項）

　③　特定の原因にもとづいて債務者との間に継続して生ずる債権

　「○工場からの清酒移出による酒税債権」などが例としてあげられるが，債権発生の原因を特定して定められる．

　④　「手形上もしくは小切手上の請求権」

　たとえば根抵当権者が債務者に対する回り手形を取得した場合には，①②の定めがあっても回り手形による請求権を被担保債権とすることはできないが，④の

◇ 第21講　共同抵当・根抵当　◇

```
            A
             \
              \ 信用金庫取引①
               \
               
  ①の連帯保証契約
X ═══════════════════ Y
                       \
  信用金庫取引契約②     \
                         \
                    根抵当権
   ┌─────┐           ・被担保債権
   │本件  │◄──         信用金庫取引債権
   │不動産│             手形債権・小切手債権
   └─────┘           ・極度額1000万円
```

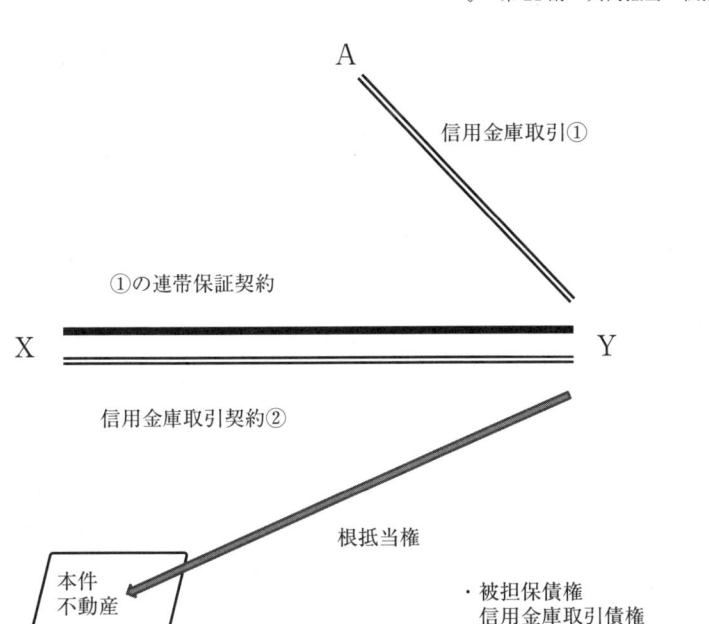

定めがあればそれが可能となる．主に銀行実務上の要請から規定されたものであるが，債務者の信用不安時に回り手形を安く買い集めて根抵当権の担保価値を不当に独占するような行為を防ぐため，一定の制約が設けられている（398条の3第2項）．

このうち，②の定め方に関するものとして，次に紹介する演習判例がある．

【演習判例】最判平成5・1・19民集47-1-41

(1) 前提事実

昭和54年3月30日にXとYとの間で，A-Y間の信用金庫取引①により生じた債務についての連帯保証契約が結ばれた（昭和57年2月18日の保証変更契約により期間・極度額を定める限定根保証契約となった）．

昭和54年7月6日にはX-Y間で信用金庫取引契約②（その適用範囲は契約内で「手形貸付，手形割引，証書貸付，当座貸越，債務保証その他一切の取引に関して生じた債務

◇　第21講　共同抵当・根抵当　◇

の履行」と定める）が締結され、昭和55年3月24日付でXの所有不動産（以下本件不動産という）につきYのために被担保債権の範囲を「信用金庫取引による債権」「手形債権・小切手債権」、極度額1,000万円とする根抵当権が設定されその旨の登記が経由された。

　Yの申立てによりなされた本件不動産についての競売開始決定においては、YのAに対する各貸付債権もYの根抵当権の被担保債権・請求債権に含まれていた。

　そこでXは、YのAに対する債権についての連帯保証債権は、本件根抵当権の被担保債権ではないことの確認を求めて訴えを提起した。第1審はXの請求を棄却し、Xが控訴した。

(2)　原審判決

「[X]は、根抵当権の被担保債権の生じる原因として掲げられた信用金庫取引における「取引」とは、根抵当権者である信用金庫とその取引先との間の直接の与信取引を意味するところ、保証契約は、保証人である取引先が単に債務を負担するだけで得るものは何もないのだから右条項にいう取引とはいえない旨主張するが、保証契約も信用金庫と取引先との間の信用金庫取引契約が継続する過程で直接締結される契約であるうえ、保証契約は、保証人と主たる債務者との間での何らかの利害関係（親子会社、元請下請の関係等）が存在する中で、信用金庫が主たる債務者に対して行う融資に関してなされる場合が多く、このことは、直接には信用金庫の主たる債務者に対する与信行為ではあるが、同時にそれは保証人である取引先に対する与信に準ずる行為とみて差し支えないと認められる。もっとも、これを具体的な事案でみた場合には、保証人と主たる債務者との間で右のような特別な利害関係がなく、純粋に個人的動機で保証がなされることもありえないではないが、信用金庫取引の中に保証が含まれるか否かを考えるときには、客観的かつ類型的に判断することが取引の安全に資することになるのであり、右の観点から判断すれば、保証契約も前記「取引」の内に含まれるものと解するのが相当である。

　そして、《証拠》によれば、現行の金融取引実務上、銀行や信用金庫等の金融機関が、第三者に対する債権を担保するために取引先に保証を求めることは、通常行われており、その場合、右保証は、銀行取引約定書や信用金庫取引約定書に例示された「手形貸付、手形割引、証書貸付、当座貸越、債務保証」等の与信取

引に準ずるものとして，「その他一切の取引」に含まれるものと一般に解釈され取り扱われ，すでに当該取引界における商慣習として定着していることが認められる（……）．そうすると，根抵当権設定契約においてその被担保債権の範囲に含まれるものと明示されている「信用金庫取引による債権」のうちに右商慣習からみて保証債権が含まれると解すべきである．そして，このことは，本件におけるように信用金庫と保証契約を締結した後にこの保証人が当該信用金庫と信用金庫取引を開始した場合においても，少なくとも右信用金庫取引を開始した後に生じた個々の具体的保証債権については同様に解すべきである．したがって，［X］が［Y］との間に信用金庫取引を開始した後に生じたことが前示事実から明らかな本件各保証債権は，本件根抵当権設定契約においてその被担保債権の範囲に含まれるものと明示されている「信用金庫取引による債権」のうちに含まれると解するを相当とする．

なお，このように解した場合，予測し得ない額の保証債務につき根抵当権が実行されることにより，根抵当権設定者やその根抵当権の後順位権利者の権利を害することになるのではないかとの疑念が生じないではないが，その点は，被担保債権の極度額により利益保護が図られているものと解されるから，右のように解釈しても不都合は生じない．」

(3) 判　　旨

「被担保債権の範囲を「信用金庫取引による債権」として設定された根抵当権の被担保債権には，信用金庫の根抵当債務者に対する保証債権も含まれるものと解するのが相当である．けだし，信用金庫取引とは，一般に，法定された信用金庫の業務に関する取引を意味するもので，根抵当権設定契約において合意された「信用金庫取引」の意味をこれと異なる趣旨に解すべき理由はなく，信用金庫と根抵当債務者との間の取引により生じた債権は，当該取引が信用金庫の業務に関連してされたものと認められる限り，すべて当該根抵当権によって担保されるというべきところ，信用金庫が債権者として根抵当債務者と保証契約を締結することは，信用金庫法53条3項に規定する「当該業務に付随する……その他の業務」に当たるものと解され，他に，信用金庫の保証債権を根抵当権の被担保債権から除外しなければならない格別の理由も認められないからである．

原審は，根抵当権設定契約において合意された「信用金庫取引」の範囲は，信用金庫の行う与信取引又は信用金庫と取引先（根抵当債務者）との間で交わされた

◇ 第21講　共同抵当・根抵当 ◇

信用金庫取引約定書の適用範囲に限定されるとの前提に立った上，信用金庫を債権者とし取引先を保証人とする保証契約は，信用金庫の取引先に対する与信行為に準ずるものとして信用金庫取引約定書の適用範囲に含まれると一般に解釈され，当該取引界における商慣習として定着していると判示し，このことを理由に，本件根抵当権の被担保債権には原判示の保証債権も含まれると判断しているところ，根抵当権の被担保債権の範囲を画する「信用金庫取引」の意味は前述のとおりであって，これを信用金庫の行う与信取引に限定すべき根拠は見出し難く，また，被担保債権の範囲を画するのは，根抵当権設定契約であって，信用金庫取引約定書ではない（民法398条の2第2項所定の「一定ノ種類ノ取引」は，被担保債権の具体的範囲を画すべき基準として第三者に対する関係においても明確であることを要するから，根抵当権設定契約において具体的に特定された「取引」の範囲が，当事者の自由に定め得る別個の契約の適用範囲によって左右されるべきいわれはない）から，この点に関する原判決の理由説示は適切を欠くが，その結論は正当として是認することができる。」

● コメント

本判決で問題となっているのは，根抵当権の被担保債権の範囲を信用金庫取引と定めた場合に，根抵当権者が第三者に対して有する債権について根抵当債務者が保証人となっているときは，この保証債権が被担保債権の範囲に含まれるかという点である。

根抵当権の被担保債権の範囲を定める取引の種類としては，根抵当法の立法当初から「銀行取引」「信用金庫取引」「信用組合取引」という形で指定することができ，またこれによって根抵当権者である金融機関が根抵当債務者に対して有する保証債権も担保されるとの見解（積極説）が通説であった。しかし，「銀行取引」とは銀行の与信取引を指すとの前提のもとで，取引先が銀行に対して保証人となる保証取引は銀行が利益を受けるのみであり与信又は与信に準ずる取引とはいえないから，保証債権は被担保債権の範囲には含まれないなどと主張する消極説（中馬義直「根抵当権の設定と被担保債権」加藤一郎＝林良平編『担保法大系2』（金融財政事情研究会，1985年），同「根抵当権が保証債権に及ぶことの是非（上）（中）（下）」手研437-4，手研438-30，手研439-38（1990年）など）も有力に主張されており，これに従った下級審裁判例・決定が現れていたため（東京地判平成2・7・10判タ729-255など），最高裁の判断が待たれていた。

338

原審判決は，消極説に則ったXの主張を退け，保証契約も保証人に対する与信に準ずる行為とみて差し支えないとし，保証契約も信用金庫取引の内に含まれるとする．また金融取引実務上，取引先に対し金融機関が第三者に対する債権の保証人となることを求める保証取引は，信用金庫取引約定書に例示された手形貸付等の与信取引に準ずるものとして「その他一切の取引」に含まれるとすることが既に商慣習として定着しているとし，この商慣習からすれば，根抵当権設定契約において被担保債権の範囲に含まれるものと明示されている「信用金庫取引による債権」に保証債権も含まれるとした．つまり，根抵当権設定契約における被担保債権の範囲を示す「信用金庫取引による債権」とは，根抵当権者たる金融機関と取引先たる根抵当債務者との間の信用金庫取引契約から生ずるものであり，これによってその範囲が画されるという前提に立つものと解される．

これに対し，最高裁は，原審判決とは異なる理由によってXの上告を棄却した．すなわち，根抵当権の被担保債権の範囲を「信用金庫取引による債権」と定めた場合の信用金庫取引とは，「一般に，法定された信用金庫の業務に関する取引を意味する」とし，信用金庫の根抵当債務者に対する債権が信用金庫の業務に関連してなされたものと認められるかぎりは，すべて根抵当権の被担保債権の範囲に含まれるという．そして信用金庫が債権者として根抵当債務者との間で結ぶ保証契約は，信用金庫法53条3項の「当該業務に付随する……その他の業務」にあたるとされる．そうすると保証債権も根抵当権の被担保債権の範囲に含まれることになる．結論は原審判決と同じであるが，ここでは，根抵当権当事者間で交わされる信用金庫取引約定書ではなく，法律（信用金庫法）によって被担保債権の範囲が定まるとされていることに注意したい．最高裁がこのように判示したのは，被担保債権の範囲は一般的・客観的に明確に定めなければならないという前提があるからだといえよう．

à plus loin

演習判例の説示を一般化するならば，根抵当権者の行う取引についていわゆる業法があるときには，根抵当権者が根抵当債務者との間でなした取引が，業法所定の根抵当権者が行う業務の範囲内と解される限り，当該取引により生ずる債権は根抵当権の被担保債権の範囲に含まれるとすることも可能であるかに思われなくはない．そのような理解に立ったように解されるのが，最判平成19・7・5判

◇ 第21講 共同抵当・根抵当 ◇

タ 1253-114 の原審判決である．

　この事件では，Aが銀行から借入れをするにあたりY信用保証協会との間で信用保証委託契約を締結してYが保証人となり，またAがYに負う債務についてBが連帯保証人となった．後日，Bが信用金庫から借入れをするにあたり，BとYとの間で信用保証委託契約を締結し，Yが保証人となった．その際，YはB所有の建物につき，Bから被担保債権の範囲を「保証委託取引による一切の債権」と定めてBを根抵当債務者とする根抵当権の設定を受けていた．その後，YはAの債務につき銀行に代位弁済しAに対する求償権を取得した．他方Bは信用金庫に対する債務を完済した．本件は，Bから根抵当権設定登記のある建物を買い受けたXが，所有権に基づく妨害排除請求としてYに対し根抵当権設定登記の抹消を求めたというものであった．

　Xの請求に対しYは，Bに対する連帯保証債権がこの根抵当権の被担保債権に含まれると主張したところ，原審判決は「信用保証協会が，根抵当債務者との間において，第三者の当該信用保証協会に対する信用保証委託契約に基づく債務を主債務とする保証契約を締結することは，信用保証協会法 20 条 1 項に規定する「これに付随する業務」に当たると解されるから，上記「保証委託取引による一切の債権」には，第三者の［Y］に対する信用保証委託契約に基づく債務を根抵当債務者が保証した場合の保証債権も含まれる」としたのである．

　しかし，前掲最判平成 19 年は次のように述べて原審判決を破棄した．

　「信用保証協会と根抵当債務者との保証委託取引とは，信用保証協会が根抵当債務者の依頼を受けて同人を主債務者とする債務について保証人となる（保証契約を締結する）こと，それに伴って信用保証協会が根抵当債務者に対して委託を受けた保証人として求償権を取得すること等を主たる内容とする取引を指すものと理解され，根抵当債務者でない者が信用保証協会に対して負担する債務についての根抵当債務者の保証債務は，上記取引とは関係のないものといわなければならない．同項の規定する「一定の種類の取引」は，被担保債権の具体的範囲を画すべき基準として第三者に対する関係においても明確なものであることを要するものであり，「保証委託取引」という表示が，法定された信用保証協会の業務に関するすべての取引を意味するものと解することもできない」．

　たしかに，信用金庫取引とは信用金庫法に定められた信用金庫が行う業務と解される一方，保証委託取引は，その言葉の意味からして，保証協会の法定の業務

に関する取引一般を指すと解することはできない．あくまでも保証協会と根抵当債務者との間の保証委託契約にもとづきなされる取引と解さざるを得ないであろう．そうすると被担保債権の範囲を「保証委託取引」とした以上，根抵当債務者に対する保証債権を被担保債権の範囲に含めることはできないことになる．被担保債権の範囲の定め方が契約の主体に注目したものか（『信用金庫』取引），取引の名称か（『保証委託』取引）により，その被担保債権の範囲を判断する基準は異なり，前者の場合には契約主体の業務内容を定める業法を基準となしうるが，後者の場合にはなしえないと解されたわけである．その意味では，演習判例が要求する「被担保債権の範囲の客観的明確性」を別の角度から明らかにした意義をもつものといえようか．

　そうすると，根抵当権の被担保債権の範囲を「信用保証協会取引」とすれば保証債権の被担保債権の範囲に含められるのではないかとも考えられるが，そのような取引の種類の指定は明確性を欠くおそれがあるとして登記実務上認められていない．根抵当権の被担保債権について「保証委託取引」と並んで「保証取引」との記載を加えることは可能だから，信用保証協会としては，保証取引を被担保債権の範囲に含めたければこの方法によるべきことになる．

◇ 第22講　不動産譲渡担保　◇

lecture

1　当事者間の効力

　譲渡担保設定契約は不要式であって，通常債務者が担保目的物を提供し，債権者が目的物の所有権の移転を受ける（第三者が目的物を提供する場合でも可）．譲渡担保設定者は，譲渡担保の設定後も通常目的物の占有を継続しており，無償でその利用を継続する．ただし，占有が譲渡担保権者に移転される類型（いわゆる「譲渡質」型）の不動産譲渡担保もごく稀に見られる．

　不動産譲渡担保では，債権者に対抗要件として所有権移転登記が経由されて所有者たる外観を有するため，事実上第三者が登場することは稀である．登記実務上は，登記原因たる「譲渡担保」が承認されているが，これまでは「売買」とされることも多かった．平成16年改正の不動産登記法61条は，登記原因証明情報の提供を厳格に求めており，これまでのような「売買」という真実でない登記原因をもって登記申請することは許されず，譲渡担保を原因とする所有権移転登記がなされることと予想される（安永・講義 物権・担保物権法389頁）．ただし，担保権者が仮登記を経由していたことに基づき，原審が，当該担保契約の性質を停止条件付代物弁済契約と認定し，仮登記担保法の適用を受ける仮登記担保権であるとしたのに対し，最高裁が譲渡担保であると判断した事例がある（最判平成14・9・12判時1801-72，金判1167-55）．

　被担保債権の範囲も設定契約によって定まる．被担保債権は通常既存の金銭債権であるが，それに限るものではなく，将来の不特定の債権であってもよい．変動する債権額を担保する「根譲渡担保」も有効であるが，当事者間に発生する一切の債権を限度額なく担保する包括根譲渡担保は，他の債権者を著しく害するため，無効と解すべきである（398の2類推）．むしろ，不動産譲渡担保の場合，抵当権に関する民法375条の利息等最後の2年分という制約が類推適用されるかが問題となる（安永・前掲書392頁）．後順位者の出現が事実上考えにくいため，

342

◇　第 22 講　不動産譲渡担保　◇

否定的に解されるのが通常である．

　また，目的物の範囲については，通説は，付加一体物・従物については，抵当権についての民法 370 条を類推適用すべきとする．借地上の建物が譲渡担保の目的物とされた場合，従たる権利である賃借権にも譲渡担保の効力が及ぶとされた事例がある（最判昭和 51・9・21 判時 833-69）．

　譲渡担保設定者には，設定契約上，目的物を侵害してはならないという義務が当然に生じると解される（道垣内・担保物権法〔第 3 版〕310 頁）．仮に譲渡担保設定者が目的不動産を滅失・損傷した場合，設定者は担保権者に対し損害賠償義務を負うことになり，また期限の利益を喪失して被担保債権の弁済期が到来し（137 条 2 号），譲渡担保の実行を受けることになる．他方，譲渡担保権者が，担保権実行が可能となる弁済期到来前に目的不動産を第三者に譲渡して移転登記をした場合，譲渡担保権者は設定者に対して損害賠償義務を負担する（担保設定契約の債務不履行にもとづく損害賠償責任，大判昭和 6・4・24 民集 10-685）．

　ところで，不動産譲渡担保を含む非典型担保においては，担保権者・担保設定者・第三者（特に他の債権者）の間に，目的財産の価値をいかに合理的に分配するかが問題となる．たとえば，1,000 万円の債権を担保するために価額 1 億円の不動産に譲渡担保が設定された場合，債務者の債務不履行時に譲渡担保権が私的実行されることにより，他の債権者を排除して，この債権者のみが被担保債権を超える過大な価値を「丸取り」することになってしまっては，抵当権の場合に比して，他の債権者が本来譲渡担保権者が把握する優先的な価値を除いた残余価値を把握する機会がなくなってしまう．

　そこで，判例は，債権者に所有権が移転するとしながら，あくまで被担保債権の範囲内で価値を把握する限度にその効力を制限しようとしてきた．譲渡担保実行時に目的物の価額と被担保債権額の差額を設定者に返還することを，譲渡担保権者に義務づける「清算義務」の法理である．かつての判例は，譲渡担保権者はあくまで所有権者であって，取得した所有権を担保目的を超えて行使しないという債権的な拘束を受けるに過ぎない（大連判大正 13・12・24 民集 3-555）とする信託的譲渡説に立ち，所有権が外部的（第三者関係）にのみ債権者に移転し，内部的に（当事者間）では設定者に所有権が存する型（外部的移転型）と，内外部ともに移転する型（内外共移転型）の 2 種類があるとし，当初は前者が原則的形態であって譲渡担保権者に清算義務があり，他方で後者にはないとしていた．しかし，仮

343

登記担保において清算義務が肯定される（後掲最大判昭和 49・10・23 民集 28-7-1473）一方，実は譲渡担保にも同じ法理が先行して導入されていたのである（最判昭和 46・3・25 民集 25-2-208）．

以下で詳論するが，現在では，最高裁は，一方では担保権としての実質と矛盾しない限りにおいて譲渡担保権者に所有権者としての権利主張を許し，他方では設定者にもこれと矛盾しない範囲で所有権者としての一定の権利主張を認めて，譲渡担保権者には債権担保の目的を達するのに必要な範囲内においてのみ，所有権移転の効力が生ずるとの立場を採用している．すなわち，「譲渡担保が設定された場合には，債権担保の目的を達するのに必要な範囲内においてのみ目的不動産の所有権移転の効力が生じるにすぎず，譲渡担保権者が目的不動産を確定的に自己の所有に帰させるには，自己の債権額と目的不動産の価額との差額との清算手続をすることを要し，他方，譲渡担保設定者は，譲渡担保権者が右の換価処分を完結するまでは，被担保債務を弁済して目的不動産を受け戻し，その完全な所有権を回復することができる……．このような譲渡担保の趣旨及び効力にかんがみると，譲渡担保権者及び譲渡担保設定者は，共に，譲渡担保の目的不動産につき保険事故が発生することによる経済上の損害を受けるべき関係にあり，したがって，右不動産についていずれも被保険利益を有する」（最判平成 5・2・26 民集 42-2-1653）のである．

2　第三者との間の効力

(1)　担保設定者と第三者

譲渡担保設定者は，正当な権原なく譲渡担保目的不動産を占有する者に対し，その返還を請求し得るとされる（最判昭和 57・9・28 判時 1062-81）．この判決は，譲渡担保設定後であっても，設定者が完全に無権利者となるのではなく，何からの物権を保持していることを前提としているといえよう．

もっとも，設定者は，常にその保持する権能を全ての第三者に対して対抗できるわけではない．判例上，被担保債務の不履行後に債務を弁済して目的物の所有権を回復する法的地位を，「受戻権」という．譲渡担保設定者による受戻権行使の可否については，①譲渡担保権者による弁済期到来前の処分，②弁済期到来後受戻権行使前の処分，③弁済期到来後でかつ受戻権行使後の処分の 3 類型に分類され，設定者が第三者との関係で受戻権が対抗可能な時期が画されている（松岡

久和・民商 111 巻 6 号 937 頁, 941 頁, 田高寛貴「私的実行型担保法規範の定立（4・完）」専修法学 81 号 12 頁以下).

③の類型にあたる最判昭和 62・11・12 判時 1261-71 は,「被担保債務の弁済による消滅後に譲渡担保目的不動産が第三者に譲渡された場合, 第三者が背信的悪意者であれば, 譲渡担保権設定者は不動産の回復を第三者に対抗することができる」とする. この判決は, 受戻権行使後の譲渡担保権者による処分と, 受戻権行使による譲渡担保権設定者への所有権の復帰を, 対抗問題として扱う. 差押債権者は, 一般的に民法 177 条の「第三者」にあたると解される (大連判明治 41・12・15 民録 14-1276) ため, 被担保債務の弁済後に差押えをした譲渡担保権者の債権者が背信的悪意者である場合には, 譲渡担保権設定者は受戻しを差押債権者に対抗できることになる.

次に, 上記②の類型に該当する最判平成 18・10・20 民集 60-8-3098 は, 被担保債務の弁済期到来後・受戻権行使前に譲渡担保権者の一般債権者が目的不動産を差し押さえた事案で, 以下のように述べた. すなわち,「不動産を目的とする譲渡担保において, 被担保債権の弁済期後に譲渡担保権者の債権者が目的不動産を差し押さえ, その旨の登記がされたときは, 設定者は, 差押登記後に債務の全額を弁済しても, 第三者異議の訴えにより強制執行の不許を求めることはできないと解するのが相当である. なぜなら, 設定者が債務の履行を遅滞したときは, 譲渡担保権者は目的不動産を処分する権能を取得するから (最判昭和 57・1・22・民集 36-1-92 参照), 被担保債権の弁済期後は, 設定者としては, 目的不動産が換価処分されることを受忍すべき立場にあるというべきところ, 譲渡担保権者の債権者による目的不動産の強制競売による換価も, 譲渡担保権者による換価処分と同様に受忍すべきものということができるのであって, 目的不動産を差し押さえた譲渡担保権者の債権者との関係では, 差押え後の受戻権行使による目的不動産の所有権の回復を主張することができなくてもやむを得ないというべきだからである.」

これに加えて, 同判決は, 上記①については以下のようにいう. すなわち,「上記と異なり, 被担保債権の弁済期前に譲渡担保権者の債権者が目的不動産を差し押さえた場合は, 少なくとも, 設定者が弁済期までに債務の全額を弁済して目的不動産を受け戻したときは, 設定者は, 第三者異議の訴えにより強制執行の不許を求めることができると解するのが相当である. なぜなら, 弁済期前におい

ては，譲渡担保権者は，債権担保の目的を達するのに必要な範囲内で目的不動産の所有権を有するにすぎず，目的不動産を処分する権能を有しないから，このような差押えによって設定者による受戻権の行使が制限されると解すべき理由はないからである」，と．

かつて最高裁は，譲渡担保権者が約定に反して弁済期前に第三者に譲渡した場合につき，譲渡担保設定契約により目的物の所有権は完全に譲渡担保権者に移転するため，設定者は登記なくして譲受人たる第三者に対抗できないとしていた（最判昭和 34・9・3 民集 13-11-1357）．けれども，前掲・最判平成 18・10・20 の弁済期前の差押え（その射程は第三者への処分を含むことを前提とする）に関する説示は，譲渡担保に関する担保的な把握を進展させる契機を含むものと評価されている（田高・クロススタディ物権法 291 頁）．

以上のように，判例は，譲渡担保設定後であっても何らかの物権的な地位が設定者に帰属しており，他方で，弁済期徒過により譲渡担保権者は完全な処分権を取得するから，譲渡担保権者の権利を完全な担保権として構成することも，完全な所有権として構成することもできないといえよう．

(2) 担保権者と第三者

譲渡担保権者が担保権者としての地位を有することを前提とする，いわゆる担保権的構成を取る最高裁判例として，以下のものがある．すなわち，一方で，譲渡担保設定者に会社更生手続が開始された場合，更生担保権者として処遇され，純粋な所有権者としての取戻権（会更 64 条 1 項，民再 52 条 1 項，破 631 項）を有しないとする（最判昭和 41・4・28 民集 20-4-900）．また，既に述べたように，譲渡担保設定者は，正当な権原なく譲渡担保目的不動産を占有する者に対し，その返還を請求し得るとされる（最判昭和 57・9・28 判時 1062-81）．

最判平成 7・11・10 民集 49-9-2953 は，土地建物について譲渡担保権の設定を受けて所有権移転登記を経由した譲渡担保権者が，その登記に先行して抵当権設定登記を経由していた抵当権者に対し，滌除（2003 年担保執行法改正前の事案．現在では抵当権消滅請求）を申し立てた事案である．最高裁は，譲渡担保権者は，担保権を実行して確定的に抵当不動産の所有権を取得しない限り，民法 378 条所定の抵当権消滅請求をなし得る第三取得者にはあたらないとの判断を示している．譲渡担保権が目的物の交換価値を把握することに実質的な目的があることに鑑みれば，担保権実行前の譲渡担保権者に対して，抵当不動産の利用権を保持するた

めの抵当権消滅請求権を行使させるべき理由はない．

　これらの判例は，所有権移転の形式よりも，担保権としての譲渡担保の実質を重視するものである．しかし，その一方で，譲渡担保権者は，目的物に対し設定者の一般債権者がした強制執行に対し，第三者異議の訴（民執 38 条）を提起し得る（最判昭和 56・12・17 民集 35-9-1328），あるいは，動産の譲渡担保権者は民法 333 条の第三取得者に該当し，動産売買先取特権にもとづく動産競売の不許を求め得る（最判昭和 62・11・10 民集 41-8-1559）等，判例は，第三者との関係で，譲渡担保権者に所有権が帰属していることを前提とする判断をも示している．しかし，これら所有権的構成を採る判例においても，「債権担保の目的を達するのに必要な範囲内において認められる」との限定を付しているから，譲渡担保権者の権利を完全な所有権とは解していないことが看取される．

　譲渡担保権には，物上代位も認められる．動産譲渡担保の事例であるが，最判平成 11・5・11 民集 53-5-863 は，動産譲渡担保権にもとづき目的物の売買代金債権に対する物上代位を肯定した．また，近時，最決平成 22・12・2 民集 64-8-1990・金判 1356-10 は，流動集合動産譲渡担保につき，個別動産の損害保険金請求権に対する物上代位を肯定した．他方で，不動産譲渡担保に関して，最高裁判例はまだない．ただ，下級審裁判例には，譲渡担保設定者の取得する賃料債権に対して不動産譲渡担保権者が物上代位をなし得るかにつき，「仮に譲渡担保権に基づく物上代位権の行使として目的物の賃料債権の取得が一般的に認められるとしても，目的物の使用収益を譲渡担保設定者にとどめる譲渡担保権においては，その契約締結に際して，譲渡担保権者において，譲渡担保権設定者の目的物の使用収益の対価については，物上代位権を行使しない旨あるいはこれを放棄する旨の了解があると解するのが相当であって，その対価である賃料についても物上代位権を行使する余地はな」いとするもの（浦和地判平成 12・10・31 判タ 1085-223）がある．

　他方で，借地上の建物を譲渡担保の目的とした場合，建物の敷地について民法 612 条の賃借権の譲渡にあたるか．最高裁は，清算手続終了前の事案について，譲渡・転貸がなされたことにならないと解した（最判平成 9・7・17 民集 51-6-2882）．譲渡担保における所有権の移転は，債権担保のために過ぎず，担保権実行完了前の段階で，譲渡担保設定者が建物の使用を継続している限り，民法 612 条の賃借権の譲渡・転貸にはあたらないのである（高木・担保物権法〔第 4 版〕

◇ 第22講　不動産譲渡担保　◇

337〜338頁).

　学説には，二段物権変動説や物権的期待権説，抵当権説等，譲渡担保権を可能な限り純粋な担保権に近づける方向での解釈が有力であるが，所有権の移転という外形に由来する制約から，完全な所有権としても完全な担保権としても取り扱うことが困難な状況を招来している．判例の採用する「譲渡担保権者には債権担保の目的を達するのに必要な範囲内でのみ所有権移転の効力が生ずるとの立場」にも，一定の合理性が認められるといえよう．

【演習判例】最判昭和 62・2・12 民集 41-1-67

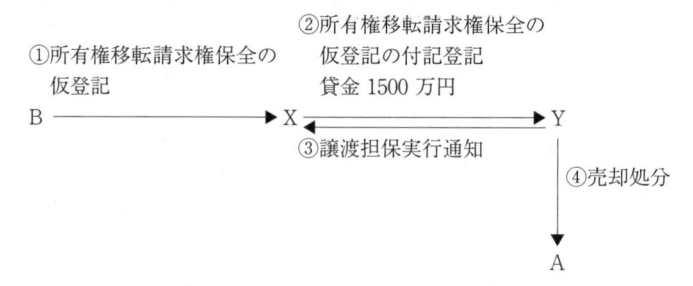

```
                         ②所有権移転請求権保全の
  ①所有権移転請求権保全の      仮登記の付記登記
     仮登記                 貸金1500万円
  B ─────────→ X ─────────→ Y
                         ③譲渡担保実行通知
                                          │④売却処分
                                          ↓
                                          A
```

(1) 前提事実

　Xは，昭和44年10月17日，Yから，1,500万円を期間2カ月，利息月3分の約定で借り受けたが，その際その支払いを担保するために，本件土地について取得した権利を譲渡担保としてYに譲渡し，Yのため所有権移転請求権保全の仮登記につきその移転の付記登記を経由した．もっとも，本件土地はいずれもXが昭和41年から昭和43年にかけて買い受けたものであるが，これらは農地であって，農地法所定5条の知事の許可を得ていなかったので，昭和43年10月29日までにXを権利者とする所有権移転請求権保全の仮登記をしておいたものであった．

　しかし，その後Xが上記の債務を履行しなかったため，Yは，昭和46年5月7日，Xに対し，本件土地を担保権の実行として自己の所有とする意思表示をしたうえ，農地買受適格者に依頼して他人名義で知事の許可を受け，Xの前所有者Bからの仮登記にもとづく所有権移転の本登記手続をし，その約10年後の昭和57年5月10日，本件土地を訴外Aに7,500万円で売却した．

348

Xは，第1審では，Yに対し，残債務の支払いと引換えに本件土地についてのYを権利者とする所有権移転請求権保全の仮登記の抹消登記手続を求めたが，Xの敗訴後控訴審で審理中に，Yが本件土地をAに売却したため，清算金支払請求に訴を変更した．

(2) 原審の判断

　原審は，XとYとの間の本件譲渡担保契約は，期限までに被担保債務が履行されなかったときは，債権者においてその履行に代えて担保の目的物を取得できる趣旨のいわゆる帰属清算型の譲渡担保権契約であって，Xがその前所有者との間の売買により本件土地について取得した権利は，Yの譲渡担保権行使の意思表示が昭和46年5月7日にXに到達したことにより終局的にYに帰属したものであるというべきであるとした．そのうえで，Yと第三者Aとの間の本件土地の売買は，上記権利が終局的にYに帰属した後になされたものであって，譲渡担保の行使としてなされたものではなく，上記権利についての貸借関係の清算は，譲渡担保権行使の意思表示がXに到達した昭和46年5月7日の時点を基準として，当時の上記権利の適正な価格と前期消費貸借における元金およびこれに対する支払期日の翌日から前期同日までの遅延損害金との間でなされるべきであるところ，この場合の清算金の有無およびその金額について，Xは何ら主張・立証をしていないとして請求を棄却した．

(3) 判　　旨

　「債務者がその所有不動産に譲渡担保権を設定した場合において，債務者が債務の履行を遅滞したときは，債権者は，目的不動産を処分する権能を取得し，この権能に基づき，目的不動産を適正に評価された価額で確定的に自己の所有に帰せしめるか又は第三者に売却等をすることによって，これを換価処分し，その評価額又は売却代金等をもって自己の債権（換価に要した相当費用額を含む．）の弁済に充てることができ，その剰余金が生じるときは，これを清算金として債務者に支払うことを要するものと解すべきであるが，他方，弁済期の経過後であっても，債権者が担保権の実行を完了するまでの間，すなわち，(イ) 債権者が目的不動産を適正に評価してその所有権を自己に帰属させる帰属清算型の譲渡担保においては，債権者が債務者に対し，目的不動産の適正評価額が債務の額を上回る場合にあっては清算金の支払若しくはその提供又は目的不動産の適正評価額が債務の額を上回らない場合にあってはその旨の通知をするまでの間，(ロ) 目的不動産

349

◇　第22講　不動産譲渡担保　◇

を相当の価格で第三者に売却する処分清算型の譲渡担保においては，その処分の時までの間は，債務者が，債務の全額を弁済して譲渡担保権を消滅させ，目的不動産の所有権を回復すること（以下，この権能を「受戻権」という.）ができるものと解するのが相当である．けだし，譲渡担保契約の目的は，債務者が目的不動産の所有権を取得すること自体にあるのではなく，当該不動産の有する金銭的価値に着目し，その価額の実現によって自己の債権の排他的満足を得ることにあり，目的不動産の所有権取得はかかる金銭的価値の実現の手段に過ぎないと考えられるからである．

右のように，帰属清算型の譲渡担保においては，債務者が債務の履行を遅滞し，債権者が債務者に対し目的不動産を確定的に自己の所有に帰せしめる旨の意思表示をしても，債権者が債務者に対して清算金の支払若しくはその提供又は目的不動産の適正評価額が債務の額を上回らない旨の通知をしない限り，債務者は受戻権を有し，債務の全額を弁済して譲渡担保権を消滅させることができるのであるから，債権者が右の意思表示をしただけでは，いまだ債務消滅の効果を有せず，したがって清算金の有無およびその額が確定しないため，債権者の清算義務は具体的には確定しないものというべきである．もっとも，債権者が清算金の支払若しくはその提供又は目的不動産の適正評価額が債務の額を上回らない旨の通知をせず，かつ，債務者も債務の弁済をしないうちに，債権者が目的不動産を第三者に売却等をしたときは，債務者はその時点で受戻権ひいては目的不動産の所有権を終局的に失い，同時に被担保債権消滅の効果が発生するとともに，右時点を基準時として清算金の有無及びその額が確定されるものと解するのが相当である．」

1　コメント

被担保債権の弁済期到来後に，債務者（譲渡担保設定者）が債務を弁済して，目的物の所有権を復帰させる権利を，一般的に受戻権と呼ぶ．本判決の争点は，この受戻権は何時まで存続するか，である．

被担保債権の弁済期到来時に譲渡担保を実行する方法には，債権者が目的物の価額を適切に評価し，その評価額と被担保債権額との差額を清算金として譲渡担保設定者に返還するという方法（帰属清算）と，目的物を第三者に処分して，そこで得られた売買代金によって被担保債権の回収をはかり，残金を設定者に返還するという方法（処分清算）とがある．本件において，Ｘは処分清算であること

を前提とした主張をしたが，原審は帰属清算であると認定して，清算金の確定時期をYの譲渡担保権実行の通知時としたのに対し，最高裁が破棄差戻しをした事例である．

　本判決以前の状況を概観しておこう．最大判昭和 49・10・23 民集 28-7-1473 は，仮登記担保法施行前における仮登記担保に関する判例理論を集大成した大法廷判決である．同判決は，「仮登記担保権の内容は，債務者に履行遅滞があった場合に権利者が目的不動産を換価処分し，その評価額又は売却代金等から自己の債権の弁済を得ることにあり，右評価額又は売却代金等の額が権利者の債権額を超えるときは，右超過額を清算金として債務者に交付すべきものである」として，仮登記担保権者に清算義務を課した．同判決によれば，仮登記担保権者の清算義務（清算金支払時期）と債務者が債務を弁済して目的物を回復する受戻権の行使時期との関係につき，①清算金の支払時期は，換価処分の時，すなわち帰属清算の場合には，仮登記担保権者が目的不動産の評価清算によりその所有権を自己に帰属させる時，処分清算の場合には，第三者に対する処分の時である．②清算金の支払時期である上記換価処分の時に仮登記担保権者は満足を得たことになり，これに伴って仮登記担保関係も消滅する，③債務者は，上記時期までは債務の全額を弁済して仮登記担保権を消滅させ，目的不動産の完全な所有権を回復することができるが，弁済をしないまま債権者が換価処分をしたときは，確定的に自己の所有権を失い，その後は清算金請求権を有するのみとなる，と判示していた．

　不動産譲渡担保についても特段の事由のない限り，無清算型の譲渡担保は否定されるべきとする学説に同調して，最判昭和 46・3・25 民集 25-2-208 は，譲渡担保権者にも清算義務を負わせることを判示していた．その後，最判昭和 57・1・22 民集 36-1-92 は，上記仮登記担保の法理が譲渡担保にも妥当することを前提として，受戻権を 1 個の形成権と法律構成をする余地はなく，これに民法 167 条 2 項を適用することはできないと判示する一方，「不動産を目的とする譲渡担保契約において，債務者が債務の履行を遅滞したときは，債権者は，目的不動産を処分する権能を取得し，この権能に基づいて，当該不動産を適正に評価された価額で自己の所有に帰せしめること，又は相当の価格で第三者に売却等をすることによって，これを換価処分し，その評価額又は売却代金等をもって自己の債権の弁済に充てることができるが，債務者は，債務の弁済期の到来後も，債権

◇ 第22講　不動産譲渡担保 ◇

者による換価処分が完結するに至るまでは，債務を弁済して目的物を取り戻すことができる，と解するのが相当である」とした．しかし，この判決自体からは，債務者が何時まで受戻権を行使し得るかについては明らかではなかった．

その後，最判昭和57・4・23金法1007-43は，事案は不詳であるが，仮登記担保について清算義務を確立した最判昭和46・3・25民集25-2-208を引用して，「債務者は右債権（被担保債権を指す・筆者注）について清算がなされるまではこれを弁済して目的不動産を取り戻すことができるが，債権者が譲渡担保により目的不動産の所有権を取得したとして，右不動産の所有権を第三者に譲渡して所有権移転登記がされたときは，右清算がなされていない場合であっても，右不動産の所有権が譲渡担保権者を経て第三者に移転するものと解するのが相当である」と判示して，処分清算型の譲渡担保に関して，受戻権の存続時期を明らかにしていた．

以上より明らかなように，帰属清算型の譲渡担保における譲渡担保権実行の完結時期については，最判昭和49・10・23が「目的不動産の評価清算によりその所有権を自己に帰属させる時」とし，最判昭和57・1・22が「債権者による換価処分が完結する時」と判示したにとどまっており，その具体的時期は明確となっていなかった．本判決は，「債権者が債務者に対して清算金の支払若しくはその提供又は目的不動産の適正評価額が債務の額を上回らない旨の通知をした」時点に受戻権が消滅するとして，この点を明確にしたものである．

本判決以後，最判平成6・2・22民集48-2-414は，「不動産を目的とする譲渡担保契約において，債務者が弁済期に債務の弁済をしない場合には，債権者は，右譲渡担保契約がいわゆる帰属清算型であると処分清算型であるとを問わず，目的物を処分する権能を取得するから，債権者がこの権能に基づいて目的物を第三者に譲渡したときは，原則として，譲受人は目的物の所有権を確定的に取得し，債務者は，清算金がある場合に債権者に対してその支払を求めることができるにとどまり，残債務を弁済して目的物を受け戻すことはできなくなるものと解するのが相当である」，とした．譲渡担保権者は，合意した処分方法が処分清算・帰属清算どちらの場合であっても，実行方法を任意に選択できるとされ，債務者の受戻権の消滅時期と譲渡担保権者への確定的な所有権の移転時期，および債務の消滅時期，清算金の有無およびその額の確定時期が，同じ時点に一致することになる（魚住庸夫「調査官解説」最判解説民事篇昭和62年度42頁，水上敏「調査官解説」

352

最判解説民事篇平成6年度216頁).

　学説においては，帰属清算・処分清算の2類型は，受戻権の存続期間に違いをもたらすと考えられてきた．前者においては，既に債権を担保する範囲内で債権者に所有権が移転しており，完全に所有権を債務者から奪うにあたって清算金を支払うという約束をしているのだから，その約束が果たされる（清算金が支払われる）までは，債権者は完全な所有権を取得できず，債務者等は受戻権を行使できる．他方で，処分清算型の場合，先に処分してから清算金を支払うということを設定者が容認しているのだから，第三者に対する処分がなされればその時点で受戻権が消滅する，というわけである．

　しかし，本判決と最判平成6・2・22により，処分清算型・帰属清算型とで，受戻権の存続期間が異なるべきという学説の構想は，完全に排除されたと評価されている（道垣内弘人「最判平成6・2・22判批」法協112巻7号（1995年）995頁，同・法教167号（1994年）119頁．結果として，両者の区別は，単に譲渡担保設定契約上の実行方法に関する当事者間の特約に過ぎず，同一の法理によって規律されるところとなった．帰属清算であれ，処分清算であれ，目的物が第三者に処分されてしまえば，後は清算金の支払いの関係しか残らないのであるから，被担保債務の弁済期徒過後に設定者が受戻権を行使しないことを言明してこれを放棄したところで，譲渡担保権者に清算金の支払いを請求し得ると解する余地はない（最判平成8・11・22民集50-10-2702）．設定者に受戻権方式による清算金支払請求を認めると，譲渡担保権者の私的実行をなす時期の自由を奪うことになり，妥当でないからである（譲渡担保の実行は権利であって義務ではない）．また，受戻権は，被担保債務の消滅により譲渡担保権が消滅したことを原因として生ずる物権的・債権的請求権であって，あくまで譲渡担保権者の私的実行時まで恩恵的に設定者に認められるにすぎず，清算金支払請求権とは発生の根拠が異なり，両者の間には直接の関係は認められないのである（佐賀義文「判批」判タ978号49頁，長沢幸男「判批」ジュリ111号199頁）．また，仮登記担保法2条・3条・11条でさえ，債権者が清算金の見積額を債務者等に通知していない間に，債務者等が受戻権を放棄して清算金の請求をなし得るという構造にはなっていない．

　ただし，清算金支払いの確保については，なお両者の区別は意味を持つ．帰属清算型については，前掲・最判昭和46・3・25（民集25-2-208）が，「この担保目的実現の手段として，債務者に対し右不動産の引渡ないし明渡を求める訴を提起

◇ 第22講　不動産譲渡担保　◇

した場合に，債務者が右清算金の支払と引換えにのみ認容されるべきもの」であるとして，譲渡担保権者の引渡請求と清算金の支払いとを引換給付の関係に立たせることを示している．他方で，処分清算の場合は，譲渡担保設定者が第三者への処分が先になされることを許容しているのであるから，清算金の支払いと不動産の引渡しとは同時履行の関係に立たない．このとき，清算金支払いについての譲渡担保設定者の保護は，清算金支払請求権を被担保債権として留置権が成立し，これをもって譲渡担保権者からの目的不動産譲受人に対して明渡しを拒絶することによって図られる（最判平成11・2・26判時1671-67，最判平成9・4・11裁判集民183-241）．

本判決は，それまでの判例・学説において必ずしも明確でなかった清算金の確定時期をはじめて明確にした点に，重要な意義があるといえよう．

2　不動産譲渡担保であることを主張する場合の当事者の主張立証

ところで，譲渡担保が帰属清算型か処分清算型かの判断は，裁判所が自由に判断し得るのか，それとも当事者の主張を要する事実であるのか．ある譲渡担保が処分清算型であるのか帰属清算型であるのかは，当事者間の実行方法の特約に過ぎない以上，基本的には譲渡担保設定契約の契約解釈の問題であり，裁判所による法律の解釈適用の範疇に属すると考えられる．とりわけ清算金支払請求権の発生要件は，①譲渡担保契約の成立，②被担保債務についての履行遅滞の発生，③債権者による譲渡担保の実行，具体的には，処分清算型の場合は目的不動産の第三者への売却等による処分，帰属清算型の場合には評価計算を意味する．

本件において，譲渡担保設定当事者は，当該譲渡担保が処分清算型であるとし，清算金の確定基準時が目的物の売却時であることを争わず，ただ，その基準時における評価額及び清算金の額を争っているのに過ぎない．受戻権の存否についても，当事者間では争いになっていないのである．原審判決が，強引に処分清算型との認定をしたのは，「いかにも唐突であって不意打ちの感を免れず」，破棄差戻しとなったのも当然と思われる．

なお，本件とは異なり，譲渡担保権者が譲渡担保の私的実行として，譲渡担保設定者に対し目的不動産（土地の例とする）の引渡しを求める場合には，その訴訟物は，所有権的構成の見解を前提として，譲渡担保権者と設定者の間の譲渡担保設定契約によって担保権者に移転された所有権にもとづく所有物返還請求権としての土地引渡請求権と捉えることができる．このとき，譲渡担保権者は，請求原

因として，(1)譲渡担保権者は設定者に対し，金 1000 万円を弁済期平成○年○月○日の約定で貸し渡したこと（被担保債権の存在），(2)設定者は目的不動産たる土地を所有していたこと（下記の所有権移転合意時の設定者への所有権の帰属），(3)譲渡担保権者と設定者との間で，請求原因(1)の債務を担保するために目的不動産たる土地の所有権を譲渡担保権者に移転する旨の契約を締結したこと（担保目的の所有権移転合意），(4)設定者は，当該土地を占有していること，を主張しなければならない（大江・要件事実民法(2)物権〔第 3 版〕483 頁，永石一郎「判批」金判 1254 号 7 頁）．これに対して，設定者が，譲渡担保権者が設定者に対し，目的不動産を，無償でかつ目的不動産の返還期限は請求原因(1)の弁済期までとの約定で貸し渡したことを抗弁として主張し，譲渡担保権者が弁済期の到来を再抗弁事由として主張することになる．もっとも，担保権的構成による場合には，被担保債権の弁済期到来もまた担保権者の側で当初から主張・立証することを要すると考えられる．

à plus loin

1 不動産譲渡担保が利用される理由

民法典には非占有担保権として抵当権が規定されている．にもかかわらず，不動産譲渡担保が実務で用いられるのは何故だろうか．動産譲渡担保のように，動産質権しか動産担保権が民法上規定されていないから，動産抵当の代替として利用されるため，という説明は妥当しない．

一般的には，民法の規定する抵当権は，その実行につき執行裁判所での担保不動産競売という手間，時間，費用のかかる方法が予定されているので，それを避けて簡易な方法による私的実行をすることができる点に，不動産譲渡担保の利用のメリットがあるといわれている（安永・前掲書 384 頁）．すなわち，目的不動産の所有権を確定的に自己のものとするという権能（所有権取得権能）は，抵当権には認められず，譲渡担保の利用によってのみ実現可能なのである．

ところで，以上の狭義の譲渡担保に対し，目的物を売買し，その代金という形式で「買主」（債権者）から「売主」（債務者）に金銭が交付され，その代金が「買主」に返還されると，目的物を再び「買主」から「売主」に売買し（売買の一方の予約・556 条），あるいは，元の売買契約を解除することにより（買戻し・579 条），所有権を「売主」に復帰させるという方式が採られることがある．法形式

◇　第22講　不動産譲渡担保　◇

上，被担保債権が存在しないので「売渡担保」と呼ばれる（道垣内・前掲書296頁）。

　かつての判例（大判昭和8・4・26民集12-767）は，これら2つの類型を明確に区別してきた。買戻特約付売買契約では，売主は，買戻期間経過後は不動産を買い戻すことは許されず（580条），「目的不動産の価額（目的不動産を適正に評価した金額）が買主が支払った代金および契約の費用を上回る場合にも，譲渡担保では担保権者に課される清算金の支払を受けることもできない（579条前段・580条・583条1項）。つまり，買戻特約付売買契約が，債権を担保する目的であるにもかかわらず，民法の買戻しの規定の適用を受けるとすると，売買代金額等が，目的不動産を適正に評価した金額よりも低廉であっても，買主（譲渡担保権者）は，その差額を丸取りできることになる（富永浩明・NBL829号15頁）。

　けれども，最判平成18・2・7民集60-2-480は，譲渡担保と売渡担保の区別を明確に否定した。すなわち，最高裁は，たとえ買戻特約付売買契約の形式が採られていた場合であっても，目的不動産の占有の移転を伴わない限り債権担保の目的で締結されたものと推認され，その法的性質は譲渡担保設定契約であるとしたのである。その結果，売渡担保の概念は明確に廃棄され（福田剛久「調査官解説」最判解説民事篇（上）1343頁，片山直也「判批」金法1780号40頁，今尾真「判批」登記情報544号65～67頁），債権担保目的の買戻特約付売買契約に対しては，債権者の清算義務や債務者の受戻権が認められ（角紀代恵「判批」不動産取引判例百選〔第3版〕169頁），債権者の丸取りは許されないこととなった（小野秀誠「貸金業にまつわる最近の最高裁判例の法理」ジュリ1319号32～33頁）。たとえば，真正の買戻特約付売買契約であれば，買戻期間経過後はもう買戻しはできないのに対し，譲渡担保と認定されれば，約定の（買戻）期間経過後であっても清算金の支払前であれば，受戻権を行使することが可能になり，「売主」（譲渡担保権設定者）の保護が手厚くなる，というわけである。

　民法579条以下の定める買戻しは，立法当初から金融の手段としての利用が認識されていた（来栖・契約法212頁以下）。しかし，現在では，民法の買戻しの規定の適用は，住宅公団や公社等が住宅地を分譲するにあたり，一定期間内の住宅建築や転売禁止等の条件を付し，買主がそれに違反したときは，売主は契約締結より5年以内に買戻特約を行使する（東京地判昭和55・11・13金法952-36）等，担保目的以外の真正の買戻特約付売買契約（最判平成11・11・30民集53-8-1965，東京地

判平成元・6・29 金法 1233-40．今尾・前掲 66 頁参照）に限定されることになった．

買戻しや売買の一方の予約という法形式を利用して，清算義務を免れることは，もはや認められないのである．

2　抵当権規定の類推適用の可否

不動産譲渡担保にはどの程度抵当権の規定を類推適用できるだろうか．不動産担保であって原則として非占有担保権であることに鑑みれば，不動産譲渡担保にも可能な限り抵当権の諸規定を類推すべきであるとの考え方も十分に説得力を有する．

既に見たように，譲渡担保の1つの特徴は目的物の所有権取得権能にある．この権能は抵当権には認められないものであるから，たとえば，不動産譲渡担保に関して，その効力が付加一体物にも及ぶと解し，民法 370 条を類推適用する説が有力であることは理解できる．しかし，民法 374 条は，譲渡担保には類推適用されないというのが判例の立場である（最判昭和 61・7・15 判時 1209-23）．動産の譲渡担保（最判平成 18・7・20 民集 60-6-2499）と異なり，不動産譲渡担保では所有権移転登記が担保権者に移転するため，事実上後順位担保権者が出現しないということを根拠とする．

仮登記担保法 11 条は，処分清算ではなく帰属清算を原則としたうえで，債務者等は，清算期間経過後においても（清算期間経過後 5 年以内であり，かつ，第三者が目的不動産の所有権を取得する前であれば），清算金の支払いを受けるまでは，債権等の額に相当する金銭を債権者に提供して，目的不動産の受戻しを請求することができるとしている．学説には，債務者（譲渡担保設定者）に清算金の支払いを確保させるために，清算金支払請求権と目的不動産の明渡しとを同時履行の関係に立たせようとして，帰属清算型を原則形態と解し，仮登記担保法 11 条を不動産譲渡担保に類推適用する説が有力である（米倉明「非典型担保法の展望」ジュリ 731 号 191 頁以下，高木・担保物権法〔第 4 版〕364 頁）．また，仮登記担保法 2 条 1 項は，仮登記担保においては，その実行のために，まず清算金の見積額，あるいは，見積によれば清算金が生じない場合にはその旨を債務者等に通知しなければならず，その通知が債務者等に到達した日から 2 カ月を経過しなければ，債権者に目的物の所有権は移転しないとされている．学説には，譲渡担保の実行においても同法 2 条 1 項を類推適用して，債務者の債務不履行があっても譲渡担保権者は当然には目的物の処分権能を取得せず，まず債務者等に通知してそこから 2 カ月が

◇　第22講　不動産譲渡担保　◇

経過しないと所有権を取得できない、とする見解もある（近江・講義Ⅲ担保物権〔第2版〕301頁、高木・前掲書348頁、中舎寛樹「譲渡担保と既成法規──類推適用の可否を中心にして」法時66巻2号48頁以下を参照）。帰属清算型を不動産譲渡担保の原則形態と解して、譲渡担保設定者に受戻しの可能性を十分に確保しようとする意図を有する解釈である。

　けれども、前掲・最判昭和62・2・12では、清算金の支払いもしくは提供がなされた時に受戻権が消滅するとされ、清算金の支払いがなされても受戻権が残存するということはあり得ないから、仮登記担保法11条の類推適用の余地はほとんどない。また、同法11条の受戻権は、債務の弁済によって仮登記義務者に復帰する目的不動産の所有権にもとづく物権的返還請求権ないし契約にもとづく債権的請求権ではなく（仮登記担保法2条の2カ月の清算期間により目的物の所有権が確定的に仮登記権利者に移転し、その時点で被担保債権が消滅していることを前提とするから）、法律によって特に認められた形成権である。これに対し、譲渡担保における受戻権は、債務の弁済により回復した目的不動産の所有権にもとづく物権的返還請求権ないし契約にもとづく債権的請求権と構成するほかなく、受戻権の消滅時期、清算金支払義務の確定時期に関して、不動産譲渡担保への仮登記担保法11条ないし2条の類推適用は非常に困難である。

　なお、既に述べたところであるが、清算金支払いについての譲渡担保設定者の保護（とりわけ処分清算の場合）は、清算金支払請求権を被担保債権として留置権が成立し、これをもって譲渡担保権者からの目的不動産譲受人に対して明渡しを拒絶することによってはかられる（最判平成11・2・26判時1671-67、最判平成9・4・11裁判集民183-241）ことに注意を要する。

◇ 第 23 講　集合動産・集合債権の譲渡担保 ◇

一　集合動産譲渡担保

lecture

　近時，ABL（Asset Based Lending）という融資の手法が注目を集めている．すなわち，ABL とは，債権や在庫商品等の流動資産，すなわち，「債務者の事業のキャッシュフローの源泉となる資産を担保とする融資」（中村廉平「再建型法的倒産手続における ABL の取扱いに関する考察」NBL908 号 29 頁）の枠組みである．典型的には，「事業会社が，仕入れた在庫を販売して売掛金に変え，これを振込先の預金口座から回収し，これを原資として再度仕入れを行うという事業サイクル」（在庫動産→売掛金債権→預金（回収金）という借主（債務者）の事業用流動資産の循環構造）に着目し，これを担保として捉えた流動資産担保融資である（中村・前掲 30 頁）．在庫商品については流動（集合）動産譲渡担保が，売掛金債権については流動（集合）債権譲渡担保が，担保権設定の方法として用いられる．事業のライフサイクルに着目することから，債務者の倉庫内の個別動産は債務者の事業活動に伴い倉庫から搬出されて担保の目的から外れる一方，新たな個別動産が倉庫内に搬入されて追加的な担保の目的となる．同様に，売掛金債権についても，取立てとその回収金を原資として，新たな在庫商品の購入と売掛金債権の発生が前提とされている．本講は，これらの財産を目的とする流動（集合）動産譲渡担保と流動（集合）債権譲渡担保とについて取り上げるものである．

　集合動産譲渡担保とは，個々の動産ではなく，動産の集合体（原材料や在庫商品）が 1 個の譲渡担保の対象となっている場合をいう（高木・担保物権法〔第 4 版〕368 頁）．集合物とは，一定の目的のもとに集められた数個の物の集団であって，その各個の物が独自の存在性と取引価値を失うことなく，かつ集合物自体も一個の財産として経済的価値を有し，取引上一体として取り扱われる（田高・クロススタディ物権法 294 頁）．民法では有体物のみが物とされ（85 条），また一物一権主義からは，複数の物に対し 1 個の物権は成立しないのが原則である．しかし，特別

◇ 第23講　集合動産・集合債権の譲渡担保　◇

　法においては，既に複数の物を1個の集合体として1つの担保物権の客体とすることが肯定されている（工場抵当法等）。そこで，判例は，「構成部分の変動する集合動産についても，その種類，所在場所及び量的範囲を指定するなどなんらかの方法で目的物の範囲が特定される場合には，1個の集合物として譲渡担保の目的となりうる」として，複数の物の集合に対する譲渡担保の設定を有効とする（最判昭和54・2・15民集33-1-51）。

　同判決の事案は，寄託中の乾燥ネギ44トンの一部28トンに譲渡担保が設定されたというものであった。受寄者が譲渡担保設定者宛に作成し，譲渡担保権者に交付された冷凍貨物預り証には，「品名青ネギフレーク 3500c/s」「収量8キログラム段ボール4mm」「右貨物正に当方冷蔵庫 No.5, No.8, No.11, No.12 へ入庫しました。出庫の際は必ず本証をご提示願います」と記載されていた。その後，受寄者が設定者の指示により保管中の乾燥ネギ23トン余を第三者に引き渡したので，譲渡担保権者が，譲渡担保設定契約により取得した乾燥ネギの所有権を侵害したとして，不法行為にもとづく損害賠償を請求した。

　最高裁は，この預り証は在庫証明の趣旨で作成されたものであり目的物特定のためではなかったこと等から，譲渡担保の目的物の特定がなく，したがって，譲渡担保権者は何ら譲渡担保権を取得するものではないとして，譲渡担保権者の請求を退けた（角紀代恵「商品や原材料等の担保化」米倉明他編『金融担保法講座Ⅲ　非典型担保』（筑摩書房，1986年）61頁）。また，別の事件では，譲渡担保の目的物として，譲渡担保設定者の居宅・店舗内に存すべき運搬具，什器，備品，家財一切のうち設定者所有の物について譲渡担保が設定され，占有改定の方法により債権者に引渡しがなされた。最高裁は，以下のように述べて，集合物としての特定性を欠くとした（最判昭和57・10・14判時1060-78）。すなわち，「本件譲渡担保契約においては，一応目的物につきその種類，所在場所及び量的範囲が指定されているが，そのうち『家財一切』とある部分は，そこにいう家財が営業用の物件を除き家庭内で家族全体の共同生活に供用されるある程度の恒常性と経済的価値を有する物件を指すものと解しうるとしても，家族の共同生活に使用される物件は多種多様であって，右のような指定だけでは個々の物件が具体的にこれに該当するかどうかを識別することが困難な場合が当然予想されるから，これだけでは譲渡担保の目的物の種類についての特定があったとするのに十分であるとは考えられないのみならず，右契約においては，譲渡担保の目的物として本件建物内に存すべ

き運搬具，什器，備品，家財一切のうち訴外人所有という物という限定が付されているところ，右にいう訴外人所有とそれ以外の物とを明確に識別する指標が示されているとか，また，現実に右の区別ができるような適宜な措置が講じられた形跡は全くないのであるから，これらの物件については本件譲渡担保契約は契約成立の要件としての目的物の外部的，客観的な特定を欠く」というのである．

この判決は，「家財一切」という具体的識別が不可能な概括的・抽象的な文言では目的物の種類を指定したことにならないこと，「設定者所有物」という限定は，それが明白な指標を伴わないときは，かえって目的物の特定性を害するものであることを明らかにしたとされる（田中・最判昭和62・11・10調査官解説670頁）．

一物一権主義に立脚し，集合物概念を否定すると，個々の動産毎にそれぞれに個別の譲渡担保が成立するという考え方（分析論）を採らざるをえない．この考え方では，個々の動産が集合体に加入することを停止条件として譲渡担保の目的物となり，搬出され集合体から分離されることを解除条件として譲渡担保の目的物でなくなる，と説明される（道垣内・担保物権法〔第3版〕328頁）．しかし，集合物概念を肯定しこれを利用すると，集合動産全体が1個の集合物と観念され，この集合物上に譲渡担保権が成立すると構成することが可能になり，個々の動産には当然にその効力が及ぶと考えることができる．対抗要件についても，この集合物について一括して具備すれば足り，個々の動産について対抗要件を備えることは不要になると解される（高木・前掲書368頁）．

以下で取り上げる判決は，最高裁として初めて集合物としての範囲の特定性を認め，他の競合する第三者との関係を検討したものである．

【演習判例】最判昭和62・11・10民集41-8-1559

(1) 前提事実

Xは，昭和50年2月1日，訴外Aとの間で，次のような内容の根譲渡担保設定契約を締結した．第1に，Aは，Xに対して負担する現在及び将来の商品代金，手形金，損害金その他の一切の債務を担保するため，Aの第1ないし第4倉庫内及び同敷地・ヤード内を保管場所とし，現にこの保管場所内に存在する普通棒鋼，異形棒鋼等一切の在庫商品の所有権を内外ともにXに移転し，占有改定の方法によってXにその引渡しを完了したものとする．第2に，Aは，将

◇ 第23講　集合動産・集合債権の譲渡担保　◇

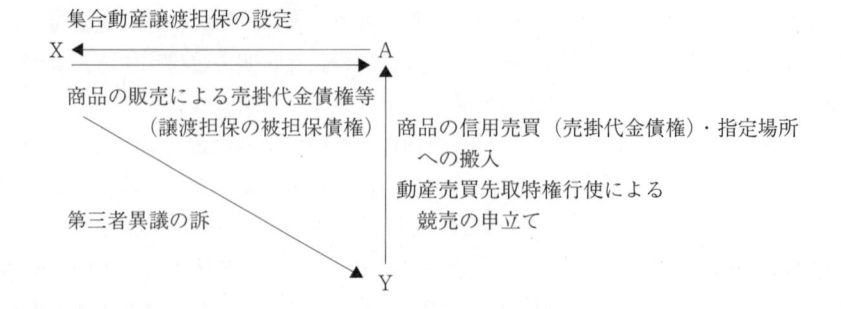

```
          集合動産譲渡担保の設定
      X ◀───────────────────────▶ A
          商品の販売による売掛代金債権等    商品の信用売買（売掛代金債権）・指定場所
           （譲渡担保の被担保債権）              への搬入
                                       動産売買先取特権行使による
          第三者異議の訴                       競売の申立て
                              ▼
                              Y
```

来上記物件と同種または類似の物件を製造または取得したときには，原則としてその全てを前記保管場所に搬入するものとし，これらの物件も当然に譲渡担保の目的となることを予め承諾する，とされた．

　Xは，Aに対し，普通棒鋼，異形棒鋼，普通鋼々材等を継続して売り渡し，昭和54年11月30日現在で30億1787万円余の売掛代金債権を取得するに至った．

　他方で，Aは，Yから別紙目録記載の異形棒鋼を買い受け，これを前記保管場所に搬入した．

　その後，Yは，昭和54年12月になって，本件物件につき動産売買先取特権を有していると主張して，福岡地方裁判所に旧競売法3条（現民執190条1項）により本件物件の競売の申立てをした．これに対し，Xが第三者異議の訴え（民執38条）を提起したのが本件である．

　第1審は，本件事案において，集合物の特定が有効になされており，Xが有効に集合物譲渡担保の設定を受けたこと，いったん集合動産について占有改定がなされると，後に加入する個々の物は集合動産の構成部分として当然に譲渡担保に服し，かつ対抗力を具備するものであり，個々の物について改めて占有改定の意思表示をすることは必要でないとした．結果として，Xは，譲渡担保により本件物件の所有権を取得し，かつ占有改定による引渡しを受けているといえるから，民法333条により，Yは，本件物件についてもはや動産売買先取特権を行使できず，Yが本件物件に行った先取特権にもとづく競売は認められないとされた．

(2) 原審の判断

　原審は，本件譲渡担保設定契約において，譲渡担保の目的物の特定性が十分で

あるとして，集合物としての特定性を充足するとしたうえで，構成部分の変動する集合動産の譲渡担保の客体は集合物であって個々の構成物ではない，とのYの主張を排斥した．また，Xは，本件集合物譲渡担保の設定にもとづいて，その構成部分である本件物件に譲渡担保権を取得し，占有改定による引渡しを受けて対抗力を備えたのだから，公示なき動産先取特権の追及力を制限し，動産取引の安全をはかることを定めた民法333条により，Yは動産売買先取特権を行使できず，この権利は消滅すると判示した．Yより上告．

(3) 判　　旨

「構成部分の変動する集合動産であっても，その種類，所在場所及び量的範囲を指定するなどの方法によって目的物の範囲が特定される場合には，1個の集合物として譲渡担保の目的とすることができるものと解すべきであることは，当裁判所の判例とするところである（最判54・2・15民集33-1-51参照）．そして，債権者と債務者との間に，右のような集合物を目的とする譲渡担保権設定契約が締結され，債務者がその構成部分である動産の占有を取得したときは債権者が占有改定の方法によってその占有権を取得する旨の合意に基づき，債務者が右集合物の構成部分として現に存在する動産の占有を取得した場合には，債権者は，当該集合物を目的とする譲渡担保権につき対抗要件を具備するに至ったものということができ，この対抗要件具備の効力は，その後構成部分が変動したとしても，集合物としての同一性が損なわれない限り，新たにその構成部分となった動産を包含する集合物について及ぶものと解すべきである．したがって，動産売買の先取特権の存在する動産が右譲渡担保権の目的である集合物の構成部分となった場合においては，債権者は，右動産についても引渡を受けたものとして譲渡担保権を主張することができ，当該先取特権者が右先取特権に基づいて動産競売の申立をしたときは，特段の事情のない限り，333条所定の第三取得者に該当するものとして，訴えをもって，右動産競売の不許を求めることができるものというべきである．

これを本件についてみるに，……本件契約は，構成部分の変動する集合動産を目的とするものであるが，目的動産の種類及び量的範囲を普通棒鋼，異形棒鋼等一切の在庫商品と，また，その所在場所を原判示の訴外Aの第1ないし第4倉庫内及び同敷地・ヤード内と明確に特定されているのであるから，このように特定された一個の集合物を目的とする譲渡担保設定契約として効力を有するものと

◇ 第23講　集合動産・集合債権の譲渡担保 ◇

いうべき」である．

1　コメント

　本判決の骨子は，本譲渡担保設定契約による集合動産譲渡担保も特定性の要件を充足する以上有効であり，目的物の範囲の具体的特定もなされていると認定し，かつ，目的物件は占有改定により引き渡されているのだから，譲渡担保権者は民法333条の第三取得者として引渡しを受けており（両者の競合は333条により規律される），Yは，動産売買先取特権を行使できない（先取特権の追及効が遮断される）．また，Xの被担保債権の金額がYの目的物件の価額を上回る事実があり，他に特段の事情がない以上，Xの第三者異議の訴は適法である，というものである（山田秀雄「判批」NBL397号16頁）．

　本判決では，既に言及した最判昭和54・2・15で示された「種類」，「所在場所」及び「量的範囲」という集合物の特定性の基準に照らして，「第1ないし第4倉庫内及び同敷地・ヤード内」の「普通棒鋼，異形棒鋼等一切の在庫商品」といういわゆる「全部譲渡方式」で特定性を肯定し，最高裁として，初めて有効な集合物譲渡担保の成立を認めた．また，集合物につき占有改定によって対抗要件を備えているので，新たに加わった個別動産についても当然にその効力が及ぶとした（近江幸治「判批」ジュリ910号79頁）．伝統的に333条の「引渡し」には占有改定を含むと解するのが判例（大判大正6・7・26民録23-1203）であって，「第三取得者」は所有権者と解されているから，本判決は，譲渡担保権者に外形上所有権が帰属することを前提としている．これは，最高裁が，一方では担保権としての実質と矛盾しない限りにおいて譲渡担保権者に所有権者としての権利主張を許し，他方では設定者にもこれと矛盾しない範囲で所有権者としての一定の権利主張を認めて，譲渡担保権者には債権担保の目的を達するのに必要な範囲内においてのみ，所有権移転の効力が生ずるとの立場を採用していることを示す一例であるといえよう．

　もっとも，集合物譲渡担保の成立・占有改定時が当初の担保設定時であるなら，保管場所に搬入される個々の動産に先取特権が成立する以前に譲渡担保権が成立していることになるから，333条の適用の前提を欠くのではないか，という疑問を生じる．しかし，当初の集合物譲渡担保設定契約時に未だ集合物に加入していない個別動産について，未加入のまま占有改定があったと解することはできない．個別動産について占有改定の効力が当初の集合物譲渡担保設定契約時に生

じることの意味は，それぞれの加入の段階で占有改定をいちいち問題とすることなく，対抗要件具備の効力を当初の段階まで遡らせることにあると解される（田中・最判昭和 62・11・10 調査官解説 684 頁）．

　ところで，在庫商品を包括的に担保の目的とするこの種の担保の場合，占有改定により対抗要件を備えるといっても，何ら公示方法としては機能しないとの批判がなされた．継続的な取引の中で信用売買により商品を供給している者が，債務者の代金不払いにより動産売買先取特権にもとづいて競売を申し立てたところ，債務者と譲渡担保権者との間の契約書一枚による「みえざる」集合物譲渡担保の合意によって，その権利が消滅するという不意打ちに等しい，との批判である（近江・前掲 80 頁）．

　もともと動産売買先取特権の立法趣旨は，次のようなものであった．すなわち，売却された動産は買主の一般財産に組み込まれて総債権者の共同担保を増加させているのに，債務者が破産すると，当該動産の売主が他の一般債権者と平等にしか配当が認められないのは不公平である．よって，動産の売主に特別の優先を認めたというのである（梅・民法要義巻之二 369 頁）．

　確かに，占有改定の実際上の公示力はないに等しいが，民法上不完全な占有の移転である占有改定も，民法 178 条の「引渡し」として動産物権変動の有効な対抗要件とされている．公示力の不完全さを集合物譲渡担保の局面のみで強調するのは，背理ともいえる．また，集合物譲渡担保という約定担保権を取得する努力をした債権者と，約定担保権を取得せず法定担保権である動産売買先取特権に頼る債権者を比較した場合，前者の方がより保護に値するともいえる．所有権留保目的物を個別動産譲渡担保の目的とした事例で，所有権留保の優先を前提とするものがある（最判昭和 58・3・18 判時 1095-104）．第三者所有の個別動産は，集合物の構成要素にならないと解され，集合物譲渡担保にも優先することとなろうから，信用売買の売主は所有権留保の約定を債務者と交わすべきである，ともいえよう．

　むしろ，集合物論の問題点は，集合物を 1 個の物とみた場合に，処分により個別動産が集合物から離脱する関係が説明できない等の疑問が呈されていることにある．例えば，集合物を構成する個々の動産は，集合物上の権利の支配を受ける一方，それぞれ独立した動産としての性質も有するのであるから，集合物論では個々の動産の独立性が制限されてしまうのではないか，という疑問が生じる（田

◇ 第23講　集合動産・集合債権の譲渡担保　◇

高・前掲書301頁）．この点は，次に取り上げる最判平成18・7・20に関連して検討することにしよう．

　流動集合動産譲渡担保を有する債権者が，譲渡担保設定者に対して，譲渡担保権の私的実行として動産引渡請求を行う場合，純然たる所有権にもとづく引渡請求とは異なり，譲渡担保設定者は，帰属清算の場合には清算金の支払いとの引換え給付を求める抗弁を提出することができる（不動産譲渡担保に関して，最判昭和46・3・25民集25-2-208，宮坂昌利・最判平成18・7・20調査官解説858頁注 (10)）．しかし，処分清算方式の場合には，流行性のある商品や季節商品等が譲渡担保の目的であるとき，処分してみなければ処分価格は明らかにならないから，清算金と目的物との引渡しは引換給付の関係には立たないというべきである（田原睦夫「集合動産譲渡担保の再検討——担保権実行の局面から——」金融法研究・資料編 (3)（1988年）154頁．譲渡担保設定者に対し動産引渡請求をし，もし設定者が任意に引渡しに応じない場合には，当該動産の目的物引渡請求権を被保全債権とした処分禁止・占有移転禁止・執行官保管の仮処分や引渡断行の仮処分の執行後に本案訴訟を提起することになる（植垣勝裕ほか「（座談会）新しい動産・債権譲渡登記制度と金融実務（下）」金法1738号（2005年）98頁，経営法友会マニュアル等作成委員会編『動産・債権譲渡担保マニュアル』（商事法務・2007年）113頁，117頁）．

2　動産譲渡担保であることを主張する場合の当事者の主張立法

　結局のところ，集合動産譲渡担の場合，設定者の協力を得ないと在庫商品の処分の販路を確保することが困難な場合が少なくない．実際問題として，設定者から在庫商品の現実の引渡しを受けて転売する等しない限り，譲渡担保権者が清算金の支払いをすることも事実上困難であろう．あるいは，譲渡担保権の私的実行後，譲渡担保権者から在庫商品の譲渡を受けた譲受人が，改めて譲渡担保設定者に対して，譲渡担保権者から所有権を取得した（占有改定による）と主張して引渡しを請求することも考えられる．このとき，清算金支払いについての譲渡担保設定者の保護は，清算金支払請求権を被担保債権として留置権が成立し，これをもって譲渡担保権者からの目的動産譲受人に対して明渡しを拒絶することによってはかられることとなろう（最判平成11・2・26判時1671-67，最判平成9・4・11裁判集民183-241）．

◇　第23講　集合動産・集合債権の譲渡担保　◇

à plus loin

1　最判平成 18・7・20 について

　上記の最判昭和 62・11・10 では，集合物譲渡担保の成立・有効要件としての特定性が問題となっており，譲渡担保設定者に個別動産の処分の必要性があることが正面から問題となることはなかった．以下で取り上げる最判平成 18・7・20 民集 60-6-2499 は，最高裁として，譲渡担保設定者に初めて「通常の営業の範囲内」で個別動産の処分権が認められることを正面から肯定した判決である．

　同判決の事案は，大要以下のようであった．ブリ，ハマチ，カンパチ等の養殖，加工，販売を業とする Y（株式会社，被告・被控訴人・上告人）は，平成 12 年 6 月 30 日，A との間で，宮崎県串間市沖合の串間漁場・黒瀬漁場ほかの生簀内に存する Y 所有の養殖魚全部を目的とする集合動産譲渡担保契約を締結した．被担保債権は，養魚用配合飼料の売買により A が Y に対して現在および将来取得する売掛債権等一切の債権，極度額は 25 億円であり，通常の営業のために第三者に適正な価格で譲渡する権限が A によって，Y に対して付与された．次に，Y は，平成 12 年 12 月 7 日，B との間で，黒瀬漁場の生簀内の一切の養殖魚を目的として，集合動産譲渡担保契約を締結．被担保債権は B が Y に対して現在および将来有する一切の債権，極度額は 10 億円であった．B は，Y に対して，当然の用法に従い無償で使用することを許諾し，Y が善良なる管理者の注意義務をもって管理することを B と Y との間で合意した．さらに，Y は，平成 15 年 2 月 14 日，C との間で串間漁場，黒瀬漁場ほかの漁場の生簀内の Y 所有の養殖魚全部を目的として集合動産譲渡担保契約を締結．被担保債権は，Y と C との間の商取引および金融取引による債権，極度額は 30 億円であった．Y・C 間では，Y が養殖魚を善管注意義務をもって通常の営業方法に従い販売することを認めていた．なお，以上の 3 つの取引に共通して，A・B・C への養殖魚の引渡しは占有改定によってなされた．

　Y は，平成 15 年 4 月 30 日，X（原告・控訴人・被上告人）との間で，① Y の所有する養殖魚（原魚・ブリ）の X への売却，② X から Y への原魚の預託，③買戻しのそれぞれの要素からなる契約（本件契約 1）を締結した．また，同日，Y は，X との間で，Y の所有する養殖ハマチを X に売却する契約（本件契約 2）を締結した．本件契約 2 においては，Y 所有の養殖魚 27 万尾余を X に売却し，X

◇ 第23講 集合動産・集合債権の譲渡担保 ◇

はこれを第三者に売却するため平成16年7月31日までに生け簀から移動するものとし，それまでの間は，YがXに代わって飼育するものとする．というものであった．なお，これら2つの契約の目的物である養殖魚は，それぞれA・B・Cの譲渡担保の目的物となっていたものである．

また，Yは，平成15年7月30日になって，東京地裁に民事再生手続の開始の申立てをなし，同年8月4日，同開始決定がなされている．

Xは，Yに対し，本件契約1および2にもとづき，本件物件の所有権を取得したとして，所有権にもとづく本件物件の引渡しを求めた．これに対し，Yは，（ⅰ）本件各契約は譲渡担保契約と解すべきである．（ⅱ）本件物件1・2につき，Xより先に上記A・B・Cが各譲渡担保の設定を受け，対抗要件を備えているから，Xは即時取得の要件を充たさない限り本件物件1・2の所有権を取得し得ない，と主張した．

第1審がXの請求を棄却したのに対し，原審は請求を認容した．最高裁の判旨は，以下の通りである．

まず，本件契約1につき，「当初の原魚の売買代金は，XのYに対する既存の債権に充当するものとされており，現実の代金の授受は行われないこと」等から，「本件契約1は，再売買が予定されている売買契約の形式を採るものであり，契約時に目的物の所有権が移転する旨の明示の合意がされているものであるが，……債権を担保するという目的を達成するのに必要な範囲内において目的物の所有権を移転する旨が合意されたにすぎないというべきであり，本件契約1の性質は，譲渡担保契約と解するのが相当である．」として，本件契約1が真正な売買であることを前提とする所有権に基づく引渡請求を棄却．Xの主張するように本件契約1が譲渡担保契約であるとしても，本件物件1には既にA・B・Cのために各譲渡担保権が設定され，対抗要件が具備されている．「重複して譲渡担保を設定すること自体は許されるとしても，劣後する（Xのための）譲渡担保に独自の私的実行の権限を認めた場合，配当の手続が整備されている民事執行法上の執行手続が行われる場合と異なり，先行する譲渡担保権者には優先権を行使する機会が与えられず，その譲渡担保は有名無実のものとなりかねない」から，Xの譲渡担保の実行に基づく引渡しは認められない．また，Xは「占有改定による引渡しを受けたにとどまる」から即時取得も認められない．

次に，本件契約2につき「真正な売買契約」であると認定した上で，次のよう

◇ 第23講 集合動産・集合債権の譲渡担保 ◇

にいう．すなわち，「構成部分の変動する集合動産を目的とする譲渡担保においては，集合物の内容が譲渡担保設定者の営業活動を通じて当然に変動することが予定されているのであるから，譲渡担保設定者には，その通常の営業の範囲内で，譲渡担保の目的を構成する動産を処分する権限が付与されており，この権限内でされた処分の相手方は，当該動産について，譲渡担保の拘束を受けることなく確定的に所有権を取得することができると解するのが相当である．ＹとＡ及びＣとの間の各譲渡担保契約の（各）条項（Ａにつき「Ｙが通常の営業のために第三者に適正な価格で譲渡することを（Ａは）許諾する．」「第三者に譲渡された養殖魚は譲渡担保の目的から除外される．」Ｂ・Ｃにつき，「Ｂ（ないしＣ）は，Ｙがその当然の用法に従い無償で使用することを許諾し，Ｙは善良なる管理者の注意義務をもって管理する．」）は，以上の趣旨を確認的に規定したものと解される．

他方，対抗要件を備えた集合動産譲渡担保の設定者がその目的物である動産につき通常の営業の範囲を超える売却処分をした場合，当該処分は上記権限にもとづかないものである以上，譲渡担保契約に定められた保管場所から搬出されるなどして当該譲渡担保の目的である集合物から離脱したと認められる場合でない限り，当該処分の相手方は目的物の所有権を承継取得することはできないというべきである．」「本件物件２が本件各譲渡担保の目的である集合物から離脱したと解すべき事情はないから，Ｘが本件契約２により本件物件２の所有権を承継取得したかどうかを判断するためには，本件契約２による本件物件２の売却処分がＹの通常の営業の範囲内のものかどうかを確定する必要がある．」として，本件契約１につき控訴棄却・破棄自判，本件契約２につき破棄差戻しした．

本件契約１は，その目的物をＸのＹに対する既存の債務を担保するために締結されたと評価された．第22講においてみたように，再売買予約または買戻し特約付の売買が担保目的でされた場合，近時の判例（最判平成18・2・7民集60-2-480）は，「買戻し特約付売買契約の形式が採られていても，目的不動産を何らかの債権の担保とする目的で締結された契約は，譲渡担保契約と解するのが相当である」として，売渡担保概念を破棄して譲渡担保の一元化を明確に示した（宮坂・最判平成18・7・20調査官解説848頁）．よって，本件契約１譲渡担保設定契約と解されるのも，同判決と軌を一にする．

本件契約１については，同契約に先行して，ＡからＣのための各譲渡担保が設定され，占有改定がなされている．本件契約１は，これらに劣後する譲渡担保の

◇ 第23講 集合動産・集合債権の譲渡担保 ◇

設定ということになる．本判決は，「重複して譲渡担保を設定すること自体は許されるとしても，劣後する（Xのための）譲渡担保に独自の私的実行の権限を認めた場合，配当の手続が整備されている民事執行法上の執行手続が行われる場合と異なり，先行する譲渡担保権者には優先権を行使する機会が与えられず，その譲渡担保は有名無実のものとなりかねない」から，後順位者たるXには，私的実行を認めなかった．最高裁が，複数の譲渡担保の成立を肯定する一方，Xによる私的実行が排除されるなら，後順位譲渡担保権者Xには，①先順位譲渡担保権者から設定者に対する清算金に対する物上代位（動産譲渡担保により物上代位を認めた最決平成11・5・17民集53-5-863を前提とする），②先行する全ての譲渡担保権が消滅した場合に，最先順位の譲渡担保権者に成り得る地位（順位上昇の期待権）が認められるに過ぎないことになる（宮坂・前掲851頁）．

ところで，本章冒頭で述べた ABL においては，在庫商品の販売とそれに伴う売掛金債権の発生とその取立て，その回収金による新たな在庫商品の購入というサイクルが必要とされる．本判決において，最高裁は，①はじめて「通常の営業の範囲内の処分」を設定者に当然に認められるとし，②その範囲を超えた処分は無権限処分だとし，当該動産が搬出等により集合物の構成要素でなくならない限り，処分を受けた者が所有権を取得することはない，とした（道垣内弘人「判批」金判1248号1頁）．①については，譲渡担保の設定された「集合物」の範囲（設定契約で指定された範囲）から個別動産の搬出がなされていなくても，当該処分が「通常の営業の範囲内」であれば（本件の場合は売買契約の締結），譲受人は有効に所有権を取得し得ることを意味する．他方，②については，搬出により集合物の範囲から離脱することを条件として，譲受人が個別動産を取得し得る（丸山絵美子「判批」法セミ623号119頁），換言すれば，個別動産が集合物から離脱していない段階では，処分の相手方が目的物を承継取得することはない，との判断を示したのである（宮坂・前掲856頁）．

本判決に関する調査官解説によれば，「通常の営業の範囲内の処分」とは，以下のように説明される．すなわち，流動集合動産譲渡担保の目的物は，集合物としての同一性を維持しつつも，構成部分は変動することが予定されており，設定者は，通常の営業の範囲内において，個別の動産を，集合物から分離して処分する権限が与えられていると解される．その権限は，設定契約に具体的な定めがなくとも，集合物の性質上当然に導かれるものであって，設定者が通常の営業の範

囲内において個別動作を処分した場合には，処分の相手方は，設定者に留保された権限にもとづく処分として，当該動産について，譲渡担保の拘束を受けることなく確定的に所有権を取得し得る．また，このことは，本件のように，目的物が保管場所から搬出される以前であっても同様である，と（宮坂・前掲 852～853 頁）．

では，何をもってある処分が「通常の営業の範囲内」といえるのか．本判決自体は，この点については何も言及していない．ある学説は，譲渡担保契約の解釈，設定者の営業活動の態様，処分行為の反復継続性・目的物の補充可能性の有無，そして譲渡担保権者の優先権に対する侵害の有無の4要素によって，「通常の営業の範囲」を判定すべきとする（武川幸嗣「判批」判時 1968 号 202 頁）．また，「通常の営業の範囲内か否かは事後的にしか判断しようがないので，取引の安全を著しく害するおそれがあるだけでなく，理論的には通常の営業の範囲は量的にしか定め得ない」（具体的に集合物の構成部分たるどの動産について処分権限が与えられているかという議論は不要）とする説（片山直也「判批」金法 1812 号 40 頁）もある．

なお，本判決と同日の別判決（最判平成 18・7・20 金判 1248-41）では，「本件譲渡担保の目的物につき，第三者のために譲渡担保を設定することが，譲渡担保設定者にゆだねられた通常の営業の範囲内の処分といえないことは明らかである」としており，注目される（金判 1248-41, 43）．

2 動産譲渡登記について

前掲・最判昭和 62・11・10 は，在庫商品について「その種類，所在場所及び量的範囲を指定するなどの方法によって目的物の範囲が特定される」とした．しかし，それらが包括的に占有改定によって対抗要件を具備することを認めたため，実際には，他の債権者から見て，実際に倉庫内に存在する在庫商品が譲渡担保の目的となっていることは，容易には判別し難い．

そこで，2004 年に「債権譲渡の対抗要件に関する民法の特例等に関する法律」（債権譲渡特例法）が改正され，「動産及び債権の譲渡の対抗要件に関する民法の特例等に関する法律」（以下，動産・債権譲渡特例法という）となった．この法改正により，法人がする動産の譲渡について，登記によって対抗要件を具備すること，および債務者が特定していない将来債権の譲渡についても，登記によって第三者に対して対抗要件を備えることが可能となった．動産につき，債権譲渡登記と同様の公示制度を導入することにより，企業が信用供与を得る手段をより多様化し

◇ 第23講　集合動産・集合債権の譲渡担保　◇

ようとするものである．

　動産譲渡登記は，法人による譲渡に限定される（動産・債権譲渡特例法1条）が，個別動産・集合動産の区別をせずに動産一般を登記の対象とし，担保目的の譲渡だけでなく真正の譲渡（真正売買）にも利用可能である．所有権移転等の物権変動が生じないとされる所有権留保やリース取引については，動産譲渡登記を利用することはできない（植垣勝裕ほか「（座談会）新しい動産・債権譲渡登記制度と金融実務（上）」金法1737号19頁）．自動車等他に登録等による対抗要件具備を定める特別法がある場合にも，同様である．

　例えば，これからBに融資を行おうとする者は，まずB名義で動産譲渡登記の検索を行い，Bの所有動産について，①およそB所有の動産について動産譲渡登記が経由されていないこと（動産・債権譲渡登記令16条2項2号のいわゆる「ない旨」証明），あるいは，②Bを譲渡人としてなされている動産譲渡登記のうち担保物記載に関するものを除く事項について，登記事項概要証明書の請求を行うことができる（同法11条1項）．ただ，③担保物記載に関する事項を含めた登記事項証明書の請求をなし得るのは，譲渡人・譲受人のほか，当該動産についての差押債権者等の同法11条2項所定の者に限定される（森田修「動産譲渡公示制度」内田貴＝大村敦志編『民法の争点』（有斐閣，2007年）107頁）．

　本法3条1項は，「法人が動産（中略）を譲渡した場合において，当該動産の譲渡につき動産譲渡登記ファイルに譲渡の登記がされたときは，当該動産について，民法178条の引渡しがあったものとみなす」と規定する．民法178条の「引渡し」に新たな選択肢を付加したに過ぎず，仮に同一の動産について占有改定が先行してなされていたとしても，後れてなされた動産譲渡登記が前者に優先するわけではない．前掲・最判平成18・7・20のように，先行して設定された集合物譲渡担保が占有改定により対抗要件を備え，後続の集合物譲渡担保が動産譲渡登記を経由しても，後者が優先する（いわゆる「登記優先ルール」）ことにはならないのである．また，特例法3条1項にいう「引渡し」は，あくまで民法178条の意味での「引渡し」にすぎず，333条や192条の「引渡し」を当然には意味しない．換言すれば，動産譲渡登記を経由しても，192条の即時取得としての効果を生じるものではない．

　その一方で，動産譲渡登記がされた譲渡の目的物である動産が，さらに譲渡された場合に，譲受人に即時取得が認められるかについては，規定は設けられず解

釈に委ねられた（植垣勝裕＝小川秀樹編著『一問一答動産・債権譲渡特例法〔3訂版補訂〕』（商事法務，2009年）37頁）．もっとも，最判昭和62・11・10のように，倉庫内の在庫商品等に集合動産譲渡担保が設定された場合には，譲渡人（譲渡担保設定者）に，その通常の営業の範囲内で個別動産の処分権が与えられるから，即時取得の正否を問題とすることなく，譲受人に承継取得が認められることになる．

　登記される動産の特定方法については，動産の特質によって特定する場合と，動産の所在によって特定する場合がある．前者は，「動産の種類」と，「動産の記号，番号その他の同種類の他のものと識別するために必要な特質」，後者については，「動産の種類」および「動産の保管場所の所在地」による（動産・債権譲渡登記規則8条1号・2号）．両者に共通する「動産の種類」として，「〇〇（動産の種類）一式」または「〇〇（動産の種類一切）」のほか，「〇〇（動産の種類）等」と表記される例もある（土手敏行「現在の動産譲渡登記および債権譲渡登記の利用状況ならびに今後の動向」金法1770号44頁）．動産の特質によって特定する場合には，製造番号や製品番号等のシリアルナンバーによることが考えられる（植垣＝小川・前掲書77頁）．動産の所在によって特定する場合には，前掲・最判昭和62・11・10等の示した「種類，所在場所及び量的範囲を指定するなどの方法」が，一定の指標となるといえよう（蒲田馨ほか「（座談会）動産・債権譲渡担保における公示制度の整備」ジュリ1283号19頁〔沖野発言〕）．

　なお，譲渡の目的物である動産をその所在によって特定する場合には，登記後にその保管場所に搬入された同種類の動産も，保管場所に入った時点で動産譲渡登記によって特定された動産に含まれることとなり，動産譲渡登記の効力が及ぶ．したがって，登記後に倉庫に搬入された商品についても，登記がされた時点で対抗要件が具備されたことになる（植垣＝小川・前掲書82頁）．他方で，動産の種類によって特定する方法による場合には，所在地の保管場所にある同種類の動産全てを譲渡の対象とするという考え方にもとづくから，同種類の動産であっても異なる場所に保管される場合や，同一の場所に保管されていたとしても異なる種類の動産を譲渡する場合には，分けて特定し，別に登記することを要する（植垣＝小川・前掲書79頁）．

◇ 第23講 集合動産・集合債権の譲渡担保 ◇

◆二 集合債権譲渡担保

lecture

　ABL において利用される集合債権譲渡担保は，たとえば，金融機関や商社等（G）がその取引事業者（S）との間で有しまたは売買取引を行い継続的に信用を供与する（被担保債権を取得する）関係にあり，その担保として，「S がその営業活動から取得する現在および将来の債権全部」を一括して譲り受ける合意をし（譲渡担保の設定），その旨の対抗要件を備える，という事例である（安永・講義 物権・担保物権 412 頁）。在庫商品に集合物譲渡担保の設定を受け，かつ，その転売から生じる債権全部に集合債権譲渡担保の設定を受ければ，債務者のキャッシュフロー全体を担保の目的として把握することが可能になる。ただ，集合債権譲渡担保では，あくまで，現在既に発生しかつ将来発生する個々の債権の束が譲渡され，第三者対抗要件が譲渡担保設定時に具備されると解されるため，集合物に対応する集合債権という概念は，一般的には用いられていない（道垣内・担保物権法〔第 3 版〕346～347 頁）。

　集合債権譲渡担保には，譲渡担保設定時に将来発生する債権まで確定的に債権譲渡の効力が生じるとされる類型と，そうではなく，設定契約時には譲渡担保権者には債権譲渡の予約完結権のみが与えられ，設定者の債務不履行時に予約完結権を行使して債権譲渡の効力が生じる類型とがある。前者を「本契約型」，後者を「予約型」という。本契約型では，設定者に，譲渡された債権の取立権が留保され，かつ自己の営業のために費消することが許される場合がある（ABL の場合）。予約型には，一定の事由が発生すれば予約完結権の行使を待たずに当然に債権譲渡の効力が発生するものがあり，特に「停止条件型」として区別する場合がある（安永・前掲書 413～414 頁，三村晶子・最判平成 13・11・27 調査官解説 689～691 頁）。契約時に第三者対抗要件を備えると譲渡人の信用不安を惹起するとの懸念から，譲渡人の危機状態の到来まで通知を留保しておきたいというニーズと，危機時期に通知をなすと，その対抗要件具備行為が，債権譲渡日から 15 日以上を経過した後に悪意でされたものとなり，旧破産法 74 条 1 項（平成 16 年改正後の現行破産法 164 条）により否認されることとなるというリスクが生じる。そこで，債権譲渡の効力発生を停止条件にかからせることで，旧破産法 74 条 1 項所定の

374

15 日の起算日を条件成就日まで繰り下げ（最判昭和 48・4・6 民集 27-3-483），危機時期到来後にされる対抗要件具備につき，否認を回避することを企図するものであった（宮坂昌利「最判平成 16・6・16 解説」ジュリ 1284 号 132 頁）．

では，集合債権譲渡担保の有効要件は何か．まず，将来発生する債権の譲渡が有効であることは，判例も古くから承認していた（合名会社に対する将来の残余財産分配請求権につき，大判明治 43・2・10 民録 16-841）．しかし，無制限に将来債権の譲渡を認めると，他の一般債権者が債務者の取得する債権を引当てとする可能性を排除することとなるため，どの範囲で将来債権の譲渡の有効性を承認するかについて明確な基準は存在していなかった．

最判昭和 53・12・25 判時 916-25 は，将来の診療報酬債権 1 年分の譲渡可能性について，「発生が確実に期待される」債権につき，「右債権は，将来生じるものであっても，それほど遠い将来のものでなければ，特段の事情のない限り，現在すでに債権発生の原因が確定し，その発生を確実に予測しうるものであるから，始期と終期を特定してその権利の範囲を制限することができる」ことを，譲渡の有効要件として示した．すなわち，譲渡契約の法律的原因が存在し（「譲渡の法律的可能性」），かつ事実的な可能性もまた必要である，というのである．

しかし，学説により，未発生の債権につき発生に関するリスクを考慮したうえでこれを目的とする債権譲渡契約が締結された後，リスクが現実化せず，目的債権の全部または一部が発生したにもかかわらず，契約締結時においてその発生可能性が低かった等として契約の効力を覆すことは不合理であり，取引に影響を与える．問題は，目的債権の適格をその発生についての法律的基礎の有無や発生可能性の程度といった曖昧な基準によって制限することによってではなく，契約の有効性を広く認めたうえで，事案に則し当該契約の公序良俗適合性等を判断することによって解決すべきである，という指摘がなされた（高木多喜男「集合債権譲渡担保の有効性と対抗要件」同『金融取引の法理第 1 巻』（有斐閣，1996 年）112 頁＝初出 NBL234 号 8 頁，春日通良・最判平成 11・1・29 調査官解説 89〜90 頁）．

最判平成 11・1・29 民集 53-1-151 は，医師の診療報酬債権の譲渡の有効性が争いになった事案において，「将来発生すべき債権を目的とする債権譲渡契約にあっては，契約当事者は，譲渡の目的とされる債権の発生の基礎を成す事情をしんしゃくし，右事情の下における債権発生の可能性の程度を考慮した上，右債権が見込みどおり発生しなかった場合に譲受人に生ずる不利益については譲渡人の

◇ 第23講　集合動産・集合債権の譲渡担保　◇

契約上の責任の追及により清算することとして，契約を締結するものと見るべきであるから，右契約の締結時において右債権発生の可能性が低かったことは，右契約の効力を当然に左右するものではない」として，学説では要求された債権発生の確実性さえ将来債権の譲渡の有効要件としないことを明らかにした．つまり，将来債権譲渡においては，債権の最終的な特定は必要であるものの，当事者としては見込み通りに被譲渡債権が発生しないリスクを織り込んで契約しているものと実態を把握し，よって，契約締結時に将来債権発生の可能性の高低によって当該契約の有効性が当然には左右されるものではない，としたのである（池田真朗「将来債権譲渡の有効性」同『債権譲渡法理の展開（債権譲渡の研究第2巻）』（弘文堂，2001年）256頁）．これによって，前掲・最判昭和53・12・15は事例判決にすぎないことが明確にされた．

　ところで，集合債権譲渡担保の特定性を判断する要素として，①第三債務者，②債権発生原因，③債権発生時期，④金額，⑤弁済期等が挙げられる（角紀代恵「最判平成12・4・21解説」百選Ⅰ〔第5版新法対応補正版〕207頁）．この点につき，前掲・最判平成11・1・29は，「債権譲渡契約にあっては，譲渡の目的とされる債権がその発生原因や譲渡に係る額等をもって特定される必要があることはいうまでもなく，将来の一定期間内に発生し，又は弁済期が到来すべき幾つかの債権を譲渡の目的とする場合には，適宜の方法により右期間の始期と終期を明確にするなどして譲渡の目的とされる債権が特定されるべきである．」とした．また，最判平成12・4・21民集54-4-1526では，Yを含む11社に対してAが現にまたは将来有することのある一切の商品売却代金債権を対象とする債権譲渡予約が締結された，同判決は，AがYに対する債務の弁済を遅滞し，支払停止に陥り，またはその他不信用な事案があったときに期限の利益を喪失し，Xは直ちに債権譲渡予約を完結し，譲渡債権の取立てができる，という契約内容の事案につき，「債権譲渡の予約にあっては，予約完結時において譲渡の目的となるべき債権を譲渡人が有する他の債権から識別することができる程度に特定されていれば足りる．そして，この理は，将来発生すべき債権が譲渡予約の目的とされている場合でも変わるものではない．本件予約において譲渡の目的となるべき債権は，債権者及び債務者が特定され，発生原因が特定の商品についての売買取引とされていることによって，他の債権から識別ができる程度に特定されているということができる」とし，さらに，「本件予約によって担保される債権の額は将来増減するもの

376

であるが，予約完結の意思表示がされた時点で確定するものであるから，右債権の額が本件予約を締結した時点で確定していないからといって，本件予約の効力が左右されるものではない．」とした．すなわち，予約型については，終期の定めがなくとも譲渡の有効性には無関係であるというのである．

既存債権または将来債権の譲渡担保の設定が可能であるとすると，集合債権譲渡担保における公序良俗の問題とは，譲渡対象債権が包括的であるため，債務者，第三債務者または他の一般債権者を不当に害するかどうかということになる（春日・最判平成12・4・21調査官解説507頁）．既に，前掲・最判平成11・1・29は，「契約締結時における譲渡人の資産状況，右当時における譲渡人の営業等の推移に関する見込み，契約内容，契約が締結された経緯等を総合的に考慮し，将来の一定期間内に発生すべき債権を目的とする債権譲渡契約について，右期間の長さ等の契約内容が譲渡人の営業活動等に対して社会通念に照らし相当とされる範囲を著しく逸脱する制限を加え，又は他の債権者に不当な不利益を与えるものであると見られるなどの特段の事情の認められる場合には，右契約は公序良俗に反するなどとして，その効力の全部又は一部が否定されることがあるものというべきである．」との一般論を示していた．その後，前掲・最判平成12・4・21は，「本件予約の締結に至る経緯に照らすと，XがAの窮状に乗じて本件予約を締結させ，抜け駆け的に自己の債権の保全をはかったなどということはできない．さらに，本件予約においては，AにXに対する債務の不履行等の事由が生じたときに，Xが予約完結の意思表示をして，Aがその時に第三債務者であるYらに対して有する売掛代金債権を譲り受けることができるとするものであって，右完結の意思表示がされるまでは，Xは，本件予約の目的となる債権を自ら取り立てたり，これを処分したりすることができ，Aの債権者もこれを差し押さえることができるのであるから，本件予約が，Aの経営を過度に拘束し，あるいは他の債権者を不当に害するなどとはいえず，本件予約は，公序良俗に反するものではない」，との判断を示した．

では，本契約型と予約型ないし停止条件型とで，対抗要件具備はどうなるのか，また，本契約型と予約型とで，公序良俗違反となる可能性は，どちらが高いのか．これらの問題については，両判決が直接に答えるところではなく，以下で取り上げる，最判平成13・11・22および最判平成13・11・27の登場を待たねばならなかった（ただし，三村・前掲最判平成13・11・27調査官解説701頁注（13）は，「最判

◇ 第23講 集合動産・集合債権の譲渡担保 ◇

平成11・1・29民集53-1-151は，未発生の将来債権の譲渡時点における包括的な譲渡通知による対抗要件を具備した譲受人は，その後に対象債権を差し押さえた第三者に優先することを明らかにしている」と述べる）．

【演習判例】最判平成13・11・22民集56-6-1056

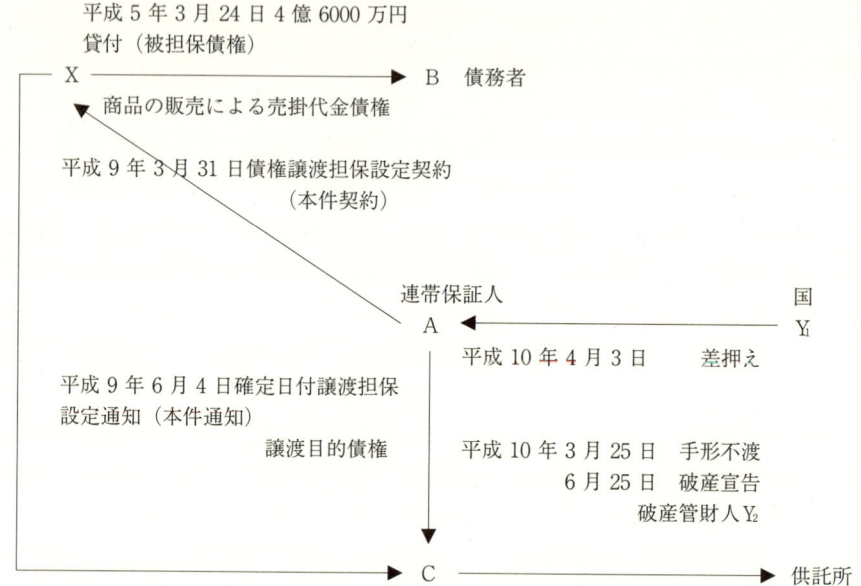

```
          平成5年3月24日4億6000万円
          貸付（被担保債権）
       X ─────────────────────→  B  債務者
         ↖商品の販売による売掛代金債権
       平成9年3月31日債権譲渡担保設定契約
                  （本件契約）

                        連帯保証人
                        A              国
                                   ←─── Y₁
       平成9年6月4日確定日付譲渡担保    平成10年4月3日   差押え
       設定通知（本件通知）
              譲渡目的債権            平成10年3月25日  手形不渡
                                          6月25日  破産宣告
                                               破産管財人Y₂
                        ↓
                        C ──────────────→ 供託所
       平成10年3月31日本件実行通知 第三債務者 債権者不確知を理由とする供託
```

(1) 前提事実

AはXとの間で，平成9年3月31日，BがXに対して負担する一切の債務の担保として，AがCに対して平成9年3月31日現在有する売掛代金債権および同日から1年の間に取得する売掛代金債権等（以下これらの債権を「本件目的債権等」という）をXに譲渡する旨の債権譲渡担保契約（以下「本件契約」という）を締結した．その契約においては，XがCに対し譲渡担保権実行の通知をするまでは，Aがその計算においてCから本件目的債権の弁済を受けることができるものとされている．

AはCに対し，平成9年6月4日，確定日付ある内容証明郵便をもって，「A

は，同社がCに対して有する本件目的債権につき，Xを権利者とする譲渡担保権を設定したので，民法467条に基づいて通知する．XからCに対して譲渡担保権実行通知がされた場合には，この債権に対する弁済をXにされたい」旨が記載された債権譲渡担保設定通知をなし，同通知は同月5日にCに到達した．

　平成10年3月25日，Aが不渡りを出したことにより，BはXに対する債務の期限の利益を喪失し，本件契約において定める担保権実行の事由が発生した．XはCに対し，同月31日，書面をもって譲渡担保権実行の通知をした（実行通知には確定日付はない）．

　他方，Y_1（国）は，平成10年4月3日付および同月6日付の差押通知書をCに送達して，同年3月11日から同月20日までおよび同月21日から同月30日までの売掛代金債権等（以下「本件債権」という）について，Aに対する滞納処分による差押えをした．

　Cは平成10年5月26日，本件譲渡目的債権について，債権者を確知することができないことを理由として，被供託者をAまたはXとする弁済供託をした．その後，Aは平成10年6月26日に破産宣告を受け，Y_2がその破産管財人に任命された．

　Xは，Y_1およびY_2に対し，本件債権の債権者であると主張して，Xが上記弁済供託金の還付請求権を有することの確認を求めて訴を提起した．

　第1審（東京地判平成11・2・24判タ1016-167）は，本件契約は，Cに対して譲渡担保権実行通知がなされた時に本件目的債権がAからXに移転する旨の契約であると解すべきものであるから，平成9年6月の債権譲渡担保設定通知は債権譲渡の第三者に対する対抗要件にはならないとして，Xの請求を棄却した．

(2) **原審の判断**

　原審（東京高判平成11・11・4判時1706-18）は，平成9年6月4日の確定日付ある通知が第三者対抗要件たることを否定した．すなわち，本件通知には，AがCに対する債権につきXのために譲渡担保権を設定したとの記載があるが，これに続けて，Xから別途の通知があった場合にはXに弁済することを求めるとの記載もあるから，本件通知は，将来の別途の通知があるまでは，CはAに弁済すれば足りることを意味し，それまでの間は，担保権の目的物を消滅させることが認められている．したがって，当面は担保権設定による制約を受けない旨通知されていることになる．また，本件通知では，別途の通知があるまでは，債務者Cが当初

◇ 第23講　集合動産・集合債権の譲渡担保 ◇

に債権者Aに対する反対債権をもって，譲渡担保権が設定された債権と相殺することをも否定しているものと考えられる．このことは，当初の債権者Aの債務者に対する債権の帰属に変化はなく，あくまで担保権設定者であるAが債権者であることを意味する，と．

(3) **判　　旨**（原判決破棄・第1審判決取消し）

「甲が乙に対する金銭債務の担保として，発生原因となる取引の種類，発生期間等で特定される甲の丙に対する既に生じ，又は将来生ずべき債権を一括して乙に譲渡することとし，乙が丙に対し担保権実行として取立ての通知をするまでは，譲渡債権の取立てを甲に許諾し，甲が取り立てた金銭について乙への引渡しを要しないこととした甲，乙間の債権譲渡契約は，いわゆる集合債権を対象とした譲渡担保契約といわれるものの一つと解される．この場合は，既に生じ，又は将来生ずべき債権は，甲から乙に確定的に譲渡されており，ただ，甲，乙間において，乙に帰属した債権の一部について，甲に取立権限を付与し，取り立てた金銭の乙への引渡しを要しないとの合意が付加されているものと解すべきである．したがって，上記債権譲渡について第三者対抗要件を具備するためには，指名債権譲渡の対抗要件（467条2項）の方法によることができるのであり，その際に，丙に対し，甲に付与された取立権限の行使への協力を依頼したとしても，第三者対抗要件の効果を妨げるものではない．

原審の確定した前記事実関係によれば，本件契約は，Aが，BのXに対する債務の担保として，Xに対し，Cとの間の継続的取引契約に基づく本件目的債権を一括して確定的に譲渡する旨の契約であり，譲渡の対象となる債権の特定に欠けるところはない．そして，本件通知中の『Aは，同社がCに対して有する本件目的債権につき，Xを権利者とする譲渡担保権を設定したので，民法467条に基づいて通知する．』旨の記載は，AがCに対し，担保として本件目的債権をXに譲渡したことをいうものであることが明らかであり，本件目的債権譲渡の第三者対抗要件としての通知の記載として欠けるところはないというべきである．本件通知には，上記記載に加えて，『XからCに対して譲渡担保権実行通知（書面又は口頭による．）がされた場合には，この債権に対する弁済をXにされたい．』旨の記載があるが，この記載は，Xが，自己に属する債権についてAに取立権限を付与したことから，Cに対し，別途の通知がされるまではAに支払うよう依頼するとの趣旨を包含するものと解すべきであって，この記載があることによって，債

権がXに移転した旨の通知と認めることができないとすることは失当である.」

1 コメント

本件第1審が，譲渡担保の実行通知が対抗要件たり得るかを問題としているのに対し，原審・最高裁とも，実行通知ではなく当初の通知が対抗要件たり得るかを問題とする．もっとも，第1審は，債権移転の効果が生じるのは譲渡契約時でなく，債権の具体的発生時であるとは解さず，譲渡担保実行の通知以前には，なおAに債権が帰属したことを前提としている．とりわけ，第1審は，将来債権の譲渡であっても，譲渡契約時でなく，債権の発生時に移転の効果が生じるとする（民集 55-6-1083 参照）．

一方，原審は，債権移転の効果の発生時を一時点に定めることなくして，設定当初になされた譲渡通知が，債権の帰属に関する情報を第三債務者であるCに集中させて，Cをして，インフォメーションセンターの役割を果たさせる効果を生じないと判断した．その前提として，原審は，まさに譲渡担保設定者への弁済を許す旨の通知の記述が，第三債務者をして，誰に対して弁済をなすべきか，換言すれば，誰が債権者であるのかについて混乱を招来するために，対抗要件たり得ないと解する．

この原審判決の判断に対しては，多くの実務家から集合債権譲渡担保の有効性を阻害するものであるとの強い批判が浴びせられた（小野傑「集合債権譲渡担保設定通知の対抗要件を否定した東京高裁判決が呈した課題」金法1574号1頁，澤重信「債権譲渡担保の対抗要件としての通知について」銀行法務21・577号32頁以下）．これに対し，本件最高裁判決は，本件譲渡通知の第三者対抗要件としての効力を正面から是認した．また，通常の債権譲渡の場合と，譲渡担保の設定とで，対抗要件として譲渡債権の債務者の認識に差異を設けないことをも明らかにする．譲渡目的債権の債務者Cが，債権の帰属についてのインフォメーションセンターの役割を担う以上，債権を二重に譲り受けようとする者（仮にDとする）が債務者Cに債権の帰属を問い合わせた場合，Cは，将来発生する債権であっても，既に確定的にXに譲渡されていることを認識して，この情報をDに伝えることになる．その際，設定者（債権譲渡人）に弁済をなしていること，すなわち，設定者への取立権の付与は，譲渡担保設定当事者間の内部的な約定にすぎず，インフォメーションセンターである第三債務者の認識には影響せず，このような内部的合意があることが，契約時に確定的に債権を移転させる債権譲渡と契約と矛盾するものではない

から，本件契約は本契約型であると解することができる．

ところで，本判決の直後，最判平成13・11・27民集55-6-1090は，「指名債権譲渡の予約につき確定日付ある証書により債務者に対する通知又はその承諾がされても，債務者は，これによって予約完結権の行使により当該債権の帰属が将来変更される可能性を了知するに止まり，当該債権の帰属に変更が生じた事実を認識するものではないから，上記予約の完結による債権譲渡の効力は，当該予約についてされた上記の通知又は承諾をもって，第三者に対抗することはできない」とした．

予約型の場合，債権の移転の時期は予約完結権行使時であり，その予約完結権行使の通知ないし承諾を確定日付でなさなければ，第三者対抗要件たり得ない．その根拠は，債権の移転の効果の発生自体が予約完結権行使まで不確定であるため，譲渡の通知ないし承諾から債権の帰属の変更を債務者が知ることが期待できないことにある．これに対し，本判決のような本契約型の場合，契約時に確定日付ある通知をなせば，将来発生する債権も含めてその帰属が確定的に変更されたことを，第三債務者が通知により知り得るため，将来にわたって対抗要件を具備し得る．他方，譲渡人の取立権については，本契約型では，将来発生する債権が譲渡担保権者に移転し，設定者に取立権が授権されることで説明するのに対し，予約型では，予約完結権行使時まで，譲渡人は自己のものとして債権を取り立て得ることで説明する．

本判決と前掲・最判平成13・11・27により，予約型で譲渡実行通知前に対抗要件を備える道は閉ざされ，将来債権につき対抗要件（467条2項および動産・債権譲渡特例法5条の債権譲渡登記）を備えるためには，本判決のような本契約型を用いることが実務上要請されるに至った（石田剛「判批」ジュリ1224号79頁）．「債権譲渡担保を本契約方式で行ない，債権譲渡の通知を契約と同時にする．このようにすることによって，その債権が総債権者のための責任財産から除外されていることを外部に明らかにすれば，他の債権者は，そのことを前提として，譲渡人と取引に入る．そうなれば，他の債権者を害することはない．その意味で，破産法上の否認の対象となることはないし，また，他の債権者を不当に害するとして，公序良俗違反となることもない．」（淺生重機「最判平成12・4・21判批」金法1604号20頁）．すなわち，譲渡予約の方式では，予約完結権の行使について，故意否認（破160条1項1号），危機否認（同条1項2号）や対抗要件否認（同法164条）等の

問題を抱えることになるため，担保権としての手段に限界がある．そこで，実効性ある担保として利用するためには，予約方式は適当ではなく，債権譲渡を契約時に行う本契約方式を採用し，かつ，対抗要件を留保すべきでない，というわけである．また，この理は，予約型だけでなく，契約時には担保設定の効力を生ぜしめず，期限の利益を失わせる事由の発生により，当然に債権譲渡の効力が生じる「停止条件型」の債権譲渡にも妥当するものといえる（荒木新五「最判平成 13・11・22 判批」Credit & Law150 号 48 頁）．事実，本判決後，最判平成 16・7・16 民集 58-5-1744 は，「債権譲渡人について支払停止又は破産の申立てがあったことを停止条件とする債権譲渡は，破産法 72 条 2 号（平成 16 年改正後の現行破産法 160 条 1 項 2 号）に基づく否認権行使の対象となる」との判断を示し，停止条件型の集合債権譲渡担保の利用可能性を事実上排除した．（宮坂昌利・最判平成 16・7・16 調査官解説 509 頁以下を参照）．結果として，本判決と最判平成 13・11・27 を合わせて考えれば，最高裁は，実務を本契約型に誘導しようという政策判断をしたという評価をすることができる（石田・前掲 79 頁）．

　他方で，最高裁は，本件集合債権譲渡契約を，「甲が乙に対する金銭債務の担保として，発生原因となる取引の種類，発生期間等で特定される甲の丙に対する既に生じ，又は将来生ずべき債権を一括して」確定的に「乙に譲渡する」ものであるという．この点につき，「将来債権譲渡による債権移転の時期は何時か」（契約時か，発生時か），という論点がある．この点につき，最判平成 19・2・15 民集 61-1-243 は，「将来発生すべき債権〔は〕……譲渡担保契約によって……確定的に譲渡されているのであり，……債権が発生したときには，譲渡担保権者は，譲渡担保設定者の特段の行為を要することなく当然に，当該債権を担保の目的で取得することができる」と述べる．将来債権が確定的に「譲渡」された（「取得」は発生時），つまり設定者が将来債権を取得する地位を確定的に変更した点に意味があるのであって（安永・前掲書 416 頁注 (27)），債権譲渡の時期が譲渡契約時か発生時であるかは，実際にはそれほど問題にはならない（増田稔・最判平成 19・2・15 調査官解説 134～135 頁）．

2　集合債権譲渡担保であることを主張する場合の当事者の主張立法

　集合債権譲渡担保については，不動産・動産の譲渡担保と異なり，債権譲渡という法形式において，担保目的であるか真正の譲渡であるかを区別しない（債権質とは異なる）．よって，集合債権譲渡担保を実行する場合（最判平成 13・11・22 を例

◇ 第23講　集合動産・集合債権の譲渡担保　◇

とする），①XがAから，Aが第三債務者Cに対して有する債権を既に譲渡を受けたこと（譲渡目的債権の特定性の充足を含む），②その債権譲渡担保の設定を受けていることを既に通知していること（債務者に対する対抗要件の具備），③XのBに対する被担保債権の債務不履行の事実，④Bの債務不履行の結果，連帯保証人Aが，Xとの関係で，Cからの債権の取立権を喪失したこと，を主張して，Xは，Cに対して自己への支払いを求めることになる．これに対して，Cは，債権者不確知を理由とする供託（民執156条1項）を抗弁として主張して，弁済を拒絶することができる．また，既に確定日付ある債権譲渡通知を受領している第三債務者Cは，対外的に自己に対する債権がAに帰属していないことを認識しているから，譲渡担保の実行通知前に未発生の債権につきAに弁済したことも，抗弁として主張することができる．

à plus loin

　動産・債権譲渡特例法は，債権譲渡登記をもって対第三者対抗要件としている（同法2条）．この登記は，譲渡人と譲受人との共同申請で行うこととしており，第三債務者の関与を要しない（同法3条）．したがって，集合債権譲渡担保を有する債権者は，譲渡担保設定契約締結と同時に債権譲渡登記を行うことにより，債務者の平常時に対第三者対抗要件を具備することができる（破産164条の対抗要件否認を回避し得る）．これによって，個々の第三債務者に対して債権譲渡の事実を知られずに第三者対抗要件を備え，また，民法467条の確定日付ある通知を送付することを省くことができるのである．債権譲渡人（譲渡担保設定者）が不履行に陥った際には，登記事項証明書を第三債務者に送達して，譲渡債権を取り立てることになる（同法4条2項）．

　ただし，同法の適用は，債権譲渡人が法人である場合に限られ（同法1条），譲渡人が法人でない債権譲渡では，これまでどおり民法上の第三者対抗要件（民法467条2項）が利用される．また，集合債権譲渡担保における債権譲渡登記の利用は，債権譲渡の効果が譲渡契約時に確定的に生じている本契約型に限られ，譲渡契約時に債権移転の効果が生じない予約型・停止条件型で利用し得ないことはもちろんである．

　ところで，1998年の債権譲渡特例法制定以降，同法による登記の方法については，同法の規定の他に，債権譲渡登記令，債権譲渡登記規則・法務省告示に具

体的な定めがおかれている．その登記事項は，「債権を特定するための事項」として，①債権者および債務者，②債権の種別，③債権の発生年月日等があげられている．法務省告示によると，債権発生年月日については，項番 24 で「債権発生年月日（始期）」を記録することとされ，終期については，「債権の発生日が数日に及ぶ時に限り，その末日の年月日を記録する．将来発生すべき債権についても，同様である」とされていた（塩崎勤「最判平成 14・10・10 判批」判タ 1154 号 47 頁）．

　債権譲渡登記は，調査の出発点として位置づけられる登記ではなく，登記の記録から客観的に判断される範囲で対抗力が認められる構造を採っているので，譲渡の対象であることが登記の記載から認識できない譲渡については，登記の対抗力が及ばないことになる（矢尾渉・最判平成 14・10・10 調査官解説 809〜810 頁）．そこで，最判平成 14・10・10 民集 56-8-1742 では，債権の発生期間の始期のみの記録がある債権譲渡登記によって，始期当日以外の日に発生した債権も譲渡の目的となっていることが認識可能かが争われた．

　同判決は，発生期間の終期のない債権譲渡登記は，「その債権譲渡登記に係る債権譲渡が数日にわたって発生した債権を目的とするものであったとしても，他にその債権譲渡登記中に始期当日以外の日に発生した債権も譲渡の目的である旨の記録がない限り」，始期当日以外の日に発生した債権の譲受けを債務者以外の第三者に対抗できないとした．その理由として，「上記のような債権譲渡登記によっては，第三者は始期当日以外の日に発生した債権が譲渡されたことを認識することができず，その公示があるものとみることはできないからである」と述べる．より具体的には，「項番 24（債権発生年月日の始期）の条件欄には「必須」，項番 25（同終期）の同欄には「任意」と記載されているところ，これらに付記された「（注）4」及び「（注）5」の記載を併せて考えれば，債権の発生日が一つの日であるときは項番 24 の始期の記録のみで足りるが，債権の発生日が数日に及ぶときは始期の外に項番 25 の終期を記録するなどしてその旨を明らかにすることを要するものと解すべきであり，後者の場合にも始期のみで足りるという趣旨に解するのは相当でない」という．

　なお，債権譲渡登記が設けられた時点（1998 年）では，第三債務者が特定されていない将来債権については，譲渡時から第三者対抗要件を備える手段はなかった．しかし，将来債権をより広範に資金調達の手段として利用したいという実務

◇ 第23講 集合動産・集合債権の譲渡担保 ◇

上のニーズから，近時（2005年以降），第三債務者不特定の場合でも第三者対抗要件を具備することを可能にする態様で，同法が改正された（同法8条）。とりわけ，将来債権だけを譲渡しようとする場合，および将来債権と既発生の債権とを併せて譲渡する場合については，債務者名を必要的記載事項から除外することによって，第三債務者不特定の将来債権譲渡についても債権譲渡登記を経由することが可能になった（同法8条2項3号）。将来債権については，その総額は見積額とならざるを得ず，見積額と実際に発生する債権額との間に食い違いが生じるのが一般的であるため，将来債権についても債権の総額を登記事項とすると，利害関係人を混乱させる恐れがある。また，将来債権と既発生の債権とを併せて譲渡する場合において，既発生の債権の合計額に将来債権の合計額，すなわち見積額を合算した額を債権の総額として登記させることとした場合にも，同様の恐れが生じる。そこで，改正法においては，既発生の債権のみを譲渡する場合に限って，債権の総額が登記事項とされ，譲渡の対象に将来債権が含まれている場合には債権の総額は登記事項とされないこととなった（植垣＝小川・前掲書95頁）。

◇ 第 24 講　仮登記担保　◇

lecture

1　仮登記担保とはどのようなものか

(1) 定　義

　仮登記担保とは，債務者が債務を履行しないときに，その債務を履行する代わりに債務者が所有している不動産などの所有権を債権者に移転すること（代物弁済）をあらかじめ約し（予約・停止条件付き），その旨の仮登記を行うことによって融資を受けるという形の担保である．つまり，金銭債務を担保するために，代物弁済予約ないし停止条件付代物弁済契約がなされ，この権利を保全するために仮登記という手段を用いる担保形態である．

　債務者は，自己の債務の弁済に代えて，債権者の承諾を得て，他の物を給付することによって当初の債務を消滅させることができる（代物弁済，482 条）．しかも，事前に予約することもできる．つまり，債務者が不履行状態に陥ると債権者が予約完結権を行使して代物弁済の効果をもたらすという代物弁済予約も，不履行に陥ることを停止条件として当然に代物弁済の効果が生ずるという停止条件付代物弁済契約も，締結することできる．しかし，旧債務を消滅させて，代わりの物を取得することを目的とするのではなく，その物から排他的に優先回収しようとするためにこのような代物弁済契約を事前に締結することが行われる．

　そして，事前に契約を締結するため，不履行までの間の債権者の権利を確保するために，仮登記が用いられる．仮登記は，その後に本登記をすると，その順位は仮登記時点によるというその順位保全効を有する（不登 106 条）．つまり，仮登記後になされた登記事項に優先するため，たとえば仮登記後に当該不動産が売却され，その旨の移転登記がなされたとしても，仮登記を本登記にすることによって，仮登記権利者の権利が優先する．このようにして，仮登記の物権的効力で，代物弁済の予約を保全しようとするのが仮登記担保ということになる．

(2) 発　　生

　所有権移転型の担保形態は，抵当権を設定した場合の不都合，つまり裁判所の手続きを経る必要があることから生ずる時間的・経済的な負担を回避するとともに，時価よりも安い換価しかできないというリスクや，抵当権に対する妨害等を回避することもその目的となっているが，ここにおいては担保目的物の所有権を移転することにより被担保債権額との差額を調整しないという丸取りの魅力もあった．

　このような形態の担保として，譲渡担保が歴史的にも古いが，昭和の初めには早くも清算法理が確立したため，債権者による丸取りの魅力はなくなってしまった．そこで，昭和 30 年代頃から，丸取りを得ようとする債権者は代物弁済予約の手法を使い始めることになった．しかし，譲渡担保に清算法理を導入しようとする必要性はたとえ代物弁済予約という手法に代わったからといってなくなるものではなかった．そのため，判例学説は，代物弁済予約が債権回収のため，つまり担保のために設定されているとし，それならば債権者に換価処分権能と優先弁済権のみを認め，債権額を超える価額を有する物件を債権者に丸取りさせることを認めないようにするために，債権者に清算義務を認めるための理論構成の整備に取り組むことになったのである（椿寿夫『代物弁済予約の研究』（有斐閣，1975 年）など参照）．

(3) 展　　開

　債務者が自己の債務に代えて別なものを給付するという代物弁済は民法に規定されていることからも，これは有効であり，これをもって契約内容を修正しなければならない必要性はない．問題は，債権額と代物弁済された物の価額が著しく異なる場合に，どのような規制を加えていくかということにあった．したがって，債権額と目的物の価額との差額が生ずる場合にどのようにして清算義務を肯定するか，仮登記担保権者の有する優先弁済効をどのように確保していくか，債務不履行が生じたあとであっても債務者が自己の債務を弁済して自己の物に関する所有権を取り戻せるのはいつまでか，またこのようにして債権担保のために代物弁済を認めることによってどこまで典型担保である抵当権の規定を類推適用できるか，といったことが判例上問題とされることになった．そして，昭和 40 年代にはいると最高裁も代物弁済の担保的構成を認め，後述する昭和 42 年の最高裁判決によって清算法理を肯定するとともに実行方法，受戻権について判断を下

し，さらには判例法理の集大成として後述する昭和49年に最高裁大法廷判決が出された（この間の流れについては，生熊長幸「仮登記担保」星野英一代表編集『民法講座 第3巻』（有斐閣，1984年）241頁参照）．

しかし，その後，判例法理だけでは解決できない問題等を規律するために昭和53年には「仮登記担保契約に関する法律」（いわゆる「仮登記担保法」．以後「仮担」として条文を引用する．）が制定されることになった．

2 「仮登記担保契約に関する法律」概観

(1) 設　　定

まず，金銭債務を担保するため，債権者と仮登記担保権の設定者との間で，債務者が不履行をした場合，債務者または第三者に属する所有権その他の権利を債権者に移転することを目的として代物弁済の予約，停止条件付代物弁済契約その他の契約（たとえば売買予約，など）を締結することが必要である（仮担1条）．

目的物は仮登記または仮登録できる物に限られるが，一般的には土地または建物である（以下，法文にしたがって「土地等」という）．

仮登記担保権は仮登記（不登105条2項）によって公示される．このような仮登記を担保仮登記という（仮担4条1項）．

(2) 実　　行

(a) **実行開始要件**　債権者が私的実行をするためには，まずは債務者が債務不履行に陥っていなければならない．

(b) **所有権移転プロセス**　仮登記担保契約で，債務者の債務不履行によって所有権が移転すると定めていても，次のような一定の手続きを経なければ所有権は移転しない．

① 通　知　当事者間で所有権が移転すると定めた日（予約完結権を行使した日，停止条件が成就した日）以後に，土地等の見積価額と，債権及び債務者等が負担すべき費用で債権者が代わって負担したものの額（以下，法文にしたがって「債権等の額」という）を明らかにした上で，前者が上回る場合には清算金の見積額，あるいは前者が下回り，清算金がないと認められるときはその旨を通知しなければならない（仮担2条）．

② 清算期間経過　通知が債務者に到達した日から2カ月を清算期間とし，この期間が経過してはじめて所有権が移転する（仮担2条1項）．

◇ 第24講　仮登記担保 ◇

(c) **清算金の支払い**　債権者は所有権が移転したことをもって，仮登記を本登記にすることを求め，あるいは目的物の引渡しを請求することになるが，債権者は清算期間が経過した時の土地等の価額がその時の債権等の額を超えるときは，その超過額（清算金）を支払わなければならない（仮担3条1項）．そして，この清算金の支払と上記本登記請求ないし引渡請求とは同時履行の関係に立つ（仮担3条2項）．

① **清算金の額**　土地等の価額は，通知時に評価した見積額ではなく，清算期間経過時の価額である．ただし，債権者は，実際の清算金が債務者に通知した清算金の見積額を下回ることを主張することはできない（仮担8条1項）．債務者等は最初に通知された見積額を信頼することから，その信頼を与えた債権者が通知に拘束されることになる．

② **清算方法**　清算方法としては，債権者が目的物を第三者に処分し，その売却代金から優先回収するという処分清算方式と，債権者が目的物の所有権を取得し，その価額を評価した上で超過額を債務者に返還するという帰属清算方式があるが，仮登記担保法は，後者の方式を採用している．

それでは，清算期間経過前に債権者が土地等を第三者に処分してしまった場合にはどうなるか．債権者に所有権が移転していない以上，第三者は所有権を取得することはできず，せいぜい94条2項が問題となるに過ぎない．

なお，抵当権が併用されている場合にはいずれを行使することも自由であり，抵当権を実行して競売を申し立てることもできる．

(d) **受　戻　権**　債務者は，清算金の支払いを受けるまでは債権等の額に相当する金銭を債権者に提供して，土地等の所有権の受戻しを請求することができる（仮担11条）．これは清算期間経過によって土地等の所有権が債権者に移転した後でも，清算金の支払前であれば所有権の取り戻しを認めるというものである．

ただし，清算期間が経過した時から5年が経過したとき，第三者が所有権を取得したときには受戻権は消滅する（仮担11条ただし書）．

(3) **後順位担保権者**

担保仮登記後に登記がされた先取特権者，質権者または抵当権者，あるいは後順位の仮登記担保権者といった後順位担保権者は，債務者が支払いを受けるべき清算金から物上代位の手続により優先弁済を受けることができる（仮担4条）．

後順位担保権者が物上代位権を行使できるようにするため，債権者からこれらの後順位担保権者に対して，債務者に対して通知をなしたこと，これが債務者に到達したこと，清算金の見積額等を通知しなければならない（仮担5条）．また，清算金の請求者である債務者は，清算期間内は清算金支払請求権を譲渡その他の処分をすることができず（仮担6条1項），債権者は清算期間経過前に支払った清算金を後順位担保権者に対抗できないなど（仮担6条2項），後順位担保権者のために清算金に制限が付せられている．なお，清算金につき差押えまたは仮差押えがあったときは，債権者は清算期間経過後に供託することができる（仮担7条1項）．

　後順位担保権者は，この清算金が払い渡される前に差押えをしなければならない（仮担4条1項）．複数の後順位担保権者が差押えをした場合には，その優劣は登記の順位による（仮担4条1項）．

　なお，後順位の仮登記担保権者を除く後順位担保権者は，債権者の提示した清算金の見積額に満足しないときは，自己の債権の弁済期が到来していなくても，競売を請求することができる（仮担12条）．

(4) 競売手続との関係

　後順位担保権者による競売や土地等の所有者に対する一般債権者による強制競売等が開始された場合，仮登記担保権は抵当権とみなされ，担保仮登記のされた時に抵当権の設定の登記がされたものとみなされる（仮担13条1項）．つまり，仮登記担保権者は，土地等の所有権を取得することはできず，優先回収できるに過ぎない．利息等に関して優先回収できる範囲は，満期となった最後の2年分についてである（仮担13条2項）．

　競売等によって目的物が売却されると仮登記担保権も消滅する（仮担16条1項）．

　なお，仮登記担保権者が清算金を支払った後に強制競売等の開始決定がなされた場合には，仮登記担保権者は目的物の所有権を取得したことをもって差押え債権者に対抗することができる（仮担15条2項）．

(5) 法定賃借権

　土地とその上にある建物が同一の所有者に属する場合に，土地について担保仮登記が設定され，この仮登記にもとづいて本登記がなされると，建物の所有を目的とする土地の賃貸借がなされたものとみなされる（仮担10条）．抵当権の場合

の法定地上権と同じ趣旨である．

【演習判例】最大判昭和 49・10・23 民集 28-7-1473

(1) 前提事実

Xらは，昭和 39 年 4 月 10 日，訴外Aに対して，Aの夫Bを連帯債務者として，350 万円を貸し渡すとともに，これとAに対する従来からの貸金を合わせ，貸金元本 485 万円，弁済期同年 5 月 10 日，利息月 1 分とする準消費貸借契約を締結し，この債権を担保するために，Aが右債務の履行を遅滞したときは代物弁済としてA所有の本件建物の所有権がXらに移転する旨の停止条件付代物弁済契約を締結し，同年 4 月 14 日右代物弁済契約を原因とする停止条件付所有権移転の仮登記を経由した．

他方，Y₁はAに対して 30 万円の金銭債権を有しており，昭和 42 年 2 月 23 日，これにもとづいて本件建物につき強制競売開始決定を得，同日強制競売申立ての登記がなされた．Y₂は，昭和 39 年 2 月 28 日，A，Bを連帯債務者として 40 万円余りを貸し付けたことの担保として本件建物に抵当権の設定を受け，昭和 42 年 11 月 4 日抵当権設定登記を経由した．

このような状況の中，Xらは，前記停止条件付代物弁済契約における条件成就によって本件建物の所有権を取得したとして，右建物の仮登記にもとづく本登記の手続を申請するに際して，登記上の利害関係を有するYらに不動産登記法 105 条 1 項（現 109 条 1 項）の承諾を求めた．

(2) 原審判断

XA間の本件建物に関する停止条件付代物弁済契約が，契約締結時における本件建物の価格と，弁済期までの元利金額とが合理的均衡を欠いていること，Xらが弁済期経過後も条件成就による所有権取得を主張せず，本件建物の売却処分代金による弁済を了承していた点などに照らすと，Aが弁済期日に債務を弁済しないときにXが右建物を換価処分し，これによって得た金員から債権の優先弁済を受け，残額は清算金としてAに返還する趣旨の債権担保契約であるとした上で，Xが本件建物の仮登記にもとづく本登記手続をするためには，不動産登記法 105 条（現 109 条）にもとづき，登記上利害の関係を有し，かつ，本件建物からその有する債権について優先弁済を受ける地位をもつYらに対して承諾を求めること

になり，本来であればYのAに対する債権額と同額の金員を支払うのと引換えにその承諾を求めることができるのであるが，本件の場合にはすでにXらの本訴提起前に本件建物についてY₁によって強制競売手続が開始されているのであるから，この場合には債権相当額の支払いと引換えであっても前記承諾を求めることは許されず，すでに開始されている右競売手続に参加してのみ自己の債権の優先弁済をはかり得るにとどまるといわねばならない，としてXらの請求を棄却した．

(3) 判　　旨

まずはＸＹ間の契約の性質及び内容について，債権者の排他的満足を得ることを趣旨として締結されており，その実行として換価し，その換価額が債権者の債権額を超えるときには清算金として債務者に交付すべきである，などと述べたあと，「仮登記担保権者がかような清算金の支払義務を負うのは，債務者または仮登記後に目的不動産の所有権を取得してその登記を経由した第三者に対してのみであって，仮登記後に目的不動産を差し押さえた債権者や，これにつき抵当権の設定を受けた第三者等は，仮登記担保権者と直接の清算上の権利義務の関係に立つものではない．」として原審判断を否定している．次いで，競売手続との関係では，仮登記担保権者の競売代金に対する配当要求を認めた上で，仮登記担保権者からの本登記手続またはその承諾請求訴訟が競売手続に先立っている場合には仮登記担保権者はそのまま手続を遂行し，これと抵触する競売手続の排除を求めることができるが，反対に競売手続が先行する場合には，配当手続への参加によって債権満足を達することができる以上，仮登記担保権者は先行する競売手続の排除を求めることができないとし，本件ではＸの本登記手続請求訴訟とY₁による強制競売手続の開始の前後関係が明らかでないとして原判決を破棄，差戻した．

● コメント

(1) 大法廷判決までに形成された判例法理

(a) 法的性質　　まず，本来型である，旧債務を消滅させるための代物弁済とは別に，債権担保目的の代物弁済の予約があることが認められた．ところが，これは目的物件の丸取りを目的として締結されることから，暴利行為としての公序良俗違反として論じられることになった．しかし，被担保債権額と目的不動産の価額との較差がどれくらいになれば暴利行為になるのかについて客観的な基準

393

を示すことは困難であった.

　昭和40年代にはいると，被担保債権が一部弁済されていても代物弁済予約による予約完結権は消滅しないとして，不可分性の類推を肯定する判例（最判昭和40・12・3民集19-9-2071）や，代物弁済予約上の権利は弁済代位の目的となるとする判例（最判昭和41・11・18民集20-9-186）が現れ，担保的構成が認められ始めることになった.

　そして，昭和42・11・16民集21-9-2430（以下，昭和42年判決という）が，初めて清算義務を認めるなど代物弁済予約につき広範囲な判断を下すことになった. まず，法的性質に関しては，貸金債権担保のため，不動産に抵当権を設定するとともに，不動産につき停止条件付代物弁済契約または代物弁済の予約を締結した形式が採られている場合においては，契約時における不動産の価額と弁済期までの元利金額とが合理的均衡を失するようなときは，債権者において，目的不動産を換価処分してこれによって得た金員から債権の優先弁済を受け，残額はこれを債務者に返還する趣旨であると解するのが相当であるとして，担保権的に構成することを明言した（このような債権担保のための代物弁済予約等を仮登記担保という）. そして，このような立場はその後の判例においても踏襲されている. しかし，そのように認定する基準としてあげられている抵当権との併用，契約時における物件価額と弁済期までの元利金額とが合理的均衡を失しているということは，たとえば最判昭和45・3・26民集24-3-209（以下，昭和45年判決という）など，その後の判例ではあげられていない.

　(b) 清算方法　　清算方法に関しては統一されておらず，処分清算方式についてのみ言及する場合（昭和42年判決，など）もあれば，処分清算方式と帰属清算方式を並立的に述べるもの，帰属清算を原則と認めたもの（昭和45年判決，など）に分かれる.

　(c) 受戻権　　最判昭和46・5・20判時628-24は，清算がなされるまでは元利金を弁済して目的物を取り戻すことができることを当然の前提とした上で，清算前に目的物が第三者に譲渡され，所有権移転登記がなされた場合にはもはや目的物を取り戻すことはできないとする.

　(d) 後順位担保権者等の地位　　昭和45年判決は，後順位債権者及び仮登記後目的不動産を譲り受けた第三者は，仮登記担保権者の仮登記の本登記手続をするについての承諾請求に対して，債権者が優先回収を受けた残余の清算金の全部

または一部を自己に支払うよう求めることができ，かつ，その支払いと引換えにのみ承諾義務の履行をすべき旨を主張することができるとする．

(e) **競売手続との関係**　昭和42年判決は，仮登記担保権者が，目的不動産を債務者の所有物として差し押さえた他の債権者に対して行使しうる権利は，自己の債権についての優先弁済権を主張してその満足を図る範囲に限られ，たとえ差押え前に仮登記を経由していても，差押え債権者に対して仮登記の本登記手続をするについての承諾を求め，その執行を全面的に排除することは許されないとする．

また，昭和45年判決も，傍論ながら，すでに強制競売手続が開始されているときは，仮登記担保権者は，仮登記の本登記手続を主張することは許されず，すでに開始された競売手続に参加してのみ自己の債権についての優先弁済をはかりうるものとする．

(2) **本大法廷判決の意義**

大法廷判決において，清算義務の相手方，競売手続との関係以外についての判示事項は傍論であるが，従来の判例の集積をみて，仮登記担保について最高裁判所としての統一見解を示すために，あえて説示を加えたものと思われる．

(a) **法的性質**　仮登記担保契約を締結する趣旨は，債権者が目的不動産の所有権を取得すること自体にあるのではなく，自己の債権の排他的満足を得ることにあるとして，これを担保的に構成する従来の判例の見解を確認している．

(b) **清算方法**　債務者が債務を履行しなかったときは，換価手続きの一環として，債務者に対して仮登記の本登記手続及び右不動産の引渡しを求めること等ができるとした上で，不動産の換価額が債権者の債権額を超えるときは，その超過額を保有すべきいわれはないから，これを清算金として債務者に交付すべきであるとして，清算義務を肯定する．そして，この清算金の支払時期に関しては，帰属清算の場合には仮登記担保権者が目的不動産の評価清算によりその所有権を自己に帰属させる時，処分清算の場合には処分の時であるとして，処分方法に関しては両方式を認めるが，前者が原則であるとし，前者の場合には清算金の支払いがあるまで本登記手続の履行を拒めるとする．

これは，従来の判例では明らかでなかった両清算方式の関係について明らかにしたという意義がある．

(c) **受戻権**　清算金の支払時期である換価処分の時に仮登記担保権者の

395

◇ 第24講　仮登記担保　◇

債権は満足を得たことになり，仮登記担保関係も消滅するが，債務者はその時までは債務の全額を弁済して仮登記担保権を消滅させ，その目的不動産の完全な所有権を回復することができるとする．ただし，清算金が支払われずに債権者が換価処分をしたときは，債務者は確定的に自己の所有権を失い，後は清算金債権を有するに過ぎないとし，従来の判例を確認している．

(d) **後順位担保権者等の地位**　従来の判例では，仮登記担保権者は後順位担保権者等に清算金の支払義務を負っているとされたが，本大法廷判決はこれを明確に否定し，仮登記担保権者が清算金支払義務を負うのは，債務者または仮登記後に目的不動産の所有権を取得してその登記を経由した第三者に限られるとした．後順位担保権者等が清算金の交付を請求しうる根拠がないこと，多数債権者相互間の関係など錯綜した権利関係の処理を仮登記担保権の実行手続において要求することは種々の不都合な結果を生ずること，等が理由である．

(e) **競売手続との関係**　仮登記担保権者も，被担保債権とその金額を明らかにして執行裁判所に届け出て，競売代金から自己の債権の弁済を受けることができるとした上で，競売手続が先行している場合には，仮登記担保権者は右手続きへの参加によって債権満足の道があり，これによって目的を達成することができる以上，自己の仮登記が登記上先順位であることを主張して競売手続を無に帰せしめることはできない．ただ，仮登記担保権者が競売手続の開始に先だって仮登記担保権の実行に着手し，本登記手続またはその承諾請求訴訟を提起している場合にはこれと抵触する競売手続の排除を求めることができるとし，仮登記担保権の実行手続と競売手続との優先順位についてはいわゆる先着手主義を採るとした．

(3) **立　法　化**

(a) **残された問題と立法化**　このようにして，大法廷判決によって仮登記担保に関しては一応の法整備がなされることになったが，個別事案に対する解決を旨とする判例という制約から，あらゆる問題を明確にしたとはいいきれず，また大法廷判決自体にも若干問題となる点が含まれるとされていた．たとえば，清算義務の根拠が当事者の合理的な意思に求めていて，一種の擬制でしか過ぎず，そのため非清算特約を認めるような表現があること．清算金の算定についての統一的なルールが作られていないこと．後順位担保権者は物上代位にもとづく差押えによって清算金から満足を受けるにせよ，登記簿にしたがった優劣が保障されて

いないこと，先着手主義を採用する理由が明確でないことなどである．

　このようなことから，原則として従来の判例法理を承認しつつ，法律関係をさらに明確にして債務者を保護し，債権者及び利害関係人の利害を合理的に調整すべきであるとして，立法化された（吉野衛『新仮登記担保法の解説』（金融財政事情研究会，改訂版，1981 年）11 頁以下参照）．

　(b) **大法廷判決と仮登記担保法の関係**　　仮登記担保法の制定によって大法廷判決が修正を受けた点，あるいは新しい立法的工夫がなされている点の主だったものをあげると以下のとおりである．①非清算特約の効力を無効とすること，②清算義務の法的根拠を提供すること，③処分清算方式の否定．④清算期間の設定．これによって，所有権の移転時期，清算金の支払時期，被担保債権の消滅時期が明らかになった．そして，期間内であれば債務者の弁済可能性を保障した．⑤競売手続との関係において先着手主義を採らず，清算金の支払いまでは抵当権と同じ扱いをする．⑥受戻権の終期を明らかにしたこと，などである．

à plus loin

● **仮登記担保のその後**

　仮登記担保を締結する主たる目的は，不動産の丸取り，抵当権実行の不便さの回避，抵当権の効力を減殺させる制度（たとえば，滌除，短期賃貸借の保護）からの回避，があった．しかし，第 1 点目は清算義務を導入することによってその利点はなくなった．第 2 点目も，仮登記担保法によって，ほかの債権者による競売申立てを阻止できず，その手続内では抵当権と同じ扱いを受けることになり，利点が半減している．第 3 点目は，民法の改正によってその利点を大きく減ずることになった（高木多喜男『担保物権法』306 頁）．

　このようにして，仮登記担保は次第に用いられなくなっていくことになるのである（反対に，減少したのは一時的な現象であり，仮登記担保の強力なメリットにより，盛んに利用されている現状があると指摘するものとして，近江幸治「日本民法の展開(2)特別法の生成──担保法」広中俊雄・星野英一編集『民法典の百年 I』（有斐閣，1998 年）227 頁参照．）．

主要参考文献

(多用する文献は,文献略語(太字箇所)を用いた)

淡路剛久＝鎌田薫＝原田純孝＝生熊長幸　『民法Ⅱ―物権［第3版補訂］』(有斐閣, 2010年)
幾代　通　『民法**総則**［第2版］』(青林書院, 1984年)
幾代　通　「法律行為の取消と登記」『不動産物権変動と登記』32頁以下(一粒社, 1986)
石田　穰　『民法**総則**』(酒井書店, 1965年)
石田　穰　「法律行為の解釈方法」『法解釈学の方法』141頁以下(青林書院新社, 1976)
伊藤　進　『物的担保論(私法研究著作集・第4巻)』(信山社, 1994年)
伊藤　進　『抵当権制度論(私法研究著作集・第14巻)』(信山社, 2005年)
内田　貴　『民法Ⅲ　債権総論・担保物権［第3版］』(東京大学出版会, 2005年)
内田　貴　『**民法Ⅰ**　総則・物権総論［第4版］』(東京大学出版会, 2008年)
梅謙次郎　『訂正増補 **民法要義　巻之一　総則編**［復刻版］』(有斐閣, 1984年)
梅謙次郎　『訂正増補 **民法要義　巻之二　物権編**［復刻版］』(有斐閣, 1984年)
近江幸治　『民法講義Ⅲ　担保**物権**［第2版補訂］』(成文堂, 2007年)
近江幸治　『民法講義Ⅰ　民法**総則**［第6版］』(成文堂, 2008年)
大江　忠　『要件事実民法(2)　物権［第3版］』(第一法規, 2005年)
大村敦志　『基本民法Ⅲ　債権総論・担保物権［第2版］』(有斐閣, 2005年)
奥田昌道＝鎌田薫編　『法学講義民法3　担保物権』(悠々社, 2007年)
賀集　唱　「契約の成否・解釈と証書の証明力」民商法雑誌60巻2号3頁以下(1969)
於保不二雄　『民法総則講義』(有信堂, 1951年)
加藤一郎＝林良平編　『担保法大系　第1巻』(金融財政事情研究会, 1984年)
加藤一郎＝林良平編　『担保法大系　第2巻』(金融財政事情研究所, 1985年)
鎌田薫ほか編著『民事法Ⅱ　担保物権・債権総論［第2版］』(日本評論社, 2010年)
川井　健　『民法概論2　物権［第2版］』(有斐閣, 2005年)
川島武宜　『新版所有権法の理論』(岩波書店, 1949年)
川島武宜　『民法**総則**』(有斐閣, 1965年)
川島武宜＝**平井**宜雄編　『**新版注釈民法**(3)　総則(3)』(有斐閣, 2003年)
北川善太郎　『民法講要Ⅱ　物権［第3版］』(有斐閣, 2004年)
来栖三郎　『契約法』(有斐閣, 1974年)

佐久間毅	『民法の基礎1　総則［第3版］』（有斐閣，2008年）
佐久間弘道	『共同抵当の代価の配当についての研究』（第一勧銀，1992年）
四宮和夫＝能見善久編　『民法総則［第8版］』（弘文堂，2010年）	
清水　元	『プログレッシブ民法　物権法』（成文堂，2008年）
清水　元	『プログレッシブ民法　担保物権法［補訂版］』（成文堂，2009年）
末川　博	『物権法』（日本評論社，1959年）
鈴木禄弥	「特定物売買における所有権の移転の時期」『契約法大系Ⅱ　贈与・売買』（有斐閣，1962年）
鈴木禄弥	『根抵当法概説［第3版］』（新日本法規，1998年）
鈴木禄彌	『物権法講義［五訂版］』（創文社，2007年）
高木多喜男	『担保物権法［第4版］』（有斐閣，2005年）
高木多喜男	『金融取引の法理』第1～3巻（成文堂，1996・1997年）
高橋　眞	『担保物権法』（成文堂，2007年）
滝沢聿代	「物権変動の時期」『民法講座2』（有斐閣，1984年）
滝沢聿代	『物権変動の理論』（有斐閣，1987年）
田高寛貴	『クロススタディ物権法』（日本評論社，2008年）
谷口知平＝五十嵐清編　『新版注釈民法(13)』（有斐閣，2006年）	
谷口知平編	『注釈民法(13)』（有斐閣，1966年）
椿寿夫編集代表『担保法の判例Ⅰ・Ⅱ』（有斐閣，1994年）	
椿寿夫編	『担保法理の現状と課題』（商事法務研究会，1995年）
道垣内弘人	『担保物権法［第3版］』（有斐閣，2008年）
道垣内弘人＝山本和彦＝古賀政治＝小林明彦　『新しい担保・執行制度［補訂版］』（有斐閣，2004年）	
中舎寛樹	『民法総則』（日本評論社，2010年）
並木　茂	『要件事実論概説Ⅱ』（信山社，2010年）
鳩山秀夫	『日本民法総論』（岩波書店，1931年）
平野裕之	『民法総合3　担保物権法［第2版］』（信山社，2009年）
平野裕之＝古積健三郎＝田高寛貴　『民法3　担保物権［第2版］』（有斐閣，2005年）	
広中俊雄＝星野英一編　『民法典の百年Ⅱ』（有斐閣，1998年）	
舟橋諄一	『物権法』（有斐閣，1960年）
星野英一	『民法概論Ⅰ（序論・総論）』（良書普及会，1993年） 『フランス民法典――物権・債権関係――』（法曹会，1982年） 『法典調査会　民法議事速記録―』（法曹会，1983年）
星野英一	『民法概論Ⅱ（物権・担保物権）』（良書普及会，1994年）
星野英一編集代表　『民法講座　第3巻』（有斐閣，1984年）	
本田純一＝湯川益英＝原田剛＝橋本恭宏　『ハイブリッド民法2　物権・担保物権法』（法律文化社，2007年）	

松尾弘＝古積健三郎	『物権・担保物権法［第2版］』（弘文堂，2008年）
民法(債権法)改正検討委員会編	『債権法改正の基本方針』（商事法務，2009年）
安永正昭	『講義 物権・担保物権法』（有斐閣，2009年）
山野目章夫	『物権法［第4版］』（日本評論社，2009年）
山本敬三	『民法講義Ⅰ 総則［第3版］』（有斐閣，2011年）
柚木馨＝高木多喜雄	『担保物権法［第3版］』（有斐閣，1982年）
柚木馨＝高木多喜男編	『**新版注釈民法**(9)』（有斐閣，1998年）
米倉明ほか編	『金融担保法講座Ⅰ・Ⅱ』（筑摩書房，1985・1986年）
我妻 栄	『物権法』（岩波書店，1952年）
我妻 栄	『**債権各論 上巻**』（岩波書店，1954年）
我妻 栄	『**債権各論 中巻一**』（岩波書店，1957年）
我妻 栄	『**新訂 民法総則**』（岩波書店，1965年）
我妻 栄	『**新訂担保物権法**』（岩波書店，1968年）
我妻栄著/有泉亨補訂	『**新訂物権法**』（岩波書店，1983年）

事項索引

あ行

相手方の催告権・取消権……………… 144
ABL（Asset Based Lending）………… 359
意思外形対応型………………………… 65
意思外形非対応型……………………… 65
意思主義………………………………… 49
遺失物の拾得…………………………… 42
意思能力………………………………… 6
意思の欠缺………………………… 58, 77
意思の不存在……………… 58, 77, 100
異時配当……………………………… 320
意思表示………………………… 45, 49, 56
　　──の解釈……………………… 56
一元論………………………………… 228
一号仮登記（または物権仮登記）……… 224
一物一権主義…………………………… 33
一括競売制度………………………… 301
一般財団法人…………………………… 26
一般社団法人…………………………… 26
一般的人格権…………………………… 5
一般法人法……………………………… 22
移転的取得……………………………… 42
委　任………………………………… 114
隠匿行為………………………………… 61
受戻権………………………………… 344
営利法人………………………………… 20
延長された所有権留保……………… 267
援用権者……………………………… 161
援用権の喪失………………………… 167
援用権の放棄………………………… 167
乙　区………………………………… 226
オンライン申請……………………… 225

か行

外観信頼保護法理……………………… 62
外形自己作出型………………………… 65
外形他人作出型………………………… 65
回復登記……………………………… 224
外部的移転型………………………… 343
買戻特約付売買……………………… 297
確定効果説…………………………… 161
瑕疵ある意思表示………………… 58, 100
瑕疵担保責任……………………… 81, 88
過失責任主義…………………………… 14
仮差押え……………………………… 176
仮処分………………………………… 176
仮登記………………………………… 224
仮登記担保…………………………… 387
仮登記担保法………………………… 351
簡易の引渡し………………………… 239
換価弁済権…………………………… 263
関係の移転説………………………… 223
間接代理……………………………… 104
管理占有……………………………… 280
期　限………………………………… 169
危険負担……………………………… 88
帰属清算………………………… 350, 352
記入登記……………………………… 224
基本代理権…………………………… 126
強行法規違反…………………………… 55
強制主義………………………………… 21
共通の錯誤…………………………… 89
共同申請主義………………………… 225
共同抵当………………………… 313, 318
共同抵当権者………………………… 319
（純粋）共同根抵当………………… 320

403

事項索引

強　迫	58
許可主義	21
虚偽表示	58, 60
虚偽表示の効果	62
虚偽表示の撤回	63
極度額	333
形式的審査権	226
競売権（けいばいけん）	262
契　約	45
契約時移転説	215
権限外の行為の表見代理	125
現実の引渡し	239
原所有者帰属説	246
顕名主義	108
権利確定説	173
権利行使説	172, 173
権利主張説	172, 173
権利能力	4
──のない社団	22
権利の放棄	233
権利部	224
権利保護要件	68
行為能力	3
公益法人	20
効果意思	57
甲　区	224
後見開始の審判	8
後見人	8
公示の原則	226
工場抵当法	242
公序良俗	55
公信の原則	226
公信力	226
公信力説	235
合同行為	46
公法人	20
効力発生要件	53
個別価値考慮説	314

さ　行

債権行為	213
債権者代位権	86
債権譲渡登記	385
催　告	175
催告権	10
財団法人	19
裁判外紛争解決手続の利用の促進に関する法律	180
裁判上の催告	179
裁判上の請求	174
詐　欺	91
先取特権	266
錯　誤	50, 58, 77, 86
錯誤無効	85
差押え	176
差押公示説	288
指図による占有移転	239
詐　術	11
資格併存説	149
資格融合説	148
敷金返還請求権	252
時　効	159
──の援用	160
──の起算点	168
──の中断	172
時効援用権者	165
時効取得	42
時効中断効	184, 185
自己契約	106
使　者	103
自主占有	194
事情変更の原則	88
自然人	3
自然中断	196
事前通知制度	225
実質的審査権	226

事項索引

失踪宣告	5	制限説	230
私的自治	56	制限能力者制度	6
支払督促の申立て	174	清算期間	389
私法人	20	清算義務	343
社員総会	28	正当な理由	128
社団法人	19	成年被後見人	8, 13
集合債権譲渡担保	374	責任能力	14
集合動産譲渡担保	359	設定的取得	42
集合物理論	33, 365	善意悪意不問説	235
自由設立主義	21	善意の第三者	62
従たる権利	34	全体価値考慮説	314
従 物	33, 40	選択的責任説	145
出訴期間	170	占有改定	239
出頭主義	225	占有者帰属説	246
受動代理	104	臓器移植	5
取得時効	194	臓器移植に関する法律	6
主 物	33	相互主義	6
準則主義	21	造作買取請求権	252
承継取得	42	相対的移転説	223
使用者責任	112	相対的無効説	234
商事留置権	264	双方代理の禁止	106
「譲渡質」型	342	遡及効	198
譲渡担保	75	即時取得	241
承 認	177	訴訟法説	161
商人留置権	264		
消費者	59	た 行	
消滅時効	172	代価弁償請求権	247
除斥期間	170	対抗要件	67, 94
処分清算	350, 352	第三債務者保護説	289
書面申請	225	第三者相続型	148
所有権移転時期	221	胎 児	4
所有権段階的移転説	216	代理権授与行為	115
所有権的構成	75	代理権授与の表示による表見代理	119
所有権の移転	211	代理権消滅後の表見代理	133
所有権留保	268	代理権の消滅	107
親権者	5	代理権の濫用	115, 119
信託的譲渡説	75	代理行為	108
心裡留保	58	多元論	228

405

事項索引

建物買取請求権	252
建物登記簿	32
短期取得時効	195
単独行為	46
担保価値維持請求権	276
担保的構成	75
中間省略登記	227
長期取得時効	195
賃借権の取得時効	209
追認拒絶権	143
追認権	8
通行地役権	204
通謀虚偽表示	60, 66
定款	27
停止条件説	206
定着物	31
抵当権	33, 274
転貸料債権	295
転付命令	294
登記	224
――の流用	333
動機	57
――の錯誤	78, 79
登記義務者	227
登記原因証書	225
登記原因証明情報	225
登記権利者	227
登記識別情報	225
登記請求権	226
動産・債権譲渡特例法	371, 372
動産譲渡担保	347
動産譲渡登記	371
動産譲渡登記ファイル	372
同時配当	319
同時履行の抗弁権	102, 253
当然設立主義	21
特定承継	42
特定性維持説	287

特例民法法人	25
土地登記簿	32
特許主義	21
取消し	78, 91
取消権	8
取消権者	92
取引的不法行為	30

な 行

内外共移転型	343
内容の錯誤	78, 79
二号仮登記（請求権仮登記）	224
二重譲渡	207
日常家事の連帯責任	139
任意代理	104, 107
認可主義	21
認定死亡	5
根譲渡担保	342
根抵当	332
能動代理	104

は 行

背信的悪意者排除論	203, 235
配当要求	181, 184
白紙委任状	121
破産手続参加	175
非営利法人制度	24
引受主義	261
引渡し	239
――の観念化	249
秘匿行為	61
否認権説	234
被保佐人	8, 14
被補助人	8, 14
表見代理	30, 118
表示意思	57
表示行為	57
表示主義	50

事項索引

表示上の効果意思…………………57	——の成立要件………………47, 52
表示上の錯誤………………58, 79	法律効果……………………………3, 42
表示の登記……………………224	法律事実………………………………44
費用償還請求権………………249	法律要件……………………………3, 42
表題部……………………………224	保佐開始の審判………………………8
付加一体物………………………34	保佐人……………………………………8
不確定効果説…………………161	補充的責任説…………………145
不確定無効……………………142	補助開始の審判………………………9
不完全物権移転説……………234	補助人の同意権………………………9
復代理……………………………106	本人確認情報提供制度………225
付　合……………………………40	本人相続型………………………148
物権行為…………………………213	本人の追認権……………………143
——の独自性と無因性………214	ま　行
物権変動の価値………………222	
物件明細書………………………284	抹消登記…………………………224
物上代位…………………268, 286	未成年者……………………………7, 13
物的＝客観的牽連……………253	民事執行…………………………261
不動産譲渡担保………………342	民法94条2項の類推適用………70
不動産登記法…………………224	無権代理…………………142, 147
分析論……………………………361	無権代理行為……………………118
平穏・公然の占有……………195	無権代理人………………142, 144
変更登記…………………………224	無権代理人相続型………………148
包括承継…………………………42	無　効………………………78, 91
包括根抵当………………………333	無制限説…………………………230
法規否認説………………………234	無清算型…………………………351
法　人……………………………3, 17	明認方法……………………………32
法人擬制説………………………18	名誉毀損……………………………5
法人実在説………………………19	目的の範囲外の行為……………29
法人否認説………………………19	物………………………………………31
法定証拠説………………………234	や　行
法定代理…………………104, 107, 138	
法定代理人………………………5	優先権保全説……………………287
法定地上権………………………300	優先弁済権………………………262
法定賃借権………………………391	有体物………………………………31
法的＝主観的牽連……………253	要素の錯誤…………………………81
暴利行為……………………………55	予告登記…………………………224
法律行為…………………………3, 45	予備登記…………………………224
——の効力要件…………………52	

407

事項索引

ら　行

理　事…………………………………28
理事会…………………………………28
留置権における牽連性………………251
流動集合動産譲渡担保………………347

立木法…………………………………32
累積根抵当……………………………320

わ　行

和解及び調停の申立て………………175

判例索引

大判明治 32・10・6 民録 5-9-48…………63
大判明治 36・11・13 民録 9-1221……275,283
大判明治 38・5・11 民録 11-706……………6
大判明治 39・3・31 民録 12-492…………108
大判明治 39・5・17 民録 12-758…………138
大判明治 40・4・11 民録 13-423…………187
大判明治 41・12・15 民録 14-1276………230
大連判明治 41・12・15 民録 14-1276……345
大判明治 42・4・30 民録 15-439…………174
大判明治 43・1・25 民録 16-22……………161
大判明治 43・2・10 民録 16-841…………375
大判明治 44・6・6 民録 17-362……………64
大判大正 2・3・20 民録 19-137…………187
大判大正 2・6・16 民録 19-637…………196
大判大正 2・7・2 民録 19-598……………196
大判大正 4・2・2 民録 21-61……………240
大判大正 4・4・27 民録 21-590…………240
大判大正 4・6・23 民録 21-1005…………197
大判大正 4・7・1 民録 21-1313…………303
大判大正 5・5・31 民録 22-1083…………283
大判大正 5・7・5 民録 23-1325……………81
大判大正 5・10・13 民録 22-1886…………177
大判大正 5・12・6 民録 22-2358……………12
大判大正 6・2・24 民録 23-284……………80
大判大正 6・7・26 民録 23-1203…………364
大判大正 6・9・26 民録 23-1494……………12
大判大正 6・11・8 民録 23-1772…………197
大判大正 7・3・2 民録 24-423……198,202
大判大正 7・4・13 民録 24-669……………93
大判大正 7・10・3 民録 24-1852……………86
大判大正 7・12・6 民録 24-2302…………304
大判大正 8・6・19 民録 25-1063……………63
大判大正 8・6・30 民録 25-1200…………176
大判大正 8・10・13 民録 25-1863…………196

大判大正 8・12・2 民録 25-2224…………184
大判大正 11・2・25 民集 1-69………………64
大判大正 11・8・21 民集 1-498……………251
大連判大正 12・12・14 民集 2-676………304
大連判大正 13・12・24 民集 3-555………343
大連判大正 14・7・8 民集 4-412……198,202
大連判大正 15・10・13 民集 5-785………113
大判大正 15・12・25 民集 5-897…………196
大判昭和 2・3・22 民集 6-106……………148
大判昭和 2・10・10 民集 6-558……………198
大判昭和 2・11・26 民集 6-11-622…………12
大判昭和 2・12・24 民集 6-12-754………140
大判昭和 3・4・18 民集 7-5-283……………98
大判昭和 3・8・1 民集 7-671……………274
大判昭和 4・1・30 新聞 2945-12…………321
大判昭和 4・1・30 新聞 2945-13…………325
大判昭和 4・2・20 民集 8-59………98,228
大判昭和 4・12・11 民集 8-923……………246
大判昭和 5・6・27 民集 9-619……………174
大判昭和 6・4・24 民集 10-685……………343
大判昭和 6・10・24 新聞 3334-4……………63
大判昭和 7・5・27 民集 11-1069……………29
大判昭和 7・6・21 民集 11-1186…………188
大判昭和 7・10・6 民集 11-2023……………4
大判昭和 7・10・21 民集 11-2177…………305
大判昭和 8・1・31 民集 12-1-24……………12
大判昭和 8・1・31 民集 12-2…………………12
大判昭和 8・4・26 民集 12-767…………356
大判昭和 9・6・15 民集 13-1164…………274
大判昭和 10・8・10 民集 14-1549…………303
大判昭和 11・4・13 民集 15-630…………277
大判昭和 11・7・14 民集 15-1409……324,328
大判昭和 11・12・9 民集 15-2172……322,325
大判昭和 12・2・9 判決全集 4-160…………63

409

判例索引

大判昭和 12・8・10 新聞 4181-9 ………… 62
大判昭和 13・3・8 民集 17-367 …………… 63
大判昭和 13・5・25 民集 17-1100 …… 303,314
大判昭和 13・12・17 民集 17-2651 ………… 63
大連判昭和 14・3・22 民集 18-238 ……… 173
大判昭和 14・7・7 民集 18-748 …………… 229
大判昭和 14・7・26 民集 18-772 ………… 305
大判昭和 14・8・24 民集 18-877 ………… 252
大判昭和 14・12・19 民集 18-1583 ……… 304
大判昭和 16・2・28 民集 20-264 ………… 126
大判昭和 16・3・1 民集 20-163 …………… 254
大判昭和 17・9・30 民集 21-911 ……… 95,98
大判昭和 19・6・28 民集 23-387 ………… 47
大連判昭和 19・12・22 民集 23-626 ……… 135
最判昭和 26・6・1 民集 5-7-367 ………… 106
最判昭和 27・1・29 民集 6-1-49 ………… 128
最判昭和 28・6・16 民集 7-6-629 ……… 102
最判昭和 28・10・1 民集 7-10-1019 ……… 63
最判昭和 28・12・28 民集 7-13-1683 …… 128
最判昭和 29・1・14 民集 8-1-16 ………… 252
最判昭和 29・2・12 民集 8-2-465 ………… 81
最判昭和 29・7・22 民集 8-7-1425 ……… 252
最判昭和 29・8・20 民集 8-8-1505 ……… 70
最判昭和 29・8・31 民集 8-8-1567 ……… 239
最判昭和 29・11・26 民集 8-11-2087 …… 80
最判昭和 29・12・23 民集 8-12-2235
……………………………………… 308,310
最判昭和 30・5・13 民集 9-6-698 ………… 36
最判昭和 31・12・28 民集 10-12-1613 …… 64
最判昭和 32・6・1 民集 12-9-1492 …… 81,88
最判昭和 32・6・7 民集 11-6-999 …… 98,229
最判昭和 32・11・29 民集 11-12-1994 …… 138
最判昭和 33・3・14 民集 12-3-570 ……… 239
最判昭和 33・6・14 民集 12-9-1449 …… 229
最判昭和 33・6・17 民集 12-10-1532 …… 145
最判昭和 33・6・20 民集 12-10-1585 …… 219
最判昭和 33・8・28 民集 12-12-1936
……………………………………… 198,202,229

最判昭和 34・2・20 民集 13-2-209 ……… 190
最判昭和 34・7・24 民集 13-8-1176 …… 126
最判昭和 34・9・3 民集 13-11-1357
……………………………………………… 252,346
最判昭和 35・2・2 民集 14-1-36 ………… 66
最判昭和 35・2・19 民集 14-2-250 ……… 126
最判昭和 35・3・1 民集 14-3-307 ………… 32
最判昭和 35・3・22 民集 14-4-501 ……… 217
最判昭和 35・4・21 民集 14-8-946 ……… 227
最判昭和 35・6・24 民集 14-8-1528 …… 219
最判昭和 35・7・27 民集 14-10-1871
……………………………………………… 197,229
最判昭和 35・10・18 民集 14-12-2764 …… 128
最判昭和 35・10・21 民集 14-12-2661 …… 120
最判昭和 35・12・27 民集 14-14-3253 …… 179
最判昭和 36・1・17 民集 15-1-1 ………… 128
最判昭和 36・2・10 民集 15-2-219 ……… 303
最判昭和 36・4・27 民集 15-4-901 ……… 237
最判昭和 36・7・20 民集 15-7-1903 …… 202
最判昭和 36・8・31 民集 15-7-2027 …… 177
最判昭和 36・11・24 民集 15-10-2573 …… 228
最判昭和 36・12・12 民集 15-11-2756 …… 127
最判昭和 37・4・20 民集 16-4-955
……………………………………………… 148,152
最判昭和 37・5・18 民集 16-5-1073 …… 197
最判昭和 37・8・10 民集 16-8-1700 ……… 87
最判昭和 37・9・4 民集 16-9-1854 ……… 306
最判昭和 37・9・7 民集 16-9-1881 ……… 29
最判昭和 37・9・25 判時 320-14 ………… 84
最判昭和 37・10・12 民集 16-10-2130 …… 179
最判昭和 38・2・22 民集 17-1235 ……… 230
最大判昭和 38・10・30 民集 17-9-1252 … 179
最判昭和 39・3・6 民集 18-3-437 ……… 228
東京高判昭和 39・3・11 判時 368-55 …… 254
最判昭和 39・4・2 民集 18-4-497 ……… 127
最判昭和 39・5・23 民集 18-4-621 ……… 123
最判昭和 39・10・15 民集 18-8-1671 …… 22
最判昭和 39・12・11 民集 18-10-2160 …… 128

最判昭和 40・5・4 民集 19-4-811 …… 36,37
最判昭和 40・6・18 民集 19-4-986 ……… 148
広島高松江支判昭和 40・8・27 民集 21-6
　-1649 ……………………………………… 207
最判昭和 40・9・10 民集 19-6-1512
　……………………………………… 84,85,92
最判昭和 40・9・21 民集 19-6-1560 …… 227
最判昭和 40・10・8 民集 19-7-1731 ……… 82
最判昭和 40・11・19 民集 19-8-2003 …… 219
最判昭和 40・11・30 裁判集民 81-221 …… 126
最判昭和 40・12・3 民集 19-9-2071 …… 394
最判昭和 41・3・3 民集 20-3-386 ……… 261
最判昭和 41・3・18 民集 20-3-451 ……… 65
最判昭和 41・4・15 民集 20-4-676 …… 195
最判昭和 41・4・20 民集 20-4-702 …… 168
最判昭和 41・4・22 民集 20-4-752
　…………………………………………… 123,125
最判昭和 41・4・28 民集 20-4-900 …… 346
最判昭和 41・6・9 民集 20-5-1011 …… 248
最判昭和 41・11・18 民集 20-9-186 …… 394
最判昭和 41・11・22 民集 20-9-1901
　…………………………………………… 202,229
最判昭和 41・12・22 民集 20-10-2168 ……… 66
最判昭和 42・1・20 民集 21-1-16 ……… 230
大阪高判昭和 42・1・26 民集 25-8-1113
　……………………………………………… 208
最判昭和 42・4・20 民集 21-3-697
　…………………………………… 109,111,116
最判昭和 42・6・22 民集 21-6-1479 ……… 64
最判昭和 42・6・23 民集 21-6-1492 …… 169
最判昭和 42・7・21 民集 21-6-1643
　…………………………………………… 205,207
最判昭和 42・7・21 民集 21-6-1653 …… 202
最判昭和 42・10・31 民集 21-8-2213 …… 237
最判昭和 42・10・31 民集 21-8-2232 ……… 68
最判昭和 42・11・16 民集 21-9-2430
　…………………………………………… 394,395
最判昭和 43・3・1 民集 22-3-491 ……… 196

最判昭和 43・3・8 民集 22-3-540 ……… 106
最判昭和 43・8・2 民集 22-8-1571
　…………………………………………… 203,237
最判昭和 43・9・13 民集 22-6-1183 ……… 40
最判昭和 43・9・26 民集 22-9-2002 …… 166
最判昭和 43・10・8 民集 22-10-2145 …… 209
最判昭和 43・10・17 民集 22-10-2188 … 66,71
最大判昭和 43・11・13 民集 22-12-2510 … 178
最判昭和 43・11・15 民集 22-12-2671 … 203
最判昭和 43・11・21 民集 22-12-2765 … 252
最判昭和 43・11・25 民集 22-12-2671 … 237
最判昭和 44・1・16 民集 23-1-18 … 203,232
最判昭和 44・2・13 民集 23-2-291 … 12,12
最判昭和 44・2・14 民集 23-2-357 …… 305
最判昭和 44・3・28 民集 23-3-699
　……………………………………… 33,36,37,283
最判昭和 44・4・25 民集 23-4-904 …… 203
最判昭和 44・5・27 民集 23-6-998 … 63,67
最判昭和 44・6・24 判時 570-48 ……… 128
最判昭和 44・7・3 民集 23-8-1297
　………………………………… 321,324-326,328
最判昭和 44・7・8 民集 23-8-1374 …… 209
最判昭和 44・7・25 判時 574-26 ……… 134
最判昭和 44・11・4 民集 23-11-1968
　…………………………………………… 308,310
最判昭和 44・11・27 民集 23-11-2251 … 178
最判昭和 44・12・18 民集 23-12-2467 … 205
最判昭和 44・12・18 民集 23-12-2476 … 139
最判昭和 44・12・19 民集 23-12-2539 … 132
最判昭和 45・3・26 民集 24-3-151 ……… 82
最判昭和 45・3・26 民集 24-3-209 … 394,395
最判昭和 45・4・16 民集 24-4-266 ……… 70
最判昭和 45・7・24 民集 24-7-1116 … 63,70
最判昭和 45・7・24 民集 24-7-1177 …… 190
最判昭和 45・7・28 民集 24-7-1203
　…………………………………………… 125,136
最判昭和 45・9・10 民集 24-10-1389 …… 180
最判昭和 45・9・22 民集 24-10-1424 ……… 70

判例索引

411

大阪地判昭和 45・10・30 判時 621-64……… 210
最判昭和 45・12・15 民集 24-13-2051……… 209
最判昭和 45・12・15 民集 24-13-2081……… 128
最判昭和 46・1・26 民集 25-1-90……… 230
最判昭和 46・3・25 民集 25-2-208
　………………………… 344,351,352,353,366
東京高判昭和 46・4・27 高民 24-2-129
　……………………………………………… 210
最判昭和 46・5・20 判時 628-24………… 394
最判昭和 46・6・3 民集 25-4-455……… 127
最判昭和 46・10・14 民集 25-7-933……… 305
最判昭和 46・11・5 民集 25-8-1087……… 208
最判昭和 46・11・11 判時 654-52………… 196
最判昭和 46・12・21 民集 25-9-1610……… 310
最判昭和 47・6・2 民集 25-5-956………… 23
最判昭和 47・9・7 民集 26-7-1327
　……………………………………… 102,253
最判昭和 47・11・16 民集 26-6-6……… 255
最判昭和 48・4・6 民集 27-3-483……… 375
最判昭和 48・7・3 民集 27-7-751……… 152
最判昭和 48・9・18 民集 27-8-1066……… 305
最判昭和 48・10・9 民集 27-9-1129……… 24
最判昭和 48・12・14 民集 27-11-1586……… 164
最判昭和 49・3・19 民集 28-2-325……… 231
札幌地判昭和 49・4・12 判時 782-86
　……………………………………… 209,210
最判昭和 49・9・2 民集 28-6-1152……… 252
最大判昭和 49・9・4 民集 28-6-1169……… 153
最判昭和 49・9・26 民集 28-6-1213…… 67,94
最判昭和 49・9・26 民集 28-6-1213……… 96
最大判昭和 49・10・23 民集 28-7-1473
　……………………………… 344,351,352
最大判昭和 49・10・23 民集 28-7-1473… 392
最判昭和 50・4・22 民集 29-4-433……… 196
最判昭和 50・7・14 民集 29-6-1022……… 29
最判昭和 50・9・25 民集 29-8-1320……… 198
最判昭和 50・11・21 民集 29-10-1537……… 189
最判昭和 51・6・17 民集 30-6-616……… 261

最判昭和 51・6・25 民集 30-6-665
　……………………………………… 128,129
最判昭和 51・9・21 判時 833-69………… 343
最判昭和 51・10・8 判時 843-57………… 305
最判昭和 52・3・3 民集 31-2-157……… 195
最判昭和 52・3・11 民集 31-2-171……… 34
最判昭和 52・9・29 判時 866-127, 金判
　536-28……………………………… 209,210
最判昭和 52・10・11 民集 31-6-785……… 303
最判昭和 52・10・24 金判 536-28……… 209
名古屋地判昭和 53・6・29 判時 926-85…… 210
最判昭和 53・7・4 民集 32-5-785
　………………………………… 321,325,332
最判昭和 53・9・29 民集 32-6-1210……… 305
最判昭和 53・12・14 民集 32-9-1658……… 209
最判昭和 53・12・25 判時 916-25………… 375
東京高判昭和 53・12・26 判タ 383-109…… 283
最判昭和 54・2・15 民集 33-1-51…… 361,363
名古屋地判昭和 55・7・22 判時 1000-112
　……………………………………………… 209
東京地判昭和 55・11・13 金法 952-36……… 356
最判昭和 56・12・17 民集 35-9-1328……… 347
最判昭和 57・1・22 民集 36-1-92
　………………………………… 345,351,352
東京地判昭和 57・2・3 判タ 474-165…… 210
最判昭和 57・3・12 民集 3-36-349… 242,283
最判昭和 57・4・23 金法 1007-43………… 352
最判昭和 57・6・7 判時 1049-36………… 63
最判昭和 57・6・17 民集 36-5-824……… 41
東京地判昭和 57・8・31 判時 1069-105… 209
最判昭和 57・9・28 判時 1062-81…… 344,346
最判昭和 57・10・14 判時 1060-78……… 360
大阪高判昭和 58・1・26 判時 1076-68…… 210
最判昭和 58・3・18 判時 1095-104……… 366
東京地判昭和 58・5・26 判時 1094-78……… 5
最判昭和 59・2・2 民集 38-3-431…… 268,286
最判昭和 59・5・25 民集 38-7-764……… 196
最判昭和 60・5・23 民集 39-4-940

判例索引

……………………… 329,330,332	最判平成 6・1・25 民集 48-1-18……… 283
最判昭和 60・7・19 民集 39-5-1326…· 268,286	最判平成 6・2・22 民集 48-2-414 ……… 352
最判昭和 61・3・17 民集 40-2-420 ……… 160	最判平成 6・2・22 民集 48-2-441 ……… 169
最判昭和 61・7・15 判時 1209-23 ……… 357	最判平成 6・4・7 民集 48-3-889 ……… 311
最判昭和 62・2・12 民集 41-1-67…· **348**,358	最判平成 6・4・19 民集 48-3-922 ……… 133
最判昭和 62・4・2 判時 1248-61 ……… 286	**最判平成 6・12・20 民集 48-8-1470**……… **307**
最判昭和 62・6・5 判時 1260-7 ……… 209	最判平成 7・3・10 判時 1525-59 ……… 189
最判昭和 62・7・7 民集 41-5-1133	最判平成 7・11・10 民集 49-9-2953 ……… 346
……………………… 145,147	最判平成 8・3・28 民集 50-4-1171 ……… 185
最判昭和 62・9・3 判時 1316-91 ……… 177	最判平成 8・9・27 民集 50-8-2395 ……… 190
最判昭和 62・10・8 民集 41-7-1445 ……… 209	最判平成 8・11・22 民集 50-10-2702 ……… 353
名古屋高判昭和 62・10・29 判時 1268-47	最判平成 9・2・14 民集 51-2-375 …· 315-317
……………………… 66,73	最判平成 9・4・11 裁判集民 183-241
最判昭和 62・11・10 民集 41-8-1559	……………………… 354,358,366
……………………… 347,**361**	最判平成 9・6・5 民集 51-5-2116 ……… 316
最判昭和 62・11・12 判時 1261-71 ……… 345	最判平成 9・7・1 民集 51-6-2452 ……… 88
最判昭和 63・3・1 家月 41-10-104 ……… 153	最判平成 9・7・17 民集 51-6-2882 ……… 347
東京地判平成元・6・29 金法 1233-40 ……… 356	**最判平成 10・1・30 民集 52-1-1** …· 270,**289**
最判平成元・10・13 民集 43-9-985 ……… 185	最判平成 10・2・13 民集 52-1-65 …· 204,237
最判平成元・10・27 民集 43-9-1070 ……… 295	**最判平成 10・3・26 民集 52-2-483** ……… **291**
最判平成 2・1・22 民集 44-1-314 ……… 305	最判平成 10・6・22 民集 52-4-1195 ……… 162
東京高判平成 2・2・13 判時 1348-78 …· 66,73	最判平成 10・7・3 判時 1652-68 ……… 316
最判平成 2・4・19 判時 1354-80 ……… 33,283	**最判平成 10・7・17 民集 52-5-1296**
東京地判平成 2・7・10 判タ 729-255 ……… 338	……………………… 143,**150**
最判平成 3・3・22 民集 45-3-268 ……… 275	最判平成 10・12・17 判時 1664-59 ……… 180
最判平成 3・3・22 民集 45-3-322 …· 326,328	最判平成 11・1・29 民集 53-1-151
最判平成 3・7・16 民集 45-6-1101 ……… 254	……………………… 375,377,378
最判平成 4・3・19 民集 46-3-222 ……… 162	東京地判平成 11・2・24 判タ 1016-167 …· 379
東京地裁執行処分平成 4・6・8 金法 1324-36	最判平成 11・2・26 判時 1671-67
……………………… 314	……………………… 354,358,366
最判平成 4・10・20 民集 46-7-1129 …· 88,170	**最判平成 11・4・27 民集 53-4-840**
最判平成 4・11・6 民集 46-8-2625 ……… **323**	……………………… 180,181,187
最判平成 4・12・10 民集 46-9-2727	最判平成 11・5・11 民集 53-5-863 ……… 347
……………………… 108,115	最決平成 11・5・17 民集 53-5-863 ……… 370
最判平成 5・1・19 民集 47-1-41 ……… 335	最判平成 11・10・20 民集 53-7-1190 ……… 162
最判平成 5・1・21 判タ 815-121 ……… 157	東京高判平成 11・11・4 判時 1706-18 ……… 379
最判平成 5・1・21 民集 47-1-265 ……… **155**	最大判平成 11・11・24 民集 53-8-1899 …· 276
最判平成 5・2・26 民集 42-2-1653 ……… 344	最判平成 11・11・30 民集 53-8-1965

413

················297-299,356
最決平成 12・4・14 民集 54-4-1552········296
最判平成 12・4・21 民集 54-4-1526
························376,377
最判平成 12・6・27 民集 54-5-1737········243
浦和地判平成 12・10・31 判タ 1085-223····347
最判平成 13・3・13 民集 55-2-363
························296,297
最判平成 13・10・25 民集 55-6-975··········287
最判平成 13・11・22 民集 56-6-1056········378
最判平成 13・11・27 民集 55-6-1090········382
最判平成 14・3・12 民集 56-3-555········294
最判平成 14・3・28 民集 56-3-689········296
東京高決平成 14・6・6 判時 1787-124·····259
最判平成 14・6・10 判時 1791-59··········230
最判平成 14・9・12 判時 1801-72,
　金判 1167-55·······························342
最判平成 14・10・10 民集 56-8-1742·······385
最判平成 15・6・13 判時 1831-99············72

最判平成 16・7・13 判時 1871-76··········209
最判平成 16・7・16 民集 58-5-1744········383
高松高判平成 16・10・28 民集 60-1-47····200
最判平成 17・2・22 民集 59-2-314········268
最判平成 17・3・10 民集 59-2-365········277
最判平成 17・3・30 民集 59-2-356········277
最判平成 18・1・17 民集 60-1-27····199,238
最判平成 18・2・7 民集 60-2-480···356,369
最判平成 18・2・23 民集 60-2-546·········68
最判平成 18・7・20 金判 1248-41·········371
最判平成 18・7・20 民集 60-6-2499
························357,367
最判平成 18・10・20 民集 60-8-3098······345
最判平成 18・10・27 民集 60-8-3234······263
最判平成 19・2・15 民集 61-1-243······383
最判平成 19・7・5 判タ 1253-114·········339
最判平成 19・7・6 民集 61-5-1940········306
最決平成 22・12・2 民集 64-8-1990,
　金判 1356-10·······························347

執筆者紹介

編者　平井一雄　清水　元

（執筆者）		（担当箇所）
橋本恭宏	（日本大学教授）	第1講
平井一雄	（獨協大学名誉教授）	第2講・第5講・第10講・第13講
池田雅則	（筑波大学教授）	第3講・第4講
後藤巻則	（早稲田大学教授）	第6講・第7講
齋藤由起	（大阪大学准教授）	第8講・第9講
草野元己	（関西学院大学教授）	第11講・第12講
清水　元	（中央大学教授）	第14講・第15講・第16講・第17講
小杉茂雄	（大阪学院大学教授）	第18講・第19講
森永淑子	（成城大学准教授）	第20講・第21講
小山泰史	（立命館大学教授）	第22講・第23講
石垣茂光	（東北学院大学教授）	第24講

（執筆順）

基本講座　民法1（総則・物権）

2011（平成23）年10月28日　第1版第1刷発行
8571-0:P432　¥3800E-220:020-002

編　者　平井一雄　清水　元
発行者　今井　貴　稲葉文子
発行所　株式会社　信　山　社

〒113-0033　東京都文京区本郷6-2-9-102
Tel 03-3818-1019　Fax 03-3818-0344
info@shinzansha.co.jp
笠間市才木支店　〒309-1611　笠間市笠間515-3
Tel 0296-71-9081　Fax 0296-71-9082
笠間来栖支店　〒309-1625　茨城県笠間市来栖2345-1
Tel 0296-71-0215　Fax 0296-72-5410
出版契約 2011-8571-0-01010　Printed in Japan

©著者,2011　印刷・製本／亜細亜印刷・渋谷文泉閣
ISBN978-4-7972-8571-0 C3332　分類324.106-201

JCOPY　〈(社)出版者著作権管理機構　委託出版物〉
本書の無断複写は著作権法上での例外を除き禁じられています。複写される場合は、そのつど事前に、(社)出版者著作権管理機構（電話03-3513-6969、FAX03-3513-6979、e-mail: info@jcopy.or.jp）の許諾を得てください。

広中俊雄 編著　(協力) 大村敦志・岡孝・中村哲也

日本民法典資料集成

第一巻　民法典編纂の新方針

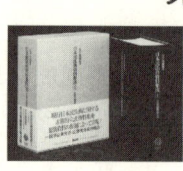

【目次】

『日本民法典資料集成(全一五巻)』への序
全巻凡例　日本民法典編纂史年表
全巻目次(第一部細目次)
第一部　民法典目次(細目次)
　民法巻目次(細目次)
第二部　『民法修正』の基礎
総説
　新方針(＝民法修正)の基礎
　法典調査会の作業方針
　民法議案審議前に提出された乙号議案とその審議
　甲号議案審議以後に提出された乙号議案
第二部あとがき(研究ノート)

来栖三郎著作集 I～III

《解説》
安達三季生・池田恒男・岩城謙二・清水誠・須永醇・瀬川信久・田島裕・利谷信義・唄孝一・久留都茂子・三藤邦彦・山田卓生

■I　法律家・法の解釈、財産法
1 法律家　2 法の解釈〔総則・物権〕A 法律家、法の解釈、慣習･フィクション論につらなるもの　3 法の解釈の適用と法の遵守　4 法の解釈における制定法の意義　5 法の解釈における慣習と法律学　6 法における慣習について　7 いわゆる慣習と法とる慣習　B 民法、財産法全般(契約法を除く)
8 学界展望、民法　9 民法における明認方法について　10 立木取引における明認方法　11 債権の準占有と免責証券　12 損害賠償の範囲および方法に関する日独独比較研究　C 契約法〔総則･物権〕
13 契約と贈与　14 契約法のうえでの契約　15 契約法の歴史と解釈　16 日本の贈与法　17 第三者のためにする契約　18 日本の手付法　19 小売商人の瑕疵担保責任　20 民法上の組合の訴訟当事者能力　* 財産判例評釈(一)(総則・物権)* 財産判例評釈(二)(債権・その他)
■II　家族法、家族法判例評釈〔親族・相続〕　その他
21 内縁関係に関する学説の発展　22 婚姻の無効と戸籍の訂正　23 穂積重遠先生の離婚制度の研究(講演)　24 養子制度に関する二、三の問題について　25 日本の養子法　26 中川善之助「日本の親族法」(紹介)　E 相続に関するもの　27 共同相続財産に就いて　28 相続順位　29 相続税と相続制度　30 遺言の取消　31 『gwet』について〔新刊紹介〕* 家族法判例評釈〔親族・相続〕
■III　相続法と親族相続法に関する論文　33 戸籍法と親族相続法　34 中川善之助「身分法の総則的課題」身分権及び身分行為に関する判例評釈〔親族・相続〕付・略歴・業績目録

信山社

● 判例プラクティスシリーズ ●

判例プラクティス民法Ⅰ〔総則・物権〕
松本恒雄・潮見佳男 編

判例プラクティス民法Ⅱ〔債権〕
松本恒雄・潮見佳男 編

判例プラクティス民法Ⅲ〔親族・相続〕
松本恒雄・潮見佳男 編

判例プラクティス刑法Ⅰ〔総論〕
成瀬幸典・安田拓人 編

判例プラクティス刑法Ⅱ〔各論〕
成瀬幸典・安田拓人・島田聡一郎 編　　　近刊

―――― 信山社 ――――

平井一雄・清水元 編　最新シリーズ

基本講座 民法シリーズ
I　総則・物権
II　債権法

―――――――――――――

平井一雄 著

法学民法 I（総則・物権）
法学民法 II（債権総論）
法学民法 III（債権各論）

信山社